刑法学講話

〔総 論〕

船山泰範 著

成文堂

はしがき

　刑法には2つの顔がある。1つは，人々の生活の安全と平和のための法律という顔で，もう1つは，犯罪とそれに対処する刑罰を規定した法律という顔である。両方とも刑法の主要な相を示したものであり，矛盾と捉えるべきではない。

　では，どうしてこれほど異なる面があるかというと，一方はわれわれの目指す理想像であり，他方は現実の姿であるからである。実は，このように法の特色として現れる2つの側面がわれわれ人間自身の顔であるといえよう。

　本書では，犯罪という人間社会と切っても切れない現象を写し出すことを通して，ふだん目に見えない人間存在を，刑法の論理〔理念〕と結びつけて浮かび上がらせたいと思う。ただし，ふだんは目に見えないものだから，工夫が必要である。その方法の1つとして判例を利用する。たとえば，因果関係に関する第13章を開けてもらいたい。判例の中に，生きた人間の多様な姿を見い出すことができるであろう。もう1つの方法として，文学作品やエピソードを紹介した。われわれは法のために生きているのではない。法こそわれわれの役に立つものでなければならない。しかも，われわれの生活の大半は法に関わりなく日々営まれている。そうであるとすれば，やや法から離れた視点で眺めることも大切である。

　刑法という法律を，できるだけわかりやすく噛み砕いて解説したつもりである。言葉の意味がわからないために刑法の論理が理解されないのは残念である。その昔，足利学校（鎌倉時代の創立）に「かなかけの松」という木があったそうである。学校で学ぶ者が，その木にわからない言葉の紙片をくくりつけておくと，1・2日後には「解説」の紙が結びつけられていたという。その「かなかけの松」の精神に敬意を表しつつ，「用語の森」を掲げてみた。

　ただし，わかりにくいことの要因となっているのは言葉だけではない。言葉以上に法が形作る複雑怪奇な世界がある。わかりにくい論理は，きっと，それによって何かを隠す必要があるにちがいない。

私が追究してきたことの一端を披瀝させて頂くが、それは多くの方々の御指導による。とりわけ藤木英雄先生には懇切な御教授を頂いた。先生の晩年の4年間，私は先生の仕事のお手伝いをし，先生のおっしゃることを文字に表した。原稿起こしをまちがえて，叱られたことも今はなつかしい。先生の謦咳に接して，私は「刑法が国民のためにこそある」という確信を抱くに至った。本書は藤木英雄先生に捧げたい。今でも学問上の疑問がわくと，先生だったらどうお考えになるのかと推し測ってみる。先生はいつも新しいこと（新機軸といわれた）をお考えになっておられた。私も，今までの固定観念にとらわれることなく，前進していきたいと思っている。

　上梓にあたっては，とくに次の四方には格別の御援助を頂いた。鈴木重勝先生は民事訴訟法の泰斗である。先生は年来，刑法総論の教科書をまとめるよう御激励下さった。平野節子先生には，共同研究者として，広く社会の人々に法を身近かなものと感じてもらうために，平明な叙述をするべきとの示唆を受けた。張光雲君には，索引作りや校正の面で丁寧な援助を頂いた。成文堂の相馬隆夫さんは本書を世に出して下さった。以上の四方には，心から感謝申し上げる。

　本書が，社会について考えるための導きの1冊となれたら幸いである。その意味で，私共の「法育」の第1冊目の本のつもりである。

2010年　木蓮の花咲く頃
船 山 泰 範

凡　例

【法令の表記・略号】

(1)　本書では，原則，「刑法」という法令名は省略して表記している。
(2)　本文中の括弧内で用いた法令の略号は，次の通り。

　　　憲　　　　→　憲法
　　　民　　　　→　民法
　　　刑訴　　　→　刑事訴訟法
　　　刑訴規　　→　刑事訴訟規則
　　　少　　　　→　少年法
　　　裁　　　　→　裁判所法
　　　裁員　　　→　裁判員の参加する刑事裁判に関する法律
　　　刑事収容　→　刑事収容施設及び被収容者等の処遇に関する法律
　　　更生保護　→　更生保護法
　　　刑補　　　→　刑事補償法
　　　道交　　　→　道路交通法
　　　捜査規範　→　犯罪捜査規範

【判例・判例集の表記・略号】

(1)　判例の表記は，次の例による。
　　最高裁判所大法廷平成15年4月23日判決最高裁判所刑事判例集第57巻4号467頁
　　→　最大判平15・4・23刑集57・4・467
(2)　判例集等の略号は，次の通り。

　　　刑　録　　→　大審院刑事判決録
　　　刑　集　　→　大審院，最高裁判所刑事判例集
　　　民　集　　→　最高裁判所民事判例集
　　　高刑集　　→　高等裁判所刑事判例集
　　　高刑裁特　→　高等裁判所刑事裁判特報
　　　高刑判特　→　高等裁判所刑事判決特報
　　　東高刑　　→　東京高等裁判所刑事判決時報
　　　下刑集　　→　下級裁判所刑事裁判例集
　　　刑　月　　→　刑事裁判月報

判　時　→　判例時報
判　タ　→　判例タイムズ
新　聞　→　法律新聞
LEX/DB文献番号　→　TKC法律情報データベース

【文献の表記・略号】

○　本書で用いた主要文献の略号は，次の通り。

大谷・総論　　→　大谷實『刑法講義総論（新版第3版）』(2009，成文堂)
団藤・総論　　→　団藤重光『刑法綱要総論（第3版）』(1990，創文社)
団藤・各論　　→　団藤重光『刑法綱要各論（第3版）』(1990，創文社)
内藤・原論　　→　内藤謙『刑法原論』(1997，岩波書店)
平野・総論Ⅱ　→　平野龍一『刑法総論Ⅱ』(1975，有斐閣)
藤木・総論　　→　藤木英雄『刑法講義総論』(1975，弘文堂)
藤木・各論　　→　藤木英雄『刑法講義各論』(1976，弘文堂)

装丁　平野節子

目　　次

はしがき

第1編　刑法の基礎

第1章　人間刑法学，実務と刑法，行為 … 3

1 人間刑法学 … 3
1　刑法の人間観 (3)　　2　刑法は人間性と衝突するか (5)
3　人間性に合った刑法を作ろう (5)

2 法の実務は正義の実現であってほしい … 5
1　裁判長の席 (5)　　2　法の正義を支えるのは何か (6)

3 人間の行為 … 8
1　構成要件該当性の前に行為をとりあげる (8)
2　人間の行為の実体 (8)　　3　単なる行動の例 (9)
4　行為は心のあらわれ (11)　　5　行為と有責性の関係 (11)
6　1個の行為とは何か (12)

第2章　刑法の役割 … 15

1 刑法の役割 … 15
1　なぜ，役割を意識する必要があるのか (15)
2　刑法の3つの役割 (16)
3　刑法の機能という捉え方と比較して (17)

2 役割は果たされているか … 18
1　刑罰を用意しても限界がある (18)
2　犯罪者の更生には人の支えが必要 (19)

3 刑法の目指すところ … 19
1　平　和 (19)　　2　法益保護 (20)

第3章　刑法の意義・特色 …………………………………………………… 22

1　刑法はどのような法律か …………………………………………………… 22
　1　刑法とは何か (22)　　2　刑法典と特別刑法 (22)

2　刑法の特色 …………………………………………………………………… 25
　1　刑法と道徳の違い (25)　　2　刑法と道徳の区別 (25)
　3　刑法と道徳の関係 (28)

3　国民は刑法により国家権力と関わる ……………………………………… 30
　1　刑法は国家権力の現れ (30)
　2　刑法の基本原則はいかにあるべきか (31)

4　刑法は長い歴史の上に立つ ………………………………………………… 31
　1　歴史的なものを背負い込む (31)
　2　犯罪現象と刑法の条文とのずれ (32)

第4章　刑事裁判の基本原則 ………………………………………………… 33

1　刑事裁判の流れ（裁判員裁判の手続）…………………………………… 33
　1　公判前整理手続 (33)　　2　審　理 (34)　　3　評議・評決 (37)
　4　裁判員裁判の判決 (38)　　5　裁判後の不服申し立て (38)

2　刑事裁判の基本原則 ………………………………………………………… 40
　1　事実認定は証拠による (40)
　2　検察官と被告人は対等な当事者 (40)
　3　デュー・プロセスとは何か (41)　　4　疑わしきは罰せず (41)

第5章　罪刑法定主義 ………………………………………………………… 43

1　刑法の基本原則の内容と根拠 ……………………………………………… 43
　1　原則の名宛人は誰か (43)　　2　罪刑法定主義とは何か (43)

2　罪刑法定主義の具体的展開 ………………………………………………… 45
　1　立法に対する要請 (45)　　2　解釈の面で (49)
　3　時間に関して (51)　　4　刑罰への注文 (52)

第6章　責任主義 ……………………………………………………………… 55

1　責任主義 ……………………………………………………………………… 55
　1　責任なければ犯罪なし (55)　　2　近代より前との比較 (56)

2 責任主義の具体的展開 ……………………………………………………… 57
    1 個人責任主義と共犯 *(57)*　　2 同時犯の原則と特例 *(58)*
    3 結果的加重犯と因果関係 *(59)*

第7章　刑罰の内容と本質 ……………………………………………… 61
1 刑罰の意義と種類 ……………………………………………………… 61
    1 刑罰とは *(61)*　　2 法益による区分 *(61)*
    3 他の制裁との区別 *(63)*
2 刑罰の実際 ………………………………………………………………… 63
    1 有罪確定人員 *(63)*　　2 執行猶予がつくと *(64)*
3 刑罰の内容 ………………………………………………………………… 65
    1 死刑の執行 *(65)*　　2 死刑が確定しても *(65)*
    3 無期懲役と仮釈放 *(66)*　　4 懲役と禁錮 *(67)*
    5 PFI刑務所ができた *(68)*　　6 罰金刑の狙い *(69)*
4 刑罰の本質と課題 ……………………………………………………… 70
    1 刑罰の本質 *(70)*　　2 刑罰による副作用 *(70)*
    3 刑罰の目的 *(71)*　　4 刑罰が抱える課題 *(73)*

第8章　犯罪の成立要件 ………………………………………………… 76
1 犯罪論の基礎 ……………………………………………………………… 76
    1 犯罪論とは何か *(76)*　　2 なぜ段階的に捉えるのか *(77)*
    3 人間の目を忘れずに *(78)*
2 犯罪の成立要件 ………………………………………………………… 79
    1 行為を選び出す *(79)*　　2 構成要件該当性で絞る *(80)*
    3 違法性による評価 *(81)*　　4 有責性による評価 *(82)*
3 犯罪の成立と処罰の適否 …………………………………………… 84
    1 いくつかの主張の可能性 *(84)*
    2 刑法とは異なる視点から *(85)*

第9章　刑法の適用範囲 ………………………………………………… 87
1 場所的適用範囲 ………………………………………………………… 87
    1 構成要件該当性と場所的適用範囲 *(87)*　　2 属地主義が原則 *(87)*
    3 国外犯の規定 *(89)*　　4 世界主義の動き *(90)*
    5 外国判決の効力 *(90)*

2 時間的適用範囲 ………………………………………………… 91
　　1　遡及処罰の禁止と刑法6条の関係 (91)　　2　限時法とは (91)

第2編　犯罪成立要件

第10章　構成要件の意味，可罰的違法性 ……………………… 97
1 構成要件の意味 ………………………………………………… 97
　　1　罪刑法定主義の現れ (97)
　　2　構成要件はどんな要素からなるか (98)
　　3　構成要件のくせ (98)
2 構成要件該当性の機能 ………………………………………… 98
　　1　違法性推定機能・有責性推定機能 (98)　　2　捜査の端緒となる (99)
3 構成要件で判断すべきこと …………………………………… 100
　　1　構成要件上の問題 (100)　　2　規範との関係 (100)
　　3　可罰的違法性がなければ構成要件に該当しない (101)
4 法人犯罪 ………………………………………………………… 102
　　1　法人に犯罪能力はあるか (102)　　2　肯定する立場 (103)

第11章　行為の分類 ……………………………………………… 105
1 故意行為・過失行為と作為・不作為 ………………………… 105
　　1　故意と過失の区別 (105)　　2　構成要件上の区別 (107)
2 行為と結果（侵害犯・危険犯） ……………………………… 108
　　1　結果の発生 (108)　　2　侵害犯・危険犯 (109)

第12章　不作為犯 ………………………………………………… 111
1 作為犯と不作為犯 ……………………………………………… 111
　　1　行為に作為と不作為がある (111)　　2　不作為犯とは何か (112)
　　3　真正不作為犯と不真正不作為犯の違い (113)
2 不真正不作為犯 ………………………………………………… 115
　　1　成立要件 (115)　　2　作為義務は何によって生じるか (115)
　　3　作為の可能性が必要 (117)　　4　違法が同価値であるとは (118)
　　5　不作為の因果関係 (119)　　6　不作為の共犯 (120)

3 不作為犯の具体的検討 122
1 ひき逃げは何罪にあたるか (122)　2 不作為による放火罪 (124)

第13章　因果関係 126

1 因果関係は何を解決するためのものか 126
1 判例は講壇事例よりも奇なり (126)
2 誰にどの範囲で責任を問うのか (127)

2 因果関係が問題となる場合 128

3 条件関係 128
1 条件関係とは何か (128)　2 条件関係の応用問題 (130)
3 条件説が不都合な理由 (131)　4 因果関係の断絶とは (132)

4 相当因果関係説 133
1 相当性とは何か (133)　2 相当性はどのように判断するか (135)

5 因果関係の錯誤 141
1 問題のありか (141)　2 2つの事例 (142)

第14章　錯誤の種類，具体的事実の錯誤 145

1 錯誤の種類 145
1 犯罪の成立要件に関する錯誤 (145)
2 犯罪の成立要件外の錯誤 (148)
3 事実の錯誤と法律の錯誤の区別 (149)

2 具体的事実の錯誤 151
1 錯誤の形態 (151)　2 法定的符合説と具体的符合説 (153)

第15章　抽象的事実の錯誤 158

1 抽象的符合説が主張された理由 158

2 抽象的事実の錯誤で故意犯が認められる場合 159

3 構成要件の重なり合う場合の基準 160

第16章　正当防衛，違法性の本質 163

1 正当防衛の意義 163

2 正当防衛において違法性の本質論を考える 164
1 違法性の本質論の2つの立場 (164)

2 正当防衛における論議 (165)

3 正当防衛の要件 ……………………………………………………166
1 侵害の急迫性㋐の1 (167)　2 不正の侵害㋐の2 (171)
3 権利の防衛㋑の1 (172)　4 防衛の意思㋑の2 (172)
5 やむを得ずにした行為㋒ (173)

4 過剰防衛 ……………………………………………………………175
1 過剰防衛の意義 (175)　2 法的効果の意味 (176)
3 手段の過剰, 時間の過剰 (177)

5 正当防衛と共同正犯 ………………………………………………179

第17章　緊急避難 ……………………………………………………182

1 緊急避難の意義 ……………………………………………………182
1 カルネアデスの板 (182)　2 2つの態様 (183)

2 緊急避難の法的性格 ………………………………………………184

3 緊急避難の要件 ……………………………………………………185
1 現在の危難㋐ (186)　2 やむを得ずにした行為㋑ (187)

4 過剰避難 ……………………………………………………………189

第18章　法令行為, 正当行為, 230条の2 …………………………192

1 刑法35条の趣旨 ……………………………………………………192

2 法令行為 ……………………………………………………………193
1 職務行為 (193)　2 権利行使 (194)
3 社会的相当行為を明確にしたもの (194)
4 政策的理由によるもの (194)

3 正当行為 ……………………………………………………………195
1 医療行為 (195)　2 弁護士の弁護活動 (196)
3 報道機関の取材活動 (196)　4 宗教活動 (197)
5 労働争議行為 (198)

4 刑法230条の2 ………………………………………………………200
1 立法の趣旨 (200)　2 免責規定の要件 (200)
3 免責の法的性格 (200)　4 真実性の証明ができなかったとき (201)

第19章　自救行為，被害者の承諾，同意傷害，安楽死，尊厳死，義務の衝突 …… 203

1　自救行為は認められるか …… 203
2　被害者の承諾と犯罪の成否 …… 204
　1　違法性が阻却される場合 *(204)*　　2　有効な承諾 *(205)*
3　同意傷害 …… 208
　1　超法規的違法性阻却事由の1つ *(208)*
　2　違法性の本質論から *(208)*　　3　偽装交通事故事件 *(210)*
4　安楽死 …… 211
　1　積極的安楽死 *(211)*　　2　2つの判決 *(212)*
5　尊厳死 …… 214
　1　尊厳死と自己決定権 *(214)*　　2　治療行為の中止 *(214)*
6　義務の衝突 …… 216

第20章　違法性阻却事由の錯誤，誤想防衛 …… 217

1　違法性阻却事由の錯誤 …… 217
2　誤想防衛 …… 218
　1　問題となる場合 *(218)*　　2　従来の議論 *(219)*
　3　第三の錯誤 *(220)*
3　誤想過剰防衛 …… 222

第21章　有責性の本質，責任と制裁 …… 225

1　有責性の本質 …… 225
　1　有責性とは何か *(225)*　　2　責任能力 *(226)*
　3　違法性と有責性の違い *(227)*
2　責任と制裁 …… 227
　1　「内から」と「外から」*(227)*　　2　刑罰は目標ではない *(229)*

第22章　心神喪失，刑事未成年，原因において自由な行為 … 230

1　心神喪失 …… 230
　1　心神喪失者 *(230)*　　2　精神障害との関係 *(232)*
2　心神耗弱 …… 233

3 心神喪失者等医療観察法 ………………………………………… 233
　　　4 刑事未成年 ……………………………………………………… 234
　　　　1 14歳未満は犯罪にならない (234)　2 非行少年に対する処遇 (235)
　　　5 原因において自由な行為 ………………………………………… 236
　　　　1 行為と責任能力の同時存在の原則 (237)
　　　　2 問題点の検討 (237)　3 適用範囲 (239)

第23章　法律の錯誤，法律の誤解，違法性の意識の欠如 ……241

　　　1 法律の錯誤 ……………………………………………………… 241
　　　　1 法律の錯誤とは (241)　2 相当の理由があれば (243)
　　　2 法律の誤解 ……………………………………………………… 244
　　　　1 あてはめの錯誤 (244)　2 法律的事実の錯誤 (245)
　　　3 違法性の意識の欠如 …………………………………………… 246
　　　　1 超法規的有責性阻却事由の1つ (246)　2 事例の検討 (246)
　　　　3 違法性の意識の可能性 (248)　4 相当の理由 (249)
　　　4 故意説と責任説 ………………………………………………… 250
　　　5 違法性の意識と判例変更 ……………………………………… 251

第24章　期待可能性 ……………………………………………………253

　　　1 期待可能性の思想 ……………………………………………… 253
　　　　1 暴れ馬事件 (253)　2 規範的責任論 (254)
　　　　3 実定法の例 (254)
　　　2 期待可能性の判断基準 ………………………………………… 256
　　　3 期待可能性に関する判例 ……………………………………… 257

第25章　過失犯の基本問題 …………………………………………… 260

　　　1 過失犯と故意犯の区別 ………………………………………… 260
　　　　1 過失犯処罰は例外 (260)　2 特別の規定とは (261)
　　　　3 過失犯と故意犯の区別 (263)　4 過失犯の種類 (265)
　　　2 過失犯の構造 …………………………………………………… 266
　　　　1 過失犯の成立要件 (266)
　　　　2 予見可能性と結果回避措置の関係 (267)
　　　　3 予見可能性の内容 (269)　4 結果回避措置の重視 (270)

3 信頼の原則 ……………………………………………………………… 272
　　　　 1　許された危険（272）　　2　信頼の原則（273）
　　　　 3　チーム医療に信頼の原則は適用されるか（274）
　　4 大規模事故における過失犯 ……………………………………………… 275
　　　　 1　管理過失（275）　　2　監督過失（277）

第26章　未遂と既遂，不能犯 …………………………………………… 279

　　1 犯罪の遂行段階 …………………………………………………………… 279
　　　　 1　予備・陰謀，未遂，既遂（279）
　　　　 2　未遂をなぜ処罰するのか（281）　　3　既遂の時期（282）
　　2 未遂犯 ……………………………………………………………………… 285
　　　　 1　未遂の種類（285）　　2　未遂犯の要件（287）
　　　　 3　未遂犯の処罰（292）
　　3 不能犯 ……………………………………………………………………… 292
　　　　 1　不能犯とは（292）　　2　不能犯と未遂犯の区別（293）
　　　　 3　幻覚犯（296）

第27章　中止犯 ……………………………………………………………… 297

　　1 中止犯の立法理由 ………………………………………………………… 297
　　2 中止犯の要件 ……………………………………………………………… 298
　　　　 1　自己の意思による中止行為（298）
　　　　 2　結果の発生を阻止すること（301）
　　3 中止犯の効果 ……………………………………………………………… 302
　　4 予備の中止 ………………………………………………………………… 303
　　5 中止犯と共同正犯 ………………………………………………………… 303

第28章　共犯の基礎，間接正犯，共同正犯 …………………………… 306

　　1 共犯の基礎 ………………………………………………………………… 306
　　　　 1　共犯の意義と種類（306）
　　　　 2　共同正犯，教唆犯，幇助犯の区別（307）
　　　　 3　同時犯と共同正犯（308）
　　2 間接正犯 …………………………………………………………………… 309
　　　　 1　正犯とは何か（309）　　2　間接正犯は正犯か（309）

3　間接正犯の実行の着手時期 (312)
　3　共同正犯 ……………………………………………………………… 313
　　　1　共同正犯の要件 (313)　　2　共同実行は何を共同することか (314)
　　　3　一部行為の全部責任 (315)

第29章　共謀共同正犯，承継的共同正犯 …………………………… 317

　1　共謀共同正犯 ………………………………………………………… 317
　　　1　共謀共同正犯は共同正犯か (317)
　　　2　否定説と肯定説 (317)　　3　判例の流れ (318)
　2　承継的共同正犯 ……………………………………………………… 321
　　　1　承継的共同正犯はどの範囲で共同正犯か (321)
　　　2　学説・判例の状況 (322)
　3　過失犯に共同正犯はあるのか ……………………………………… 324
　　　1　過失犯の共同正犯の問題点 (324)　　2　判　例 (325)
　4　予備罪の共同正犯 …………………………………………………… 325
　　　1　殺人予備罪の共同正犯 (325)　　2　判　例 (325)

第30章　教唆犯，幇助犯 ………………………………………………… 327

　1　狭義の共犯 …………………………………………………………… 327
　　　1　共犯の処罰根拠 (327)　　2　共犯の独立性・従属性 (329)
　2　教唆犯 ………………………………………………………………… 331
　　　1　教唆犯の要件 (331)　　2　教唆犯の効果 (332)
　　　3　教唆の教唆，教唆の教唆の教唆 (333)
　　　4　アジャン・プロヴォカトゥール (334)
　3　幇助犯 ………………………………………………………………… 335
　　　1　幇助犯の要件 (335)　　2　幇助犯の効果 (336)
　　　3　片面的幇助犯 (336)　　4　幇助の幇助 (337)
　　　5　不作為の幇助 (338)

第31章　身分犯 …………………………………………………………… 339

　1　身分犯 ………………………………………………………………… 339
　　　1　身分犯とは (339)　　2　真正身分犯と不真正身分犯 (340)

2 身分犯と共犯 ·· 340
1　65条1項の解釈 *(340)*　　2　65条2項の解釈 *(343)*

第32章　共犯と他の論点 ·· 345
1 対 向 犯 ·· 345
1　対 向 犯 *(345)*　　2　対向犯的な行為 *(345)*
2 共犯と錯誤 ·· 346
1　共犯と事実の錯誤 *(346)*　　2　共犯の過剰 *(347)*
3 共犯からの離脱 ·· 348
1　共謀関係からの離脱 *(348)*　　2　共同正犯からの離脱 *(349)*

第3編　刑の適用

第33章　処罰阻却事由 ·· 353
1 処罰条件 ·· 353
2 刑法上の処罰阻却事由 ·· 353
1　処罰阻却事由 *(353)*　　2　必要的免除と任意的免除 *(354)*
3 超法規的処罰阻却事由 ·· 355
1　超法規的処罰阻却事由はなぜ必要か *(355)*
2　具体的事例 *(355)*

第34章　罪　数 ·· 358
1 犯罪の個数 ·· 358
1　1個か2個以上か *(358)*　　2　包括的一罪 *(358)*
3　法条競合 *(359)*
2 実質的数罪 ·· 361
1　観念的競合 *(361)*　　2　行為の個数 *(361)*
3　「最も重い刑による」とは *(362)*　　4　牽 連 犯 *(363)*
5　併 合 罪 *(364)*
3 不可罰的事後行為 ·· 366
1　不可罰的事前行為 *(366)*　　2　不可罰的事後行為 *(366)*

第35章　刑の適用，刑の執行，刑の消滅 ……………………368

1 刑の適用 ……………………368
1 刑の適用の多面性 (368)　　2 法定刑・処断刑・宣告刑 (369)
3 刑の加重・減軽 (369)

2 刑の執行 ……………………371
1 刑の執行 (371)　　2 刑の執行以外の法的効果 (371)
3 さまざまな猶予制度 (372)　　4 仮釈放 (373)

3 刑の消滅 ……………………374
1 刑の消滅 (374)　　2 恩赦とは (374)

第36章　誰のための刑法か ……………………376

1 誰のための刑法か ……………………376
1 国民のための刑法 (376)　　2 わかりやすい刑法の実現を (378)

2 「法育」の提唱 ……………………380
1 少年期から「法育」(380)
2 法は人間の成長に合わせて (380)
3 「法育」の実現 (382)　　4 「法育」の具体例をみる (383)

第37章　学説の基本姿勢 ……………………385

1 行為を評価の対象に ……………………385
2 犯罪成立要件と刑罰は規範的視点から ……………………385
3 学説の基本的基準 ……………………386
1 一線を画すべきもの (386)　　2 学説の基準はどこに (387)

◇事項索引
◇判例索引

第1編

刑法の基礎

2 刑法は人間性と衝突するか

人間としての誠実さを貫こうとすると，ときに国法に反するという問題がある。その国法が刑法であるとき，刑法は人間性と衝突するのか，と疑問を感じる。

> 小話　ギリシャ悲劇の「アンティゴネー」は，ソポクレースがテーバイ伝説を素材に創造した，肉親思いの心優しい女性の運命にまつわる話である。アンティゴネーは，戦いで互いに刺し違えて共に死んだ2人の兄のうち，一方は篤く葬られたのに，他方は国に逆った廉（かど）で，葬儀を禁じられ野に棄てておかれたのを，妹として我慢できなかったのである。アンティゴネーは，禁令に背くことを認識しつつ兄の屍（しかばね）に埋葬の儀式を施し，それを発見されて捕われ，死罪を受けるのである。そして，アンティゴネーの許嫁（いいなずけ）であったハイモンは，アンティゴネーを助けようとして，禁令を出している父のクレオン王に抗議する。しかし，ハイモンの抗議は受け入れられなかったため，ハイモンは自害し，その報せを聞いて母のエウリュディケーも後を追うのである。
> 　これは，紀元前5世紀の話である。
> 　　　　　　　　（ソポクレース作，呉茂一訳『アンティゴネー』，岩波文庫）

3 人間性に合った刑法を作ろう

刑法をよりよいものにするのが刑法学の務めと思っているが，その意味で，最大の課題は，刑法をより人間性に合ったものに改めていくことである。

ただし，ここで**人間性**という場合，私とあなたの考える人間性の中味は違いがあるかもしれない。それは当然である。人間はたしかに悪いことを行なう。しかし，その人間に，もう一度やり直して真人間に立ち戻ってほしい，と機会を与えるのが刑法である。

2 法の実務は正義の実現であってほしい

1 裁判長の席

裁判や警察の実務では，常に正義が要求されている。ただし，**正義**という概念ほど，時代，場所，人によって異なるものはない。もっとも，だからこそ，われわれは裁判という**理非曲直**（りひきょくちょく）（何が正しく，何が正しくないかをはっきりさせること）を明らかにする仕組みをもっているのである。

次に，皆さんをある裁判の「法廷」に御招待しよう。時代は1933年，場所はドイツの民事裁判の法廷である。裁判の内容は，原告であるレッシュ氏が，被告のシュナイダー氏を相手どって住居の明け渡しを請求しているものである。レッシュ氏は，「わたしのアパートにユダヤ人がいるのは，がまんができません！」と訴えの理由をいうのである。これに対し，裁判長は手をあげてレッシュ氏をさえぎり，次のようにいった。

「つまり，あなたは，国家社会主義労働者の党員になって以来，自分のアパートにユダヤ人がいることにがまんができなくなった。それなら，今後，例えばカトリック信者反対とか，菜食主義者反対とかの党にあなたが入党するようなことは決してないと，今わたしに宣言できますか？もし，今，わたしがあなたの訴えをきき入れるならば，あなたはきっと来年，あるいはさ来年，またわたしの前に立って，カトリック信者であるとか，肉を食べないからという理由で，借家人を告訴〔提訴――引用者〕し裁判を要求する。」（ハンス・ペーター・リヒター作，上田真而子訳『あのころはフリードリヒがいた』，岩波少年文庫，90頁）

その後のことは予測がつくと思う。レッシュ氏とレッシュ氏の雇った弁護士は法廷の中でもめた後，レッシュ氏は法廷から姿を消し，弁護士は，「わたくしの依頼者は，わたくしに訴えをとりさげるよう委任しました。」と告げるのである。

そして，裁判長は泣いているフリードリヒ（シュナイダーさんの息子，8歳）に声をかけるのである。

「心配しなくてもいいんだよ。きみたちは大丈夫だ。正しいことが通るように，そのために，わたしがこの席にいるのだからね。」

> **用語の森** **民事裁判** 裁判には，民事裁判と刑事裁判の大きな区別があり，民事裁判は，個人間の財産上の争いや離婚などの家族間の紛争解決をはかる。

2 法の正義を支えるのは何か

以上は小説の一部であるが，その当時，ほとんど同種の事案があり，裁判

所もこのような正義に則った判断を下したのである。しかし，皆さんもご存じのように，ドイツはその後，ユダヤ人を圧迫し，大量虐殺する道を歩む。その意味において，この場面は裁判における正義が消滅する前の最後の輝きだったといえる。

　司法が，結局は立法府の風下に立たなければならないのは，どの時代，どの国でも同じである。だからこそ司法権の独立が唱えられるのであるが，それが機能するのは政治が比較的穏やかな時代に限られる。今日では，誰もが悪法の典型例として捉えている治安維持法（1925年公布）にしても，それが働いていた時期に，治安維持法の適用を拒否した裁判官は1人もいなかった。もちろん，明治憲法下では，裁判所に違憲立法審査権はなかったが，司法が政治に服従させられていたという歴史的事実があったのである。

　問題の取り上げ方がやや大きかったかもしれないが，私がここで述べたいことは，正義とは必ずしも決まりきったことではないということである。裁判であれ警察であれ，正義が実現されることは僥倖（思いがけない幸福）かもしれない。治安維持法との関係では，横浜事件に対する最高裁判所の決着の付け方が大きな疑問を残している。

> **🍀 用語の森**　**悪法**　悪法も法である以上従うべきだという古くからの考え方もあるが，違憲立法審査権（憲81条）の考え方の基本を支えているのは，違憲の法律には従う必要がないというものである。
>
> 　**治安維持法**　国体（天皇主権の体制）の変革，私有財産制度の否定を目的とする結社活動などに対して厳罰を用意し，それが共産主義運動の抑圧に用いられた。同法違反容疑で逮捕され，警察での拷問で死亡した人が数多くいた。
>
> 　**横浜事件**　1942〜45年，共産党再建謀議などの理由で，出版関係者ら約60人が神奈川県警特別高等課（特高）によって逮捕され，激しい拷問で4人が獄死し，約30人が有罪判決を受けた。拷問を行なった元特高警察官3人に，1952年，特別公務員暴行致傷罪（196条）で実刑判決が確定した。その後，元被告人5人が再審請求をし，2003年4月，第3次請求で横浜地裁が再審開始決定をし，05年10月，再審裁判が開始された。ところが，06年12月，横浜地裁で免訴判決が下され，08年3月，最高裁が上告棄却し，免訴判決が確定した。最高裁の理由は，有罪判決の確定後に大赦を受けるなどした場合は免訴とするべきだというものである。なお，再審公判で実体

判断をしていれば無罪判決のはず（刑補25条1項）として，刑事補償が認められた（横浜地決平22・2・4）。

③ 人間の行為

1 構成要件該当性の前に行為をとりあげる

犯罪論（犯罪の成立要件）の通説は，行為という問題を構成要件の中に含めて捉えている。すなわち，構成要件該当性→違法性→有責性と考えるので，3分説といわれている。

これに対し，私は，行為を構成要件該当性の前に，独自に，取り上げるべきだと思う（4分説）。その理由は，次の通りである。

第1に，構成要件該当性，違法性，有責性というのは，一定の評価であり，そうであるとすれば，評価をするべき対象が必要とされるはずである。いわば絵を描くには画用紙・キャンバスがなければならず，刑法では，それが人間の行為である。論理的にみて，まず，評価されるべき対象が選ばれ，その後に，対象に対する評価がなされるのが筋というものである。刑法が取り上げるのは，法益に対する侵害や危険を惹き起こした人間の行為である。

第2に，行為には，刑法的評価を受けるべきたしかな実体がある。人間の行為がどのような性質のものであるかは，規範的視点とともに，科学的知見によって支えられるべきである。

第3に，刑罰を科せられるのは行為者であるが，われわれは，行為者と一応区別して，「行為」を取り上げるという作業をしているのである。

2 人間の行為の実体

それでは，刑法が捉えている人間の行為とはどのようなものか。第8章，第12章と重なる部分があるが，刑法の根幹に関わるので，重複をおそれず，説明する。

人間には，①自分の行なうことがどのような結果を惹き起こすかという予測を立てる予見可能性（予測可能性）と，②結果を予見した場合に，自分の

行動を制御しようという支配可能性がそなわっている。

　人間は，その人自身の素質とその人が置かれた環境から大きな影響を受ける。とくに，人間は，様々な欲望によって強く突き動かされ，犯罪的結果を惹き起こすことがある。また，苦況に立たされると，ふだんは思いもしなかった行為に踏み切ることもある。しかし，そのようなぎりぎりの状況においても，人間には，人間味のある行い，人間としての尊厳を保った行いをすることができる可能性がある。これが人間の可塑性である。

　以上のことを逆の面からみると，予見可能性か支配可能性のどちらかが欠けるときは，態度を選択する可能性を奪われているわけであるから，仮に犯罪的結果が発生したとしても，犯罪として責任を問う意味がない。

　そこで，予見可能性か支配可能性のどちらかを欠くとき，われわれは，行為と区別して，単なる行動として捉え，犯罪の成否を検討する余地はないと考える。単なる行動として捉えられるものには，①絶対的強制下の行動と，②夢遊状態の行動とがある。

3　単なる行動の例

　(1)　**絶対的強制下の行動**の例として，以下の判例のAがそれにあたる。

> **判例**　最決昭58・9・21刑集37・7・1070〔八十八箇所窃盗行脚事件〕
> 　被告人は，当時12歳の養女Aを連れて四国88箇所札所等を巡礼中，日頃被告人の言動に逆らう素振りを見せる都度，顔面にタバコの火を押しつけたり，ドライバーで顔をこすったりするなどの暴行を加えて自己の意のままに従わせていたAに対し，本件窃盗を命じてこれを行わせた。
> 　「被告人が，自己の日頃の言動に畏怖し意思を抑圧されている同女を利用して右各窃盗を行ったと認められるのであるから，たとえ所論のように同女が是非善悪の判断を有する者であったとしても，被告人については本件各窃盗の間接正犯が成立すると認めるべきである。」

　これに対し，母親が12歳の長男Bに犯行方法を教示し，犯行道具を与えるなど強盗の実行を指示命令したが，Bは自己の判断により犯行方法を工夫しているときは，「被告人の指示命令はBの意思を抑圧するに足る程度のもの

ではな」いので，母親について間接正犯とはいえない。この場合，母親とBは強盗の共同正犯の関係にあたる（最決平13・10・25刑集55・6・519）。ただし，Bは**責任年齢**（41条）に達していないので，刑事責任を問われることはない。

間接正犯か否か

事　例		共犯関係	阻却事由
甲→A　窃盗を命じる　窃盗をする　→X	甲	窃盗の間接正犯	
	A	道　具	そもそも行為とはいえないので無罪
乙→B　強盗を指示命令　強盗をする　→Y	乙	強盗 ┐共同正犯	
	B	強盗 ┘	刑事未成年で無罪

> **ポイント**　間接正犯
>
> 　是非善悪の判断能力を有する者であるとしても，その者に対し暴力で自己の意のままに従わせていたときは，意思を抑圧されている者を利用した者には，間接正犯が認められる。

(2)　**夢遊状態の行動**の例として，以下の判例のCがそれにあたる。

判例　大阪地判昭37・7・24下刑集4・7＝8・696〔夢遊状態の行動―第1審〕

　被告人Cは，交通事故による治療が打ち切られたことからノイローゼとなり，以前の覚せい剤慢性中毒の後遺症が発症し，心的混乱を招いた。Cは，いったん寝た後，暴漢に殺されると思って逆に相手の首をしめたところ，実際は傍らに寝ていた妻の首をしめていたものであり，妻は死亡した。Cは殺人罪で起訴された。

　「自己の行動に対する自覚的な意識がなく，従って任意の意思に基いて自己の行動を抑制，支配し得る余地も存しない意識状態のもとになされた被告人の本件所為は，検察官主張の人を殺害するという殺人罪の構成要件に該当す

る行為と言えないのみならず，およそ刑罰法規の対象たり得る行為そのものにも該らないと言わざるを得ない。結局，本件公訴事実については，被告人は罪とならない」。

上の事例については，控訴審では，行為性は肯定され，責任無能力とされ，無罪とされた（大阪高判昭39・9・29判例集未搭載）。

4 行為は心のあらわれ

行為は，行動とそれを惹き起こした心が組み合わさったものである。したがって，なぜ犯罪がなされるのか，それを惹起する人間はいかなる存在なのかを知るためには，人の心の問題に着目する必要がある。

> 小話　「その悪魔性をもうちょっとマイルドにしたものが，誰の心のなかにも潜んでいる。そういう意味では，きわめて特殊に見える反社会性人格障害も含め，すべての犯罪者の心をじっくり見据えていく必要がある。人間という存在を知り，悪魔のささやきにあらがう方法を考えていくための宝物なのですから。」
> 　精神科医でもある作家は，「私たち人間の心のなかには，悪魔的なものが確固として存在している」とした上で，悪魔のささやきという名の強風が吹けば，強固だと信じていた犯罪に対する歯止めは一瞬のうちに崩れ去ってしまうと述べている。
> 　そして，凶悪な犯罪者と思われる人と普通の人間との間に大きな隔りはないとしている。
> 　　　　　　　　　　　　（加賀乙彦『悪魔のささやき』，集英社新書，103〜106頁）

5 行為と有責性の関係

犯罪の成立要件でいうと，行為と有責性は最初と最後の要件であり，別々のものである。ところが，具体的事例では，どちらで処理すべきか，見解が対立する場合がある。すなわち，夢遊状態による殺人事件について，一審は，そもそも行為ではないとして無罪としたのであるが，控訴審では，有責性がないとして無罪とされている。そこで，行為と有責性とがどう区別されるかという問題がある。

夢遊病事件を例にすると，一審は，被告人が夢遊病のために意識がない以上，意思的要素に基づく行動とされる行為といえないので，構成要件該当性以下の要件を検討する必要はないというのである。これに対し，控訴審は，

行為性を認めた上で，被告人は是非弁別能力を欠くので，有責性阻却事由が認められ，無罪になるとする。

両者の違いは事実認定にも関わるが，有責性を欠くという場合には，少なくとも自分が何かを行なおうとすることを意識していることが必要である。有責性が問われるのは，自分が行なおうとすることを意識しながら，それが規範的にみて許されるかどうかの判断を誤ったり，悪いと知りながら，それを行えという幻聴を聴いて抗ずることができず，行為をしてしまうのである。ところが，本件では，そもそも意識がなかったのであるから（この点が事実認定に関わる），規範的判断能力（有責性）の問題ではない。

6　1個の行為とは何か

犯罪の成立要件（第8章）のところで詳しく述べるが，犯罪が成立するか否かにあたっては，違法性とか有責性とかという評価をする必要がある。それはあたかも，ある物質がどんなものかを判断するにあたって，いくつかの試薬を使って分析するのと同じである。

違法性や有責性という評価は，行為に対してなすものであるから，どこからどこまでが評価の対象となる行為かということが明確でなければならない。

たとえば，連続した2つの暴行行為があり，第1暴行と被害者の死亡との間に因果関係が認められるとしよう。

まず，第1暴行と第2暴行が別の行為として捉えられる場合，行為者が第1暴行を正当防衛（36条）として行なったとすれば，第1暴行は無罪と評価され，第2暴行の傷害罪（204条）が成立することになる。これに対して，第1暴行と第2暴行が連続した1つの行為として捉えられる場合，傷害・死亡は連続した1つの行為から発生したことになり，その行為の1部について正当防衛的行為があるにすぎず，全体が正当防衛として違法性阻却になるわけではない。しかも，1つの行為から死亡したといえるため，全体として過剰防衛の可能性がある。

以上から明らかなように，第1暴行と第2暴行が別々に捉えられるか，それとも1連のものとして捉えられるかが重要な問題である。そこで，何を基

行為は1個か

分断している場合			一連のものの場合	
第1暴行	第2暴行		第1暴行	第2暴行
死亡 殺人罪 正当防衛	けが 傷害罪	…結果… …構成要件… …違法性…	死亡 殺人罪	けが 傷害罪
無罪	傷害罪	…評価…	正当防衛は認められず，殺人罪について過剰防衛	

準として，分断するのか，一連一体のものとして捉えるかが大きな課題となる。それは，どこまでが1個の行為といえるかの問題である。

1個の行為とは何かについて，判例がある。事例は，酔っ払い運転をしている間に交通事故を惹起したというものである。危険運転致死傷罪（208条の2）が制定される以前であったので，構成要件として，酔っ払い運転の部分が酒酔い運転の罪（道交法65条1項，117条の2第1号）に，交通事故の部分が業務上過失致死傷罪（211条）に問われる可能性がある。

問題は，両者の関係について，事故を起こした時点で重なっているから1個の行為として捉えるか，それとも，時間的要素・行為者の主観面を考慮して2個の行為として捉えるかということになる。罪数的には，前者ならば観念的競合（54条1項前段），後者なら併合罪（45条）となり，後者の方が重くなる。

判例は，1個の行為とは，「法的評価をはなれ構成要件的観点を捨象した自然的観察のもとで，行為者の動態が社会的見解上1個のものとの評価をうける場合」と判断し（最大判昭49・5・29刑集28・4・114），事例について行為は2個であるとした。この判例からいえることは，行為が1個かどうかは，構成要件該当性の判断の前になされるということと，行為が途中で質的に変化したかによるということである。

なお，拘置所の同室者間のけんかに関し，行為の1個性が判断された例が

ある。事例は，Dが折り畳み机をEに向けて押し倒してきたのに対し，E（被告人）が自己の身体を防衛するため，机をDに押し返した（第1暴行）上，これにより転倒したDの顔面を手拳で数回殴打した（第2暴行）というものである。事例では，傷害と直接の因果関係を有するのは第1暴行のみであった。判例は，「被告人が被害者に対して加えた暴行は，急迫不正の侵害に対する一連一体のものであり，同一の防衛の意思に基づく1個の行為と認めることができるから，全体的に考察して1個の過剰防衛としての傷害罪の成立を認めるのが相当であ」ると判断している（最決平21・2・24判時2035・160）。

> **ポイント** 1個の行為
>
> 刑法的評価の前に捉えるべき行為は，行為者の動態が社会的見解上1個のものといえるかによって判断される。

第2章

刑法の役割

📖 本章の主旨

　刑法だけが，犯罪者に刑罰という大きな苦痛を与えるが，一方で刑法は被害者に対する配慮を忘れてはならない。刑法には3つの役割がある。しかし，その役割は十分に果たされているだろうか。

1 刑法の役割

1 なぜ，役割を意識する必要があるのか

　刑法がどのような役割を担うべきかについては，刑法の字面だけから見出されるものではない。それは，刑法がこれまで果たしてきた役割や，刑罰が惹き起こす実際の作用，それから，刑法が発動される原因となっている犯罪との関係などを勘案して，理解するべきものである。

　刑法の役割を考察するにあたって，次の2点がとくに重要な意味を有している。第1に，刑法だけが，法の中でも処罰という形で大きな苦痛を与えることが許されていることである。したがって，基本的人権の制限につながる刑罰の根拠は憲法に置かれている。次が，その根拠規定である。

> **条文**　憲31条　何人も，法律の定める手続によらなければ，その生命若しくは自由を奪はれ，又はその他の刑罰を科せられない。

　第2に，犯罪被害者の苦しみや悲しみをわれわれは受け止めなければならない。われわれは，共に社会生活をする隣人として，また，われわれが犯罪を防止する社会をいまだ形作っていないお詫びの印として，犯罪被害者とその家族に対する支援・救済に助力すべきである。この点は，法全体として真剣に受け止める必要がある。なぜなら，法の願いは，泣き寝入りをしない社会を作ろうというところにあるからである。

> **🍄 用語の森** **泣き寝入り** 犯罪被害者が損害賠償などを受けずにあきらめること。法的な救済方法が用意され，実現されねばならない。

2 刑法の3つの役割

　私は，刑法には大きな3つの役割があると思う。

　第1に，刑法が存在することによって，犯罪の防止・予防に役立っている。刑罰は受ける者にとって大きな苦痛であり，それを予測できる人間は大概，その前提要件となる犯罪に近づこうとはしない。このような役割は，刑法の**一般予防効果**と呼ばれている。

　ちなみに，刑罰を受けることは，当人にとって苦痛になるばかりでなく，それに伴って**世間**から白い目で見られたり，家族が悪口をいわれ，差別を受けるなど，広範囲な不利益が予想される。この刑罰の絶大な効果に着目するとき，刑罰には**威嚇力**があるともいわれる。

　第2に，刑法は，犯罪を犯した者が二度と同じような過ちを繰り返さないようになる契機として，刑事裁判という方法を用いる。人間は過ちを犯す。しかし，自分の犯した過ちに気づき，**更生**する力をもっているのも人間である。

　刑罰という制裁とそれを実現するための**刑事司法**の全過程は，犯罪を犯した者に自分の犯した罪の重さを自覚させるきっかけにほかならない。刑事司法の全過程とは，〔捜査→起訴→裁判→行刑〕を意味するが，これは，裁判を加える方向と免れる方向の両極を含む。プロセスの1つを取り上げて説明しよう。

　検察官は，捜査の結果，被疑者が犯人でないと思ったときは，不起訴処分を言い渡す。ただし，捜査の結果，犯人にまちがいないと確信し，公判においても証拠に基づいて有罪立証を十分になしうると思ったときでも，検察官は起訴しないという判断ができる。その処分を**起訴猶予**と呼び，その権限を**起訴便宜主義**と呼ぶ。それでは，なぜ，起訴猶予にするかというと，その大きな根拠は被疑者の反省の態度である。犯罪の軽重や被害者の感情も考慮しつつ，本人の反省の度合が高いときは，刑事司法過程を押し進めるよりは，

その罪の重大性を嚙んで含んで刑事司法過程から解放することが，本人の更生に役立つ場合もある。

刑法の役割の第3は，犯罪被害者の救済や支援に役立つことである。裁判を経て刑罰が執行されるとき，犯罪被害者とその家族は，自分達の無念な気持ちを国家が代わって果たしてくれた，いったん破壊された正義が回復されようとしている，という気持ちを抱くこともあるであろう。それは，被害者支援の一端である。

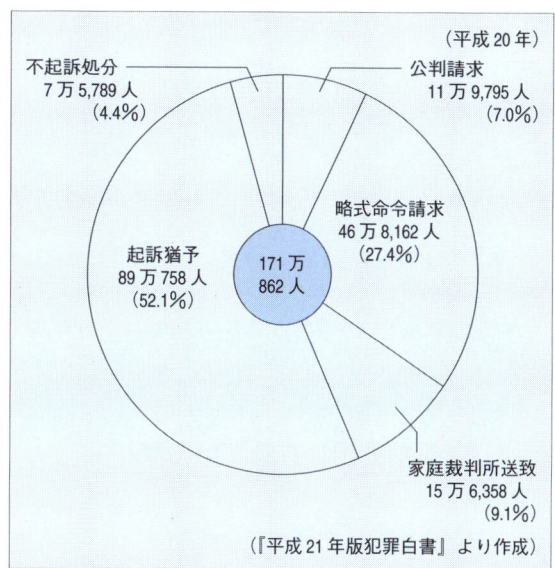

検察官の処分
不起訴処分 7万5,789人 (4.4%)
公判請求 11万9,795人 (7.0%)
略式命令請求 46万8,162人 (27.4%)
起訴猶予 89万758人 (52.1%)
家庭裁判所送致 15万6,358人 (9.1%)
171万862人
（平成20年）
（『平成21年版犯罪白書』より作成）

3 刑法の機能という捉え方と比較して

従来から，刑法の機能という捉え方がある。この考え方と刑法の役割という視点の違いを示しておこう。

まず，刑法の機能という考え方を素描しておく。刑法は，第1に，犯罪とそれに対する刑罰を示すことによって規制的機能（社会倫理的機能）を果たす。第2に，そのことによって，法益保護機能を果たす。第3に，予め，犯罪とその制裁を絞ることによって，一般国民に，国家との関係で自由保障機能を果たす。

以上の3つの機能が大切であることを認めるのはやぶさかではなく，とくに，刑法が国家自体に自制を迫る法理を提供したという点では，重要な意味を有している。また，歴史的には，刑法はもっぱら犯罪者への応報という考え方をしていたので，そこからの脱却を図ることにあった点を認めなければ

ならない。

しかし、それでは足らない。刑法が、積極的に犯罪者の更生を促し、また、別の面で被害者支援に役立たねばならないことを強調することが、バランスのとれた刑法のあり方である。

> **用語の森**　**一般予防効果**　刑法の存在が一般の国民にとって威嚇力として働き、犯罪抑制効果があるという捉え方である。1つの考え方であって、確証されたものとはいえない。これに対し、**特別予防効果**とは、犯罪者が刑務所に収容されていれば、その隔離によって少なくとも社会の安全は保たれるという捉え方である。

2 役割は果たされているか

1 刑罰を用意しても限界がある

刑法の3つの役割については疑問はないものの、その役割が十分に果たされていないように思えるのはなぜだろうか。

最初に、結論的な意見を1つ述べておくと、刑法の厳罰化（重罰化）は犯罪の予防に役立たない。そこで、第1の役割に関して検討してみよう。

すなわち、予め刑罰として大きな苦痛が用意されているのに、犯罪がなされているという実態がある。『平成21年版犯罪白書』によると、平成20年の犯罪**認知件数**の総数は約253万件で、これは、1年間に、国民の50人に1人が犯罪を行なっているということである。

威嚇力として効を奏していないという現実について、いくつかの理由が考えられる。(イ)犯罪を起こしたら刑罰を受けるという規範は承知しているが、実際に犯罪に関わるときは必ずしも抑制力として働かない。朝の電車ラッシュアワーに、乗客同士が喧嘩をしている状況を見受けるが、多くの人は衝動的にやったという。(ロ)犯罪者の中には、刑法の存在は十分に承知しているが、自分はうまく搔い潜ることができるという、反規範的かつ確信犯的な人もいる。(ハ)認知される犯罪の1番は窃盗罪（235条）であるが、この犯罪惹起には格差社会にも要因があるであろう。(ニ)少年犯罪の背景としては、家族の中

で暴力を受けるとか，仲間内から脅(おど)されて致し方なく関わる場合などがあり，少年のみに責任を帰しえないものも多々ある。

　このように見てくると，犯罪の予防は，当然，刑法のみでできるわけではない。したがって，刑法は社会の役に立っていないとか，厳罰化すれば目標を達成できるという短絡的な結論は控えるべきである。

> **🌳用語の森**　**認知件数**　客観的には犯罪の発生件数があるはずだが，捜査当局に認知されないものは数えようがない。その差を暗数という。近年，『犯罪白書』でも認知件数という言葉を用いている。暗数は，犯罪類型によって大きな差がある。

2　犯罪者の更生には人の支えが必要

　刑罰は犯罪者の更生のきっかけとなるものであるが，犯罪者の更生については，ほかにどのような力が働くのであろうか。

　犯罪者の更生は，一見すると，刑に服して遂げるもののようにみえるが，大切なことは，社会に帰ってからである。今までの生活態度を改めることは当然のことであるが，犯罪被害者に対する損害賠償などを尽くすことも肝要である。そして，自分が反省していることを一生をかけて示していく必要がある。その場合，人の支えが不可欠なことはいうまでもない。

③　刑法の目指すところ

1　平　和

　刑法の3つの役割をまとめると，それは，全体として，国民みなが安心して暮らせる社会を築いていこうという願いということができる。すなわち，社会の平和ということである。そして，平和は，国と国との関係だけでなく，知人や家庭内のことにも通じることはいうまでもない。

　この章では，平和を謳った1つの歌詞を紹介しよう。これは，美空ひばりさんが，1973年，第1回「広島平和音楽祭」で歌った曲である。

> **小話**　　　一本の鉛筆
> 　　　あなたに　聞いてもらいたい

あなたに　読んでもらいたい
あなたに　歌ってもらいたい
あなたに　信じてもらいたい
一本の鉛筆があれば
私は　あなたへの愛を書く
一本の鉛筆があれば
戦争はいやだと　私は書く

あなたに　愛をおくりたい
あなたに　夢をおくりたい
あなたに　春をおくりたい
あなたに　世界をおくりたい
一枚のザラ紙があれば
私は子どもが欲しいと書く
一枚のザラ紙があれば
あなたを返してと　私は書く

一本の鉛筆があれば
八月六日の朝と書く
一本の鉛筆があれば
人間のいのちと　私は書く

（作詞：松山善三　作曲：佐藤勝）

2　法益保護

　第1章から述べてきたことであるが，刑法の目標の1つは**法益保護**である。法益という用語は他の法の分野ではあまり使わないが，刑法がなぜそのことを強調するか，確認しておこう。

　現在のように，個人的法益を中心に据えて刑法を形作ることは，基本的人権の尊重という憲法の理念に合致する。実際の社会生活では法益と法益が衝突するという場面が生じる。その場合こそ，調整役として刑法が役立つ。

　つまり，刑法のみが刑罰という制裁を憲法によって認められている（憲31条）。以下の判例は，死刑が刑罰としては限界線に近いことを物語るものである。法益保護の視点から，最初の2つの文を読むと，その後に続く言葉は，「死刑は，その生命を奪うものであるから違憲である。」とでもなりそうなのだが，結論は反対である。

> **判例** 最大判昭23・3・12刑集2・3・191〔死刑は残虐刑か〕
>
> 　被告人は，労働もせず母親や妹の世話になっていたが，2人の冷たい態度に対してうっ憤が昂じ，ある夜，熟睡していた母親と妹を重さ1貫目の藁打槌で撃ち即死させ，自宅の古井戸に投込んだ。原審は，被告人に対し，尊属殺人罪（当時），殺人罪，死体遺棄罪を認めて死刑を言い渡した。被告人側は，死刑は憲法36条の禁ずる残虐な刑罰にあたるとして，上告した。それに対する答えである。
>
> 　「生命は尊貴である。1人の生命は，全地球より重い。死刑は，まさにあらゆる刑罰のうちで最も冷厳な刑罰であり，またまことにやむを得ざるに出ずる窮極の刑罰である」。
>
> 　死刑は，「まさに窮極の刑罰であり，また冷厳な刑罰ではあるが，刑罰としての死刑そのものが，一般に直ちに同条にいわゆる残虐な刑罰に該当するとは考えられない。ただ死刑といえども，他の刑罰の場合におけると同様に，その執行の方法等がその時代と環境とにおいて人道上の見地から一般に残虐性を有するものと認められる場合には」残虐な刑罰といわねばならないから，火あぶり，はりつけ，さらし首，釜ゆでのごとき残虐な執行方法を定めた場合は，憲法36条に違反する。

ポイント　死刑は合憲

残虐な刑罰かどうかは執行方法で決められるから，絞首刑は，合憲。（判例）

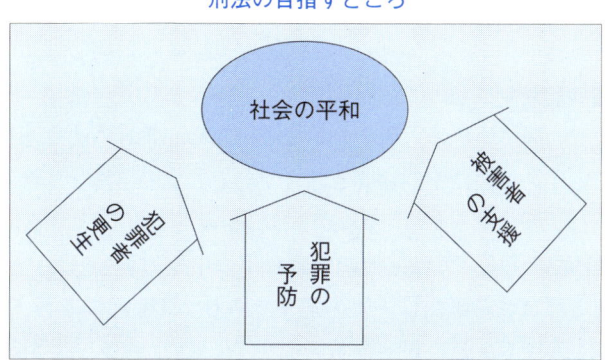

刑法の目指すところ

- 社会の平和
- 犯人の自由の保障
- 犯罪の予防
- 被害者の救済

第3章

刑法の意義・特色

本章の主旨

刑法は，犯罪と刑罰を規定した法律である。広い意味の刑法の中に，刑法典と特別刑法の区別がある。刑法と道徳は，対象，規準が異なる。刑法は，国民が国家権力と関わる根拠になる。

1 刑法はどのような法律か

1　刑法とは何か

　ここまで，刑法の定義を確かめることなく話を進めてきたが，そろそろ，刑法とはいかなる法律を指しているのか，を明確にしよう。

　刑法とは，犯罪とそれに対する刑罰を規定した法律である。したがって，その名称にかかわらず，〔犯罪―刑罰〕という組合わせが設けられていれば，**実質的な意味の刑法**である。たとえば，「決闘罪ニ関スル件」（明22年）という法律は，決闘を行なったときは，2年以上5年以下の重禁錮（その後，有期懲役に変更）に処すると規定している（同法9条）から，刑法である。

2　刑法典と特別刑法

　広い意味での刑法の中で，明治40年にその年の45番目の法律として規定された刑法という名の法律を**刑法典**と呼んでいる。実際に施行されたのは明治41年10月1日からであるから，2008年には100歳である。

　「〜法典」といういい方は，その分野の中の中核的なものという意味である。刑法典と呼ばれる理由は，次の通りである。(イ)犯罪の成否（成立するかしないか）に関わる重要な規定を置いている。たとえば，正当防衛（36条）

や心神喪失（39条1項）の規定である。㈹われわれが犯罪として捉えている主な犯罪のほとんどが含まれる。㈺犯罪が成立した場合に，刑事裁判を通して科される刑罰の内容を規定している。たとえば，懲役は，①刑事施設に拘置され，②所定の作業をさせられる，と規定されている（12条2項）。㈡「この編の規定は，他の法令の罪についても，適用する。」（8条）と規定されていて，この法律自身が，自らを基本的な規定と位置づけている。

　刑法典以外の実質的意味の刑法を特別刑法という。特別刑法の中には，大きく分けると2種類のものがある。第1は，本来は刑法典の中に含まれるべきであるが，制定の時期や経緯から別個に規定されているものである。これは，刑法典に準ずる特別刑法といえる。たとえば，航空機の強取等の処罰に関する法律（ハイジャック防止法），覚せい剤取締法，公害罪法（人の健康に係る公害犯罪の処罰に関する法律）などがある。第2は，その法律全体は行政目的を達成するための法律であるが，その一部に，刑罰法規が用意されているものである。これは，いわゆる行政刑法（行政刑罰法規）である。たとえば，道路交通法は，無免許運転を禁止し（64条），それに反する行為をした場合に1年以下の懲役または30万円以下の罰金に処する（117条の4第2号）と規定

刑法の全体

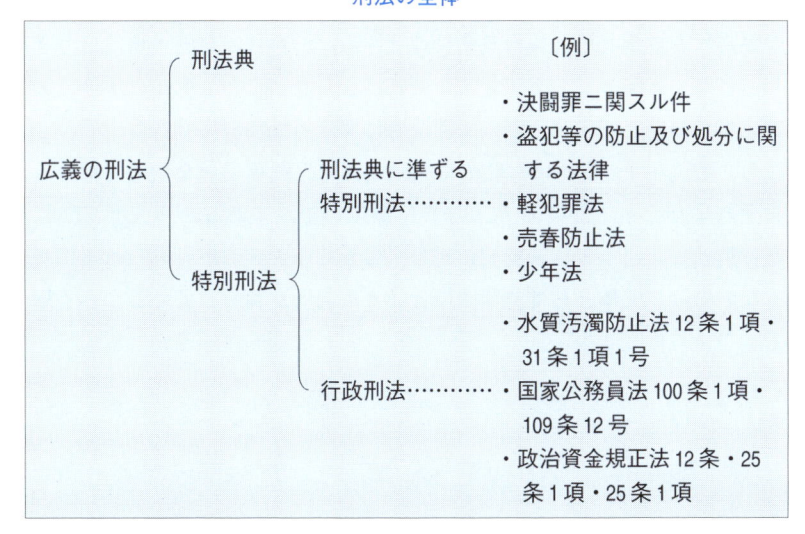

			〔例〕
広義の刑法	刑法典		・決闘罪ニ関スル件
	特別刑法	刑法典に準ずる特別刑法…………	・盗犯等の防止及び処分に関する法律 ・軽犯罪法 ・売春防止法 ・少年法
		行政刑法…………	・水質汚濁防止法12条1項・31条1項1号 ・国家公務員法100条1項・109条12号 ・政治資金規正法12条・25条1項・25条1項

しているので，行政刑法の一例である。

> **🌳 用語の森** 刑罰法規はどこにあるか　一般に，行政刑法の場合，その法律の最後の部分に並べられている。
> 　以下に，銃砲刀剣類所持等取締法の目次を示す。
>
> 　　第1章　総則（1条〜3条の13）
> 　　第2章　銃砲又は刀剣の所持の許可（4条〜13条の2）
> 　　第3章　古式銃砲及び刀剣類の登録並びに刀剣類の製作の承認
> 　　　　　（14条〜21条）
> 　　第4章　雑則（21条の2〜30条の3）
> 　　第5章　罰則（31条〜37条）　　　　　　　　←（刑罰法規）
>
> 　だから，行政刑罰法規を探すときは，その法律のおわりの方から見ればよい。

　ある法規が，刑法典に準ずる特別刑法か行政刑法かは一概に決められるものではない。同じ道路交通法違反の場合であっても，ひき逃げをしたときは，刑法典に準ずる特別刑法違反にあたるといえる。すなわち，自動車事故（これは，通常，自動車運転過失致死傷罪〔211条2項〕にあたる）を惹き起こした者が負傷者を救護することなく逃走したときは，一般に，道路交通法72条1項が規定する救護義務と報告義務に違反する。これは，自動車事故を惹き起こした者が，人間として当然守らなければならないことを明確にするために設けられた規定と解されるから，刑法典に準ずる特別刑法である。

　なお，逋脱犯（所得238条，法人159条など）は，税務当局を欺いて納める税金を免れようとする詐欺罪（246条）に類似の犯罪であるから，刑法典に準ずる特別刑法に属する。逋脱犯に対し，懲役などの実刑が科せられる例が少なくないのは，実体として詐欺罪に近いと裁判所が判断しているからと思われる。

2 刑法の特色

1 刑法と道徳の違い

　刑法のイメージを把握してもらうために，道徳と比べてみる。

　結論からいえば，両者はだいぶ違う。したがって，道徳心（規範意識）が高い人であっても，刑法を直ちに理解することはできない。いなむしろ，道徳心の高い人は，刑法は反道徳的であると怒るかもしれない。

　例として，2008年4月22日，広島高等裁判所が差戻し後の控訴審として，死刑判決を言い渡した山口県光市の母子殺害事件を取り上げてみよう。この事件で，犯人は，女性を殺害後，姦淫している。この死体に対する姦淫行為は，刑法上は何ら犯罪とならない。いわゆる屍姦（しかん）という，道徳的には本当に許しがたい行為であるが，刑法の強姦罪（177条）は生きている女性を被害を受ける客体とするものであるから，死体に対する行為は犯罪に当たらない。ただし，その行為が死体の一部を切り取るような「損壊」にまで及ぶ場合は，死体損壊罪（190条）という犯罪として処罰が可能である。

> **条文** 190条　死体，遺骨，遺髪又は棺に納めてある物を損壊し，遺棄し，又は領得した者は，3年以下の懲役に処する。

　道徳心のしっかりした人は，それに従って日常生活を律していれば，通常，刑法に抵触することはない。道徳の命ずるところは，刑法と比べて，対象として広く，かつ，一般に高い規準を要求しているからである。

　以上のことを踏まえて，次に，刑法と道徳との区別，そして，両者の関係について述べる。

2 刑法と道徳の区別

　刑法も道徳も社会規範であることには違いがないし，「人を殺してはならない」などの具体的な例では重なり合う場合が少なくない。しかし，それが人間のどのような部分に向けられたものであるかについては，大きな差異がみられる。刑法は，人間の行為として外部的に現われた社会活動に着目するのに対し，道徳は内心に着目する。もっとも，道徳においても，一般には外

部的動作として現われたときに，そのきっかけとしての内心のあり方について問うのであるが，行きつくところは心そのものである。したがって，法の分野では，「法は思想を罰せず」とされ，道徳の分野では，「信義と誠実となくしては，礼儀は茶番であり芝居である。」（新渡戸稲造『武士道』岩波文庫，65頁）との違いになる。

　ただし，刑法も人の内心を重視するものである。たとえば，人が他人の手にかかって死亡した場合，加害者は，(a)殺意があったか，(b)傷害あるいは暴行の意図であったか，(c)不注意であったか，それとも，(d)継続反復して危険な行為をする立場にありながらの不注意であったか，によって，別々の犯罪を構成するとしており，しかも，科される刑罰に相当な差を設けている。この区別は，責任の軽重によって違いを設けるという**責任主義**の1つの現れである。

　刑法と道徳の区別で大きな問題は，その要求水準に程度の差異が見られる場合が少なくない。刑法は，一般通常人（普通の国民）がこれなら守れそうだというところに水準を置き，それに違反しないように要請する。たとえば，一般の人が仮に犯罪を行なったとしたとき，通常なら自分が関わった犯罪の証拠をなくそうとする行為に出ると予想される。刑法は，そのような場合に，「犯罪を行なった以上いさぎよく罪に服せ」とまでは要求しない。そこで，刑法における証拠隠滅罪（104条）は，「自己の刑事事件に関する証拠」の隠滅等については処罰の対象から外している。これに対し，道徳は，ときに，

要求水準のちがい

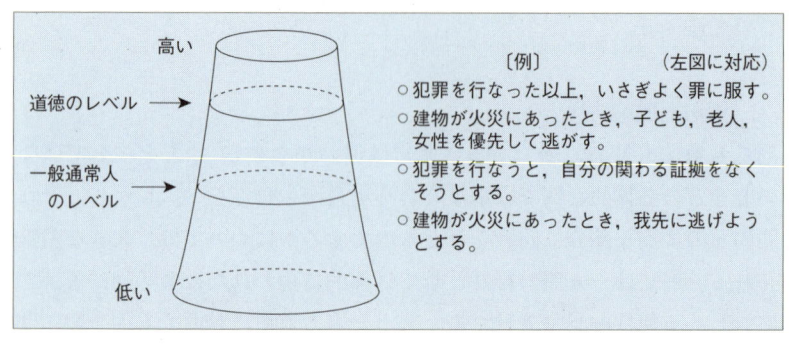

｜高い
道徳のレベル →
一般通常人のレベル →
｜低い

〔例〕　　　　　（左図に対応）
○犯罪を行なった以上，いさぎよく罪に服す。
○建物が火災にあったとき，子ども，老人，女性を優先して逃がす。
○犯罪を行なうと，自分の関わる証拠をなくそうとする。
○建物が火災にあったとき，我先に逃げようとする。

一般通常人が守れそうなところにより一段高いところに基準を置いて，少しでも高い基準に合った気持をもち，かつ行為することを期待するのである。

> **条文** 104条　他人の刑事事件に関する証拠を隠滅し，偽造し，若しくは変造し，又は偽造若しくは変造の証拠を使用した者は，2年以下の懲役又は20万円以下の罰金に処する。

> **小話**　宗教が人間の苦悩から出発していることにより，克服すべきものとして高い道徳を要求することがある。
> 　法隆寺に現存する玉虫厨子（国宝）の4面は釈迦の前世譚を描いたものといわれている。その1面に「捨身飼虎」の図がある。これは，釈迦が谷底の飢えている虎の親子のために自ら身を投げ，餌食になって飢えを救うという話を，異時多景法（同じ画面の中で，異なった情景が区切られることなく展開される）で描いたものである。そのまま実現することはとうてい人間のできることではないが，他人の苦しみを理解し自分を犠牲にすることも大切だと捉えれば，全く理解できないということはない。このように，道徳や宗教は規範として相当高いことを要求することもある。

刑法と道徳の違いとして，強制力の違いを指摘しておこう。刑法は公的な強制力をもって，あらかじめ決められた方法でなされる。刑事訴訟法はそのための手続的規定をたくさん持っている。たとえば，次の条文を見て頂きたい。

> **条文** 刑訴472条1項　裁判の執行は，その裁判をした裁判所に対応する検察庁の検察官がこれを指揮する。

これに対し，道徳違反に対しては，世間からの非難やマスコミによる指摘など，非定型的な（予め形のきまっていない）社会的制裁がなされることがある。

> **用語の森**　世間からの非難　行為について社会的非難を受けることは，それが犯罪として刑罰を受ける場合にも量刑の資料とされるなど，無視しがたい意味がある。しかし，世間からの非難には，誤った判断による場合やゆきすぎたものもあり，ある事柄を社会的非難に任せるのがよいのか，法的非難の対象とするのがよいのか，という困難な問題がある。

3 刑法と道徳の関係

刑法と道徳は，上のような点で区別されるが，相互に密接な関係にもある。

第1に，行為規範としての刑法の多くは，道徳が社会にすでに機能していることを前提として存在する。人が自己の行為の選択にあたって刑法自体を意識することは少ないであろう。

第2に，刑法は，社会における道徳をそのまま規範として取り込むわけではない。刑法が道徳を取り込む場合にも，法の観点から取捨選択が行なわれる。かつては，殺人罪（199条）のほかに尊属殺人罪（200条―自己または配偶者の直系尊属を殺したとき，死刑と無期懲役のみが用意されていた）があったが，今日では，むろん必要がない。裁判の歴史では，最高裁が，法の下（もと）の平等（憲14条）の規定に反するとして，違憲との判断を下した（下記判例参照）。その後，平成7年に刑法が口語化されたとき，尊属に関するすべての規定（200条，205条2項，218条2項）が一緒に削除された。

> **判例** 最大判昭48・4・4刑集27・3・265〔尊属殺違憲判決〕
>
> 　被告人は，何年にもわたって実父から強姦の被害を受け，子も産まれるなどしていたが，心神耗弱（こうじゃく）状態において，酔った父の首を絞めて殺した。被告人は，尊属殺人罪（200条）で起訴された。
> 　「尊属殺の法定刑は，それが死刑または無期懲役刑に限られている点（現行法上，これは外患誘致罪を除いて最も重いものである。）においてあまりにも厳しいものというべく，上記のごとき立法目的，すなわち，尊属に対する敬愛や報恩という自然的情愛ないし普遍的倫理の維持尊重の観点のみをもってしては，これにつき十分納得すべき説明がつきかねるところであり，合理的根拠に基づく差別的取扱いとして正当化することはとうていできない。……普通殺に関する刑法199条の法定刑に比し著しく不合理な差別的取扱いをするものと認められ，憲法14条1項に違反して無効である」。

第3に，「法は道徳の最低限」という考え方について検討しておこう。(イ)この見解は，法は究極的には道徳的秩序に組み込まれているとする立場である。これは，法の要求水準が比較的低いという意味では正しい面を含んでいるし，法の意味を，普遍的な内容をもつ自然法と捉えるならばさしつかえない。(ロ)法の意味を社会に現実に行なわれているところの実定法として捉える

法と道徳の関係

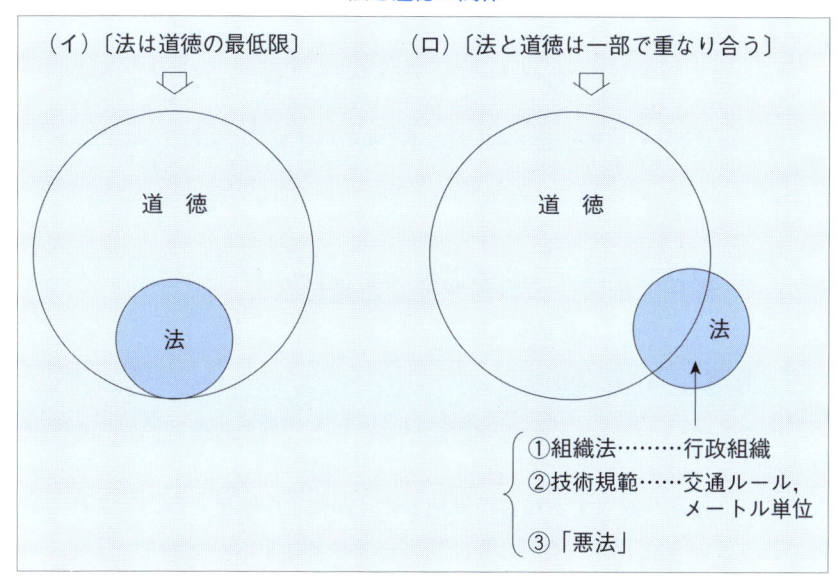

（イ）〔法は道徳の最低限〕　　（ロ）〔法と道徳は一部で重なり合う〕

①組織法………行政組織
②技術規範……交通ルール，メートル単位
③「悪法」

ならば，法と道徳は一部で重なり合う関係はあるとして理解される。この考え方によると，道徳と関係のない法の領域があることになる。

なお，私は(ロ)の見解が実態にあっていると思う。

> **🌳 用語の森**　**自然法・実定法**　自然法は，法律として立法されているか否かにかかわらず，法として存在するという考え方，実定法は，実際に法律として規定されたものだけが法律だという考え方である。
>
> 　**メートル**　1メートルの長さは，かつて地球の子午線の長さを基準としたが，現在は，計量単位令の別表第1で，定められている。すなわち，1メートルは，「真空中で1秒間の2億9979万2458分の1の時間に光が進む行程の長さ」である。

> **ポイント** 刑法は国民が守れるもの
>
> 　刑法は，大半の国民が守れるものを規定しており，それを守れない人を処罰するものである。これに対し，道徳の中には通常の国民には守れないものもある。にもかかわらず，道徳は人間としてあるべき姿を示すところに意味がある。

③ 国民は刑法により国家権力と関わる

1 刑法は国家権力の現れ

　刑法は，2つの面で，国民が国家権力と関わる根拠になる。刑法の大きな特色の1つである。

　第1に，犯罪が成立する場合，刑罰という制裁を国家権力の力によって負わされるという厳粛な事実がある。刑事司法のそれぞれの段階でさまざまな猶予制度（微罪処分，起訴猶予，執行猶予，仮釈放）があるが，それを受けるのに一定の条件をみたす必要があることは，単なるお目こぼしではない。

　第2に，刑法を実現するため，刑事訴訟法などの手続規定が整備され，手続を進めるための機構（警察，検察庁，裁判所，拘置所，刑務所など）が完備されている。ただし，現実問題として，犯罪検挙率の低迷などにより，罪を免れる者もおり，国民の安心感が損なわれている。

　いずれにしても，刑法は法益保護のために厳然と聳えており，国民にとって，法の中では，"厳しい"，"恐い"という印象を持たれているのは事実である。そのような印象を持たれているのは，法執行に携わる警察官・検察官・裁判官・刑務官の日々の努力にもよる。それだけに，2008年3月，警察庁が「取り調べ適正化方針」を打ち出して，捜査の可視化に踏み切らざるをえないような不祥事があったことは，法執行者として肝に銘ずべきである。

> **用語の森**　検挙率　検挙率は，かつて刑法犯全体で70%前後であったが，近年，低下し，平成20年において，刑法犯全体で50.9%，窃盗では27.7%であった（『平成21年版犯罪白書』）。

捜査の可視化　捜査の可視化とは，取り調べの様子を録画・録音することを通して，取調官が脅迫や誘導による自白をさせるなどを止めさせようとするものである。警察庁は，そのほか，取調室にマジック・ミラーを設置して室外から捜査を監視することができるようにするなどの指針を打ち出した。全面可視化が必要かというと，最低，被疑者が弁護士に会うまでは必要と思われる。

2　刑法の基本原則はいかにあるべきか

　刑法が以上のような意味で国家権力の現れであるとすると，刑法の基本原則がいかにあるべきかは自ら明らかになる。第5章，第6章で詳しく扱うが，刑法は，国家権力に対して抑制的なものとして働く必要がある。

4　刑法は長い歴史の上に立つ

1　歴史的なものを背負い込む

　刑法の特色といいながら，むしろ刑法の癖（くせ）のようなものを論（あげつら）うことになっているが，その点でもう1つ指摘する。刑法は長い歴史の中で培われてきたので，どうしても歴史的なものを背負い込む癖がある。

　(イ)刑法第2編が国家的法益に対する罪から並べられているのは，明治時代，刑法も国家を守るべきものと考えられていた名残りである。第2次世界大戦後，個人主義へ価値転換をして，**個人的法益**こそ第1に刑法の守るべきものとされた。そこで，第2編の順序は変わっていないが，刑法各論の教科書の大半は個人的法益に対する罪から叙述されている。

　(ロ)刑法制定時，過失犯はあくまで例外的なものとして捉える考え方が強く，まだ自動車事故などもあまりなかったため，過失犯に関する規定は整備されていなかった。現在，刑法犯の認知件数の2番目が28.2％の交通事故であるから，周辺的な問題も含めて，構成要件の整理が必要である。

　(ハ)なぜ，通貨偽造，文書偽造など偽造罪関係に5章，26もの条文が割り当てられているのか。これは，歴史的な流れの中で必要とされてきたことの証左（証拠）である。

2　犯罪現象と刑法の条文とのずれ

　以上の2・3の指摘からも明らかなように，現在の犯罪現象と刑法の規定はだいぶずれがある。一方で全く使わない条文があり，他方で構成要件の細分化などがなされている。社会変動のもととなる犯罪現象が変化しているにもかかわらず，つじつま合わせの立法作業しかしてこなかったことの付けが回ってきているのである。その意味において，刑法全体を大幅に変更する時期に来ていると思われる。

　なお，私は別の意味でも，刑法全面改正論の立場に立つ。それはなぜか。2009年5月21日から施行された裁判員裁判との関係でもっとも整備しなければならなかったのは，刑法改正だと思うからである。この制度には国民にさまざまな不安があったが，その1つに，刑法の条文がわかりにくいということがある。これに応えるのは，わかりやすい刑法を作り直すこと以外に道はない。裁判員法は，施行後3年たったら見直すとしているが（附則9条），裁判員法ばかりでなく，さらに広い視野からの取り組みを今からしておく必要がある。

> **小話**　手塚治虫は，医療は人の生命を守るものなのに法は人の生命を損うものなのか，という疑問を投げかけている。ブラックジャックは，犯人として警察官に追われ，ビルから飛び降りて心臓死状態になった少年を，手術で蘇らせる。ところが，その少年は父親殺しで裁判にかけられ，死刑判決を受ける。ブラックジャックは，「死刑にするため助けたんじゃない‼」と法廷で怒りをぶつける。
> 　　　　（手塚治虫「2度死んだ少年」『ブラックジャック⑥』秋田文庫38頁以下）。

第4章

刑事裁判の基本原則

本章の主旨

刑法は刑事裁判を通して実現される。刑事裁判の基本原則は，証拠裁判主義を基本としつつ，デュー・プロセスが要請される。

1 刑事裁判の流れ（裁判員裁判の手続）

1 公判前整理手続

　刑事裁判は，真相を明らかにするため，公判前整理手続，公判の審理，評議・評決，判決言渡し，という順序で行うことがルール化されている。訴えを起こすのは検察官で，被告人・弁護人はそれに反論をする。この両当事者の主張を聞いて，裁判所が判断を下す。ここでは，裁判員裁判を前提として刑事裁判の流れを追う。

> **用語の森**　**裁判員裁判**　裁判員裁判が導入されることになった理由は，後述（2の36頁）のように，現行刑事裁判に対する変革の要請ばかりでなく，より大きく捉えれば，司法の近代化として市民参加が期待されたことによる。

　公判前整理手続は，刑事裁判の充実・迅速化のため，第1回公判の前に，裁判所がリードしながら争点を整理し，公判においてどのような証拠を取り調べるかを決定する手続である。刑事訴訟法改正で平成17（2005）年11月1日から施行され，裁判員裁判では必ず公判前整理手続をしなければならないことになっている（裁員49条）。

　公判前整理手続の参加者は，裁判長，検察官，弁護人である。被告人は公

判前整理手続に出頭することができるし，裁判所が被告人に出頭を求めることもできる（刑訴316条の9）。

公判前整理手続では，公訴事実に争いがあるか，正当防衛の主張があるかなど，有罪・無罪に影響をする争点を確定し，そのために両当事者の請求する証拠の採否を決定する。証人については取調べ順序を決め，審理計画を立てる。そこで，やむをえない事由によって公判前整理手続において請求することができなかったものを除き，同手続が終わった後には，証拠調べを請求することはできない（刑訴316条の32第1項）。

なお，鑑定（とくに精神鑑定）のために長期間審理が中断するような事態を避けるため，公判開始前に鑑定を決定し，実際に調査等をしてもらい，公判がはじまったら結果を報告してもらうという方法も導入された（裁員50条）。集中審理のためにはこれが必要である。

裁判員裁判では，裁判員にとって分かりやすいように，証拠の数を限定し，法廷内のディスプレイを用いて，事件現場の状況を示すなど，視覚的に分かりやすく説明することが，検察官・弁護人双方に期待される。そのためには公判前整理手続という計画段階から準備がなされなければならない。

2 審　理

(1) 冒頭手続　公判は裁判官と裁判員・補充裁判員の入廷からはじまる。書記官から「起立・礼」の号令がかけられ，皆が会釈をして着席する。

裁判長から開廷が告げられ，直ちに被告人に対し，人違いではないかを確かめるため，氏名や本籍が問われる。これを人定質問（刑訴規196条）と呼んでいる。

ついで，検察官による起訴状朗読がなされる。

これによって，この刑事裁判がどのような罪に関する裁判なのかが公にされるのである。口頭弁論主義の要請から，起訴状は必ず声に出して読まれる。現在のところ，慣行で，公訴事実はどんなに長くても一文で書かれているが，分かりやすくするために工夫が必要である。裁判長は起訴状朗読の後，被告人に対して，終始沈黙してもいいし，また，個々の質問に対し，陳述を拒むこともできるが，陳述をすると，自己に不利にも有利にもなりうるというこ

とを告げる（刑訴規197条）。当然のことながら，沈黙したことで被告人にとって不利益な裁判が行われることは許されない。黙秘権は憲法上の権利なのである（憲38条）。黙秘権告知の後，裁判長は，被告人および弁護人に対し，当該事件について陳述する機会を与える。

(2) **冒頭陳述**　証拠調べの最初に行われるのが冒頭陳述である。まず，検察官からなされる。これは被告人がどんな生活をしてきて，どのような経緯から事件を惹き起こすことになったのかを物語形式で述べられる。具体的には，被告人の身上・経歴，犯行の動機，犯行に至る経緯と犯行状況などを書いたものを朗読するのである。

しかし，裁判員裁判では，従来の時系列的な経緯に加え，裁判員に分かりやすく何が争点になるのかを説明する必要がある。

検察官は，冒頭陳述にあたっての義務として「公判前整理手続における争点及び証拠の整理の結果に基づき，証拠との関係を具体的に明示しなければならない」（裁員55条）のである。したがって，検察官は，証明すべき事実とその立証方法をはっきりと示す必要がある。

これまでは，必ずしも弁護人の冒頭陳述はなされなかったけれども，裁判員裁判では弁護側の主張を裁判員に理解してもらうために，弁護人の冒頭陳述が必要とされる。弁護人は，公判前整理手続で示された検察官の立証方針を見据えた上で，「証拠により証明する事実を明らかにする」（裁員55条）必要がある。

(3) **証拠調べ**　刑事裁判の山場は証拠調べである。裁判員制度の導入で最も変化が期待されているのは，証拠調べの段階である。

裁判員は，公開法廷に提出された証拠のみに基づいて事実認定のための考えをまとめていくのであるから，法曹関係者全員がわかりやすく証拠を示す必要がある。しかも，裁判員を法廷に拘束できるのは，3，4日が限度であろう。公判は連日的に開廷され（間に休みを入れることもある），証拠の数も限定される。裁判員法51条が「迅速でわかりやすい」証拠調べであることを要求しているのはこのような趣旨からである。

もともと現行の刑事裁判は，口頭主義・直接主義を標榜しており，その理念を活かせば，もっと分かりやすい立証活動がなされるはずである。とこ

ろが，現在，そのような直接主義は影を潜め，検察官は下を向いて早口で調書を読み，裁判官が公判の後で，調書を作成するという調書裁判主義に陥っている。裁判員裁判は，その変革を迫るものなのである。

> **🌳 用語の森　直接主義**　2009年8月3日から，全国で一番最初の裁判員裁判が東京地裁で開かれた。殺人事件の直後の目撃証言が行われた。直接主義の現れとして評価される。

(4) 証人尋問　裁判員裁判では，証人尋問が重要な役割を果たすことになる。証人尋問の方法は，証人を呼んだ側がまず主尋問を行い，相手方はそれに対して反対尋問を行う。裁判員裁判では，裁判員の印象が強いうちに争点を明瞭にすべきである。主尋問のすぐあとに反対尋問をする必要がある。その後で，裁判官による補充尋問がなされる。裁判員も質問ができる。

> **小話**　反対尋問が功を奏した例として，リンカーンの最初の弁護の例が伝えられている。リンカーンは，殺人罪で起訴されたグレイスンの弁護人として，目撃者に反対尋問をするのである。
> 「問　あなたはその直前ロックウッド（被害者）の傍におり，射撃をみたのですか。
> 　答　そうです。
> 　　……
> 　問　ではいかにして射撃をみたのですか。
> 　答　月光です。
> 　問　あなたは夜の十時に，燈火から4分の3哩離れたぶなの林のなかで，ピストルの銃身をみ，射撃するのをみ，しかも20呎離れた箇所で，月光によって見たのですね。それらをみんな1哩も離れたところにある燈火によって。
> 　答　前お話ししてきた通りです。
> リンカーンはこの答とともに，静かに上衣のポケットから暦を出し，同日の月は，翌朝1時まで出ないという箇所を読んで，証拠として提出した。」
> 　　　　　　　　　　　　　　　　　　　（戒能通孝『法廷技術』52〜53頁）

(5) 被告人質問　証拠調べの最後に，被告人質問が行われる。被告人には黙秘権が認められている関係から，証人にはなりえない。したがって，宣誓はないから，偽証罪（169条）が成立することもない。しかし，被告人の供述に耳を傾けなければならないことは当然である。

裁判員は，裁判長に告げれば，被告人に対して質問をすることが認められている（裁員59条）。

(6) **論告・求刑，最終弁論** 公判の最終段階として，検察官による論告と求刑，弁護人による最終弁論がある。これは今まで双方が述べてきたことのまとめである。

検察官は求刑にあたって，同種の事実について量刑を全国的な判例をもとに主張するので，裁判をする側にとって大いに参考になる。その後で，被害者参加人（被害者またはその遺族）またはその弁護士は，裁判所に申し出て，事実または法律の適用について意見を陳述することができる（刑訴316条の33以下）。

弁護人の最終弁論は，事実認定の面ばかりでなく，理論的にもさまざまな可能性を考えた上で展開される。事実面では，被告人が犯行を行ったことは間違いないとしても，刑法に照らし合わせると，阻却事由にあたる可能性があり，刑事訴訟法的にも，罪を免れる理論立てはいくつもある。後者の例を示しておく。被告人が加害者を殺害したことは間違いないとしよう。殺意がないときは傷害致死罪（205条）になり，傷害致死罪だと公訴できる期間（公訴時効）は犯行後10年であるから（刑訴250条3号），仮に当該事件の起訴が犯行後13年経ってしまっていると，免訴の判決（刑訴337条4号）を求めることができる。

3 評議・評決

(1) **評議** 評議において，裁判長は，論点を丁寧に説明し，裁判員の発言する機会を十分に設けるなど，裁判員がその職責を十分に果たすことができるよう配慮しなければならないとされている（裁員66条5項）。

評議の目標は被告人が有罪か無罪かを判定することであるが，裁判員においては，さまざまな疑問が生じるであろうから，裁判長は辛抱強く説明する心がけが必要である。とくに同じ言葉であっても，法律上の意味と日常の用い方とが異なっている場合（たとえば，自首）などは，立法理由なども含めて説明する必要がある。

(2) **評決** 裁判官と裁判員の合議体の結論は，評決によって決せられる。評決のしかたは多数決であるが，必ず裁判官と裁判員の双方の意見が入っている必要がある（裁員67条1項）。その理由は，裁判官と裁判員が協働す

るという原則に基づく。

4 裁判員裁判の判決

(1) 判決の宣告　裁判員は，自分がその判断に関与した公判の判決の宣言に立ち会う義務がある（裁員63条1項）。ただし，裁判員が出頭しなくても判決の宣告はできることになっている。そのために裁判所はあらかじめ裁判員に宣告期日を通知する（裁員63条2項）。

(2) 判決書の作成　判決書の作成は，裁判官と裁判員の合議体の評価の結果に基づいて構成裁判官が作成することになっている。

裁判員裁判では，裁判官のみによる裁判のように，深く精緻な合議を尽くすことは無理である。また，証拠についても限定されるから，すべての論点について十分な時間を割いて合議することは困難である。したがって，判決書は，結論を導くに至った基本的な筋道を示す程度になる。ただし，判決書は，控訴・上告で争うときに基本的なよりどころになるものであるから，検察官と弁護人が争っていた点を含めて，重要な争点については，論拠を示して結論が明確にされなければならない。

5 裁判後の不服申し立て

(1) 裁判員裁判の位置づけ　アメリカの陪審裁判では，一審で無罪になったときには，検察官は控訴できず，無罪が確定することになっている。これは国民が事実認定したことを尊重する趣旨と，一度無罪が出たことを覆すのはおかしいという考え方による。

裁判員裁判でも，通常の裁判と異なり，無罪が出たらもはや検察官は控訴できないという制度を選択することもできたはずである。ところが，日本の裁判員法は，控訴審についてなんら特則を設けていない。そうなると，一審でせっかく国民が参加して事実認定をしたのに，裁判官のみによって構成される控訴審で全く違った結論が出ることもありえる。なお，この点について，最高裁判所はできるだけ裁判員裁判の結論を尊重すべきだとしている。

(2) 控訴審の特色　控訴審をどのような性格のものにするかは，いくつかの方式がありうるが，現行刑事訴訟法ではいわゆる「見直し」型のものに

第 4 章　刑事裁判の基本原則　39

刑事手続の全プロセス（通常の場合）

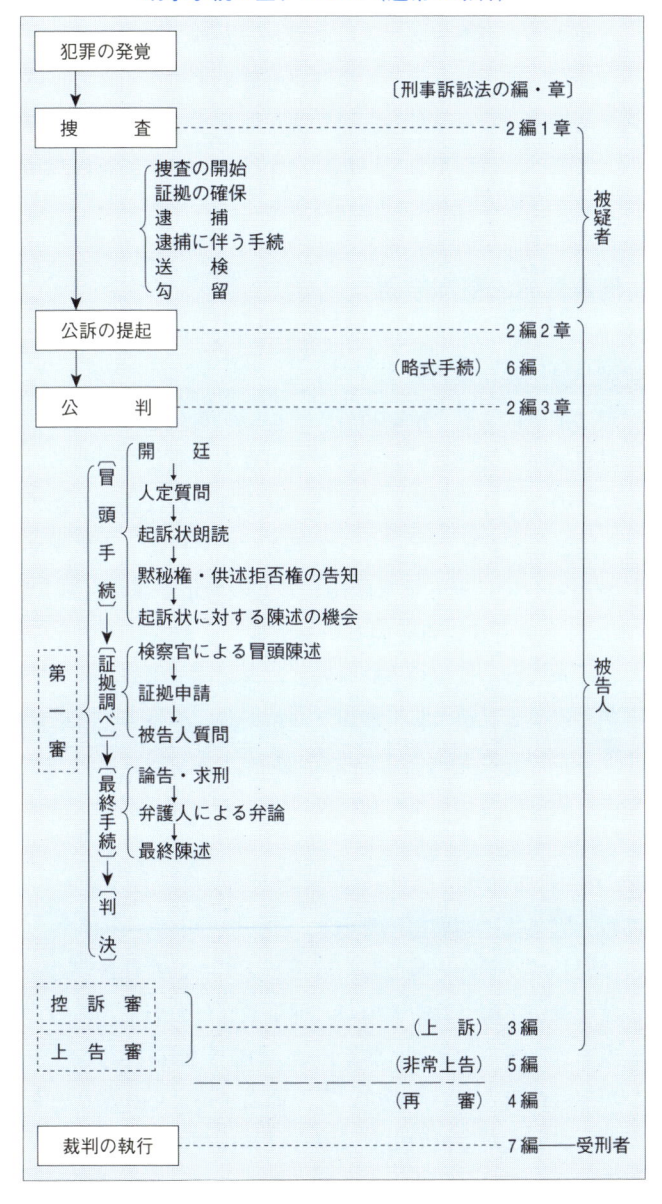

```
犯罪の発覚
   ↓                                          〔刑事訴訟法の編・章〕
  捜　査 ------------------------------------ 2編1章 ┐
   │   ┌ 捜査の開始                                  │
   │   │ 証拠の確保                                  │
   │   │ 逮　捕                                     ├ 被疑者
   │   │ 逮捕に伴う手続                              │
   │   │ 送　検                                     │
   │   └ 勾　留                                     ┘
   ↓
 公訴の提起 ---------------------------------- 2編2章
   │                              （略式手続） 6編
   ↓
  公　判 ------------------------------------ 2編3章 ┐
   │   ┌〔冒頭手続〕┌ 開　廷                         │
   │   │           │   ↓                           │
   │   │           │ 人定質問                       │
   │   │           │   ↓                           │
   │   │           │ 起訴状朗読                     │
   │   │           │   ↓                           │
   │   │           │ 黙秘権・供述拒否権の告知        │
   │   │           │   ↓                           │
   │   │           └ 起訴状に対する陳述の機会        │
   │   │                ↓                          │
   │   │〔証拠調べ〕┌ 検察官による冒頭陳述           ├ 被告人
  第一審             │   ↓                          │
   │   │           │ 証拠申請                       │
   │   │           │   ↓                           │
   │   │           └ 被告人質問                     │
   │   │                ↓                          │
   │   │〔最終手続〕┌ 論告・求刑                     │
   │   │           │   ↓                           │
   │   │           │ 弁護人による弁論                │
   │   │           │   ↓                           │
   │   │           └ 最終陳述                       │
   │   │                ↓                          │
   │   └〔判決〕                                    ┘
   ↓
 ┌控訴審┐
 │     ├ ---------------------- （上訴）  3編
 └上告審┘
          ---------------------- （非常上告） 5編
          ---------------------- （再　審）   4編
 裁判の執行 ---------------------- 7編 ── 受刑者
```

なっている。

　控訴審は原判決の当否を判断するものであるから，請求を理由なしとして棄却するか，請求に理由ありとして原判決を破棄するかである。控訴審が原判決の審査を堅持するなら棄却し，原判決を破棄するときは差し戻しにするべきである。実際は，自判をしている場合が多い。差し戻されたとき，再び裁判員裁判で裁くべきなのかという問題がある。

２　刑事裁判の基本原則

1　事実認定は証拠による

　事実の認定は証拠による（刑訴317条）とするのが，刑事裁判の鉄則である。ただし，ただ根拠があればよいのではなく，真実発見に役立つものでなければならない。そのことを保障するために，刑事訴訟法はいくつかの方策を用意している。①強制・拷問などによって得られた自白は，真実を反映していないおそれが高いので，そもそも証拠としての資格が認められない（同319条１項）。②反対当事者による尋問というチェックを受けていない**伝聞証拠**は，原則として証拠として認められない。たとえば，警察官に対する目撃者の供述調書がそのまま証拠として採用された場合，被告人・弁護側は目撃した状況を知ることができないわけである。そのような場合，証人として法廷に呼び出し，伝聞証拠でなくしていく（証拠能力のあるものとする）必要がある。

2　検察官と被告人は対等な当事者

　民事裁判に関して，訴えを起こした原告と訴えられた被告が対等な当事者であることは一般に了解されやすいが，刑事裁判において，検察官と被告人とが対等な当事者であること（当事者主義）は納得されにくい。

　しかしながら，**被告人**というのは，とりあえず訴えられたというだけであり，犯人であるかどうかは裁判をしてみなければわからないはずである。ところが，現実の社会では，犯人として逮捕されたというだけで蔑視され，一人前の人格として扱われない風潮がある。そのような風潮を是正するために

も，検察官と被告人を裁判における当事者として位置づけていく必要がある。

　以上のように捉えたときに，弁護士の役割も明確になってくる。法律の専門家である弁護士の助力があってはじめて，被告人は検察官に対決できるわけである。それでも，検察官同一体の原則によって全国の検察官をバックボーンに持ち，さらに強制捜査権限を有している検察官と，一人の弁護士では，実際上の力関係はバランスを欠いていることはいうまでもない。

> 🌸 **用語の森**　**検察官同一体の原則**　全国の検察官が統一的，階層的な組織を構成し，上命下服の関係において，一体として検察事務を行う原則で，検事総長は，検事長，検事正を通して下級職員への指導監督権をもつので，1人の検事に対しても命令可能である。

3　デュー・プロセスとは何か

　刑事司法は，全体として適正手続（デュー・プロセス）に基づいて行われなければならない。そもそも，刑事裁判は，犯罪に関して物事の是非善悪を明らかにするために行われる社会の仕組みであるから，その手続そのものが適正な法律に基づかなければならないことは当然のことである。犯罪を裁く過程で非違（法に背く行為）が許されたならば，それは裁判でもなんでもなくなってしまうといわねばならない。刑事裁判は，犯罪によって侵された被害者の人権やその他の法益を回復する一つの社会的な仕組みというべきであり，正義や公平の実現過程といえる。その正義や公平の実現過程のはずの刑事司法が，捜査機関における拷問やでっち上げで汚れ，それらを是正すべき裁判所が十分なチェック機能を果たしていない実情にある。冤罪はそのような土壌から芽生える。

4　疑わしきは罰せず

　証拠裁判主義を基盤とし，実質的な意味での当事者主義の実現をはかり，デュー・プロセスを全うしても，有罪か無罪か最終的な判断は裁判官に委ねられている。裁判官が適正な手続の検証を経た証拠を検討した結果，白黒どちらともいえない場合に則るべき規範が「疑わしきは罰せず」の原則である。「疑わしい」とは，完全に黒とはいえない灰色のことであり，別の言い方

をすれば「怪しい」ということである。白と黒との間には無数の灰色の段階があり，黒に近い灰色なら有罪の確率が高いかもしれない。しかし，そのような場合でも，一片でも無罪の可能性があるかぎり，被告人の利益に判断すべきというのである。その根拠は，これまで幾度となく誤判を繰り返してきたという厳然たる事実である。そして，そのような経験の中から神ならぬ人間が判断するかぎり，取り返しがつかないような過ちを犯してはならないと考えるようになったのである。イギリスの格言は，そのことを端的に示したものといえる。すなわち，「十人の有罪者を逃すことがあっても，一人の無辜（無実の罪）を罰するな」。

なお，「罰せず」の意義には2つある。すなわち，①完全に無罪，②重い犯罪には問えないが，軽い犯罪には問える場合である。

判例　最決昭50・5・20刑集29・6・177〔白鳥決定〕

Aは，昭和27年1月21日，札幌で白鳥警部を射殺したとして，懲役20年の刑が確定した。その後，Aは，札幌高裁の確定判決に対して再審請求をした。請求は却下され，Aは特別抗告をした。最高裁は抗告も棄却したが，証拠の明白性に関して述べている。

刑訴「435条6号にいう『無罪を言い渡すべき明らかな証拠』とは，確定判決における事実認定につき合理的な疑いをいだかせ，その認定を覆すに足りる蓋然性のある証拠をいうものと解すべきであるが，右の明らかな証拠であるかどうかは，もし当の証拠が確定判決を下した裁判所の審理中に提出されていたとするならば，はたしてその確定判決においてなされたような事実認定に到達したであろうかどうかという観点から，当の証拠と他の全証拠と総合的に評価して判断すべきであり，この判断に際しても，再審開始のためには確定判決における事実認定につき合理的な疑いを生ぜしめれば足りるという意味において，『疑わしいときは被告人の利益に』という刑事裁判における鉄則が適用されるものと解すべきである。」

ポイント　疑わしきは罰せず

デュー・プロセスに基づいて提出された証拠による事実認定にあたって，黒とはいえず，疑わしい状態の場合，被告人に不利益に判断してはならない。

第5章

罪刑法定主義

> **本章の主旨**
>
> 罪刑法定主義は，予め犯罪と刑罰を規定しておかなければ処罰できないとする原則である。この基本原則は，立法や解釈にあたって指針になる。議論が分かれるときは，この原則に立ち帰って検証する必要がある。

1 刑法の基本原則の内容と根拠

1 原則の名宛人は誰か

　刑法の基本原則が，誰を名宛人としているか（誰に守らせようとしているのか）といえば，刑法を適用する側の裁判官，検察官，警察官に対するものといえる。すなわち，国家権力に携さわる者に対し遵守するように要請している。その反射として，国民は一定の権利を確保される。つまり，国民の権利を確保することを狙って，基本原則は打ち立てられている。

2 罪刑法定主義とは何か

　刑法は，国家権力が実力をもって，国民の法益を刑罰という名目で剥奪することを裏付ける法律である。そこで，予め規定することによって，異なる二者に対してそれぞれ機能することが期待されている。

　まず，国民に，予め犯罪となる場合を示すことによって，それに抵触することがないように警告し，また，逆に，抵触しなければ，仮にその行為が無作法であったりしても，刑法上は犯罪にあたらないことを保障する。次に，国家は予め犯罪として規定していた場合に限り処罰できるのであって，仮に，ある行為について国民の処罰要求が高まったとしても，行為後に勝手に処罰

する権限は有していない。

このように，予め犯罪とそれに対する刑罰を規定しておかない限り，どんなに怪しからぬ行為であったとしても処罰することはできないとする原則を**罪刑法定主義**と呼んでいる。これは，国家や領主の都合によって勝手に処罰の範囲や重さを変えることができる**罪刑専断主義**に対抗して，近代刑法の根本原則として打ち立てられてきたものである。

ヨーロッパの近代の幕明けといわれるフランス革命の際のいわゆる人権宣言の中から，刑法ならびに刑事訴訟法に関わる規定を紹介しよう。

> **小話** フランス人権宣言（1789年）
> 　第7条　何人も，法律により規定された場合でかつその命ずる形式によるのでなければ，訴追され，逮捕され，または拘禁され得ない。恣意的命令を請願し，発令し，執行し，または執行される者は，処罰されなければならない。然しながら法律により召喚されまたは逮捕された市民は，直ちにしたがわなければならない。その者は，抵抗により犯罪者となる。
> 　第8条　法律は，厳格かつ明白に必要な刑罰のみを定めなければならず，何人も犯罪に先立って制定公布され，かつ適法に適用された法律によらなければ，処罰され得ない。
> 　第9条　すべての者は，犯罪者と宣告されるまでは，無罪と推定されるものであるから，その逮捕が不可欠と判定されても，その身柄を確実にするため必要でないようなすべての強制処置は，法律により峻厳に抑圧されなければならない。
> 　　　　　　　　　　　　　　（高木八尺他編『人権宣言集』，岩波文庫，131～132頁）

罪刑法定主義が認められる根拠は2つある。第1は，人間は自分の行うことが犯罪になるか否かによって行為の選択をしていく性質があるという，人間の**予見可能性**（予測可能性）である。第2は，何を犯罪とするかどうかは国民自身が決めることができるという民主主義的原理である。今日においては，国民は選挙を通してなり，あるいはふだんに国会議員に働きかけ，犯罪とそれに対する処罰を決めることができる。

> **用語の森**　**予見可能性**　これはあくまで可能性であるから，実際に予見できたかどうかは別のことである。さらに大切なことは，将来に対する予見をもとに自分の行為をコントロールする能力（支配可能性）も人間にはあるということである。この支配可能性があるからこそ，人間は単なる欲望の奴隷ではないのである。

2 罪刑法定主義の具体的展開

1 立法に対する要請

(1) **法定の意味**　予め「法律」で犯罪を規定しておかなければならない，という場合の法律は，通常，国会で制定されたものを意味する。なお，地方公共団体の制定する条例も，この意味での法律に含まれる。

> **判例**　最大判昭 37・5・30 刑集 16・5・577〔条例と法律主義〕
> 被告人は，大阪市の街路等における売春勧誘行為等の取締条例に違反するとして起訴された。
> 条例は，「公選の議員をもって組織する地方公共団体の議会の議決を経て制定される自治立法であって，……むしろ国民の公選した議員をもって組織する国会の議決を経て制定される法律に類するものであるから，条例によって刑罰を定める場合には，法律の権限が相当な程度に具体的であり，限定されておればたりると解するのが正当である。」

(2) **刑罰法規の適正**　刑法が法律として是認されるためには，対象となる行為が犯罪として取り上げるのにふさわしく，かつ，その用意した刑罰も犯罪に見合ったものである必要がある。なぜなら，刑罰が科せられれば，犯人であるといっても，それによって何らかの法益が剥奪されるわけであるから，適正な刑罰法規であってこそ立法されている正当性が認められるのである。法律や条例として規定されていたとしても，刑罰法規として適正でないときは，憲法31条に違反し，違憲と判断される。刑罰法規の適正は，実体法として適正であることが必要とされるという意味で実体的デュー・プロセスともいわれる。

たとえば，わが国の刑法において，かつて存在した「姦通罪」を今日の社会で規定したとすれば，性に関する自己決定権の観点や法の下の平等から適正とはいえない。

> **用語の森**　**実体法**　誰にどんな権利や義務があるかということを規定した法律をいう。民法・商法・刑法などである。これに対し，そのような

権利・義務をどのような方法で実現するかを規定したのが**手続法**で，民事訴訟法・刑事訴訟法・行政事件訴訟法などである。

姦通罪 昭和22年11月15日に刑法が改正される前，「有夫の婦」すなわち結婚している女性が姦通したときは，2年以下の懲役に処するとされていた（183条1項）。ただし，「有婦の夫」の方は同じことをしても処罰されなかった。ちなみに，「有夫の婦」が処罰されれば，その相手方の男は処罰された。

判例 最判昭57・9・28刑集36・8・787〔「つかれず」は医薬品か〕

被告人は，被告会社の業務として，東京都知事の許可を受けずに「つかれず」および「つかれず粒」を販売し，医薬品の無許可販売として薬事法違反で起訴された。無害な行為を処罰するのは適正とはいえないのではないかが問題となる。

「その名称，形状が一般の医薬品に類似しているうえ，被告人らはこれを，高血圧…等に良く効く旨その効能効果を演述・宣伝して販売したというのであるから，たとえその主成分が，一般に食品として通用しているレモン酢や梅酢のそれと同一であって，人体に対し有益無害なものであるとしても，これらが通常人の理解において『人又は動物の疾病の診断，治療又は予防に使用されることが目的とされている物』であると認められることは明らかであり，これらを薬事法2条1項2号にいう医薬品にあたるとした原判断は，正当である。」

なお，反対意見（木戸口裁判官）は，健康上有益無害と考えられる物質を「医薬品」と認めるべきではなく，せいぜい食品衛生法上の規制の対象とすれば足りるとして，無罪説を打ち出している。

(3) 罪刑の均衡 罪刑の均衡とは，犯罪の重さに合わせて刑罰が設けられていなければならないという原則である。刑罰法規の適正の一環ともいえる。

現代における**罪刑の均衡**は，犯罪によって損なわれる法益と，刑罰によって犯罪者から奪われる法益とが同等であることを期待しているものではない。これは，現行刑罰の中心を懲役という自由刑においている点で，損なわれる法益の多様さに符合することはありえないためである。たとえば，詐欺罪（246条1項）では，被害者はだまされて財物を取られるのであるが，刑罰

は懲役であるから，犯罪者の自由を剥奪するのである。

そこで，罪刑の均衡の内容は，次のような意味で確認される必要がある。①広い視野に立って，重い犯罪には重い刑罰，軽い犯罪には軽い刑罰というようにバランスがとれているか。②個々の犯罪に着目するとき，犯罪によって損なわれる法益との関係で刑罰の重さが合っているか。

以下の判例は，多くの論点を含むが，その1つとして，上の②の意味で罪刑の均衡が問われている。ちなみに，論点の1つに，白地刑罰法規と罰則の委任という問題がある。国家公務員法102条1項は，「職員は……選挙権の行使を除く外，人事院規則で定める政治的行為をしてはならない」とし，禁止される政治的行為の細目を，法自体がその基準を明示せず（白地刑罰法規），下位法規である人事院規則に包括的に委任しているため，その合憲性が問われるのである。判例は合憲としている。

判例　最大判昭49・11・6刑集28・9・393（猿払事件）

被告人は，北海道猿払村の奥志別郵便局に勤務する郵政事務官であったが，依頼者の選挙用ポスター6枚を自ら公営掲示場に提示したほか，約180枚の掲示方を他に依頼して配布した。

被告人は，人事院規則5項3号，6項13号の特定の政党を支持することを目的とする文書すなわち政治的目的を有する文書の掲示または配布という政治的行為にあたるものであるから，国公法110条1項19号の罰則が適用されるべきであるとして，起訴された。

「刑罰規定が罪刑の均衡その他様々の観点からして著しく不合理なものであって，とうてい許容し難いものであるときは，違憲の判断を受けなければならないのである。そして，刑罰規定は，保護法益の性質，行為の態様・結果，刑罰を必要とする理由，刑罰を法定することによりもたらせる積極的・消極的な効果・影響などの諸々の要因を考慮しつつ，国民の法意識の反映として，国民の代表機関である国会により，歴史的，現実的な社会的基盤に立って具体的に決定されるものであり，その法定刑は，違反行為が帯びる違法性の大小を考慮して定められるべきものである。……本件において問題とされる規則5項3号，6項13号の政治的行為は，特定の政党を支持する政治的目的を有する文書の掲示又は配布であって，前述したとおり，政治的行為の中でも党派的偏向の強い行動類型に属するものであり，公務員の政治的中立性を損うおそれが大きく，このような違法性の強い行為に対して国公法の定める程度の罰則を法定したとしても，決して不合理とはいえず，したがって，右の罰

則が憲法31条に違反するものということはできない。」

(4) 刑罰法規の明確性，刑罰法規非広汎性の原則　予め犯罪を規定しておく必要があるということは，どこまでは犯罪かという限界を明確にせよ，という要請につながる。犯罪とそうでないものとの区分けを不明確なままにしておくことは，予め規定したとはいえない。もっとも，為政者側からすれば，両者の限界を不明確にしておいて国民を畏縮（いしゅく）させるのが得策である。しかし，そのような卑怯な手は民主主義社会の許すものではない。このように，刑罰法規の明確性は民主主義の賜（たまもの）なのである。

ところで，刑罰法規が明確ならどんなに広く処罰しても構わないものであろうか。それは違う。処罰範囲が広すぎるのは国民の自由を侵害することになるし，刑罰の多用は，それ自体が国民を怯（おび）えさせ，闊達（かったつ）な社会を形成していくことを困難にしてしまう。ちなみに，近年の傾向として厳罰化の要求が強く，それが現実に深刻な副作用をもたらしていることを見逃してはいけない。

以上のことで明らかなように，刑法のあり方を考察するにあたって大切なことは，①刑法の活用によって何ができるかだけではなく，②刑法を用いることによって大事なものを失ってはいないか，という配慮である。②の配慮から，刑法はできるだけ控え目に用いるべきとする**刑法の謙抑性**の考え方が生まれるのである。

> **🌳 用語の森**　**厳罰化の副作用**　社会一般による厳罰化の要求は，(イ)裁判の量刑に反映しているばかりでなく，(ロ)執行猶予率を下げて実刑に服する者を増加させ，(ハ)刑務所における**過剰拘禁**という問題を惹き起こす。さらに，(ニ)過剰拘禁は受刑者への処遇内容を悪化させ，(ホ)施設内処遇の質的低下は，社会復帰後，再犯者の増加をもたらす。

以下の判例は，条文の文言の意味を限定して解釈することによって合憲性を保持するという合憲的限定解釈の法理を確かめたものである。

判例 最大判昭60・10・23 刑集39・6・413〔福岡県青少年保護条例事件〕

被告人（26歳）は，A子（16歳）を18歳に満たない青少年であると知りながら，ホテルの客室で性交した。福岡県青少年保護育成条例は，「何人も，青少年に対し，淫行（いん）又はわいせつの行為をしてはならない」と規定していることから（10条1項），被告人は起訴された。（判決文中の番号は筆者による。）

「『淫行』を広く青少年に対する性行為一般を指すものと解するときは，……①社会通念上およそ処罰の対象として考え難いものをも含むこととなって，②その解釈は広きに失することが明らかであり，また，前記『淫行』を目して単に反倫理的あるいは不純な性行為と解するのでは，③犯罪の構成要件として不明確であるとの批判を免れないのであって，④前記の規定の文理から合理的に導き出され得る解釈の範囲内で，前叙のように限定して解するのを相当する。⑤このような解釈は通常の判断能力を有する一般人の理解にも適う」。	①刑罰法規の適正 ②刑罰法規非広汎性の原則 ③刑罰法規の明確性 ④合憲的限定解釈の法理 ⑤解釈の判断基準

2 解釈の面で

(5) 刑罰法規厳格解釈の原則　罪刑法定主義の趣旨からすると，刑法は厳格に解釈するのが当然である。ただし，次の判例は必ずしも厳格とはいえない。ちなみに，ほぼ同時期に起き，ドイツで刑事裁判にかかった事例では無罪とされている。

判例 大判明36・5・21 刑録9・874〔電気窃盗事件〕

現行刑法245条に相当する規定がなかった時代に，被告人は電気を窃取したとして起訴された。

「可動性及び管理可能性の有無を以て窃盗罪の目的たることを得べき物と否らざる物とを区別するの唯一標準となすべきものとす。しこうして，電流は有体物にあらざるも五官の作用によって，その存在を認識することを得べきものにして，これを容器に収容して独立の存在を有せしむることを得るはもちろん，容器に蓄積してこれを所持し，一の場所より他の場所に移転する等，人力をもって任意に支配することを得べく可動性と管理可能性を并有（へいゆう）するをもって，優に窃盗罪の成立に必要なる窃取の要件を充たすことを得べし。」

> **条文** 245条　この章の罪については，電気は，財物とみなす。

(6) 類推解釈の禁止　罪刑法定主義の根拠の1つは，国民の予見（予測）可能性を保障することである。したがって，ある事件が起訴されたとき，国民の予見可能性を侵害しないものならば，本来の言葉の意味より広く解釈されてもさしつかえない。ここに，拡張（拡大）解釈の認められる根拠がある。

たとえば，過失往来危険罪（129条）の条文を見て頂きたい。

> **条文** 129条1項　過失により，汽車，電車若しくは艦船の往来の危険を生じさせ，又は汽車若しくは電車を転覆させ，若しくは破壊し，若しくは艦船を転覆させ，沈没させ，若しくは破壊した場合は，30万円以下の罰金に処する。
> 　　　　2項　その業務に従事する者が前項の罪を犯したときは，3年以下の禁錮又は50万円以下の罰金に処する。

本罪の客体としては，汽車・電車・艦船が掲げられているが，あるときガソリンカー（ガソリン機関を内燃機関とする一種の汽動車）の運転手がカーブで減速しなかったため，ガソリンカーを転覆させる事件が発生した。運転手は本条2項で起訴された。判例は，ガソリンカーは汽車に含まれると解して，有罪を言い渡した（大判昭15・8・22刑集19・540）。その理由は，汽車とガソリンカーは動力が異なるといっても，ともに鉄道線路上を運転し，多数の客を迅速安全かつ容易に運輸する陸上交通機関である点は変わりがないからである。

これに対し，犯罪主体が明示されている条文に関し，そこに記載されていない者は，同類のことを行なっても処罰することはできない。

たとえば，秘密漏示罪（134条1項）の条文を見て頂きたい。

> **条文** 134条1項　医師，薬剤師，医薬品販売業者，助産師，弁護士，弁護人，公証人又はこれらの職にあった者が，正当な理由がないのに，その業務上取り扱ったことについて知り得た人の秘密を漏らしたときは，6月以下の懲役又は10万円以下の罰金に処する。

患者の秘密を漏らした場合，医師であろうと看護師であろうと，許されない点で変わりはない。しかし，罪刑法定主義の趣旨から，看護師についてこの条文を用いるとすれば，それは類推解釈として許されないことになる。ち

なみに，今日では，看護師については，保健師助産師看護師法（保助看法）42条の2において守秘義務の規定が設けられ，違反した場合には，6月以下の懲役または10万円以下の罰金に処せられる（44条の3第1項）。

3 時間に関して

(7) **遡及処罰の禁止（事後法の禁止）** 罪刑法定主義では，予め犯罪と刑罰を規定しておかなければならないのであるから，行為のときには犯罪でなかったのに，行為後にあらたに処罰規定を設けて処罰するときは許されない。仮にそれを許すと，国民は，今許されている行為でも，将来，いつ処罰されることになるかわからないので，常にびくびくして生活しなければならないし，為政者や警察におもねることになり，自由な社会ではなくなってしまう。この原則を，遡及処罰の禁止とか事後法の禁止と呼んでいる。

なお，以上の法理は，行為時は軽かった刑罰に替えて，新法の重い刑罰を用いることも許されないことを意味する。

このように，裁判は，かつてなされた行為について，後の裁判が遡って許されないという評価をするわけである。ただし，そこで用いられるべき法律は，あくまで行為時法となるということである。すなわち，裁判は遡って評価するのであるが，用いる法律は行為当時のものによるのである。

(8) **刑の変更（罪刑法定主義の一環ではない）** 以上において検討してきたことは，①行為時には犯罪でなかったが，事後法で処罰されることになった場合と，②行為時には軽く処罰されていたが，事後法で重く処罰されることになった場合の話である。

これに対し，③事後法が行為時法

裁判はさかのぼるが，法律は行為当時のもの

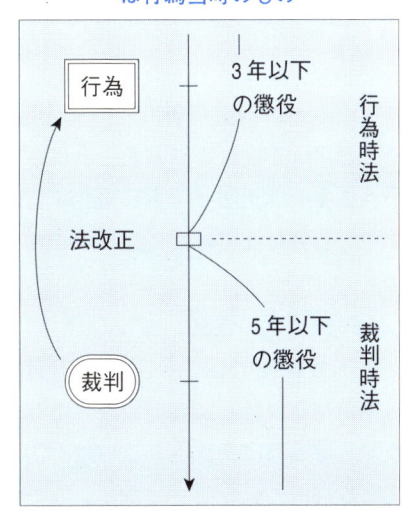

```
          行為
          │  3年以下
          │  の懲役    行為時法
          │
法改正  ───┼───────
          │
          │  5年以下
          │  の懲役    裁判時法
          裁判
          ↓
```

より軽くなった場合や、④行為後に処罰規定がなくなった場合はどうであろうか。これらの場合に、あくまで行為時法による必要はない。なぜなら、遡及処罰の禁止は、事後に予測しなかったような不利益を被ることがないようにする配慮から唱えられているものだからである。したがって、行為時法より軽くなるときは事後法を用いても構わない。

このように、③や④の場合には事後法を適用してよいという考え方は、罪刑法定主義の法理から出てくるものではない。むしろ、法一般に浸透している「法が適用される者に有利なものを使う」という考え方や、「新法は旧法を改廃する」という法格言に顕れている法理と結びつくものである。刑法については、次のように明文で示されている。

条文 6条　犯罪後の法律によって刑の変更があったときは、その軽いものによる。

なお、④の場合については、刑事訴訟法が免訴の言渡をしなければならないとしている（刑訴337条2号）。

ポイント 時に関する原則

> 行為時法と裁判時法を比べて、裁判時法が重いときは遡及処罰の禁止の原則が働き、軽い時は刑法6条によって遡及して用いられる。

刑法が改正されて、ある時点から一定の犯罪について軽くなることがわかってくると、刑法6条の適用を見込んで悪事を働く者が出る可能性がある。そこで、改正前になされた行為は、従前通り行為時法によって処罰されるという条文を改正法とともに規定することがある。こうすると、裁判でずれ込んでも行為時法で処罰できる。これを追及効の規定と呼んでいる。

4　刑罰への注文

(9) **残虐刑の禁止**　(2)の刑罰法規の適正は、当然のこととして、刑罰自体が今日の社会において許容されるものであることを期待する。国家の制裁である刑罰に期待されるのは、決して権力を笠に着た傲慢さではなく、節度ある制裁ということである。したがって、憲法36条が規定している残虐刑

の禁止は，罪刑法定主義の発現にほかならない。

　では，いかなるものが残虐かということであるが，この点は固定的なものではなく，社会の変化に応じて変化するものである。死刑は残虐か否かについての判例（第7章74頁）が，「その時代の環境とにおいて」考察すべきとしているのは正鵠（「鵠」は弓の的の真中にある黒点）を射たものといえる。

　さて，具体的に残虐なゆえに許されない刑罰を取り上げて見ると，(イ)身体刑，(ロ)追放刑があげられる。身体刑の中には，盗みを犯した手を切断するとか，中国で長くなされてきた宮刑などがある。わが国でいうと，江戸時代，前科のしるしとして，顔または腕に墨汁を刺し入れた入れ墨の刑があった。追放刑は，その人の国民としての身分を剥奪して国外に追放するものである。往々その人の全財産は国家が没収した。

　では，死刑はどうであろうか。以下の，1765年に出版された『犯罪と刑罰』の一部と，1948年に言い渡された最高裁判例（第2章21頁）を比較して頂きたい。どちらがより現代的かを考えてみて頂きたい。

> **用語の森**　宮刑　古代中国の死刑に次ぐ刑罰。男子は生殖器を切断する。女子は幽閉された。

> **小話**　「死刑はまた，人々にざんこく行為の手本を与えるということで，もう一つ社会にとって有害だ。たとえ，激情や戦争の必要性が人々に人類の血を流すことを教えるとしても，法律が，風紀を温和なものにすることを目的とする法律が，この野蛮行為をそれ以上ふやしていいものだろうか？……人殺しをいみきらい，人殺しを罰する総意の表現にほかならない法律が，公然の殺人も命令する，国民に暗殺を思いとどまらせるために殺人をする――なんとばかげていはしないか？」
> （ベッカリーア著，風早八十二・風早二葉訳『犯罪と刑罰』岩波文庫，98〜99頁）

　なお，わが国では採用されていないが，一生刑務所から出ることができない終身刑は，社会復帰の希望を持てない点で残虐な刑罰の一種と思う。

(10) **絶対的不定期刑の禁止**　有罪者に対する懲役を言い渡すにあたって，無期とも有期ともいわずに，ただ身柄が拘束される旨を述べ，いつ釈放されるかをもっぱら為政者の判断にゆだねるようなものを絶対的不定期刑という。これは，予め刑罰を定めておくべきとの趣旨に反するので，罪刑法定主義の面で許されない。これに対し，相対的不定期刑は許容される。

🌳 **用語の森**　**相対的不定期刑**　少年法は，少年が刑事裁判にかかって有期懲役を言い渡される場合，たとえば，懲役3年から5年というような**不定期刑**を認めている（少52条）。少年に更生意欲を起こさせる目的である。

罪刑法定主義の展開

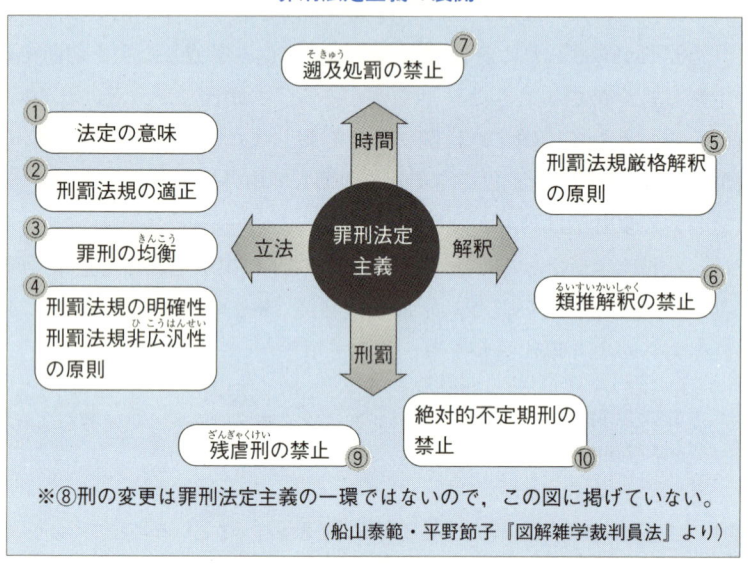

- ① 法定の意味
- ② 刑罰法規の適正
- ③ 罪刑の均衡（きんこう）
- ④ 刑罰法規の明確性　刑罰法規非広汎性（ひこうはんせい）の原則
- ⑤ 刑罰法規厳格解釈の原則
- ⑥ 類推解釈（るいすいかいしゃく）の禁止
- ⑦ 遡及（そきゅう）処罰の禁止
- ⑨ 残虐刑（ざんぎゃくけい）の禁止
- ⑩ 絶対的不定期刑の禁止

中心：罪刑法定主義
軸：時間／立法／解釈／刑罰

※⑧刑の変更は罪刑法定主義の一環ではないので，この図に掲げていない。

（船山泰範・平野節子『図解雑学裁判員法』より）

第6章

責任主義

> **本章の主旨**
>
> 責任主義は，刑法の基本原則の1つである。責任主義は2つの側面を有している。

1 責任主義

1 責任なければ犯罪なし

罪刑法定主義によると，予め規定しさえすれば何でも処罰できるかのように思えるかもしれないが，そうではない。犯罪と刑罰を規定するにあたっても，責任主義を無視することは許されない。

責任主義とは，行為者に刑罰を負わせるにふさわしい非難可能性がある場合にのみ処罰することである。責任なければ犯罪なし，責任なければ刑罰なし，と標語的に表現される。では，**非難可能性**を構成する要素は何か。行為者の心理的要素としては，故意または過失があることであ

罪刑法定主義と責任主義の関係

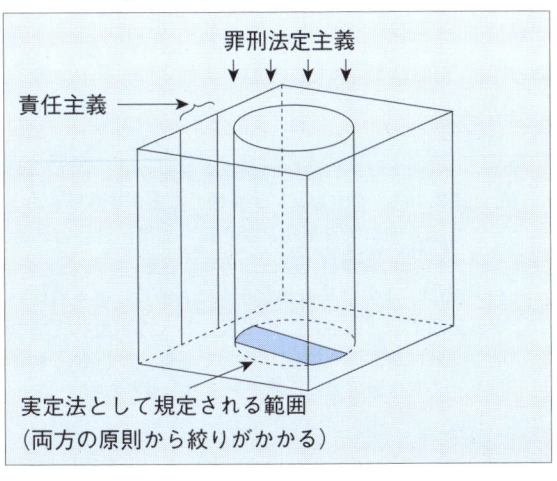

実定法として規定される範囲
（両方の原則から絞りがかかる）

り，さらに，行為者の置かれた状況としては適法行為が期待できることである。

このような非難可能性を抜きにして刑法を制定するとすれば，それを受ける者にとっては，悪いことをしたから処罰されるのではなく，単に形式的にルール違反をしたことで制裁を受ける気持ちになるにちがいない。それでは，本当の反省のきっかけとはならない。

> 🌲 **用語の森**　**本当の反省**　元受刑者が本当に反省をすれば，生活態度が変わり，被害者に損害賠償をしたり，社会奉仕活動をするなど，全体的な変化が見られるはずである。いずれにしても，本人が生涯をかけて実現すべきことである。

2　近代より前との比較

近代より前は，2つの意味で責任主義ではなかった。1つは，何らかの意味で結果に関わっていれば，犯罪者として処罰されたのである。これは結果責任主義である。たとえば，ある人がナイフを盗まれ，そのナイフで人が殺されたときに，ナイフを盗まれた被害者が殺人罪の幇助犯（62条1項）とされるのである。もう1つは，犯人の親族・同業者・同じ地域に住んでいるなどの理由のみで処罰するのである。江戸時代では，これらは縁坐・連坐と呼ばれ，人々を恐れさせた。このような連帯責任主義による法規制がなされていると，人々は疑心暗鬼になって監視し合うようになる。それが権力側の狙いでもある。

> 📖 **小話**　近代より前の典型的な連帯責任の例として，佐倉惣五郎の場合がある。17世紀の中頃，惣五郎は，佐倉領の農民が飢饉続きの上，藩主堀田正信から藩政を任された国家老により重税を課されて塗炭の苦しみにあえいでいるのを見て，老中の久世大和守に駕籠訴に及び，さらに将軍に直接訴えた。惣五郎は，承応元年（1652）12月20日，上野の東叡山寛永寺にお参りにきた四代将軍徳川家綱に竹の先にはさんだ直訴状を指し出した。堀田家は5人の名主総代については佐倉領十里四方追放を申しつけ，惣五郎を磔にしたのである。しかも，その子ども4人についても打首にした。これは縁坐という連帯責任の1つである。

罪刑法定主義・責任主義の昔今

近代より前	近代以降
罪刑専断主義	罪刑法定主義
結果責任主義	責任主義
連帯（団体）責任主義	個人責任主義

2 責任主義の具体的展開

1 個人責任主義と共犯

　近代より前の連帯責任主義は，犯罪が通常，個人によってなされるという実態を無視したものであったため，そのような処罰のあり方に怨嗟（深くうらみなげくこと）の声があがっており，近代刑法には個人責任主義が唱えられた。したがって，犯罪の実態が複数人によってなされるなら，それに合わせた犯罪の成否や処罰のしかたがなされてもさしつかえない。そこから，個人責任主義を修正して，共犯に関する規定が置かれているのである。

　たとえば，Aは，BがC宅に強盗に入ることを知っていたとする。AがBのC宅への侵入前に警察に告げていれば，犯罪は未然に防止できたかもしれない。しかし，そのような通報はなされず，BはC宅に侵入し，Cにけがを負わせて300万円を奪ったとする。この場合，AはBとの関係でなんらかの共犯になるであろうか。被害防止という点から考えると，Aが通報しなかったことがポイントであるが，通報しないという不作為を簡単に犯罪とすることができるかという問題がある。類似の事案について，判例は「正犯者が一定の犯罪を行おうとしているのを知りながら，それを阻止しなかったという不作為が，幇助行為に当たり幇助犯を構成するというためには，正犯者の犯罪を防止すべき義務が存在することが必要である」としている（東京高判平11・1・29判時1683・153）。そこで，AがBとの関係で通報するべき義務があるかどうかによって，Aの不作為が強盗致傷罪（240条前段）の幇助犯（62条）になるか否かが分かれることになる。

2 同時犯の原則と特例

　刑法では，独特の約束事に従って用語を用いている場合がある。その典型例の1つが「同時犯」である。同時犯とは，2人以上の行為者が意思の連絡なく，別々に行為をしたものの，誰が結果を惹き起こしたのかわからない場合である。時間的に同時でも，被害を惹き起こしたのが誰かわかっている場合は同時犯とはいわない。

　同時犯の場合，個々の行為者は本人が犯したことが明らかな範囲で責任を負う。これが責任主義の現れである。そこで，たとえば，AとBが何らの意思の連絡なく，同時にCに向けピストルを撃ち，どちらかの弾丸が当たって死亡したが，命中したのがA・Bどちらかわからない場合，それぞれは結果について責任を負わないことになる。すなわち，ともに殺人未遂罪（199条・203条）になる。

　では，同時に，AとBが意思の連絡なく，同時に石を投げ，どちらかの石が当たって死亡したが，命中したのがA・Bどちらかわからない場合，どうなるか。上に述べた同時犯の法理は排斥される。というのは，同時傷害の場合は特例が規定されており，「共同して実行した者でなくても，共犯の例による」（207条）とされるからである。

　結論からいうと，A・B両方ともに傷害致死罪（205条）になる。その理由は，次の通りである。第1に，同時犯で傷害結果が発生している場合，同時傷害の特例により，行為者はすべて傷害罪の共同正犯（60条）となる。第2に，同時犯で傷害致死の結果が発生している場合，判例は207条の適用を認めているので，行為者はすべて傷害致死罪の共同正犯となる。

　207条の適用に関して限定的に捉える以下の判例は，責任主義の表れといえる。

判例　札幌高判昭45・7・14高判集23・3・479〔食堂の内外で暴行を受けた事件〕

　Aは食堂内でCに暴行を加えた。Aが帰った後，約40分後，BがCを店外に引き出して暴行を加えた。Cは収容先の病院で数日後に死亡したが，いずれの暴行により生じたのか不明であった。判決は，以下イ・ロのいずれにも当たらないとして，同時傷害の特例の適用を否定し，A・Bを暴行罪で処罰した。
　207条の適用を認め得るのは，「(イ)数人による暴行が，同一場所で同時に行

なわれたか，または，これと同一視し得るほど時間的，場所的に接着して行なわれた場合のように，行為の外形それ自体が，いわゆる共犯現象に強く類似する場合に限られ，かりに，㊁右各暴行間の時間的，場所的間隔がさらに広く，行為の外形面だけでは，いわゆる共犯現象とさして強度の類似性を有しない場合につき同条の適用を認め得るとしても，それは，右時間的，場所的間隔の程度，各犯行の態様，さらに暴行者相互間の関係等諸般の事情を総合し，右各暴行が社会通念上同一の機会に行なわれた一連の行為と認められ，共犯者でない各行為者に対し生じた結果についての責任を負わせても著しい不合理を生じない特段の事情の認められる場合であることを要すると解するのが相当である。」

このように，同時犯において，殺意があるときは誰もが殺人未遂罪として処罰され，傷害の意図があるときは誰もが傷害致死罪になる。結論の字面を見ると逆のような感じがするが，殺人のときは同時犯の原則に基づいて責任主義が貫かれ，傷害の意図のときは例外的に扱われるのであるからおかしくはない。しかも，法定刑で比較すれば，殺人未遂罪の上限は死刑（未遂罪は任意的減軽），傷害致死罪の上限は20年の懲役であるから，殺人未遂罪の方がはるかに重いのである。

ポイント 同時犯

> 2人以上の行為者が，意思の連絡なく，別々に行為し，誰が結果を惹き起こしたか不明の場合が同時犯である。殺人については原則が働き，傷害ならびに傷害致死の場合に同時傷害の特例による。

3 結果的加重犯と因果関係

結果的加重犯とは，基本となる犯罪行為の結果として重い法益侵害が発生した場合，基本犯罪より重く処罰する趣旨の規定が設けられている場合である。これは，一方で，法益侵害の面のみで犯罪を捉えるのではなく，基本犯罪に対する故意・過失の延長として扱うことを意味する。その点で，責任主義の現れといえる。代表例として，傷害致死罪（205条），自動車運転過失致死罪（211条2項前段），強盗致死罪（240条後段）がある。

同時犯——殺意がある場合，ない場合

殺意	事　例	結　果	評　価
ある	A ／→C　　B ／→　ピストル	C死亡　A,Bどちらの弾丸によるか，わからない	A…殺人未遂罪　B…殺人未遂罪
ない	A ～→C　　B ☺　石	C死亡　A,Bどちらの投げた石によるか，わからない	A…傷害致死罪　B…傷害致死罪 } 共同正犯

　結果的加重犯の成否に関して，因果関係が大きな役割を果たしていることを確認しておこう。たとえば，DはEにけがを負わせるつもりで，頭部を殴打したり，足払いをかけた。Eは足払いを受けて倒れた衝撃によって脳血管の奇形部分が破裂し，死亡したとする。この血管の奇形はもともとあったのであるが，E本人も家族もDも知らなかった。このような場合，Dに傷害致死罪が成立するか否かは，Dの行為とEの死亡との間に因果関係が存在するかどうかで決まる。因果関係の詳細は別の所（第13章）で触れる。要は，脳血管の奇形を予見可能性判断の材料に入れるかどうかである。入れない立場では傷害致死罪には問えない。

第7章

刑罰の内容と本質

本章の主旨

　刑務所の中は，今の時代においても，隔離された空間であることはまちがいない。われわれの社会は，このような施設があることによって秩序が維持されている面がある。一般国民が自由を享受している同じ時間に，自由に出ることができない空間を設定しているのは，われわれである。

1 刑罰の意義と種類

1　刑罰とは

　刑罰は，刑事裁判によって犯罪が認められた場合，有罪者に科される制裁である。刑罰は，科される者にとって苦痛になるものであって，国家が権力をもって執行するものであるから，公的な非難を意味する。とくに，刑罰の中心である懲役は，今までの社会生活を剥奪されることにより，おのずから社会的制裁を伴うことにもなる。

2　法益による区分

　刑罰は，人が本来持っている法益を国家がむりやり奪うという性質を有している。どのような法益が受刑者から剥奪されるかによって，①生命刑—死刑，②自由刑—懲役，禁錮，拘留，③財産刑—罰金，科料，没収，に区別される。なお，その刑罰を単独で言い渡せる主刑と主刑にくっついて言い渡せる付加刑（没収のみ）との区別がされている（9条）。

　図では，現行刑法の用意している刑罰を重い順に上から並べ，加重されたり減軽される場合に刑罰の幅が広まることを示している。懲役を例に説明す

ると，無期懲役と有期懲役があり，有期懲役の原則的な幅は1月以上20年以下である（12条1項）。なお，有期懲役について加重する場合の上限は30年とされている（14条）。減軽については，法律上減軽1回で15日，加えて酌量減軽1回で7.5日になり（68条3号），0.5日の端数は切捨てられ（70条），下

刑罰の種類

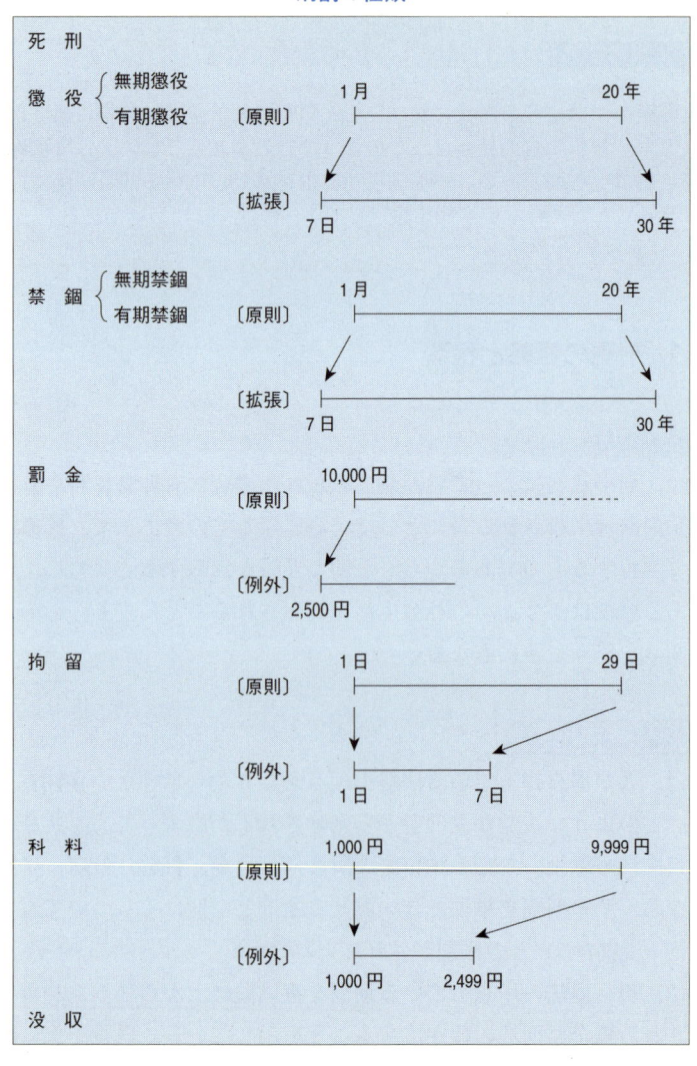

死　刑				
懲　役	｛無期懲役 / 有期懲役	〔原則〕	1月 ―――――――― 20年	
		〔拡張〕	7日 ―――――――――――― 30年	
禁　錮	｛無期禁錮 / 有期禁錮	〔原則〕	1月 ―――――――― 20年	
		〔拡張〕	7日 ―――――――――――― 30年	
罰　金		〔原則〕	10,000円 ―――――――――	
		〔例外〕	2,500円 ―	
拘　留		〔原則〕	1日 ―――――――――― 29日	
		〔例外〕	1日 ――― 7日	
科　料		〔原則〕	1,000円 ―――――― 9,999円	
		〔例外〕	1,000円 ― 2,499円	
没　収				

限は7日になる。

> **ポイント** 刑罰の区分
>
> 刑罰は，刑を受ける者が国家によって剥奪される法益に着目して，①生命刑，②自由刑，③財産刑に区分される。

3　他の制裁との区別

　刑法9条に規定されているものだけが刑罰であって，それ以外は刑罰ではない。
　たとえば，道路交通法に違反した場合（駐車違反など），交通反則金を納付させられるが（道交128条），これは罰金ではなく，行政制裁の一種である。

② 刑罰の実際

1　有罪確定人員

　『平成21年版犯罪白書』によると，平成20年の犯罪認知件数は2,533,351件で，有罪確定人員は530,293人である（なお，時間的ずれがある）。
　有罪確定人員について多い順に並べると，表のようになる。一番多いのは罰金で，しかも大半は，簡易裁判所における略式手続により処理されている。
　有期懲役は70,830人であるが，そのうち，58.2％の41,213人に執行猶予がついているので，実刑になるのは29,617人である。

> **用語の森**　略式手続　書面審理のみによって刑を科すものである。簡易裁判所は，検察官の請求により，略式命令で100万円以下の罰金または科料を科すことができる（刑訴461条）。この方式は，裁判官から公開法廷で言い渡されるものではない。ただし，本人が望む場合は，通常方式を選ぶことができる（刑訴463条）。

2 執行猶予がつくと

有期懲役に関しては，毎年ほぼ60%は執行猶予がつけられている。

執行猶予は，懲役・禁錮・罰金について，比較的軽い刑罰を言い渡される場合に，本人が一定期間真面目にすごせば刑の執行を控えようとするもので(25条)，本人の更生意欲を呼び起こそうとするものである。しかも，執行猶予を取り消されることなく猶予期間を経過すれば，「刑の言渡しは，効力を失う。」(27条)とされているから，大変有利な扱いなのである。刑の言渡しが効力を失うとは，言渡しに基づく法的効果が将来に向かって消滅するという意味である。なお，刑の言渡しが失効することになるから，25条1項1号の「前に禁錮以上の刑に処せられたことがない者」に該当する。なお，執行猶予期間中にあらたに犯罪を犯したときは，前の刑罰と後の刑罰を合わせて科せられるから，注意を喚起させるのに役立つはずである。

ところで，**執行猶予の取消し**はけして少なくない。ある年の執行猶予言渡人員と，その年の執行猶予取消人員は別の人であるが，おおよその傾向は知ることができる。平成20年でみると，言渡人員が44,398人で取消人員が6,355人であるから，14.3%という数値がでてくる(『平成21年版犯罪白書』)。執行猶予の趣旨が活かされていないとみることもできるし，人間は性懲りもなく犯罪を行なうともいえる。

有罪確定人員（多い順）

刑罰の種類	人員	%
罰　金	453,065	85.4
有期懲役	70,830	13.4
有期禁錮	3,367	0.6
科　料	2,507	0.5
無期懲役	57	0.01
死　刑	10	0.002
拘　留	7	0.001
無　罪	84	0.02
その他*	366	0.07
総　数	530,293	100

＊「その他」は，公訴棄却，免訴等。

(『平成21年版犯罪白書』より)

3 刑罰の内容

1 死刑の執行

　死刑が確定すると，死刑確定者は，その執行に至るまで拘置所に拘置される（11条2項）。この拘置は死刑執行のためであるから，刑務作業は伴わない。

　死刑の執行は，確定の日から6か月以内にしなければならないとされている（刑訴475条2項）。法務大臣の命令によってなされる（刑訴475条1項）。命令があったときは，5日以内にその執行をしなければならない。死刑は，拘置所内の刑場（刑事収容178条1項）において，絞首して執行される（11条1項）。執行にあたっては，検察官，刑事施設の長などが立会いの上，なされる（刑訴477条1項）。

　死刑の言い渡しを受けた者が，心神喪失の状態にあるときや女子が妊娠しているときは，法務大臣の命令によって，執行を停止する（刑訴479条1項・2項）。

　死刑は，日曜日，土曜日，国民の祝日などには行なわれない（刑事収容178条2項）。死刑を執行するときは，絞首された者の死亡を確認してから5分を経過した後に絞縄を解くことになっている（刑事収容179条）。

> **用語の森**　**拘置所**　拘置所は，刑務所とは別の刑事施設である。拘置所には，①未決拘禁者と，②死刑確定者が収容されている。**未決拘禁者**とは，逮捕され，それに続いて勾留され，さらに，起訴されたが釈放されていない人のことである。死刑を執行する刑場は拘置所（東京であると，小菅拘置所内）にある。

2 死刑が確定しても

　死刑が確定したときは，後に再審請求が認められ，それに続く再審裁判で無罪なりの判断がなされないかぎり，司法上は罪を免れようがない。ただし，恩赦が認められれば，刑を免れたり，無期懲役になることもありうる（恩赦法，第35章参照）。

なお，制度としては，死刑が言い渡される可能性があるときに，刑の宣告を一定期間猶予して，当人の反省の度合を見，死刑か無期懲役を選択するという宣告猶予がある。わが国では採用されていない。

> **用語の森**　**再審裁判で無罪**　わが国において，いったん死刑が確定した後，再審裁判で無罪になり，元死刑確定者が釈放された例として，免田・財田川・松山・島田の4事件（いずれも事件発生地の名称をつけたもの）がある。

死刑・無期懲役の言い渡し人数

（平成11年～20年，人）

① 死刑

年次(平成)	総数	殺人	強盗致死
11	8	4	4
12	14	6	8
13	10	5	5
14	18	12	6
15	13	9	4
16	14	9	5
17	13	11	2
18	13	2	11
19	14	10	4
20	5	3	2

② 無期懲役

年次(平成)	総数	殺人	強盗致死傷・強盗強姦	その他
11	72	22	45	5
12	69	20	47	2
13	88	20	62	6
14	98	22	72	4
15	99	15	80	4
16	125	33	82	10
17	119	38	77	4
18	99	26	71	2
19	74	21	44	9
20	63	16	42	5

（『平成21年版犯罪白書』より）

3 無期懲役と仮釈放

　無期懲役は，文字通り，期限がないから，懲役刑を一生受ける自由刑の窮極である。

　わが国の無期懲役は，**仮釈放**の可能性がある（28条）。アメリカの一部の州などで採用されている終身刑のように，一生出所できないわけではない。

　無期懲役の趣旨は，受刑者を一生社会に出さないという制裁を科すことにある。したがって，この刑が認められるのは，受刑者の危険性が高いという

ことや国民の処罰感情が強いものに限られる。しかし，どんなに努力しても社会に復帰できないというのでは更生意欲がわかないので，次の要件をすべて充たしたときに，仮釈放を認めている。すなわち，①改悛（かいしゅん）の状（悪かったことを悔いて，心を改めた状態）があること，②少なくとも10年間懲役を受けていること，③行政官庁（地方更生保護委員会）の判断があることである。

世間では，仮釈放の可能性のある無期懲役という制度について，「甘い」という言い方がされるが，(イ)仮釈放の許可人員の少なさ（下表参照），(ロ)仮釈放までの期間の長さ，(ハ)在所期間が40年を超えている人が全国で数十人いること（仮釈放の可能性はほとんどない）などを考慮すると，単純に「甘い」とはいえないと思われる。ちなみに，平成20年の1年間に言い渡された無期懲役の確定人数は57人である（『平成21年版犯罪白書』）。

無期刑仮釈放許可人員（刑事施設在所期間別）

（平成11年～20年）

刑の執行期間	11年	12年	13年	14年	15年	16年	17年	18年	19年	20年
総数	9	6	14	4	13	8	3	4	—	4
20年以内	3	—	1	1	—	—	—	—	—	—
25年以内	5	5	7	3	10	2	2	1	—	—
30年以内	1	1	5	—	3	5	—	2	—	2
35年以内	—	—	1	—	—	—	—	1	—	2
35年を超える	—	—	—	—	—	1	1	—	—	—

（『平成21年版犯罪白書』より）

無期懲役について仮釈放を受けた場合，保護観察を受けることになるが（更生保護48条），保護観察は「仮釈放の期間中」（同40条）受けることになっているので，一生，保護観察を受けることになる。

4 懲役と禁錮

懲役と禁錮は，受刑者の自由を奪うもので，そこから自由刑と呼ばれる。

人間にとって自由を奪われることほど嫌なことはない。とくに，現在のわが国は，世界全体を見渡しても相当に自由が認められている方に属する。それだけに，刑務所という刑事施設に収容されて勝手に出ることが許されないことは，国民に対する警告的な意味（威嚇力）も見逃せない。

懲役は，受刑者の自由を奪うばかりでなく，強制的に**刑務作業**をさせるところに特色がある。刑務作業のねらいは，「できる限り，受刑者の勤労意欲を高め，これに職業上有用な知識及び技能を習得させるように実施する」（刑事収容94条）ためである。

　刑務作業は1日8時間，週5日間である。作業を行なった者に対しては，**作業報奨金**が支給される。受刑者の収容に関する費用は，いわば全額国持ちであるから，作業報奨金は賃金ではなく，作業に対するごほうびである。1人1か月の平均は，約4,211円であった（『平成21年版犯罪白書』）。平成20年の出所受刑者が出所時に支給された作業報奨金の金額は，5万円を超える者が22.1％，1万円以下の者が25.7％であった。

　禁錮は，刑務所に収容され，自由を奪われるのみの刑罰である。刑務作業が課されるわけではないが，何もないからといって寝そべっていてよいわけではない。禁錮受刑者でも刑事施設の長に申し出ることによって刑務作業に従事することができ（刑事収容93条），86.9％が従事している（『平成21年版犯罪白書』）。

　禁錮刑が刑罰に含まれている条文は，過失犯（業務上過失致死傷罪など）や政治犯罪などの一部（内乱罪など）である。

5　PFI刑務所ができた

　懲役刑として刑務作業を課しているのは，それを活かして社会復帰してほしいという期待からである。ところが，今日まで，その期待は適えられていない。犯罪を犯した者の**社会復帰**は一大課題である。その困難さの要因はさまざまあり，元受刑者が頑張っても，社会の側の差別や偏見が妨げとなっている部分も少なくない。

　この点はしばらく措くとして，刑務所において，真面目に働けば，民間企業への就職を約束してくれる刑務所が発足した。その1つが，2007年4月に，山口県美祢市に設立された美祢社会復帰促進センターである。これは，わが国最初の**PFI刑務所**である。

　PFIとは，Private Finance Initiativeの略で，民間資金活用型社会資本整備事業と訳されている。法的根拠は，「民間資金等の活用による公共施設等

の整備等の促進に関する法律」にある。美祢センターは，このPFI手法による官民協働の刑務所であって，民間刑務所ではない。施設案内によると，「民間事業者のアイデアやノウハウを活用しつつ，国とPFI事業者が協力して刑務所運営を行うことにより，相互の持ち味を活かして，より効率的かつ効果的な新たな矯正処遇を行う」とされている。

　私が美祢センターを訪れて驚いたのは，受刑者が刑務官の付き添いなく，「独歩運用」していたことであった。受刑者は無線タグを上着に付けているので位置情報がリアルタイムにセンター側では把握され，本人は指静脈認証でドアを開けることができるのである。施設の面でも，居室に鉄格子がなく，外界と隔てるコンクリート塀も存在しないのである。しかも，職業訓練は参加している企業に即したものであって，成績優秀者は，社会復帰後の就職を企業が約束している。現在のところ，美祢センターの受刑者は，初犯で刑期の短い人である。刑務作業が就職に結びつくのは懲役の理想であって，施策の定着が期待されるところである。

　なお，美祢センターは地域との共生をねらっていて，食材の調達や雇用の面で，地元への経済効果を考慮して行っている。

　このような新たな形態の刑事施設の登場は，そもそも懲役が受刑者の更生のためであることを施設関係者に自覚させるだけでなく，地域社会ひいては一般国民に理解させるのに役立つと思われる。ちなみに，PFI手法を活用したものとしては，ほかに，喜連川社会復帰促進センター（栃木県さくら市），播磨社会復帰促進センター（兵庫県加古川市），盲導犬飼育を導入した島根あさひ社会復帰促進センター（島根県浜田市）がある。

6　罰金刑の狙い

　罰金刑は，犯罪者から一定額の財産を剥奪することによって心理的圧迫を加え，今後再び同じようなことをしないよう警告することに狙いがある。それと共に，罰金刑には，懲役刑による弊害を避けようとの意図もある。なぜなら，懲役刑は，受刑者の自由を奪うばかりでなく，家族から引き離し，被害者への損害賠償を怠らせ，さらに，刑務所内で悪い影響を受ける可能性もあり，そのマイナス面も見逃せない部分であるからである。

懲役と罰金の違いを考察するのによい例がある。これまで，長い間，窃盗罪には，法定刑として懲役しかなかった。そして，その理由として，財産犯罪を犯す者は，金がないために盗みをするのだから，罰金を言い渡しても実現されないだろうという思いがあったようである。しかし，窃盗は金に困ってやるという単純な図式で考えられないことが明らかになっているし，懲役では重すぎるため，言い渡しにくいという問題があった。平成18年に，懲役に加えて50万円以下の罰金が選択刑として導入されたことによって，硬直した対処方法に融通性が与えられたのである。

4 刑罰の本質と課題

1 刑罰の本質

刑罰の本質が，人間の生命・自由・財産などの法益の剝奪にあることは疑問がない。この点について，刑法は，刑罰を科せられる者にとって苦痛となる方法を選んでいる。

それゆえに，一方で，刑罰の副作用という問題が存在するし，刑罰の目標は別の手段でも達成しうるのではないか，という根本的課題も提起されることになる。

2 刑罰による副作用

効果の強い薬は副作用も強いから使用にあたって注意しなければならない。刑罰も副作用の強い薬にたとえられる。

副作用の例としては，次のようなものがある。

(イ) 死刑の執行にあたっては，検察官や刑事施設の長などが立会わねばならないとされているが（刑訴477条），執行の実際は刑務官が行ない，受刑者も手伝わされる。それらの人が精神面で強いダメージを受けることは，『死刑執行人の苦悩』（大塚公子）などで紹介されている。受刑者の社会復帰に役立ちたいと思って仕事に従事している刑務官にとっては，死刑の執行をさせられること自体が苦役（憲18条）になる可能性がある。

(ロ) 無期懲役は，仮釈放の期待が持てないときは，どんなに長生きしても

二度と娑婆の空気を吸えない過酷な刑罰になる。刑罰の厳罰化を要求する世間の声を反映したのか，あるいは，仮釈放後の保護環境が整わない者が多いせいなのか，無期懲役刑の仮釈放は減少傾向にある。この点は，28条後段の文言（「無期刑については10年を経過した後……仮に釈放することができる」）だけを見て，甘いと評価することが，実態から外れた批判であることを物語っている。無期懲役囚の精神面の健康を憂慮する必要がある。

　(ハ)　現行の刑罰の中心的かつ重要な役割を担っている懲役は，有罪者を家族から引き離し，かつ，家族への収入の道を断つなど，家族全体に重大な影響を与える。懲役は家族刑とでも言ってさしつかえない内容を有する。友人や地域社会とのつながりも断たれる。もっとも，もともとそれが制裁の内容をなすとの考えもある。

　(ニ)　懲役は，犯罪の加害者が被害者やその家族に対し損害賠償をする機会を奪う。謝罪は，場合によっては，手紙でもできるかもしれない。しかし，損害賠償は，加害者が給料を得ることによってのみ保障されるのである。加害者が格別な財産家でないかぎり，懲役による受刑は，確実に被害者等の権利に対する侵害になる。しかも，犯罪内容が重大であればあるほど損害賠償額が多大になるはずであるが，そういう加害者ほど長い間，施設内に収容されることになる。

　このように，懲役は，被害者等の権利を奪うものであるが，その穴埋めを国家が行なうシステムはどうであろうか。①犯罪被害者等給付金制度，②被害回復給付金，③自動車損害賠償保障制度がある。これらの方策は，近年充実されつつあるが，必ずしも十分ではない。

3　刑罰の目的

　刑罰は何のためにあるのかという問題は，一義的に決着をつけられない。なぜなら，歴史的な重みをもっているものであるし，国民の多様な考え方を反映するものだからである。

　1つの考え方は，応報主義である。すなわち，犯罪がなされた場合，それに対する報復として刑罰が科されるのが正義の実現に結びつく，という考え方である。人間の報復感情の実現として刑罰を説明する役割を果たしている

関係で，国民のかなりの部分から支持されるものである。

　もう1つの考え方は，**目的刑主義**である。すなわち，刑罰を，単になされたことに対する報復とするのではなく，何らかの目的をもってなされなければならないとする。とくに，目的刑主義の中でも，**教育刑主義**は，将来犯罪を犯させないように刑務所の中で教育するところにあるとすることで，刑務所の役割をはっきりさせるという目的を担っている。

　それでは，現行刑法はどうか。死刑や無期懲役を含む点では，応報主義的といえる。これに対し，執行猶予や仮釈放が設けられている点では，教育刑主義が活かされていると思われる。

　ここで，刑罰について私見を述べることとする。刑罰は，**更生の契機**となるものでなければならず，そのような要素をもっていないものは現行刑法として納得できないと考えている。

　私が更生の契機といっているのは，変わるのは本人であって，外部から変えることはできないと思うからである。教育刑主義の考え方の中には，むりやりにでも教育で変えるというニュアンス（矯正という言葉に表れている）がある。しかし，例えとしてよくないかもしれないが，「馬を水辺に連れていくことはできるが，水を飲ますことはできない」のである。刑罰は，本人が気づくきっかけとして提供されるべきと思う。国家はそれだけのことをする資格はある。しかし，変わるのは本人の**主体性**によるのである。本人が自ら変わろうとする力を有していることを可塑性（かそせい）というのである。私の考え方を可塑性説と名づけ，刑罰ならびに保護処分の根拠として論じていきたいと思う。

> **🌳 用語の森**　**可塑性**　可塑性の「塑」は，彫塑の塑であって，土台や中心となる柱に布などを巻いた上に土やセメントをつけ，形あるものを作ることである。人間は，遺伝的素質を基本としながら，家族や教育の環境の影響を受け，自ら主体的に人格を形成していくものである（第37章参照）。

　以上のような視点からすると，本人の更生の契機とならないものは刑罰としては失格だということである。

> 小話　刑罰の目的・目標が犯罪の防止なら，その方法は刑罰でなくてもよいはずである。ましてや刑罰には見逃せない副作用もあるわけであるから，刑罰以外の方法で対処できるのならその方がよいともいえる。刑罰を用いず賭博を制圧した例を紹介する。
> 　これは，江戸時代中期の話である。信州松代藩の家老・恩田木工(もく)は，賭博を制圧するために，ちょっと変わった方策を考えた。それは，賭博を遊びでやるなら構わない，それから，遊びの賭博で負け，困っている者は救済するので，遠慮なく申し出るようにという御触(おふれ)を出した。すると，中には賭博ですっかり財産をなくした者があって，申し出てきた。恩田家老は，賭博の勝者を呼び出し，勝金を敗者に返すように申し渡した。ところが，勝者は今さら返せないといったので，恩田は，遊びで人の財産をつぶすということはありえない，それとも商売で賭博をやったのか，商売でやったとなれば，「天下の御法度(ごはっと)」だから処罰する，と申し渡した。そうすると，勝者も商売でやったとはいえないので，勝金を返したという。
> 　「その後は，慰みにも博奕(ばくえき)致し候者は勿論，紙一枚にても賭の勝負致し候者一人もこれなく，制せずして自ら御領分博奕止めに相成り候とかや。……何卒(なにとぞ)世間共に，制せずして法を猥(みだ)りにする者これ無き様にありたきものなり」
> 　　　　　　　　　　　　　　　　　　　（『日暮硯』，ワイド版岩波文庫，75〜77頁）

4　刑罰が抱える課題

現行の刑罰にはいくつもの課題がある。

(イ)　**懲役の効果**　最も根本的な課題は，懲役に服した者が社会に復帰した後，あまり時間がたたないうちに再び犯罪を犯し，懲役に処せられることである。これは，せっかくの懲役が更生の役に立っていないのではないか，という問題提起となる。もっとも，犯罪の要因はさまざまで，以前に刑務所に入っていたことを理由に差別するという社会のあり方も関係するので，行為者だけの責に帰すことができない部分もある。

次頁の表は，平成13年における出所受刑者について，同年から18年までの間，各年末までに再入した者の累積の比率である。

<u>刑務官</u>は，口に出すかどうかは別として，出所する人に「2度と戻ってくるな」と，祈るような気持だということを聞いたことがあるが，この<u>再入率</u>の高さは，懲役刑のあり方に対する再考を促す。

> 小話　吉田松陰は，獄に入れられた自らの体験を通して，「福堂策」という刑事政策を論じている。すなわち，獄に入れておくだけではだめで，獄において教育がなされたならば，囚人は善思（改善更生の気持）が生じて善人になるはずだとする。

そうなれば、獄は「福堂」(しあわせを与える施設)になるとしている。具体的には、次のような方策を提案している。①3年を限度として獄に入れ、罪悪が改まれば出獄を許し、そうでなければさらに3年獄に入れ、それで改心しない者は遠島(島流し)にする。②獄中にては、読書・写字・諸種の学芸等をさせる。③1日ごとに役人をつかわして囚人の不満などを聞く。

(吉田松陰「福堂策」『吉田松陰全集第2巻』301頁以下)

平成13年出所受刑者の18年12月31日までの再入率

(再入年平成13年～18年)

出所事由	平成13年の出所受刑者	各年12月31日までの再入率				
		13年	14年	15年	16年	17年	18年
総　　　数	25,714	5.5	21.7	32.9	39.7	44.5	47.4
満期釈放	11,291	10.2	32.3	44.5	51.8	56.5	59.3
仮　釈　放	14,423	1.9	13.3	23.8	30.3	35.1	38.1

(『平成19年版犯罪白書』より)

(ロ) **死刑存廃問題**　死刑を存置するべきか、それとも廃止するべきかは、大きな課題である。検討すべき論点はさまざまである。判例(最大判昭23・3・12刑集2・3・191)は、残虐な刑罰(憲36条)とはいえないという点から合憲としている。ただし、前述のように、本人の更生の契機とならないものは刑罰としてふさわしくないという見地(可塑性説)に立つと、死刑はふさわしくないものになる。なぜなら、死刑は、行為者がどんなに反省したりしても、それを意味のないこととして、生命を断ってしまうものだからである。

(ハ) **無期懲役の残虐性**　無期懲役は、仮釈放されないかぎり残虐だという課題がある。

> **判例　最大判昭24・12・21刑集3・12・2048〔無期懲役刑と合憲性〕**
> 被告人は、乗車勤務中の車掌を殺害して、その所持する懐中時計を強奪しようと決意し、ハンマーおよび匕首を携えて、松戸から常磐線下りの貨物列車の車掌室に車掌の承諾を得て乗込み、午後10時半頃、突如、車掌の前頭をハンマーで殴打し、匕首をふるって同人の肩・顔を突刺してから、同人の懐中時計と鎖を奪い、牛久駅と荒川沖駅の中間で車外に突落した。車掌は重傷を負った。原審は、この事件に基づき、刑法240条後段・243条を適用し、しかも未遂罪の減軽をしないで、無期懲役を選択した。

「死刑そのものは憲法第36条にいわゆる『残虐な刑罰』に当らないとすることは当裁判所の判例とするところである（…119号昭和23年3月12日大法廷判決参照）。既に現行制度における死刑それ自体が然りとすれば同様に現行制度における無期懲役刑そのものも亦残虐な刑罰といい得ないことは一層当然であろう。……無期自由刑が観念的には―仮出獄，刑の執行停止，恩赦等の制度のあることを度外視すれば―犯人の一生を通じその自由を剥奪せんとするものであることは所論のとおりであるが，俗に『命あってのもの種』といわれるように，論旨が人間存在の前提であるとする自由そのものは実は生命の存在を前提とするものであり，生命の剥奪は，すべての自由の絶対的剥奪となる。」

> **小話** 人間の立ち直りという点では，それを支える人がいることを示す好例として落語の「芝浜」がある。
> 　酒におぼれた魚屋は，長く商売を休んでいたが女房に強く促されて芝浜の魚河岸（うおがし）に行く。一時（いっとき）早く行った魚屋は，波打際で50両入りの革財布を拾う。慌てて帰って酔い寝した魚屋が起きると，それは夢だと女房から言われる。それから改心して酒を断ち，評判を得て表通りに店を構えるまでになる。3年後の大晦日（みそか），女房は奉行所から返された革の財布を亭主に見せ，亭主は女房の思いやりに詫びる。そして，女房の誘いで一杯やろうとするが，亭主は杯を置く。「また夢になるといけないから。」と。

第8章

犯罪の成立要件

本章の主旨

犯罪は，法益に対する侵害ないし危険の発生にともなって検討されるが，そのすべてが犯罪となるわけではない。犯罪が認められると，一定の手続を経て刑罰が科されるだけに，処罰されるためには，いくつかの関門を通る必要がある。

1 犯罪論の基礎

1 犯罪論とは何か

　いかなる場合に犯罪が成立するか，をまとめて考えることを犯罪論と呼んでいる。なぜ，それが必要かというと，多様で複雑な社会においては，本来ならば誰もが判別できなければならないことがら（自分が何時被告人になるかわからないと困る）も，常識だけでは判断できないからである。その意味で，きちんと整理をしておく必要がある。なお，犯罪論と似た言葉として犯罪学があるが，これは別物である。ところで，何が「複雑な社会」をもたらしているのか。現代は，個人個人の利益や主張が優先され，それを押さえ付ける強力な倫理の存在を排除している（個人主義）。そうなると，人間は相当にわがまま（今風にいうと，「自己中」）であるから，個人と個人の利害を調整するしくみが必要とされ，法に対する期待が高まる。その1つとして，犯罪に対処する刑法があるわけである。ただし，複雑な社会は刑法にもさまざまな影響を与え，単純に割り切れない課題を持ち込むことになる。

　たとえば，いわゆる末期医療では，患者の意思表示があれば医療行為を中止することが許されるか，という問題がある。本来，延命が役割とされる医

療において，中止するということは医療の存在価値が問われる。しかし，一方で，どのように生きていたいか，どのように死を迎えたいかは，患者自身の自己決定権にゆだねるべきとの考え方もある。このように，人間の命に関わる根本的な問題についても考え方がぶつかることになる（この問題は，第16章と第19章で扱う）。

> **用語の森** **犯罪学** どのような要因によって犯罪や非行が惹き起こされるかについて，科学的な手法に基づいて研究する。いわば犯罪原因論であり，広い意味での刑事政策に属する。

> **小話** 犯罪と社会との関係について，かつて牧野英一博士は次のように述べられた（原文はカタカナ）。「共同生活はその必然の現象として生存競争を伴ふものと為すときは，犯罪はその必然の結果たらざるを得ざるなり。」
> （牧野英一『日本刑法』10頁）

2 なぜ段階的に捉えるのか

われわれは，さまざまな現象の中から，犯罪とそうでないものを区分けするために，4つの段階を考え，前の段階で「なし」とされたものは後の考察からは外す，という手法で，だんだんに絞っていく。

なぜ，このような考え方が，①必要で，かつ，②できるか，ということである。①に関しては，犯罪の成否についてはさまざまな要素があるので，分類できれば便宜である。②に関しては，犯罪の成否を決める要素はレベルの異なるものに分離できるからである。

4つの段階とは，以下の通りである。

犯罪成立要件の4つの段階

〔評価の順序〕
- Ⅰ 人間の行為であること……人間が行なったものでなければ犯罪ではない
- Ⅱ 構成要件に該当すること…そもそも犯罪の型にあてはまるか
- Ⅲ 違法性を備えていること…社会として許さない
- Ⅳ 有責性を備えていること…行為者として許されない

犯罪の成立要件

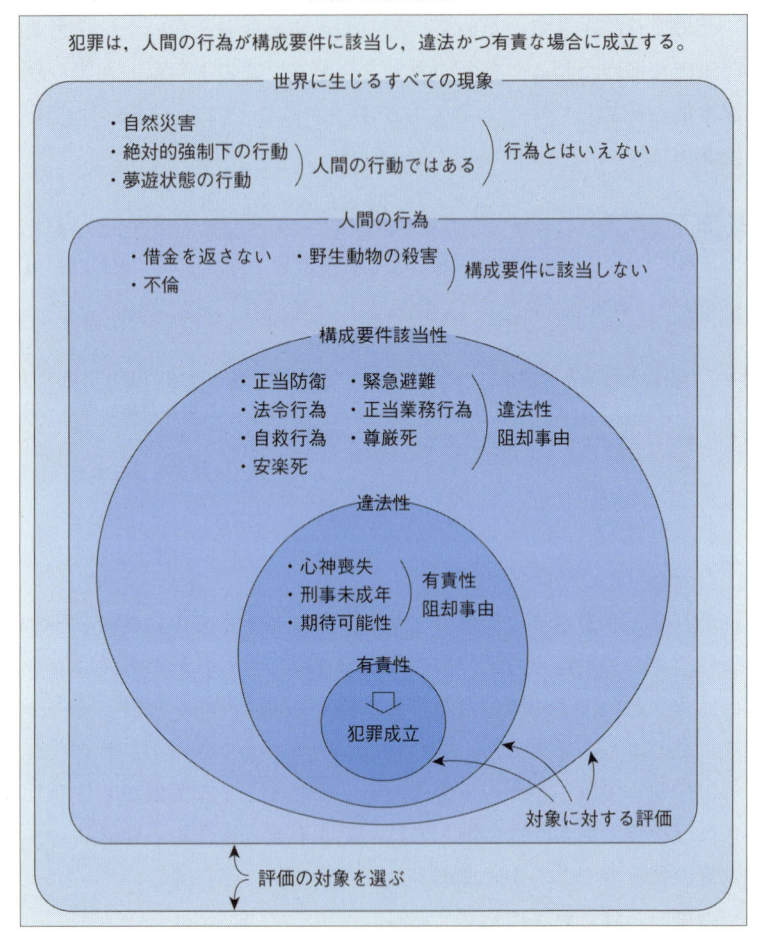

犯罪は，人間の行為が構成要件に該当し，違法かつ有責な場合に成立する。

世界に生じるすべての現象
- 自然災害
- 絶対的強制下の行動
- 夢遊状態の行動

　　人間の行動ではある　　行為とはいえない

人間の行為
- 借金を返さない　・野生動物の殺害
- 不倫

　　構成要件に該当しない

構成要件該当性
- 正当防衛　・緊急避難
- 法令行為　・正当業務行為
- 自救行為　・尊厳死
- 安楽死

　　違法性阻却事由

違法性
- 心神喪失
- 刑事未成年
- 期待可能性

　　有責性阻却事由

有責性

⇨ 犯罪成立

対象に対する評価

評価の対象を選ぶ

3　人間の目を忘れずに

　犯罪の成立要件を捉えるにあたって忘れてならないのは，人間の目からみることである。凶悪な事件を惹き起こした者の中には，家庭内の暴力によって心が傷つき，心神喪失状態で行為した場合がある。上の有責性に関わる問題を含んでいるのであるが，その判断にあたっても，行為者の置かれていた状況に対する人間のあたたかい目が必要だと思われる。

2 犯罪の成立要件

1 行為を選び出す

　犯罪は，第1に，人間の行為である必要がある。法益に対する侵害や危険の発生があっても，それが自然の災害による場合は犯罪にならない。たとえば，地震・洪水・落雷による死亡などは自然の災害である。ただし，地震による建物の倒壊で人が死亡した場合，建物の設計や建築に落度があれば，設計や建築に関わった者に過失責任（業務上過失致死罪）を問う余地がある。

　人間の行動といえても意思的要素のほとんどないものは犯罪にならない。それにあたるのは，絶対的強制下の行動と夢遊状態の行動である。そもそも，われわれが刑法において取り上げるのは，自分の行なうことがどんな結果を惹き起こすかを予見でき，さらに自分で支配できる「行為」である。なぜなら，刑法は，そのような予見可能性と支配可能性がありながら行為に踏み切ったことに対して許されない，という評価をするものだからである。

人間の行為

$$\text{人間の行為} = \text{意思的要素} \begin{cases} \text{予見可能性} \\ \text{支配可能性} \end{cases} + \text{行動}$$

　絶対的強制下の行動とは，銀行強盗（B）から脅された支店長（A）のような立場である。支店長は，強盗の命ずるままに金庫を開けて金を強盗の持ってきたバッグの中に入れているから，強盗の手伝い（幇助）のようにも見える。しかし，普通の人はピストルで脅されたら，自分の行なうことがどんな意味をもっているかがわかっていたとしても，強盗の命ずるままにするしかない。そこで，Aについては，絶対的強制下の行動として，行為とはいえないので，そもそも犯罪にならない。犯罪をなしたといえるのはBであり，BはAを自分の手足のごとく利用した間接正犯として，強盗罪にあたる。

　夢遊状態の行動とは，本人は精神的な疾患などによって全く気がつかずに法益侵害結果を惹き起こしてしまったような場合である。

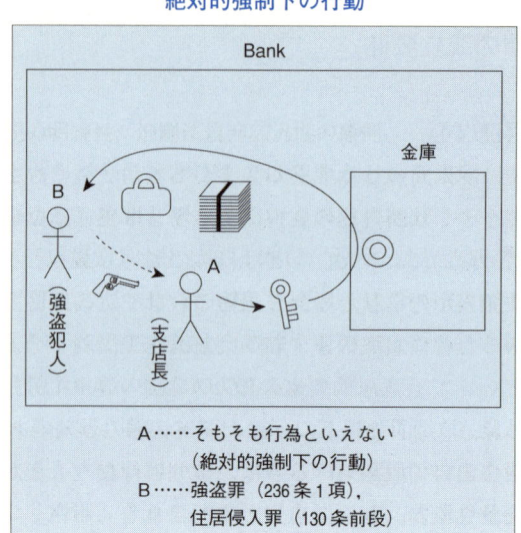

絶対的強制下の行動

```
          Bank
                           金庫
    B
   (強盗犯人)  A
           (支店長)

A……そもそも行為といえない
   （絶対的強制下の行動）
B……強盗罪（236条1項），
   住居侵入罪（130条前段）
```

2　構成要件該当性で絞る

　犯罪は，第2に，人間の行為が刑法の規定する要件（犯罪構成要件）に該当するものでなければならない。

　構成要件上取り上げられるものは何かといえば，その社会において，そのような行為を社会生活上許すことができず，刑罰をもってでも制圧しなければならないと判断されるものである。もっとも，私達の社会はある時点から急に開始されるわけではなく，人々の生活は連綿として続けられてきたわけであるから，一般には，㈦国民の法意識を基盤としながら，㈠社会秩序のあり方を考慮し，ときには，㈥刑事政策的視点をも加味して，規定することになる。ちなみに，刑法は，道徳と違って，人格高潔な人を基準としているわけではなく，一般の国民を対象とするものであるから，一般国民のレベルを考慮せずに刑法を作ると，とんでもないことになる。

> **🌳 用語の森**　**一般国民のレベル**　一般国民は，たまたまにせ札をつかまされたときは，あたかもトランプの「ババぬき」のように，偽造通貨を他人に渡して自分は災いから免れようとすることが多いであろう。ただし，

> 偽造通貨を用いることは貨幣経済に混乱をもたらす行為であるから許されないことである。したがって，刑法は，このような行為を構成要件（収得後知情行使罪，152条）に掲げながら，刑罰は軽く（最高で額面価格の3倍）規定しているのである。

　構成要件は，どのような要素によって成り立っているであろうか。一般には，①犯罪主体，②客体，③行為ということになる。たとえば，殺人罪（199条）なら，「②人を③殺した①者」ということになる。ただし，構成要件によっては，④一定の波及効果が発生することを必要とするものもある。たとえば，自己所有の非現住建造物（例：倉庫）に対する放火罪（109条2項）が成立するためには，「公共の危険」が発生する必要がある。また，特定の被害者のいない犯罪もある。たとえば，偽証罪（169条）は，①法律により宣誓した証人が，③虚偽の陳述をしたとき，に成立する。立法理由は，司法の適正な運用に対する妨害行為を許さないということである。ちなみに，偽証がなされれば，それで直ちに犯罪は成立し，審判作用が現実に過(あやま)つことは必要とされない。

　このように，構成要件該当性の問題は，各種の犯罪類型の特色を把握する必要があり，いわゆる刑法各論の理解が不可欠である。ちなみに，総論的な課題としては，不作為犯（第12章），因果関係（第13章），事実の錯誤（第14章）などがある。

　構成要件に該当する場合は，通常，違法でもあり有責でもあると推定される。そこで，この後の段取りとしては，具体的事情の下において違法，有責であるかが問われる。

3　違法性による評価

　人の行為が，何らかの構成要件に該当するとしても，違法性阻却事由にあたる場合には，違法性が阻却(そきゃく)（しりぞけること）され，犯罪にあたらない。
　違法性阻却事由の典型例の1つとして法令行為（35条）があるので，検討してみよう。
　たとえば，コンビニエンス・ストアで，Cがパンを万引して自分のバッグ

に入れたのを店員Dが見つけ，Cが知らんぷりをしてレジの前を通り過ぎようとしたので，DがCに声を掛けたとする。そのとたん，Cが走って逃げたので，Dは追いかけ，店から20メートル行ったところで，タックルをしてCを転倒させ，捕まえ，店に戻った。その後，110番をして，DはCをパトカーでかけつけた警察官E・Fに引き渡した。なお，Cは転倒したときに，全治1週間のけがを負ったとする。

　以上の場合について，Dの罪責についてみてみよう。順番に従って検討する。第1に，Dの行なったことが行為であることは問題がない。第2に，Dの行為は，逃げようとするCに対するタックルであるから，暴行を加える意図はもちろん，けがを負わせても致しかたないと思っていたと解される。すなわち，構成要件として傷害罪（204条）に該当する。第3に，Dは何のためにそのような行為をしたかというと，Cを捕まえるためである。このような現行犯逮捕については，刑事訴訟法が「現行犯人は，何人でも，逮捕状なくしてこれを逮捕することができる。」と規定している（刑訴213条）。つまり，法律によって許されているのである。そこで，この点について刑法を当てはめると，35条の法令行為にあたり，違法性が阻却され，犯罪にあたらない。

　さて，違法性阻却事由は何かというと，法益と法益が衝突する場面で，なんらかの理由で法益侵害行為が社会的に意味のあることとして許されることである。法益の面ではCの方が大きい（重要）のであるが，Cは窃盗犯人であり（仮にCが逮捕を免れるため，相手方の反抗を抑圧する程度の暴行をすれば，事後強盗罪〔238条〕にもなる），Dはそれを逮捕する目的で行なっているのであるから，違法とはいえないのである。

　違法性阻却事由として，刑法が掲げる事由は限られているが，学説ならびに判例は，法規を超えて違法性が阻却される場合があるとしている。この問題は，違法か違法でないかは実質的なことであり，社会の進展に伴って違法性の評価も変化する部分があるためだと考えられている。

　たとえば，尊厳死は，医療の発達により，いわゆる植物状態でも，カテーテルを通して栄養の補給などを行なえれば何年でも長生きできるようになったという医療状況が背景にある。かえってそのような状態で長生きしたくないと思う人が，仮に植物状態になったら，人間としての尊厳を保つために延

命措置をとらないでほしいとの意思表明をしていた場合，それを尊重すべきかという問題がある。

4 有責性による評価

犯罪は，第4に，行為者を個人として非難できるだけの有責性が備わっていなければならない。この点が認められると，すべての要件が充たされて犯罪が成立することになる。

有責性について刑法が阻却事由としているのは，刑事未成年（41条）と心神喪失（そうしつ）（39条1項）である。両者について，簡単に説明しよう。

条文 41条　14歳に満たない者の行為は，罰しない。

行為のとき，14歳未満であった場合，刑事責任が問われることはない。「罰しない」というのは，犯罪として処罰されることはないということで，当然，刑事裁判にかけられることがない。ただし，それは，何ら社会的制裁を受けないという意味ではない。

14歳未満の少年の非行に対しては保護処分の可能性がある。たとえば，13歳の子どもが5歳の子どもの首を絞めて殺した場合，触法少年（しょくほう）（少3条1項2号）として補導され，その後，少年鑑別所に送られて，事件の背景なども調査され，家庭裁判所による少年審判を受ける可能性がある。少年審判の結果，非行事実が認められ，さらに要保護性（保護しなければならない必要性）が認められたときは，保護処分が言い渡される。

14歳以上20歳未満の少年の非行に対しては，保護処分と刑罰の両方が用意されている。その振り分けをするのは家庭裁判所で，検察官に逆送の決定（少20条）をすれば，あらためて検察官が起訴をするかどうかを判断することになる。

> **用語の森**　**保護処分**　保護処分の目的は，少年の立ち直りのために，反省の機会を与え，自立できるように導くことである。保護処分の具体的内容は，①少年院送致，②児童自立支援施設送致，③保護観察である（少24条1項）。①・②は施設への強制収容で，③は家庭に帰して，保護司による指導援護を受けることである。

> **条文** 39条1項　心神喪失者の行為は，罰しない。

　心神喪失が無罪となる理由はどこにあるのか。そもそも，刑法が犯罪者を処罰しうるのは，行為者が，国家により非難を受けるだけの能力を持っていることによる。この能力を**責任能力**という。責任能力の内容は，次の通りである。人間は，自分の行なうことが犯罪になると認識した場合は，①それを悪いことだと判断し，②それならばよそうと決断するのが通常である。しかし，この，①善悪の判断と，②自分を抑制する能力，のどちらか，あるいは，両方が欠け，そのため自分の行為を制御することができなくなってしまう場合がある。人間は，体の病気と同様に，心の病気になることがあり，その場合に，この責任能力が欠けるときがあることを近代精神医学が明らかにしてきた。そのほか，薬物中毒，アルコール中毒などによっても心神喪失になる。

　われわれは，以上のことを踏まえて，責任能力が欠ければ，心神喪失として**有責性阻却事由**として捉え，無罪としている。なお，欠けるところまでは至っていないが，相当程度責任能力が弱いときは，心神耗弱として，必ず刑を減軽することにしている（39条2項）。減軽の方法については，68条に規定がある。

3　犯罪の成立と処罰の適否

1　いくつかの主張の可能性

　犯罪の成否については，段階的に捉えることを説明してきたが，実際の事例においては，立場が異なれば，阻却事由についてもさまざまな提案がなされる可能性がある。

> **判例**　東京地判平8・6・26判時1578・39〔リンチ殺人事件〕
> 　オウム真理教事件の中のリンチ殺人。平成6年1月30日，YとOはYの母親を教団施設から連れ出すため，施設に忍び込んだところを取り押さえられ，それぞれ前手錠をかけられ，ガムテープで口をふさがれるなどされた。その上，教団代表者であるAから，Yに対し，「お前は帰してやるが，条件としてOを殺せ」といわれ，Yは教団幹部がOの身体を押さえ付ける中，ロープをO

の首に巻きつけ，殺意をもって締め付け，窒息死させたというものである。Yは殺人罪で起訴された。

　この事案について，弁護人は，違法性の段階で緊急避難，有責性の段階で期待可能性の主張をした。ところが，裁判所は，両方とも否定し，次のように過剰避難（37条1項但書）のみを認めた。

　「仮に被告人がO殺害を拒否しても，ただちに被告人が殺害されるという具体的な危険性も高かったとは認められないのであるから，被告人の生命に対する現在の危難は存在しなかったというべきである。したがって，被告人の行為は緊急避難行為には該当しない。」

　「被告人のO殺害行為は，被告人の身体の自由に対する現在の危難を避けるために，已むことを得ざるに出でたる行為とは認められるが，他方，被告人は，自己の身体の自由に対する危難から逃れるために，Oを殺害したのであって，法益の均衡を失していることも明らかであるから，結局，被告人の行為には，過剰避難が成立するといわなければならない。」

　上の判例に関して，私見を述べておく。(イ)第1に，被告人はAをはじめとする教団幹部に取り巻かれて，被告人の行為を利用してOの殺害を遂行しようとするAに制圧されているのであるから，絶対的強制下の行動といえると思う。したがって，そもそも行為といえず，無罪である。(ロ)第2に，緊急避難にも当たると思う。緊急避難か過剰避難かは，Yの生命に対する差し迫った危険があったか否かの事実認定による。私はあったと思う。

2　刑法とは異なる視点から

　われわれは，刑法の視点から犯罪の成否を検討してきたが，犯罪が成立するとしても，必ず処罰するわけではない。たとえば，検察官による起訴猶予は，被疑者を刑事司法過程から解放することが更生につながるだろうという判断である。

　また，処罰することが正しいとは限らない。その理由は，行為者が自分の非を悟り反省するならば，それ以上責任追及をする必要がないともいえるからである。処罰が反省の契機になればよい，と考える。これに対し，処罰を犯罪に対する応報とする考え方，さらに，制裁がなされなければ正義は実現されないという考え方の人は納得されないであろう。ましてや，被害者感情

を処罰に反映させるべきとの立場では，犯人がどんなに反省し，更生への道を歩もうとしても許さないのであるから，妥協の余地はない。

> **用語の森** 　**起訴猶予**　検察官は，捜査の結果，犯罪後の情況により訴追（起訴）をする必要がないと判断されるときは，起訴猶予という形で決着をつけることができる（刑訴208条）。なお，平成20年では，検察庁が処理した全体の数のうち，起訴猶予は52.1％を占めている（『平成21年版犯罪白書』）。

ここで，実定法としての刑法とは異なる視点からの，犯罪に対する1つの考え方を紹介しよう。次のような章句である。

> **小話**　「不正を犯しながら法の裁きをまぬかれ，富み栄えているかに見える者も，必ずどこかで罰を受けるものだ，不正や悪は，それを為すことがすでにその人間にとって劫罰だ。」
>
> （山本周五郎『寝ぼけ署長』，新潮文庫，58頁）

ポイント　犯罪とは

> 犯罪とは，法益に対する侵害や危険が発生した場合に，それが，①人間の行為といえ，②刑法が規定する構成要件に該当し，かつ，③違法性も，④有責性も備えている場合である。

第9章

刑法の適用範囲

📖 本章の主旨

　犯罪が成立することと刑法の場所的適用範囲は，相互に関係する。時間的適用範囲は被告人の人権にもかかわる。

1 場所的適用範囲

1　構成要件該当性と場所的適用範囲

　ある行為の構成要件該当性を考える場合，その行為がどこでなされたかを考慮に入れなければ，構成要件該当性を判断することはできない。

　たとえば，賭博行為がなされても，それがラスベガスでなされたならば，日本人が行った場合でも賭博罪（185条）の構成要件該当性は認められない。それに対し，ラスベガスで日本人がアメリカ人をピストルで射殺したとすると，ネバダ州の刑法に触れるばかりでなく，わが国の刑法の殺人罪（199条）の構成要件該当性を考える必要がある（3条）。

　このことで明らかなように，構成要件該当性の判断をするにあたっては，罪種と行為のなされた場所を合わせて考えなければならない。これが，刑法の場所的（地域的）適用範囲の問題といわれる分野である。なぜ，場所的適用範囲の問題があるかというと，刑法は，一部で時間と空間を超えた普遍性をそなえつつ，ある部分では，民族性や国民性に深く根ざすところがあるからである。

2　属地主義が原則

　刑法の場所的適用範囲について，属地主義を基本原則とする旨を示したの

が，刑法1条1項の国内犯の規定である。

　この法律は，日本国内において罪を犯したすべての者に適用する。すなわち，日本国内で行われた犯罪については，犯人が日本人であろうが，その他の外国人（無国籍人も含む）であろうが，日本の刑法が適用される。これは，国の統治権の現れといえる。わが国の法的秩序を守るためには当然のことで，このような属地主義は各国が採る原則である。

　「罪を犯した」の意味としては，犯罪構成事実のうち，行為がなされた場合のほか，中間現象ないし結果だけでもよいと解される。たとえば，国内の港で船に積み荷をした際の過失により，外国で出火した場合，1条1項により，わが刑法が適用される（大判明44・6・16刑録17・1202）。また，外国で製造された薬品のなかにウイルスなどの病原体や毒物が混入され，その薬品が日本に輸入されたのち，これを投与された人に傷害・死亡の結果が発生した場合，混入にかかわった外国人に対して，わが刑法の故意犯または過失犯が適用される。

　1条2項は，国内犯の拡張範囲を定めたものである。船舶については「浮かぶ領土」といわれている。「日本航空機」とは，航空法により日本籍を有するものを指すが，さしずめ「飛ぶ領土」と呼ぶべきか。典型例は，日本国外にある日本船舶内で乗務員が他の乗務員にけがを負わせたような場合である。また，船外からの行為によって船内で結果が生じた場合でも，わが刑法が適用される（大阪高判昭51・11・19判時844・102）。

　共犯の行為地が日本国外の場合に，わが刑法が適用されるか，という問題がある。事案は，近年の覚せい剤事犯の典型例の1つである。それは，日本人が台湾から覚せい剤の密輸を企てているのを知りながら，台湾人がその日本人に覚せい剤を手渡したり，隠匿携帯できるように身体に装着させ，日本人の日本国内への密輸入を容易にしたというものである。日本人は覚せい剤輸入罪（覚せい剤取締法41条・13条）に問われたが，この場合，台湾人の幇助行為は刑法1条1項による国内犯に問えるかが問題とされた。

　最高裁は，以下のように，日本国内で正犯が実行行為をした場合に，国外における幇助行為が刑法1条1項にいう国内犯にあたると判断した。

> **判例** 最決平6・12・9刑集48・8・576〔覚せい剤調達事件〕
> 「被告人は，Aらが日本国外から日本国内に覚せい剤を輸入し，覚せい剤取締法違反，関税法違反の各罪を犯した際，……日本国外で右覚せい剤を調達してAに手渡し，同人らの右各犯行を容易にしてこれを幇助したというのである。右のように，日本国外で幇助行為をした者であっても，正犯が日本国内で実行行為をした場合には，刑法1条1項の『日本国内に於て罪を犯したる者』に当たると解すべきである」

3 国外犯の規定

　刑法3条は，日本国民が国外で犯罪を犯した場合，殺人・強盗・現住建造物等放火などの重大な犯罪について，わが刑法を適用して処罰する旨を定めている。この範囲で，属人主義が採用されている。このような国民の国外犯が設けられている理由は，重大な犯罪を犯している以上，日本国民として許されないということと，仮に外国で有罪判決を受けても，国外退去を求められて日本に強制送還された場合，わが国で処罰しないと不合理な結果になるからである。

　刑法3条は16のグループの犯罪を列挙している。故意犯だけで，過失犯はなく，盗品譲受け罪（256条）については2項のみが掲げられている。たとえば，日本人が韓国で賭博をした場合，賭博罪（185条）については刑法3条に掲げられていないので，日本に帰国しても，わが国の刑法は適用されないことになる。

　刑法2条は，内乱・外患・通貨偽造など日本国の国益を害する重大な犯罪について，日本人・外国人を問わず，国外犯を処罰する旨を定めている。保護主義の考え方に基づく。

　刑法4条は，日本国の公務員の重要な職務犯罪について，その国外犯を処罰するものである。たとえば，国外で日本国民と日本国の公務員の間で賄賂の授受がなされた場合，贈賄側については3条・2条に列挙されていないので処罰しえないが，公務員については4条の適用によって処罰が可能である。

4　世界主義の動き

　刑法4条の2は，2条・3条・4条にあたらない国外犯でも，日本が条約によって処罰する義務を負ったものについては，処罰する旨を定めている。

　この規定は1987（昭62）年に新設されたものであり，いわゆる世界主義に基づく処罰の道を開くものである。従来，世界主義に基づく処罰は，航空機の強取等の処罰に関する法律5条のように特別な手当てを必要としたが，今後は，国外犯処罰義務を定めた条約が締結された場合は，当然処罰されることになる。

　本条の対象となる条約としては，人質をとる行為に関する国際条約，国家代表等保護条約，核物質の防護に関する条約，国際連合要員及び関連要員の安全に関する条約，テロリストによる爆弾使用の防止に関する国際条約，拷問及び他の残虐な，非人道的な又は品位を傷つける取扱い又は刑罰に関する条約等がある。

> **ポイント**　場所的適用範囲
>
> 　場所的適用範囲については，属地主義が原則であり，属人主義と保護主義がそれを補う。

5　外国判決の効力

　刑法5条は，外国で確定判決を受けた者であっても，同一の行為について，さらに処罰されうることを規定したものである。ただし，犯人がすでに外国で言い渡された刑の全部または一部の執行を受けたときは，刑の執行を減軽し，または免除する。

> **小話**　国際法の一分野としての刑事法が形成されつつあるが，刑事国際法はいまだ作られているわけではない。国家を超える国際組織が十分形成されていないのが第1の問題である。ただし，ヨーロッパ連合（EU）のように地域的国際組織ができることによって，いわば地殻変動が起こりつつある。EU諸国がすべて死刑を廃止している点は世界的影響を及ぼしている。

2 時間的適用範囲

1 遡及処罰の禁止と刑法6条の関係

　遡及処罰の禁止ならびに刑法6条については、第5章で詳しく触れたので、ここでは、両者の関係について述べておく。

　遡及処罰の禁止は罪刑法定主義から導き出されるもの、刑法6条は法適用を受ける者にとって有利な法は遡っても用いるという考え方からくるもの、と整理することができる。そのことで明らかなように、両者はそれぞれ別の根拠に基づくものである。

　ただし、両者に共通する思想はある。それは、刑罰を受けることは本人にとって不利益なことであるから、できるだけ控え目にすべきであるという、刑法の謙抑主義である。

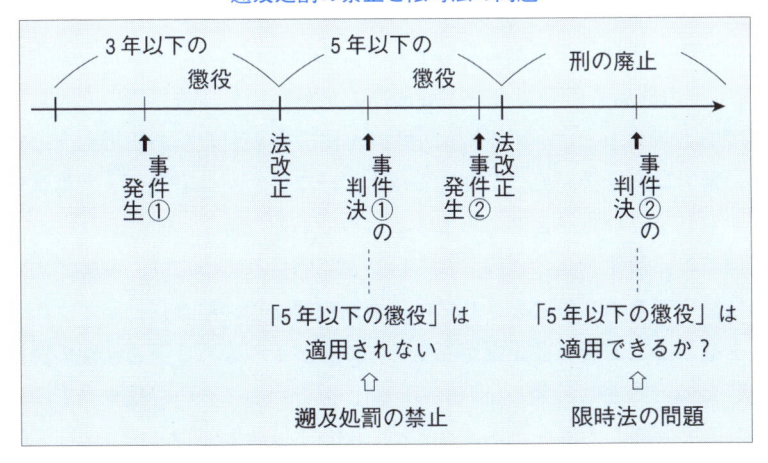

遡及処罰の禁止と限時法の問題

```
 3年以下の        5年以下の
  懲役           懲役          刑の廃止
──┬─────────┬──────┬────────┬────────→
  ↑        ↑   ↑      ↑   ↑       ↑
  事       法   事      法   事       事
  件       改   件      改   件       件
  発       正   判      正   発       判
  生            決             生       決
  ①            ①の            ②       ②の
                │                       │
              「5年以下の懲役」は      「5年以下の懲役」は
              適用されない             適用できるか？
                  ⇧                        ⇧
              遡及処罰の禁止           限時法の問題
```

2 限時法とは

　法の遡及とは反対に、どこまで追及効があるかという問題として限時法の問題がある。

　法律の改正によって罰則が廃止される場合、廃止されるまでの行為をすべ

て処罰し，裁判の早い遅いによる不均衡がないようにするためには，改正法の経過規定によって，廃止前の行為については廃止後もなお罰する旨の特則を設けておけばよい。その場合，**法律の附則**で，次のように規定するのが通例である。
〔第○条　この法律の施行前にした行為に対する罰則の適用については，なお従前の例による。〕

> **用語の森**　**法律の附則**　法律の本則に付随して，施行期日，経過的規定，関係法令の改廃に関する事項等を定めるために置かれたもの。裁判員法の附則を例にとりあげると，第9条に，施行後3年を経過した場合，検討して改正する可能性を規定している。

　しかし，このような特別の立法上の手当てをしなかった場合にも処罰しうる場合があるのではないか，というのが限時法の理論である。
　1つの考え方は，特則を設けておけば問題は解決するのであるから，特則を設けておかなかった以上，限時法理論を認める必要はないとする。これに対して，限時法理論を認める見解として，動機説がある。これは，罰則の改廃が，「その行為の可罰性に対する法律的見解の変更，法思想の変動によるものである場合」と，「単に事実関係の変化によるものである場合」とを区別し，前者は廃止後の処罰を認めるべきではないが，後者は廃止後も従前の行為の処罰を認めるべきであるとするものである（藤木・総論58頁）。
　判例では，法律自体に処罰される行為が明示されておらず，具体的内容が他の法律や下級の法規に委されている**白地刑罰法規**の場合に，バイクの2人乗りを禁ずる公安委員会規則が廃止されても，そのような下級法規の廃止は違反行為の可罰性に影響しないから，廃止前の行為について廃止後もなお処罰されると判断したものがある（最大判昭37・4・4刑集16・4・345）。
　限時法の問題は，国民の予見可能性を裏切るものではない。しかし，動機説の2つの区別は相対的なものにすぎないから（団藤・総論79頁），安易に追及効を認めると，恣意的な刑罰権の行使に道を開くことにもなりかねない。なお，失効後の処罰については，経過規定を置けば済む問題である。罪刑法定主義の内容である**法律主義**は，「裁判をするときにも，その行為を処罰す

る法律が存在しなければならないという意味をもつ」(内藤・原論142頁) のであるから,限時法理論には賛同できない。

第2編

犯罪成立要件

第10章

構成要件の意味，可罰的違法性

本章の主旨

　構成要件該当性とは，刑法が予定している犯罪の型に当てはまるということである。刑法が何を犯罪類型としているかは，道徳と異なる視点から定められているので，常識とは別の視座を持つ必要がある。可罰的違法性は，構成要件レベルで犯罪の成否を検討するものである。

1 構成要件の意味

1 罪刑法定主義の現れ

　犯罪は，人間の行為が，刑法の予定する一定の型に当てはまるとき，成立する可能性がある。このことを，犯罪構成要件に該当するという。

　刑法が一定の犯罪の型を用意しているのは，予め犯罪とそれに対する刑罰を示して，国民を犯罪から遠ざけるためである。それ以外に処罰されないという点に着目したとき，罪刑法定主義の現れとして構成要件が規定されていることがわかる。その意味で，構成要件は，国民と犯罪者にとってマグナ・カルタなのである。

> **用語の森**　マグナ・カルタ　マグナ・カルタは，1215年，イギリスのジョン国王が，バロン（貴族）との間に約束したものである。その第39条には，「自由人は，その同輩の合法的裁判によるか，または国法によるのでなければ，逮捕，監禁，差押，法外放置，もしくは追放をうけまたはその他の方法によって侵害されることはない。」と規定している。（高木八尺ほか『人権宣言集』岩波文庫，45〜46頁）。「国法による」という文言は，罪刑法定主義の現れである。

2 構成要件はどんな要素からなるか

構成要件は，第1に，犯罪とそうでないものとを区別する。第2に，行為の主体・客体・態様，結果の発生などを基準として，他の犯罪と区別する。

構成要件の要素を，殺人罪（199条）を例に分析すると，次の通りである。

構成要件の要素〔殺人罪の場合〕

① 主体…………人間
② 客体…………人間
③ 行為の態様……殺意をもって殺害するにふさわしい行為を行う
④ 結果…………人間の死亡

要素を検討してみると，たとえば，②客体が胎児ならば，殺人罪としては無罪である。ただし，堕胎罪（212条以下）は別に考慮する必要がある。③の行為に関して，行為者に傷害の意図しかなければ，傷害致死罪（205条）の問題となる。

3 構成要件のくせ

刑法が犯罪類型を作るとき，独特のくせがある。この点は刑法各論で学ぶことであるが，1例を示して参考に供しよう。

条文 230条1項　公然と事実を摘示し，人の名誉を毀損した者は，その事実の有無にかかわらず，3年以下の懲役若しくは禁錮又は50万円以下の罰金に処する。

この構成要件は，「名誉」が保護法益である。名誉の意味は，日常例でいう，その人が高い評価を受けているという意味ではなく，「人の社会的評価または価値」ということである（大判昭8・9・6刑集12・1590）。私達は，社会生活をする以上，一定の体面がある。その体面をむやみに崩すことは許されないと考えているのである。一種の外観主義である。

2 構成要件該当性の機能

1 違法性推定機能・有責性推定機能

犯罪論について，一般の見解は，構成要件は違法かつ有責な場合の類型だ

と捉えている。すなわち，構成要件該当性が認められた場合には，違法性と有責性が推定されるというのである。したがって，違法性や有責性の段階では，格別に阻却される場合だけ取り上げればよいことになる。その場合に，犯罪にならない理由を阻却事由という。

ただし，この点について別の考え方もある。それは，構成要件は社会生活上許されないことを明文化したものだから，違法類型であることはまちがいないが，行為者個人の事情に属する非難可能性を類型化したとはいえないので，有責類型ではないとするものである。

たしかに，構成要件は行為類型であって行為者類型ではないのである。また，有責性は個々人の年齢や責任能力を問題にするのであるから，これは，あくまで個々の行為者の属性として検討すべきことがらである。このように考えると，構成要件は有責性推定機能は有しないとする考え方の方が説得力がある。私自身は，この考え方をとる。

用語の森 類型　タイプ，典型

2　捜査の端緒となる

構成要件該当性は，捜査機関に関して一定の刺激を与えるものである。捜査機関が，なんらかのルートを通して，構成要件に該当する行為があると察知したときは，捜査の端緒になるからである。

以下の犯罪捜査規範（国家公安委員会規則）によれば，警察官は進んで捜査の端緒を得なければならないとされており，刑法上の評価は重要な契機（きっかけ）となる。

条文　捜査規範59条　警察官は，新聞紙その他の出版物の記事，インターネットを利用して提供される情報，匿名の申告，風説その他広く社会の事情に注意するとともに，警ら，職務質問等の励行により，進んで捜査の端緒を得ることに努めなければならない。

構成要件該当性のある行為と判断されると，それが捜査の端緒になるということは，それをきっかけとして被疑者の逮捕・勾留にもつながる場合もあるということである。つまり，構成要件に該当するということは，観念上の

問題であるだけでなく，国家権力の実力行使に結びつくということである。

このように，ある行為が構成要件に該当するという評価は，**基本的人権の保障**に関わる問題なのである。

3 構成要件で判断すべきこと

1 構成要件上の問題

犯罪論上の構成要件該当性において判断すべきことは，個々の条文との関係である。ただし，刑法総論としては，一般論として，不作為犯，因果関係，事実の錯誤の問題がある。本書では，この問題をそれぞれ別の章で取り上げる。ここで確認しておきたいのは，これらが，いずれも構成要件該当性のレベルの問題だということである。

2 規範との関係

ここで，構成要件該当性と規範との関係について述べておこう。ある行為について構成要件該当性が認められるということは，刑法が予定している規範との関係では，規範に違反するということなのである。

刑法の条文には直接書かれていないが，たとえば刑法199条は，「人を殺してはならない」という規範が社会において認められていることを前提として規定されているのである。その意味では，刑法上の構成要件は，道徳その他の社会規範によって支えられているのであって，刑法だけで独自に成り立っているものではない。別の観点からみると，犯罪がなされた場合も刑法だけの問題ではないから，直ちに刑法を厳罰化しなければならないと短絡的に対処するべきではなく，どういう要素が弱まっているために犯罪惹起につながっているかを解明していく必要がある。

なお，構成要件が予定している規範には，「……してはならない」という**禁止規範**と，「……しなければならない」という**命令規範**がある。後者の例としては，「病者を保護しなければならない」（218条）がある。

3 可罰的違法性がなければ構成要件に該当しない

ある行為が形式的には構成要件に該当するように見えても，実質的な観点から処罰に値する程度に至っていない場合に，構成要件に該当しないとする捉え方を可罰的違法性論と呼んでいる。可罰的違法性は，（用語にやや誤解を受ける余地があるが）構成要件該当性レベルで判断すべきことなので，ここで検討することにする。

可罰的違法性がない行為は，そもそも構成要件に該当せず，犯罪は成立しないのである。逆にいうと，可罰的違法性のある行為についてのみ，構成要件該当性が認められることになる。

たとえば，ケータイ電話の充電のために，駅構内やコンビニなどの他人のコンセントから勝手に電気を使っている例がある。これは，電気窃盗（245条・235条）の構成要件に該当するように見える。ただし，仮にそれが金額にして1円程度であったなら，そもそも窃盗罪という犯罪が予定している程度の違法性をそなえておらず，構成要件該当性は認められないと解される。すなわち，可罰的違法性のない行為として無罪である。この場合，価格にして1円でも財物には変わりがなく，行為者においても違法性の認識は通常あるはずだから構成要件該当性は認めるべきとの見解もある。

しかし，私は，このような場合は，そもそも損害賠償などの民事的解決方法で対処すればよく，刑罰という最も強力な手段を用いるまでもないと思う。刑法の謙抑性を考慮する必要がある。もう1つ，別の観点も必要である。それは，ある行為について構成要件該当性があるという評価を認めることは，国の刑事司法の規制対象になるということである。つまり，構成要件該当性があるということは，捜査機関に強制捜査をさせる口実を与えることになる。

判例 東京高判昭45・4・6判タ255・294（ちり紙13枚事件）

被告人は，デパートのエレベーター内で，被害者のズボンのポケットから，ちり紙13枚を抜き取ったとして，窃盗罪で起訴された。

窃盗罪において奪取行為の客体となる財物は，「権利の客体として刑法上の保護に値する物をいうものと解すべきであるから，その物が社会通念にてらしなんらの主観的客観的価値を有しないか，またはその価値が極めて微小であって刑法上の保護に値しないと認められる場合には，右財物に該当しない」

として，窃盗罪を構成しない（無罪）とされた。

　上の判例は，法益侵害の程度が軽微な場合で，可罰的違法性がないとされる例のなかでも1番多いパターンである。下記は，その古典的な例である。

> **判例** 大判明43・10・11 刑録16・1620〔一厘事件〕
> 被告人は，たばこ耕作業者であったが，価額にして一厘の葉たばこを手きざみにして自己使用し，（旧）煙草専売法違反で起訴された。
> 「零細なる反法行為は犯人に危険性ありと認むべき特殊の状況の下に決行せられたるものにあらざる限り，共同生活上の観念において刑罰の制裁の下に法律の保護を要求すべき法益の侵害と認めざる」として，無罪とされた。

　もう一つのパターンとして，法益が衝突しているときに，片方だけを規制するのが妥当でない場合，両方を処罰しない根拠として用いられる場合（水俣病自主交渉川本事件，第33章参照）がある。

> **ポイント** 可罰的違法性
> 可罰的違法性とは，行為が実質的な視点から処罰に値する程度に至っていない場合，そもそも構成要件に該当しないとする考え方である。

④ 法人犯罪

1 法人に犯罪能力はあるか

　刑法では，これまで，個人のみが犯罪を犯す主体として捉えられてきた。ここで，犯罪を犯す主体としての資格のことを**犯罪能力**と呼んでいる。
　近年では，法人にも犯罪能力を認めるべきではないか，という課題が提起されている。この問題は，犯罪主体の範囲を明らかにすることであるから，構成要件の領域に属する。
　問題の基本は，法人に刑罰を科すべきかということである。それというの

は，株式会社などの法人が個人の法益を侵害したり，危険にさらすという実態があるからである。公害や薬害はその典型例である。また，マスメディアによる名誉毀損の場合，記事を書いた記者やその掲載を認めた編集者は個人であるが，その影響力（被害）の大きさは，新聞紙・雑誌の部数に比例する。したがって，マスメディアという組織体が犯罪を犯しているということもできる。

2 肯定する立場

法人の犯罪能力を否定する見解と肯定する見解を表にして示すことにする。

法人の犯罪能力

	否　定　説	肯　定　説
行為性	法人は自然人と異なり，意思も肉体も有しないから，刑法的評価の対象となる身体の動静としての行為をなしえない。	法人は，その機関を通して意思を形成し，行為を行うことができるから，行為能力を認めてさしつかえない。
責任非難をなしうるか	法人は倫理的自己決定をなしえないから，法人には倫理的責任非難をなしえない。	刑事責任は，法的な観点からの非難可能性であり，法人の反社会的活動に対しては非難をなしうる。
ふさわしい刑罰があるか	現行刑法の刑罰制度は自由刑（懲役）を中心にしており，法人処罰に適合しない。	現行刑法の刑罰制度としても罰金・科料という財産刑を法人に対して科すことが可能であり，不都合はない。

否定説は，今日の社会において，法人の役割が重要性を占め，他方，実態として法人犯罪が存在してそれに対する法的コントロールが要請されている事情にそぐわない，というべきである。従来の否定説は，個人犯罪を前提として法人には犯罪能力がない，といっているにすぎない。ただし，法人に犯罪能力を肯定するとしても，長い間それは認められていなかったのであるから，刑法上の犯罪について法人の犯罪能力を認めるためには，新たな立法を

する必要がある。それが，罪刑法定主義の要請に応えることになる。

　なお，立法によって問題を解決するとしても，次の点に注意すべきである。①従来設けられている犯罪類型のすべてについて，法人の犯罪主体性が認められるわけではない。自然人の肉体的言動を必要とするような犯罪（たとえば強姦罪）は，法人の犯罪にはならない。②新たな立法をするとすれば，法人にふさわしい刑罰のしかたも工夫されてよいはずである。その点では，従来は行政制裁として利用されている，法人の解散（独占禁止法95条の4）や違反者の名称の公表（食品衛生法63条）もひとつの方策として取り入れられるべきである。

> 小話　企業の犯罪が個人としての人間ばかりか，自然環境を徹底的に破壊してしまう可能性を示唆するものとして，レイチェル・カーソンの『沈黙の春』がある。
> 「鳥がまた帰ってくると，ああ春がきたな，と思う。でも，朝早く起きても，鳥の鳴き声がしない。それでいて，春だけがやってくる――合衆国では，こんなことが珍しくなくなってきた。いままではいろんな鳥が鳴いていたのに，急に鳴き声が消え，目をたのしませた色とりどりの鳥も姿を消した。突然，知らぬ間に，そうなってしまった。」
> 　航空機で農薬を散布する光景を思い出す必要がある。
> 　　　　　　　（レイチェル・カーソン作，青樹築一訳『沈黙の春』，新潮文庫，137頁）

第11章

行為の分類

本章の主旨

人間の行為を分類すると、故意行為と過失行為、作為と不作為になる。侵害犯と危険犯の区別を行なう。

1 故意行為・過失行為と作為・不作為

1 故意と過失の区別

人間の行為は、さまざまな視点から分類できるが、刑法上議論になるものとしては、1故意行為と過失行為、2作為と不作為がある。1は行為者の主観的側面に関わる区別であり、2は行為者の行動上の差異に関わるものである。1と2は区別の基準が異なるから、以後の表（107頁）のように組み合わせで捉えることができる。

不作為については、項を改めて（第12章）、検討することにして、ここでは、故意と過失は、犯罪論のどの段階で区別されるか、考えてみよう。

ポイント 過失と不作為

> 過失は、結果回避義務を怠る作為・不作為によって結果を発生させた場合であり、不作為は、作為義務があるにもかかわらず、故意または過失によって作為をしないことによって結果を発生させた場合である。

判例 京都地判昭40・5・10下判集7・5・855〔四条踏切事件〕

Aは踏切保安係として、Bは踏切保安係代務者として、山陰線四条踏切警手の業務を分担していたが、2人はそれぞれの注意義務を欠き、遮断機の閉鎖を

する等をしなかったため，踏切に進入していた乗用車に362号列車が衝突し，乗用者に乗っていた2名が死亡した。

「被告人Bは，相番として列車接近の確認につとめ，これを確認したときは本番である被告人Aにその旨を合図し，且つ，交通信号灯の切りかえや遮断機閉鎖の時期をも合図によって知らせること等を分担し，被告人Aは，本番として列車接近表示器の作動を見守り，または相番からの合図によって列車接近の確認につとめ，これを確認したときは相番である被告人Bにその旨を合図し，且つ被告人Bからの合図によって，交通信号灯の切りかえや遮断機閉鎖の措置を講ずること等を分担し，もって，被告人両名が相互に協力して踏切道における交通の安全を確保することにつとめていたのであるから，被告人両名のそれぞれの注意義務をつくすことによって一つの結果到達に寄与すべき行為の或る部分が，相互的意識のもとに共同でなされたものであることは，優にこれを認めることができる。従って，本件はこの点において，被告人両名の過失犯について共同正犯の成立を肯定すべきである」。

　上の判例は，不作為の過失犯について，共同正犯を認めた例である。構成要件としては，業務上過失致死罪（211条，当時），業務上過失往来危険罪（129条2項）である。

　故意と過失の区別は，専ら有責性レベルの問題であろうか。考え方としてそのような捉え方があるし，故意責任・過失責任という言葉は，それを裏づけるように思われる。

　しかし，故意と過失の区別は，まず行為の段階から区別されるべきである。すなわち，犯罪を検討すべき一番最初の段階で，故意行為・過失行為の区別がなされ，その上で，構成要件該当性・違法性・有責性の判断がなされるべきである。

　なぜなら，行為態様そのものが，故意による場合と過失による場合とでは，基本的に違っているからである。それぞれの典型例を次に掲げる。

①故意行為……Aは，Bを殺害する意図をもって，ナイフでBの胸を刺し，Bを死亡させた。
②過失行為……Cは，自動車を運転していて，よそ見をしていたため通行人に衝突し，Dを死亡させた。

①・②両者とも，被害者が死亡したという点では変わらない。しかし，①は明らかに殺害意図をもってなされた行為であるが，②は自動車運転上の不注意による事故である。①は日常生活上ひんぱんにあることではないが，②の運転行為そのものは日常生活の中に組み込まれていることである。このような故意行為と過失行為の差異は，実際上の問題として，捜査当局の取り組み方が違ってくる。

2　構成要件上の区別

　刑法の規定自体が，構成要件上で故意と過失の区別をしていることに着目する必要がある。たとえば，人が死亡したという場合でも，行為者の故意・過失の内容，行為の態様に応じて，構成要件として別々なものとして捉えられている。

　つまり，故意と過失は構成要件のレベルで区別されているのであって，有責性のレベルになって初めて区別されるものでない。

　なお，刑法38条1項が「罪を犯す意思」とするのが故意で，「法律に特別

故意・過失，作為・不作為

客観的要素＼主観的要素	故　　意	過　　失
作　　為	AはBを殺害する意図で，Bのコーヒーに致死量の有機燐系農薬を入れた。Bはそれを飲んで，苦しんで死亡した。	Cはケータイで話しながら自動車運転をしていたため前方不注意となり，前の自動車に追突し，運転していたDに全治3週間のケガを負わせた。
不　作　為	Eは自動車を運転中，わき見運転で通行人Fをはねて重傷を負わせた。Eは，いったんFを自車に乗せた後，なんら救護措置をとらず，10km離れた所で降雪中の車道に置き去りにした。	保育師Gは，夏期に，小型バスから子ども達を降ろすにあたって，人数を確かめず，H（4歳）がバスの中で寝ているのを放置したままにしていたため，約3時間後，Hは熱中症で死亡した。

死亡という結果は同じでも

故意・過失の内容	行為の態様	構成要件上の評価
殺　　意	人を殺害するにふさわしい行為	殺人罪 （199条）
暴行・傷害	一般に死亡には至らない程度の暴行	傷害致死罪 （205条）
危険な運転	酒に酔って正常な運転ができない状態で自動車を運転し過失で事故を起こす	危険運転致死罪 （208条の2第1項）
不　注　意	自動車運転上の必要な注意を怠る	自動車運転過失致死罪 （211条2項）
不　注　意	反復継続して危険な行為をしているのに，注意を怠る	業務上過失致死罪 （211条1項前段）
不　注　意	誰でも気づくような注意を怠る	重過失致死罪 （211条1項後段）
保護をする気持がない	保護をしない	保護責任者遺棄致死罪 （219条）

な規定がある場合」が過失を意味している。

2 行為と結果（侵害犯・危険犯）

1 結果の発生

　犯罪は，人間の行為によるものであるが，処罰されるためには，それによって何らかの結果が発生することが必要である。ただし，どのような結果が発生することを要するかは，構成要件によって異なる。

> 小話　自然現象による被害でも，人間の関与することによって犯罪として捉える必要がある場合もでてくる。グスコーブドリはその1例になる可能性があった。
> 　グスコーブドリは，次のような書き出しで始まる宮沢賢治の童話の主人公である。「グスコーブドリは，イーハトーブの大きな森のなかに生まれました。お父さんは，グスコーナドリという名高い木樵でどんなに巨きな木でも，まるで赤ん坊を寝かしつけるように訳なく伐ってしまう人でした。」（宮沢賢治『グスコーブドリの伝記』）

グスコーブドリと妹のネリは飢饉で父母を失い，成長してブドリはイーハトーブの火山局に勤めることになる。そして，サンムトリ市をサンムトリ火山の被害から守るために熔岩が市から離れた方向に流れ出るような爆破作業を行ったりする。仮に，このような場合に，作業に失敗してかえってサンムトリ市の方に多量の熔岩が流れ人々を襲ったとするならば，単なる自然の災害では済まされなくなる。

2 侵害犯・危険犯

その違いが現れるのは，どんなことがなされたら処罰する必要があるか，何を保護法益とするかによる。いくつかの例をとりあげてみよう。

(イ)放火罪　放火は，人の住んでいる家屋などに火をつけて燃やす行為であるが，それに伴って人の生命が損われる例が少なくない。また，火は人を恐怖におとしいれ，被害者がパニックに陥って高い所から飛び降りたりする。そこで，刑法では，家屋などの財産的側面より，不特定多数人の生命・身体に危険がもたらされることに着目して，危険犯として構成されている。

なお，放火罪に関する条文では，実際に人が住居に使用したり，住居ではないが現に人がいる建造物（学生が登校している校舎）などでは，危険が生じるのは当たりまえだと考えて，条文中に「危険」という言葉を入れていない（108条，109条1項）。これを抽象的危険犯と呼んでいる。これに対し，住居に使用しておらず，かつ，通常，人がいない建造物（人が中にいない倉庫）の場合には，本人の所有に係るときは，本人が火をつけるときは財産の損失を承知したことといえるので，実際に不特定多数人の生命・身体に対する危険が生じたことを犯罪が成立する条件としている（109条・110条）。これを具体的危険犯と呼んでいる。

(ロ)殺人未遂罪　前述の，故意犯の典型例として示した，「殺意をもってナイフで胸を刺す」という例であるが，実際には，胸を刺されても急所を外れたり，救急措置が適切になされて命をとりとめる場合もある。ただし，そういう場合，大けがをしたということで，単に傷害罪（204条）としたのでは足りない。なぜなら，①行為者に殺意があるので，その点を考慮すべきであるし，②人の胸をナイフで刺すという行為は，人の生命を損なう可能性が高い。そして，③被害者にしても，殺されるという恐怖体験をしている。すなわち，人の死という結果は発生していなかったとしても，生命を損われる危

険性があったことから，殺人未遂罪（199条，203条）として処罰する必要がある。

このことからわかるように，**未遂犯**は，既遂犯との関係で，一種の危険犯である（第26章参照）。

> **条文** **43条本文** 犯罪の実行に着手してこれを遂げなかった者は，その刑を減軽することができる。

(ハ)偽証罪　裁判所から証人として呼び出された人が，法廷で偽りの証言をすると，裁判を誤らしめる可能性がある。もっとも，偽証があっても，相手方は**反対尋問**をするから崩される可能性もあるし，裁判所においては，証拠を全体として見て，うそを見破ることもできる。そこで，あとは立法政策の問題であるが，現行法は，「虚偽の陳述」がありさえすれば，それで処罰することにしている。これを，**単純行為犯**とか**挙動犯**と呼んでいる。

> **条文** **169条** 法律により宣誓した証人が虚偽の陳述をしたときは，3月以上10年以下の懲役に処する。

> **🌳 用語の森**　**反対尋問**　証人を呼んだ側が最初に尋問をするのを主尋問といい，その相手方が行なうのを反対尋問という。反対尋問は，主尋問をなんとか崩そうとするものであるし，そのため，主尋問には許されない誘導尋問（期待している答えを暗示する尋問）も許されている（刑訴規199条の4第3項）。

侵害犯と危険犯

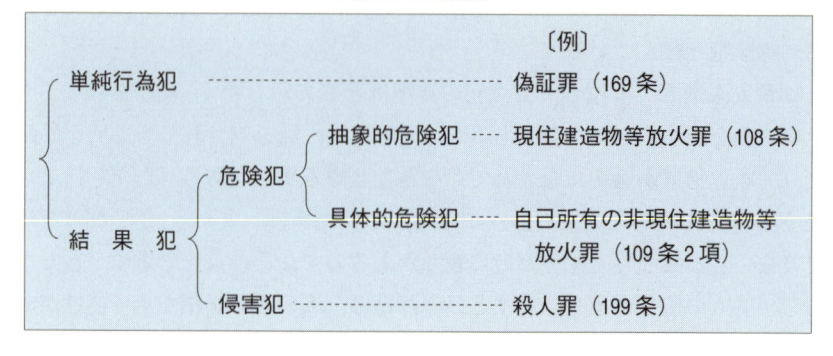

```
                                                      〔例〕
       ┌ 単純行為犯 ───────────── 偽証罪（169条）
       │
       │           ┌ 抽象的危険犯 ──── 現住建造物等放火罪（108条）
       │    ┌ 危険犯 ┤
       │    │      └ 具体的危険犯 ──── 自己所有の非現住建造物等
       └ 結 果 犯 ┤                                 放火罪（109条2項）
            │
            └ 侵害犯 ───────────── 殺人罪（199条）
```

第12章

不 作 為 犯

本章の主旨

犯罪は消極的動作（不作為）によってもなされるが，誰を行為者として捉え，何罪に問えるかは，明確でないところがある。条文の文言上，作為と不作為が含まれているものの，不作為の部分が不真正不作為犯である。その成立要件を具体例を用いて検討する。

1 作為犯と不作為犯

1 行為に作為と不作為がある

　犯罪は行為であるというとき，通常，行為として思い浮かぶ態様は積極的動作である。たとえば，殺人罪（199条）なら，(イ)人の胸部をナイフで刺すとか，人の飲むコーヒーの中に致死量の毒物を入れるなどである。ところが，殺人は，消極的動作でも可能である。たとえば，(ロ)母親が乳飲み子を殺害する意図で，おっぱいやミルクを与えず，そのために子が死亡したときである。この場合，生命を保持するために必要なことをしなかったという消極的動作が，その主観的要素と合わさって，十分，殺人に結びつく行為として捉えられる。

　ここで，用語の整理をしておく。刑法の分野では，以上の例で用いた積極的動作のことを作為といい，消極的動作のことを不作為と名づけている。かつて，作為でないものは行為とはいえないとする議論があったが，①故意・過失があり，②結果惹起の可能性があり，③その不作為によって結果が発生したといえるなら，行為として捉え，それに対する評価をしてさしつかえないはずである。

2 不作為犯とは何か

作為と不作為が，構成要件の実現に結びつくとき，作為犯，不作為犯と呼ぶ。なぜなら，構成要件を実現しないかぎり犯罪とはならないからである。

その点に関し，作為犯と不作為犯とではやや異なる面がある。たとえば，乳飲み子に対して殺意をもって，数日間，おっぱいやミルクを与えなかった母親が，子どもの衰弱の様子を見て翻意(ほんい)し，再びおっぱいやミルクを与えたことにより子どもに実害が生じなかったようなとき，事実認定の部分で，積極的動作の場合（たとえば，首を締めて殺そうとする）より，難しい面がある。不作為の未遂という問題である。

不作為犯は何もしないことではなく，その人がやるべきことをやらないで，法益に対する侵害や危険をもたらした場合である。その意味で，不作為犯は**規範**との関係で捉える必要がある。母親には乳飲み子の生命を保護しなければならないという命令規範が与えられている。したがって，母親がその義務に違反することは，母親としての命令規範に違反し，さらに，人を殺してはならない，という禁止規範に違反しているわけである。

> **🌸用語の森** **規範** 人間の社会では，人としてあるべき状態を考え，さらに，現状がそれに至っていないことを認識して，なんとかあるべき状態に持っていきたいと考えている。そのあるべき状態や基準のことを規範といい（たとえば，恒久平和），さらに，それを実現するための働き・手段（戦力不保持）をも規範と呼んでいる。

では，作為犯と不作為犯は，刑法の構成要件と対応させて捉えるとどうなのであろうか。それは，次の２つに整理することができる。

1 明らかに不作為でなされることが予想される条文。
2 作為と不作為の両方でなされることが予想される条文。

以下に，それぞれの典型例を示すことにする。1の例として，不退去罪（130条後段），2の例として，殺人罪（199条）を掲げる。

条文 **130条後段** 要求を受けたにもかかわらずこれらの場所から退去しなかった者は，3年以下の懲役又は10万円以下の罰金に処する。

ちなみに，「これらの場所」とは，130条前段（住居侵入罪）に書かれてい

る「人の住居若しくは人の看守する邸宅，建造物若しくは艦船」のことである。

条文 199条　人を殺した者は，死刑又は無期若しくは5年以上の懲役に処する。

　上の条文を見ても明らかなように，199条は，それ自体として「人を殺した」としか言っていないので，もともと作為でも不作為でもなしうるのである。

　ただし，数の割合としては作為犯の方が圧倒的に多いため，作為でなされると解されてしまう。そこで，殺人罪の不作為犯の場合，規定では一般に作為によることが予想される犯罪について，不作為によって惹き起こされる場合もある，といわれたりする。しかし，表現としてはやや不正確である。むしろ，多くの場合は作為によって惹き起こされるが，不作為によって惹き起こされる場合もある，というべきである。

　それに比べると，現住建造物放火罪（108条）の規定は，「放火して」という文言を用いているので，それが不作為でなされるというのは，具体例を見てみないと納得できないことかもしれない（後に判例を示す）。

3　真正不作為犯と不真正不作為犯の違い

　不作為犯について，①条文の文言で明らかに不作為が予定される場合と，②文言上，作為と不作為の両方を含む場合があることを確認してきた。前者が**真正不作為犯**と呼ばれ，後者のうち，不作為の部分が**不真正不作為犯**と呼ばれる。以下に，行為による分類と条文による分類とを並べてみる。

作為犯と不作為犯

〔行為による分類〕	〔条文による分類〕
作為犯 不作為犯 ┤ 真正不作為犯 　　　　　　不真正不作為犯	真正不作為犯 両方を含む ┤ 作為犯 　　　　　　不真正不作為犯

以上の検討から明らかなように，刑法はドイツ法をもとに作られた関係からドイツ語の訳とはいえ，真正・不真正という言葉を用いて不作為犯を区分するのはわかりやすいとはいえない。真正という言葉は，国語としては，「ほんもの，いつわりのないこと」（広辞苑）という意味に用いられている。仮にも，本物の不作為犯とか偽物の不作為犯という意味合いで用いられているわけではないのだから，誤解を招く用語法といわざるをえない。なるべく内容に即した言葉遣いをしたいものである。ただし，慣わしとして使われてきた言葉であるから，実体が何を意味しているかを確認して，一応，従来の用語を用いることにしよう。

それでは，実体は何かというと，真正不作為犯は，ある立場の者が必要な行為をしないことが条文の上に明確に表示されている「明文不作為犯」である。以下の保護責任者遺棄罪の条文に，その特色がよく示されている。

> **条文** 218条　若年者，幼年者，身体障害者又は病者を保護する責任のある者が……その生存に必要な保護をしなかったときは，3月以上5年以下の懲役に処する。

これに対し，不真正不作為犯は，一見したときは，1つの条文中に作為と不作為の2つの態様が含まれているように見えない場合のその片方だということである。したがって，不真正不作為犯は，文言上は隠れている不作為犯，あるいは，明文に対する意味で不文不作為犯と言っていいかもしれない。この，文言上は隠れている不作為の行為を表に引き出し，不作為犯として処罰しうるかを明らかにする作業が必要なのである。この作業は，どのような不作為がどの条文に当てはまるかを明らかにするものであるから，刑法の基本原則との関係でいえば，<u>罪刑法定主義</u>の問題なのである。

> **小話**　登山者のパーティや登山ツアーを企画した会社のガイドが，病人を山中に放置して下山したような事例については，不作為による保護責任者遺棄罪（218条・219）を適用するのが妥当である。
> 　ただし，一方では，次のような事例もある。昭和24年1月，北アルプス槍ヶ岳の北鎌尾根で遭難した松涛明・有元克己の2人のようなひたむきな登高を求めたアルピニストがある。松涛が遺した手記である。
> 　1月6日　フーセツ　全身硬ッテカナシ　ナントカ湯俣マデト思ウモ有元ヲ捨テルニシノビズ，死ヲ決ス……

我々ガ死ンデ　死ガイハ水ニトケ，ヤガテ海ニ入リ，魚ヲ肥ヤシマタ人ノ身
　体ヲ作ル　個人ハカリノ姿，グルグルマワル　松ナミ
　　　　　　　　東京徒歩渓流会編『風雪のビバーク』

2 不真正不作為犯

1 成立要件

不真正不作為犯は，刑法の規定の上では，隠れている不作為犯のことである。数の上では作為による場合が多いので，条文の予想しているのが作為犯だけのようにも見えるが，今まで検討したことで明らかなように，不作為犯も当然に含まれる。

殺人罪を例にすると，母親が殺意をもって乳飲み子におっぱいやミルクを与えず餓死させるような消極的動作が，それである。この場合に，われわれが着目するのは，何もしなかったということではなく，おっぱいやミルクを与えるべき立場なのに，それをしなかったという，義務に反する態度である。また，乳飲み子にとっては，母親こそ命を保証する人であるから，母親の義務違反は，それこそ致命的なのである。ただし，夫婦の労働形態は今や多様であり，父親が第1に作為義務を負う場合もある。

不真正不作為犯については，条文そのものに義務に関する規定がないことから，解釈によって，次のような不真正不作為犯の成立要件を確認する必要がある。

① 法的な作為義務があること。
② 作為の可能性があること。
③ その不作為が，条文の予定している作為犯と同等の違法性をそなえていること。

2 作為義務は何によって生じるか

作為義務は，次のような根拠に基づいて生じる。

(イ) 保証者・保護者の地位にある者の結果防止義務　法令に根拠がある場合のほか，契約，条理，慣習を含む。

たとえば，雇主が，自宅に住まわせていた従業員に暴行を加えて骨折等の傷害を負わせたが，犯行の発覚を恐れて治療を受けさせず，化膿止めの薬品を授与する等に止まったため，従業員を死亡させた事例がある。この場合，雇主は保護者として作為義務があり，作為義務の内容は，「自ら与えた創傷の悪化を防止すべく，医師による適切な治療を受けさせること」であり，「病状が悪化していくにもかかわらず適切な医療措置を講じさせないという不作為」が，不作為による殺人になると判断されている（東京地八王子支判昭57・12・22判タ494・142）。

　次は，従業員としての一般的地位から，犯罪を防止すべき義務が問題となった判例である。

判例　東京高判平11・1・29判時1683・153〔不作為の幇助〕

　4名の者が，ビル内にあるパチンコ店から売上金を集金した集金人に対して暴行を加え，現金2千万円弱を奪い取り，加療10日間の傷害を負わせた。被告人Aは，パチンコ店と同じ経営者が経営する同じビル内のゲームセンターの従業員であり，強盗の実行行為者に当日集金車が来ることを知らせた。被告人Bは，Aと同じゲームセンターの従業員であるが，Aから強盗の計画を知らされたものの，警察等に通報するなどをしなかった。原判決は，Aを強盗傷害罪の共同正犯，Bを強盗傷害罪の幇助としたのであるが，控訴審は，Bに対して無罪を言い渡した。問題となるのは，Bに作為義務があるかどうかである。

　「被告人Bが被告人Aの行状を監督する職務を特に負っていたものではないから，被告人Bに職務上被告人Aの本件のごとき犯行を阻止すべき義務があったということはできない。」

　「職務内容とは関係なく，従業員としての一般的地位から，前記保護義務及び防止義務が認められるかを考えると，もしその従事する具体的職務内容と関係なく，一般的に，例えば雇用会社の財産について保護義務あるいはそれに対する犯罪の阻止義務が認められるとなると，その保護義務及び阻止義務が無限定的に広がってその限界が不明となり，ひいてはそれら義務懈怠の責任を問われないため取るべき行動内容があいまいとなって，余りに広くその義務懈怠の刑事責任が問われたり，あるいは犯罪告発の危険を負うべきかその懈怠の責任を問われるか進退両難に陥らせるなど，酷な結果を導きかねないといえるのであって，職務とは関係なく従業員としての地位一般から，保護義務あるいは阻止義務を認めることはできないといわねばならない。ただ，

もしそうした義務が是認されることがあるとすれば，犯罪が行われようとしていることが確実で明白な場合に限られるものと考えられる。」

(ロ) 先行行為に基づく結果防止義務　過失で自動車事故を起こし，人にけがをさせた運転者は，被害者を救護しなければならないという作為義務を負う。この場合の自動車事故が先行行為である。

(ハ) 物の管理者の結果防止義務　物の管理者は，自己の管理する物から他人の法益に侵害や危険を生じさせることがないよう，結果防止義務を負う。

3 作為の可能性が必要

法的な作為義務があるだけでなく，当事者に作為の可能性があることが必要である。たとえば，子ども達を渓谷に連れていったリーダーは，川に落ちて溺れそうになっている子どもを救助すべき法的作為義務が，契約ならびに条理に基づいて認められる。ただし，流れが急なため，リーダー自身も命を落とす危険があるような場合，作為の可能性はないことになり，不作為犯とはならない。なお，道徳上の義務の問題は別である。

> 判例　東京高判昭35・2・17下刑集2・2・133〔仮死状態の嬰児の放置〕
> 被告人（母親）は，嬰児を仮死状態で出産したままの状態で便所の板敷の上に放置し，かつ新聞紙や風呂敷につつんでこれを水中に投げ込んで死亡させた。被告人は殺人罪で起訴された。
> 「仮に嬰児が自然に放置されるときは分娩後15分ないし30分間に死亡すべかりしものとしても，被告人は嬰児の母親として保護責任を全うすることにより，これが蘇生をなさしめるべき十分な機会をもっていたに拘らず，嬰児の生命を絶つ意思をもって，故意に何らの保護をも与えず嬰児を分娩された状態のまま放置したのみか，新聞紙，風呂敷包につつんで川の中に投入するというような所為を敢てしたのであって，これらの所為が嬰児から蘇生の機会を奪い，その死因に寄与したものであることは否定し難いから，所詮，被告人は本件嬰児殺害の責任を免れることはできないといわなければならない。」

上の判例は，母親に保護義務があるというだけでなく，嬰児を蘇生させる十分な可能性があったことを明らかにしている。

4 違法が同価値であるとは

ある不作為がどのような作為犯と同視できるかという問題は，作為義務の存在のほかに，作為義務を果たさなかった状況，本人の意図などを全体的に考慮して，その違法性が同価値であると評価される必要がある。

以下の判例は，過失行為の後の不作為を取り上げて，それが放火と変わらない（同価値である）旨を明らかにしている。

> **条文** 108条　放火して，現に人が住居に使用し又は現に人がいる建造物，汽車，電車，艦船又は鉱坑を焼損した者は，死刑又は無期若しくは5年以上の懲役に処する。

> **判例** 最判昭33・9・9判集12・13・2882〔木製火鉢引火事件〕
>
> 　被告人は，会社の従業員として残業中，大量の炭火がよくおこっている木製火鉢をそのままにして仮眠したため，戻ってきたときは，木机や書類に火が移っていた。その際，被告人が自ら消火にあたるか，宿直員3名を呼び起こして協力を得たなら，容易に消火しえたのに，延焼防止処置をなさずに立ち去った。その結果，火は燃え広がって宿直員らの現存する営業所建物1棟ほか現住家屋6棟等を焼損した。被告人は，現住建造物放火罪（108条）で起訴された。
>
> 　「被告人は自己の過失行為により右物件を燃焼させた者（また，残業職員）として，これを消火するのは勿論，右物件の燃焼をそのまま放置すればその火勢が右物件の存する右建物にも燃え移りこれを焼燬するに至るべきことを認めた場合には建物に燃え移らないようこれを消火すべき義務あるものといわねばならない」。
>
> 　「被告人は自己の過失により右原符，木机等の物件が焼燬されつつあるのを現場において目撃しながら，その既発の火力により右建物が焼燬せられるべきことを認容する意思をもってあえて被告人の義務である必要かつ容易な消火措置をとらない不作為により建物についての放火行為をなし，よってこれを焼燬したものであるということができる」。

> **用語の森**　焼燬（しょうき）　刑法が平成7年（1995）に口語化されるまでは，放火罪の既遂時期は焼燬とされていた。今は「焼損」である。判例は，その意義について，行為者の点じた火がその媒介物たる燃料を離れ，燃焼の目的物たる建造物等に移り，独立してその燃焼力を継続する事実をいうとし

ている（大判明43・3・4刑録16・384）。

5 不作為の因果関係

　不作為犯が成立するためには，その不作為と結果との間に因果関係が必要で，それが認められないときは犯罪にはならない。この章の最初から取り上げている例でいえば，母親が乳飲み子におっぱいやミルクを与えないことが原因となって乳飲み子が死亡するという結果が発生しているから，義務違反の母親に責任が問われる。

　ところで，因果関係は第13章で触れるが，一般に相当因果関係が必要とされているので，それを前提に捉えることにする。問題となるのは，不作為犯の場合における相当因果関係とはどのようなものかということである。

　相当因果関係があるというためには，①条件関係があること，②相当性が認められること，の2つの要件が必要とされる。①条件関係は，「〜のことがなければ，……の結果は発生しなかったにちがいない」という関係が認められることが必要である。不作為犯では，「〜」のところに「○○しないこと」が入るので，マイナスかけるマイナスはプラスであるので，「〜のことがあれば，……の結果は発生しなかったにちがいない」という命題になる。では，これに相当性の要件が加わるとどうなるかというと，「〜のことがあれば，……の結果は発生しなかったにちがいないことが一般にありうるか」ということである。

　相当性は，そうなることが一般的なことといえる場合であるので，確実にそうならなければならないということは必要とされない。たとえば，上の放火罪の判例でいえば，消火行為がなされれば一般的に営業所建物が焼損することはなかったであろうという関係が認められることである。

　以下の判例では，救急医療がなされていれば，十中八九，被害者の救命が可能であったはずだとしている。

判例　最判平元・12・15刑集43・13・879〔不作為の因果関係〕
　被告人は，13歳の少女をホテルへ連れ込み，覚せい剤を注射したところ，

錯乱状態に陥り，正常な起居ができないほどの重篤な心身の状態に陥った。被告人は救命措置をとることなく，漫然同女を放置したため，同女はホテルの客室で覚せい剤による急性心不全で死亡した。被告人は保護責任者遺棄致死罪で起訴された。

「被害者の女性が被告人らによって注射された覚せい剤により錯乱状態に陥った午前零時半ころの時点において，直ちに被告人が救急医療を要請していれば，同女が年若く（当時13年），生命力が旺盛で，特段の疾病がなかったことなどから，十中八九同女の救命が可能であったというのである。そうすると，同女の救命は合理的な疑いを超える程度に確実であったと認められるから，被告人がこのような措置をとることなく漫然同女をホテル客室に放置した行為と午前2時15分ころから午前4時ころまでの間に同女が同室で覚せい剤による急性心不全のため死亡した結果との間には，刑法上の因果関係があると認めるのが相当である。」

以上の判例に関して，作為義務が生じる根拠ならびに不作為の因果関係について図示すると，次の通りである。

作為義務が生じる根拠，不作為の因果関係

〈事　実〉　13歳の少女に覚せい剤を注射 → 被害者は重篤な心身状態に → 救命措置をとらず放置 → 死亡

〈法的評価〉　〔先行行為〕　　　作為義務　　　〔不作為〕　〔結果〕
　　　　　　　　　　　　　　　　　　　　　　　　因果関係

6　不作為の共犯

不作為は，作為に比べると共犯が否定しにくいところがある。ただし，不作為は単に何もしないことではなく，作為義務があるにもかかわらずそれを怠るところに許されないという評価を受ける根拠がある。作為義務を負っている人が複数いて，しかも，作為を実行することについて**相互利用補充関係**があるにもかかわらず，その義務を怠るときは，不作為の共同正犯が認められる。

> **用語の森** 　**相互利用補充関係**　共同正犯（60条）において，一部行為全部責任の法理（一人ひとりについては犯行の一部にしか関わっていないが，犯罪的結果全部について責任が問われる）が働くのは，犯罪を実現しようとする共謀に基づいて，行為者が相互に他人を利用し，足らないところを補い合いながら犯罪結果を実現しようとする共同作業があるためである。

以下の判例は，不作為の過失について共同正犯を認めた事例である。

判例　東京地判平4・1・23判時1419・133〔電話ケーブル失火事件〕

被告人C・Dは，世田谷電話局付近の地下洞道に設置された電話ケーブルの断線箇所を探索する作業に従事し，一時洞道外に退去するにあたり，各人がそれぞれ使用していた2個のトーチランプが完全に消火されているかを確認しないまま立ち去った。その時，いずれか1個のトーチランプから防護シートに着火し，電話ケーブル104系と洞道壁面を焼燬した。C・Dは業務上失火罪（117条の2）で起訴された。

「数名の作業員が数個のトーチランプを使用して共同作業を行い，一時，作業を中断して現場から立ち去るときには，作業慣行としても，各作業員が自己の使用したランプのみならず共同作業に従事した者が使用した全てのランプにつき，相互に指差し呼称して確実に消火した点を確認し合わなければならない業務上の注意義務が，共同作業者全員に課せられていたことが認められる。」

「社会生活上危険かつ重大な結果の発生することが予想される場合においては，相互利用，補充による共同の注意義務を負う共同作業者が現に存在するところであり，しかもその共同作業者間において，その注意義務を怠った共同の行為があると認められる場合には，その共同作業者全員に対し過失犯の共同正犯の成立を認めた上，発生した結果全体につき共同正犯者としての刑事責任を負わしめることは，なんら刑法上の責任主義に反するものではない」。

以下の判例は，医療措置を行なわなかったという不作為の共同正犯を認めたものである。ただし，被告人と患者の家族では主観面で違いがあるため，共同正犯となる部分は主観面の小さい方（保護責任者遺棄罪）に限定されることを明らかにしている。

> **判例** 最判平17・7・4判時1906・174〔医療措置の不作為, シャクティ治療事件〕
>
> 　被告人は, 手の平で患者の患部をたたいてエネルギーを患者に通すことにより自己治癒力を高めるという「シャクティ治療」を施す特別の能力を持つとして信奉者を集めていた。Eは, 自分の父親が脳内出血で倒れて, 意識障害のため痰の除去や水分の点滴等を要する状態にあるのに, 被告人の指示もあって, 被告人に父親のシャクティ治療を依頼した。被告人は, 生命維持のため必要な医療措置を受けさせないまま約1日間放置し, 痰による気道閉塞に基づく窒息により患者を死亡させた。被告人は, 殺人罪で起訴された。
> 　「被告人は, 自己の責めに帰すべき事由により患者の生命に具体的な危険を生じさせた上, 患者が運び込まれたホテルにおいて, 被告人を信奉する患者の親族から, 重篤な患者に対する手当てを全面的にゆだねられた立場にあったものと認められる。その際, 被告人は, 患者の重篤な状態を認識し, これを自らが救命できるとする根拠はなかったのであるから, 直ちに患者の生命を維持するために必要な医療措置を受けさせる義務を負っていたものというべきである。それにもかかわらず, 未必的な殺意をもって, 上記医療措置を受けさせないまま放置して患者を死亡させた被告人には, 不作為による殺人罪が成立し, 殺意のない患者の親族との間では保護責任者遺棄致死罪の限度で共同正犯となると解するのが相当である。」

③ 不作為犯の具体的検討

1　ひき逃げは何罪にあたるか

　ひき逃げとは, 自動車事故を起こした者が, 被害者を現場に放置したまま逃げ去ることである。その結果, 早い時点で救護していれば軽いけがですんだはずなのに, 重傷になったり, 死亡してしまうこともある。救護をしないという不作為が問題である。

　ひき逃げは, 社会的問題ともなっていて, ひとつの犯罪類型ともいえるので, 立法的解決も考えねばならない。また, 刑事政策的には, 重罰化ばかりが叫ばれると, 処罰を恐れて, かえって逃げることが多くなる可能性も考慮しなければならない。

　解釈論は次の通りである。まず, 自動車事故を起こした点について, 自動

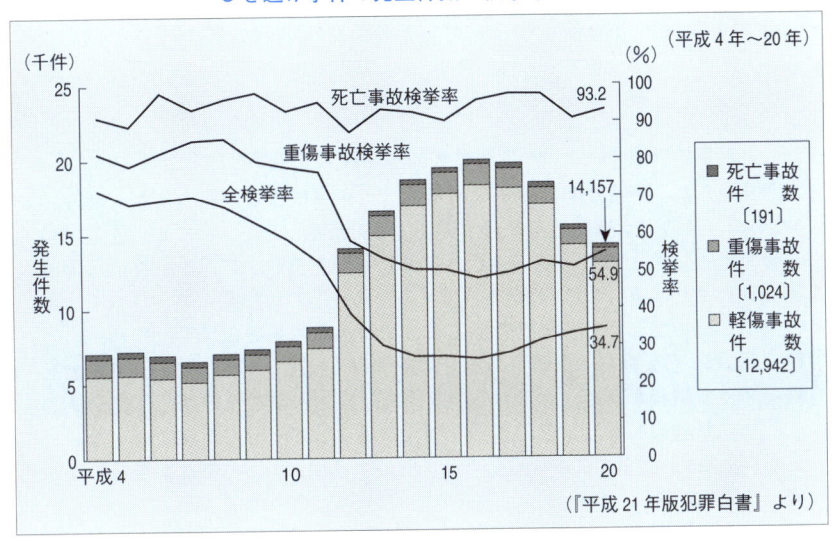

ひき逃げ事件の発生件数・検挙率の推移

（平成4年〜20年）

（『平成21年版犯罪白書』より）

車運転過失致傷罪（211条2項）が成立することは異論がない。議論があるのは，必要な救護措置をとらなかった点について，どう評価するかである。ちなみに，特別法の関係では，どんな場合でも，道路交通法上の救護義務の罪（72条1項前段・117条1項・117条2項・117条の5第1号）にあたることは当然である。

ひき逃げは，救護をしなかった態様と，行為者の意図により，同じ不作為でも評価が異なる（被害者は死亡したとする）。

> ①犯人は被害者の負傷の程度を確かめずに逃走→自動車運転過失致死罪（211条2項）
> ②犯人は被害者が救護を要する程度の負傷を負っていることを知りながら逃走→自動車運転過失致傷罪，保護責任者遺棄致死罪（219条）
> ③犯人はいったん被害者を救護しようとした後，途中から殺意をもって放置あるいは逃走→自動車運転過失致傷罪，不作為の殺人罪

ひき逃げの通常の場合は②の類型になると思われるが，実務において②で起訴されることは少ない。これは，犯人が被害者の負傷を認識していたと立

証することが難しいと，検察官が判断していることによると思われる。

以下の判例は，③の稀な例として，不作為による殺人罪の成立を認めたものである。

> **判例** 東京地判昭40・9・30下刑集7・9・1828〔交通事故拉致事件〕
>
> 　被告人Fは，普通乗用自動車を運転してカーブにさしかかったが，時速約60kmの高速のまま進行したため，通行人Gに衝突してボンネット上面に跳ね上げたうえ，路上に落下転倒させ，骨盤骨複雑骨折および頭蓋骨骨折等の傷害を負わせた。そこで，FはGを救護するため最寄りの病院へ搬送すべく，意識不明に陥っているGを自己の手によって助手席に同乗させて出発した。当時，Fには，Gを直ちに最寄りの病院に搬送して救護し，それによって生命を維持すべき義務があり，かつ，Gの容態は，直ちに最寄りの病院に搬送することにより救護すれば，死の結果を防止することが十分に可能であった。ところが，Fは，途中で，Gを搬送することにより犯人であることが発覚し刑事責任を問われることをおそれ，搬送の意図を捨て，その地点から約29kmの間，何らの救護措置もとらずに走行したため，車内で骨盤骨折による出血および傷害に基づく外傷性ショックによりGは死亡した。Fは殺人罪で起訴された。
> 「被害者は事故直後に治療を受ければ一命をとりとめる蓋然性が極めて高かった」。
> 「被告人が被害者の死を未必的に予見していたことは明らかに認められる。……被告人は，右のような認識をしながら，あえて被害者を病院に搬送しようとせず，自動車の走行を続けたことは前示各証拠により明らかであって，この行為により，被告人の被害者の死に対する認容の意思もまた充分に認められる」。

> **ポイント** ひき逃げは何罪？
>
> 　ひき逃げの前半部分は自動車運転過失致傷罪にあたり，後半部分は，被害者を保護すべき義務があることを知っていて放置した場合には，保護責任者遺棄罪となる。

2　不作為による放火罪

　不作為による放火罪の成立については，行為者以外の者の故意行為から出火して消火しなかった場合（大判大7・12・18刑録24・1558），行為者自身の過

失から出火の危険性が高いのにあえて消火しなかった場合（大判昭13・3・11刑集17・237，下記判例）がある。さらに，最高裁の判例では，行為者の主観面では，「即発の火力により右建物が焼燬せられるべきことを認容する意思」があればよいとされている（最判昭33・9・9刑集12・13・2882，本章の118頁の〔木製火鉢引火事件〕）。

> **判例**　大判昭13・3・11刑集17・237 刑集17・237〔神棚ろうそく事件〕
>
> 　被告人は，神棚に供えた燭台が不完全で火を点じたろうそくが傾斜し転落して家屋を燃焼する危険があることを認識しながら，保険金が手に入ることを予想して，ろうそくの火を消さず家人不在のまま外出したため，ろうそくの転落によってついに家屋を焼燬した。被告人は，自己の所有に係る建物で非現在のものであっても，保険に付してあるので，115条により109条1項の適用を受けるとして起訴された。
>
> 　「自己の故意に帰すべからざる原因により，火が自己の家屋に燃焼することあるべき危険ある場合，その危険の発生を防止すること可能なるにかかわらず，その危険を利用する意思をもって消火に必要なる措置をとらず，よって家屋に延焼せしめたるときも，また法律にいわゆる火を放つの行為をなしたるものに該当する」。

第13章

因 果 関 係

> **本章の主旨**
>
> 刑法では，侵害犯と具体的危険犯について行為と結果の因果関係が必要とされる。判例では，相当因果関係説が支持されている。

1 因果関係は何を解決するためのものか

1 判例は講壇事例よりも奇なり

　講壇事例という言葉がある。これは，問題のありかをわかり易く説くために，教師が事例を設定し，説明の材料とする。説明の便宜のために，実際にはないような事例が作られることもある。

　因果関係に関する講壇事例には，次のようなものがある。

> 〔講壇事例〕
> 　Aは，Bを殺害するつもりでピストルを撃ったが，弾丸は左腕を貫通し，死亡するには至らなかった。Bは近くにいた友人Cによって甲病院に運ばれ，D医師の執刀で手術を受け，手術は成功した。ところが，手術の際，麻酔を担当したE医師が麻酔の量を誤ったため，Bは覚せいせず，1週間後に死亡した。
> 　Aの罪責はどうなるか。

　この事例で問題となるのは，Bの死亡について，誰がどのような刑事上の責任を負うか，ということである。

　ところで，「事実は小説よりも奇なり」ともいうべき事例が登場したので，紹介する。

〔判例の事例〕
　Fが，Gを普通乗用自動車の後部トランクに押し込め，脱出不能にして走行し，その後，仲間と落ち合うため，夜間，市街地の片側1車線の路上に停車していたところ，Hが自動車の脇見運転をしていたため，Fの車に気がつかず，時速約60kmで追突し，トランク内に押し込まれていたGは頸髄挫傷の傷害を負って，間もなく死亡した。
　Gの死亡については，Fが責任を負うのか，それともHなのか。

　この問題は，Gの死亡について，そもそもFがGを自動車の後部トランクに押し込むようなことをするから，追突を受けたときに致命傷を受けたのだと捉えるか，それとも，Hが前方不注意で車を運転したことから，このような結果になったのだと捉えるかということである。すなわち，Gの死亡という結果の原因がどこにあるかを見定めることが必要とされる。原因と結果との関係であることから，因果関係といわれている。

2　誰にどの範囲で責任を問うのか

　具体例に即して考えることにしよう。
　Fの監禁行為とGの死亡との間に因果関係があるとすれば，Fは，監禁の結果，Gを死亡させたとして監禁致死罪（221条―上限懲役20年）に問われることになる。この場合，HはGの死亡について因果関係があるから，Hは自動車運転過失致死罪（211条2項）である。これに対し，Hの追突行為とGの死亡との間にこそ直接的因果関係があるとすれば，Hは自動車運転過失致死罪にあたり，Fには因果関係がないので，監禁罪（220条―上限は懲役7年）にとどまることになる。
　このように，因果関係のあるなしの判断は，本事件（判例の事例）に関しては，いわゆる結果的加重犯として重く処罰することになるか，に関わる。ちなみに，前の講壇事例では，因果関係のあるなしは，殺人既遂罪と殺人未遂罪のちがいとなって現れる。すなわち，因果関係は何を解決するためのものかといえば，誰にどの範囲で責任を問うのがふさわしいか，を解明するためのものである。
　ここから後，因果関係をどう捉えるかを考察することにするが，この事例

(被告人はF) に関する判例の判断を示しておこう。

> **判例** 最決平 18・3・27 刑集 60・3・382 〔トランク監禁致死事件〕
> 「以上の事実関係の下においては，被害者の死亡原因が直接的には追突事故を起こした第三者の甚だしい過失行為にあるとしても，道路上で停車中の普通乗用自動車後部のトランク内に被害者を監禁した本件監禁行為と被害者の死亡との間の因果関係を肯定することができる。したがって，本件において逮捕監禁致死罪の成立を認めた原判断は，正当である」。

2 因果関係が問題となる場合

犯罪の成立に因果関係が必要とされるのは，侵害犯と具体的危険犯である。単純行為犯や抽象的危険犯では因果関係は問題とならない。

犯罪の分類と因果関係

```
              結果犯              単純行為犯
       ┌───────┴──────┐
    侵害犯      危険犯
         具体的危険犯   抽象的危険犯

         ⇧
    因果関係が要素        ＊犯罪の分類に関して，第 11 章の 2
    となる犯罪            （108 頁以下）で説明があるので，
                         それと照らし合わせて見て頂きたい。
```

3 条件関係

1 条件関係とは何か

因果関係は，さまざまな関連性がありうる社会生活関係の中から，刑事上の責任を問うためにどんな方法を用いたらその洗い出しができるか，という問題である。その方法として編み出された古典的な手法が条件説である。

条件説は，「……（の）ことがなければ〜（の）結果は発生しなかったにちがいない」という**条件関係**が認められる場合に，因果関係ありとする考え方である。上の「　」の中の文言は，conditio sine qua non（コンディティオ シネ クワ ノン）というラテン語の訳であるから，あまり簡略化した表現はよくない。なお「　」の中は長い文言であるから，**コンディティオ公式**などということもある。たとえば，「……」の個所には「AがBをナイフで刺す」という言葉が，「〜」の個所には「Bが出血多量で死ぬ」という言葉が当てはまる。どちらの事実も日常生活ではそんなにあることではない。したがって，両者を結びつけて捉えられるならば，犯罪的結果を惹き起こした者に責任を負わせても致しかたないと思われる。

　このような条件関係で因果関係を画するという考え方が確立する前は，結果に何らかの意味で関わっていれば処罰されていたのであるから，条件説は責任主義の要請に応えようとしたものといえる。

　多くの事案は，この条件説によって解決がつけられるといえる。以下の判例では，IがJの左眼の部分を足蹴にし，全治10日程度のけがを負わせたが，Jは脳梅毒にかかっていて，高度の病的変化を起こし死亡した場合について，因果関係を認めている。

> **判例**　最判昭25・3・31刑集4・3・469〔脳組織崩壊事件〕
> 「右鑑定人の鑑定により被告人の行為によって脳組織の崩壊を来したものであること従って被告人の行為と被害者の死亡との間に因果関係を認めることができるのであってかかる判断は毫も経験則に反するものではない。又被告人の行為が被害者の脳梅毒による脳の高度の病的変化という特殊の事情さえなかったならば致死の結果を生じなかったであろうと認められる場合で被告人が行為当時その特殊事情のあることを知らずまた予測もできなかったとしてもその行為がその特殊事情と相まって致死の結果を生ぜしめたときはその行為と結果との間に因果関係を認めることができるのである。」

　条件関係のあるなしの判断は，通常は難しくない。たとえば，KがLの飲むお茶に致死量の青酸カリを入れなければ，それを飲んだLは死ぬことはなかったにちがいないという場合，Kの行為とLの死亡との間に因果関係が認

められるわけである。Lが殺害されたことはKのしわざだと認められるのである。
　しかし，択一的競合や重畳的(ちょうじょうてき)因果関係の場合，条件関係をどう捉えるか，簡単ではない。次に，これらの応用問題を検討してみよう。

2　条件関係の応用問題

　択一的競合は，MとNが意思の連絡なしに，それぞれOを殺害する意図でピストルを撃ったところ，Mの弾丸はOの脳幹に，Nの弾丸はOの心臓に命中し，それぞれ独立の死亡の原因となるような場合である。
　これに条件関係の公式をあてはめると，Mがピストルを撃つことがなければOが死亡するという結果は発生しえなかったにちがいない，とはいえないから，条件関係は認められないという可能性がある。というのは，Mの行為がなくてもNの行為があるためにO死亡は確実だからである。Nについても同様である。そうすると，MもNも殺人未遂罪ということになりそうであるが，それでよいのであろうか。
　学説の中には，結果の妥当性を求め，この問題に限って条件関係の公式を修正すればよいとの見解もある。すなわち，どちらを除いても結果は発生するが，ともに除けば結果は発生しなかったという場合は，そのすべてについて因果関係を認めるべきとする立場である。
　しかし，条件関係の公式を修正する必要はないと思う。というのは，Mの行為がなかったならばどうであろうか，ということを考えているはずなのに，そこに当然のごとくNの行為があるからという論理を持ち込むのがおかしいのである。そんなことをしたのでは，Mの行為自体について考察しているとはとてもいえない。また，後述の重畳的因果関係の場合と比べて，バランスを欠くことになりかねない。したがって，択一的競合の場合，両者とも因果関係を認めるべきである。
　重畳的因果関係は，PとQが意思の連絡なしに，たまたまRの飲むコーヒーに毒を入れたが,別々では致死量に達しないものの，両方を合わせると致死量に達していたという場合である。
　これに条件関係の公式をあてはめると，Pが毒を盛ることがなければRが

死亡するという結果は発生しなかったにちがいないといえるから，Pの行為とRの死亡との間に因果関係が認められることになる。これは，Qについても同様である。PとQの両方について殺人既遂罪を認めるのが有力な見解である。

　ここで，若干の考察をしておく。重畳的因果関係の場合，個々的には結果発生は無理なのに，条件関係の公式をあてはめて，偶然，致死量に達した場合に既遂としてよいかは，一考を要するところである。因果関係が責任主義を明らかにするための手だてであるとすると，PはあくまでPの行為の範囲で責任を負うべきであって，Qのしたことによって重く処罰されるのは不合理ともいえるからである。

3　条件説が不都合な理由

　条件説は，因果関係論として不都合な部分がある。というのは，条件説では，いくつも因果関係が認められる可能性があるからである。前述のトランク監禁致死事件の判例は条件説に立っていると解される。なぜなら，判例は，被害者Gの死について，直接的には，Hの過失による追突事故によるといえるが，被害者をトランクに監禁したFの行為についても因果関係があるとしているからである。この結論を認めると，ひとりの人間のひとつの死について，全く別々の2人に因果関係が認められることになるからである。つまり，判例によると，Gは，「Fによってトランクに監禁されたことが原因で死亡した」とともに，Gは，「Hの過失による追突事故で死亡した」ことにもなるからである。

　これは，理屈としておかしくないであろうか。ただし，それでもよいとの見解もある。すなわち，①被害者保護の観点からすれば，因果関係はいくつあってもよい，②事実としていくつかの原因が競合することもある以上，おかしくない，③いくつかの因果関係が認められるとしても，実務上，逮捕されない人がいたり，なんらかの阻却事由（たとえば，刑事未成年）があるため，残された人に因果関係が認められれば都合がよい，などがその根拠になると思われる。

　しかし，私は，いずれも根拠十分とはいえないと思う。①は，責任主義か

ら認められない。②はありうることであるが，一部にすぎないであろう。③は，実際的処理と刑法理論を混同するものであり，便宜的すぎる。

そこで，条件説の不徹底な部分を修正する考え方が工夫されている。条件説に対する修正説は，2つの方向でなされてきた。

(イ) **因果関係中断論**　条件関係がある場合でも，中断事由があるときには，そこまで続いてきた因果関係はそこで途絶え，以後の結果については責任は問われないとする考え方である。トランク監禁致死事件でいえば，追突した運転者の過失事故が中断事由になる。

(ロ) **原因説**　条件関係がいくつか認められる場合に，何らかの方法で，原因とされるものと他の条件関係とを区別し，原因と判断されたもののみに因果関係ありとする考え方である。条件関係の中で，最有力のもの，最終のものなどの基準が唱えられている。

ところが，以上の2つの修正説にも欠点がある。(イ)については，何が中断事由になるのか，はっきりしないということである。(ロ)については，たとえば，問題は何が最有力かはっきりしないのだから，問に対して問で答えているようなものだと批判されている。

そこで登場したのが，相当因果関係説である。

> 🌸 **用語の森**　**中断**　中断という言葉は，「会話の中断」のように，あとで再開する場合の用語法であるが，因果関係の中断の場合は，中断事由（追突事故）があると，その後の結果（トランク内の人の死亡）との関係で因果関係があるとするものである。

4 因果関係の断絶とは

因果関係の中断と似た言葉であるが，別のものとして，**因果関係の断絶**（遮断）について触れておく必要がある。

> 甲は，乙を殺害するつもりで，乙が飲もうとしているコーヒーの中に，飲んでから1時間後に殺害効果を発揮する毒薬を入れた。乙はコーヒーを飲んだ後，飛行機に搭乗したのであるが，毒薬を飲んでから59分後に飛行機が墜

落して，乙を含めた全員が死亡した。

上の例では，甲が乙に毒薬を飲ませなければ飛行機に乗ることはなかったとはいえない。また，毒薬を飲んだ乙が飛行機に乗らなければ飛行機が墜落することはなかったともいえない。したがって，甲が乙に毒薬を飲ませたことと死亡との間には条件関係さえ認められないのである。ただし，甲は殺害という結果を惹き起こす現実的な危険を発生させているから，殺人未遂罪（199条・203条）が成立する。

4 相当因果関係説

1 相当性とは何か

相当因果関係説は，条件関係があることを前提として，それをさらに相当性という基準で絞ろうというものである。

では，相当性とは何かというと，ある行為から結果の発生することが一般的といえるということである。逆の面からみると，そのような結果になることが極めて稀なことなのかどうか，である。そして，現実に発生したことであっても，日常生活上極めて稀な要因が介在して結果が発生した場合には，もともとの行為について責任を問うべきではないという考え方から，因果関係なしとするのである。

因果関係は，ある結果を誰のしわざと認定するのかという，責任の範囲を画定する問題である。したがって，条件関係の存在を前提としつつ，行為の時点でおよそ予想しがたい経路を辿って結果が発生した場合には，刑事責任を問うのを差し控えるのが，責任主義に適うものである。

判例は，あくまで具体的事案に対する妥当な解決を目ざすものであるが，次のように，単なる条件説ではなく，相当因果関係説の口振りのものを見出すことができる。

まずは，被害者自身の特殊な事情にかかわるものについてである。

> **判例** 東京控判昭8・2・28新聞3545・5〔浜口首相狙撃事件〕
> 　被告人Sは，1930（昭和5）年11月14日，時の首相浜口雄幸を殺害しようとして，東京駅で拳銃をもって狙撃したが，弾丸は空腹5か所を貫通し空腸間膜その他を損傷したものの死亡するに至らず，浜口首相は，翌年8月26日，左上腹部放線状菌病で死亡した。
> 　被告人は殺人既遂罪で起訴された。
> 　「放線状菌が被告人Sの加えたる銃創による空腸穿孔を通して腸内より腹腔内に漏出したるものにして，かくのごときは日常経験上一般的なりと認むべき証拠なく，却って鑑定人甲，乙の作成に係る各鑑定書によれば，かかる感染例は極めて稀有の事例なることを認」めるべきとして，Sの行為と浜口雄幸の死亡との間に因果関係なしとして，殺人未遂罪の成立を認めた。

> **小話**　浜口雄幸が総理大臣として組閣をしたのは昭和4年7月2日であった。組閣をして帰宅した浜口は，家の者に次のように述べたということである。
> 　「すでに決死だから，途中，何事か起こって中道で斃（たお）れるようなことがあっても，もとより男子として本懐である。ただし，これは自分だけの覚悟でなく，みなもそのつもりで居て欲しい。自分に万一のことがあっても決してうろたえることのないよう，くれぐれもたのんでおく」
> 　　　　　　　　　　　　　　　　　　　　（城山三郎『男子の本懐』，新潮文庫，27頁）
> 　その浜口が，昭和5年11月14日，東海道線のホームに立ち，午前9時発のつばめ号に乗ろうとするところで，3メートルの至近距離からピストルで狙い撃ちされたのであった。
> 　東京駅の中央コンコースの柱には，浜口雄幸の遭難現場であることを記した銅版がはめこまれている。

　つぎに，行為後の第三者の行為の介入に関してである。これは，自動車を運転していたTが，過失で通行人を自動車の屋根に跳ね上げ，知らずに走行中，これに気付いた同乗者Uが被害者の身体をさかさまにひきずり降ろし舗装道路上に転落させ，死亡させた事例である。判決は，「被告人の前期過失行為から被害者の前記死の結果の発生することが，われわれの経験則上当然予想しえられるところであるとは到底いえない」として，Tの業務上過失致死（当時）を否定し，業務上過失致傷にとどまるとしたのである（最決昭42・10・24刑集21・8・1116）。

　以上の2つの判例は，いずれも，実際に起きたことでも，通常予想される範囲を超えた部分については責任を問うべきではないとする姿勢が明らかで

ある。後者は，被害者の死の結果は，残酷な行為をしたUにこそ問われるべき事例かもしれない。しかし，判例は，被害者の死因となった頭部の傷害が，「最初の被告人の自動車との衝突の際に生じたものか，同乗者が被害者を自動車の屋根から引きずり降ろし路上に転落させた際に生じたものか確定しがたい」としている。

2 相当性はどのように判断するか

相当因果関係説における相当性は，誰が判断するのか。それは，裁判官である。裁判官が相当性を判断するにあたって，どのような資料をもとに予測するかについては，相当性の判断基準の捉え方に3つの見解がある。

⑺ それぞれの考え方

①主観説（主観的相当因果関係説）は，行為者自身が現実に認識したことを前提として，将来どのようなことが起きるかを予見する。

②客観説（客観的相当因果関係説）は，行為当時，客観的に存在したことすべてを前提として，将来どのようなことが起きるかを予見する。

③折衷説（折衷的相当因果関係説）は，まず，一般人が認識しえたことを前提として，将来どのようなことが起きるかを予見し，さらに，行為者がたまたま認識していたことがあれば，それをもとに将来どのようなことが起きるかを予見する。

これらの3つの見解を模式的に示すと，次頁のような図になる。

⑷ 他説からの批判と反論

3つの見解のうち，①主観説は，一見すると，責任主義を徹底しているように見えるが，行為者の主観の内容の把握そのものが不確かであるため，その見解を支持する者は少ない。議論が闘わされているのは，客観説と折衷説である。

客観説は，折衷説について，行為者がたまたま知っていた事情があった場合に，それをもとに予見可能性を判断することを非難する。すなわち，行為者がある事情を知っていたか否かによって，因果関係のありなしが決められるのはおかしいというのである。折衷説は，客観説について，事後的に判断して，行為当時存在したすべての事実を前提として予見可能性を判断するこ

相当性の判断基準

(図：発生する結果／行為当時，客観的に存在したことすべて／一般人が認識しえたこと／行為者自身が現実に認識したこと／主観説・折衷説・客観説／時間の経過)

とを非難する。すなわち，誰もが知りえなかったことをもとに因果関係ありとするのは酷な結果を招く，というのである。

　以上のような批判に対し，それぞれがどのように反論しているかをみておこう。折衷説からは，行為者が知っているかどうかによって因果関係のありなしが区別されることを非難しながら，客観説自身は誰もが知らなかったことをもとに因果関係ありとするのはおかしい，と反論する。また，折衷説は，基本的に一般人を基準にするのであって（その意味で，一般人標準説），行為者が知っていたかどうかは第二基準であり，客観説は折衷説の根幹に対する批判をしていないことになる，という。客観説からは，折衷説に対し，行為当時に存在した事実から結果が発生しているかぎり，その範囲で因果関係ありとするのはおかしくない，と反論している。

(ウ)　**折衷説の根拠**

　私は，次のような理由から折衷説が妥当だと思う。

　第1は，折衷説は，第一基準として一般人の認識しえたことを前提にするが，一般人の認識しえたこととして，そんなに狭く解釈する必要はないのである。判例を材料にしながら，その例を説明することにしよう。

①歳をとれば身体に故障のあるのは通常であるから，本人や家族が気がつかなくても，実は故障があり，暴力を受けると大きな被害につながることもある。——判例ⓐ
②死因につながるような行為がなされたときは，その後の第三者の過失行為や故意行為があっても，もとの死因を与えた人に因果関係を認めてもさしつかえない。——判例ⓑ，ⓒ
③人間（被害者）は愚かなことをすることもあるということも，因果関係を考えるときに忘れてはならない。——判例ⓓ
④人間はパニックにおちいると，うろたえたり，ばかなことをすることもある。——判例ⓔ，ⓕ，ⓖ，ⓗ

判例ⓐ 最判昭 46・6・17 刑集 25・4・567〔女家主殺害事件〕

　Aは，アパートの一室を借りていたが，家賃を滞納したことから，口論となり，家主の妻B（63歳）に暴行を加えて金を取ろうと決意し，胸倉をつかんであおむけにし，左手で頸部を締めつけ，夏布団で鼻口部圧迫するなどしたところ，急性心臓死を誘発した。
　被告人は，強盗致死罪で起訴された。
　「被告人の本件暴行が，被害者の重篤な心臓疾患という特殊の事情さえなかったならば致死の結果を生じなかったであろうと認められ，しかも，被告人が行為当時その特殊事情のあることを知らず，また，致死の結果を予見することもできなかったものとしても，その暴行がその特殊事情とあいまって致死の結果を生ぜしめたものと認められる以上，その暴行と致死の結果との間に因果関係を認める余地がある」。

判例ⓑ 大判大 12・5・26 刑集 2・458〔医療不適切事件〕

　Cは，兄Dの乱暴な行動に憤激し，万能鍬で頭部を殴打し，その刺激による脳炎によって死亡させた。
　被告人は，傷害致死罪で起訴された。
　「いやしくも他人に対し加えたる暴行が傷害致死の結果に対する一の原因となれる以上は，たとえ被害者の身体に対する医師の診療上その当を得ざりしことが他の一因を成したりとするも，暴行と傷害致死の結果との間に因果関係の存在を認むることを得べきをもって，傷害致死罪の成立要件にかけるところなきのみならず」。

138　第2編　犯罪成立要件

判例ⓒ　最決平2・11・20 刑集 44・8・837〔大阪南港事件〕
　E（被告人）は，三重県内の飯場で1時間にわたり，Fを洗面器の底やバンドで殴打し，恐怖心による心理的圧迫等によって血圧を上昇させ，内因性高血圧性橋脳出血により意識消失状態に陥らせ，大阪南港の資材置場まで自動車で運んだ。Fは，翌日未明，脳出血により死亡したが，生存中，南港において，誰かに角材で頭頂部を数回殴打されるという暴行を受けていた。
　被告人は，傷害致死罪で起訴された。
　「犯人の暴行により被害者の死因となった傷害が形成された場合には，仮にその後第三者により加えられた暴行によって死期が早められたとしても，犯人の暴行と被害者の死亡との間の因果関係を肯定することができ，本件において傷害致死罪の成立を認めた原判断は，正当である。」

判例ⓓ　最決平元・3・14 刑集 43・3・262〔後部荷台に人も乗る事件〕
　普通貨物自動車の運転手Gは，制限速度30kmのところを65kmで進行して，信号機に車を激突させ，助手席に乗っていた者に全治2週間のけがを負わせ，後部荷台に乗っていた2人を死亡させた。
　被告人は後部荷台の2人に対し業務上過失致死罪が成立するか争われたが，「無謀ともいうべき自動車運転をすれば人の死傷を伴ういかなる事故を惹起するかもしれないことは，当然認識しえたものというべきである」として，2人に対する業務上過失致死罪が認められた。

　この問題（判例ⓓ）は，後部荷台に人が乗っていることを認識していなかったことを全く意外なことと捉えれば，2人の死亡をどう説明するかに苦慮することになるが，貨物自動車の荷台には，知らない間に人が乗ることもあるのだと考えれば，相当因果関係説の折衷説で決着がつくことである。すなわち，貨物自動車の後部荷台には人が乗ることもありうることを一般人の認識しえたこととして捉え，それを前提として将来的予測をするのである。

判例ⓔ　大判昭2・9・9 刑集 6・343〔カチカチ山事件〕
　HとIとJは焚火をしながら酒を飲んでいて，Jの態度に立腹したHとIがJを殴打し，さらに手足を持って焚火の上に数回横たえた。Jは苦痛に堪えかね，かつ，新たな暴行を避けるため水中に飛び込んだところ，心臓麻痺をお

こして死亡した。
　HとIの行為がなければJが水中に飛びこむことはなかったのだから，被害者の行為の介入は因果関係を中断せず，傷害致死罪が成立するとされた。

判例 f　最決平 15・7・16 刑集 57・7・950〔高速道路へ逃げた事件〕

　Kら6名は，Lに対し，公園とマンション居室で，約3時間にわたり，激しい暴行を繰り返した。Lはすきをみて，マンションから靴下履きのまま逃走し，追跡を逃れるため，約800m離れた高速道路に進入したところ，疾走してきた自動車に衝突され，後続の自動車にひかれて死亡した。
　Kら4名は，傷害致死罪で起訴された。
　「被害者が逃走しようとして高速道路に進入したことは，それ自体極めて危険な行為であるというほかないが，被害者は，被告人らから長時間激しくかつ執ような暴行を受け，被告人らに対する極度の恐怖感を抱き，必死に逃走を図る過程で，とっさにそのような行動を選択したものと認められ，その行動が，被告人らの暴行から逃れる方法として，著しく不自然，不相当であったとはいえない。そうすると，被害者が高速道路に進入して死亡したのは，被告人らの暴行に起因するものと評価することができるから，被告人らの暴行と被害者の死亡との間の因果関係を肯定した原判決は，正当として是認することができる。」

判例 g　最決平 16・2・17 刑集 58・2・169〔割れたビール瓶で突き刺し事件〕

　Mから底の割れたビール瓶で後頸部を刺されたNが，緊急手術を受け，加療期間約3週間の見通しを受けながら，無断退院しようとして，体から治療用の管を抜くなどして暴れ，容態が悪化して死亡した。
　被告人は，傷害致死罪で起訴された。
　「被告人らの行為により被害者の受けた前記の傷害は，それ自体死亡の結果をもたらし得る身体の損傷であって，仮に被害者の死亡の結果発生までの間に，上記のように被害者が医師の指示に従わず安静に努めなかったために治療の効果が上がらなかったという事情が介在していたとしても，被告人らの暴行による傷害と被害者の死亡との間に因果関係がある」として傷害致死罪の成立が認められた。

> **判例 h** 最決平4・12・17刑集46・9・683〔串本潜水事故事件〕
>
> 　被告人は，潜水指導者として，和歌山県串本町の海岸近くで，夜間潜水の練習をしていたが，受講生が水中移動中に空気を使い果たして恐怖状態に陥り，でき死した。
> 　被告人は，業務上過失致死罪で起訴された。
> 　「被告人が，夜間潜水の講習指導中，受講生らの動向に注意することなく不用意に移動して受講生らのそばから離れ，同人らを見失うに至った行為は，それ自体が，指導者からの適切な指示，誘導がなければ事態に適応した措置を講ずることができないおそれがあった被害者をして，海中で空気を使い果たし，ひいては適切な措置を講ずることもできないままに，でき死させる結果を引き起こしかねない危険性を持つものであり，被告人を見失った後の指導補助者及び被害者に適切を欠く行動があったことは否定できないが，それは被告人の右行為から誘発されたものであって，被告人の行為と被害者の死亡との間に因果関係を肯定するに妨げないというべきである。」

　上の判例には，指導者の不注意な行為からどんな結果が惹き起こされるか予見し，第三者（指導補助者）や被害者の不適切な行動があっても，それが指導者の行為から誘発されたものである以上，相当性があるとするもので，相当因果関係説の立場に立つものといえる。

　第2に，折衷説が支持される理由は，犯罪成立要件の他の項目（たとえば共犯）との関連性から了解されるものである。
　たとえば，次の例を考えて頂きたい。XがYに対し，Xのうっぷんを晴らすため，Zの頭部を殴ったら1発で1万円を出すとそそのかしたところ，Yが小遣稼ぎのつもりで，Zの頭部を3発殴ったのである。その結果，Zの頭部血管が破裂し，死亡したが，実は，XはZの頭部の血管が外部からの衝撃に弱い特異体質であることを知っていて，Yを利用したのである。
　まず，共犯関係を検討する（詳しくは，第28章参照）。XはYをそそのかし，Yはそれに基づいて殴打行為をして謝礼を得ているので，Yが正犯，Xがその教唆犯という捉え方ができる。ただし，Xは事情を知らないYを利用してZ殺害を実現したと捉えれば，Xが間接正犯，Yが直接正犯という関係になる。
　つぎに，相当因果関係説のあてはめを考えてみる。客観説なら，行為当時，

Zの頭部の特異体質はもともと存在していたのであるから，XについてもYについても因果関係が認められ，故意の違いが罪責の違いとなる。これに対し，折衷説では，XはZの頭部の特異体質をたまたま知っていたのであるから，Zの死について因果関係が認められ，Yの立場では，一般人は認識しえないから，因果関係は認められないことになる。

客観説と折衷説のちがい

	故意	客　観　説	折　衷　説
X	殺人	殺人既遂罪	殺人既遂罪
Y	暴行	傷害致死罪	暴　行　罪

客観説は，折衷説のように，XとYとで結論に大きな違いが出てくるのを批判する。しかし，私は，行為者がたまたま知っていたか否かによって結論に違いが現れてくるのは当然であって，それで構わないと思う。

以上の2点（一般人の認識しえたこともそれほど狭くない，他の項目との関連性）から，私は，折衷的相当因果関係説が妥当であると思う。

> **ポイント**　折衷的相当因果関係説
>
> 　行為がなされた時点で，一般人が認識できたであろうことを前提として，将来起きるであろうことを予見し，実際に起きたことがその予見の範囲内であったときは，因果関係を認めることができる。

5 因果関係の錯誤

1 問題のありか

行為者の考えた因果の経過と実際に起きた因果の経過にくいちがいがある場合，因果関係があるといえるであろうか。

この問題は，以下の砂末吸引事件に関し，従来，事実の錯誤の一環として

捉えられてきた。それというのは，①〔殺人〕の故意があるとき結果が発生せず，②〔死体遺棄〕の故意のとき，①の故意に符合する結果が発生しているため，①の故意犯が認められるかどうか，という問題として捉えられていた。

しかし，そもそも行為と結果との間に因果関係が認められなければ故意犯は認められないわけであるから，因果関係の問題として捉えた方がよいと思う。それにもう一つ，従来の因果関係の錯誤の問題は，結果の発生が遅すぎた場合であるのに対し，近時，それと反対に，早すぎた結果の発生といえる事例が取り上げられているので，この際，両者を合わせて取り組む意味もある。

2　2つの事例

判例の対象となった事例を紹介する。

砂末吸引事件

　Ａ（女）は，Ｂを殺害する目的で細麻縄で首をしめ，Ｂが身動きをしなくなったので死んだと思い，犯行の発覚を防ぐ目的で遺棄することにした。Ａは，Ｂの「死体」を背負って海岸砂上に放置した。Ｂは意識を失っていたものの呼吸をしていたため，砂末が鼻につまって，窒息死した。

クロロホルム・タオル殺人事件

　Ｃは，Ｄを殺害するつもりで，まず，クロロホルムを染みこませたタオルを鼻口部に押し当てて意識を失わせ，その後で，殺意をもってＤを自動車に乗せて岸壁から海中に転落させた。ところが，実際は，Ｃがクロロホルムを吸引させた段階でＤは死亡していたものであった。

それぞれについて，前半の行為（第1行為）と後半の行為（第2行為）に分けて検討すると，次のようになる。砂末吸引事件では，殺意があるときは結果（死亡）が発生せず，死体遺棄の意図の段階で死亡している。他方，クロロホルム・タオル殺人事件では，殺意の卵の段階で結果が発生し，殺意に育ったときは，すでに死体になっていたのである。

図解すると，次の通りである。

〔砂末吸引事件〕

	第1行為	第2行為
行為	被害者の首に縄をまいてしめる。	被害者を海岸砂上に放置する。
故意	殺意	死体遺棄の意図
被害者の状態	意識を失っただけで死亡していない。	砂末を吸引して死亡する。

〔クロロホルム・タオル殺人事件〕

	第1行為	第2行為
行為	被害者の鼻口部にクロロホルム・タオルを押しあてる。	被害者を自動車に乗せ、岸壁から転落させる。
故意	殺意の前段階	殺意
被害者の状態	クロロホルム吸引で死亡する。	死体

　さて、それぞれ、行為者の意図と結果の発生に時間的にくいちがいがあることはまちがいないが、第1行為から第2行為のなされることが一般的にありうることであるとすれば、両事件とも相当因果関係の認められる場合といえると思う。判例もそれを認めたものといえるが、若干の解説をつけ加えておく。

　砂末吸引事件については、殺人目的の行為がなされれば、犯行発覚を防ぐ目的の行為がなされるのは当然であるから、殺害の目的でなされた行為と被害者の死の間には因果関係があるとされている。

　これに対し、クロロホルム・タオル殺人事件では、結果が発生して故意が後にくるような感じがする。しかし、第1行為の段階でも、結果を実現するために行なっていることを行為者は十分に認識しているのであるから、殺意の前段階の故意として評価できる。判例の法理は、第1行為の段階で「殺人に至る客観的な危険性」があるとしている。

　以下に、それぞれの判例の結論部分を示す。

> **判例**　大判大12・4・30 刑集2・378〔砂末吸引事件〕
> 「砂上に放置したる行為ありたるものにして、この行為なきにおいては砂末吸引を惹起することなきは勿論なれども、本来所示のごとき殺人の目的をもってなしたる行為なきにおいては犯行発覚を防ぐ目的をもってする砂上の放置

行為もまた発生せざりしことは勿論にして，これを社会生活上の普通観念に照し，被告の殺害の目的をもってなしたる行為とBの死との間に因果結果の関係あることを認むるを正当とすべく，被告の誤認により死体遺棄の目的に出でたる行為は，毫も前記の因果関係を遮断するものにあらざる」。

判例 最決平16・3・22刑集58・3・187〔クロロホルム・タオル殺人事件〕

「第1行為は第2行為を確実かつ容易に行うために必要不可欠なものであったといえること，第1行為に成功した場合，それ以降の殺害計画を遂行する上で障害となるような特段の事情が存しなかったと認められることや，第1行為と第2行為との間の時間的場所的近接性などに照らすと，第1行為は第2行為に密接な行為であり，実行犯3名が第1行為を開始した時点で既に殺人に至る客観的な危険性が明らかに認められるから，その時点において殺人罪の実行の着手があったものと解するのが相当である。」

第14章

錯誤の種類，具体的事実の錯誤

本章の主旨

　刑法が客観的な結果のみで処罰対象を取り上げるのなら，錯誤という問題は起きない。刑法が責任主義を原則とする以上，行為者の意図したことと現実に発生した結果との間のくいちがいに着目しないわけにはいかない。くいちがいが構成要件レベルで異ならないときが具体的事実の錯誤である。その打撃の錯誤の場合に，学説の争いがある。

1 錯誤の種類

錯誤の種類

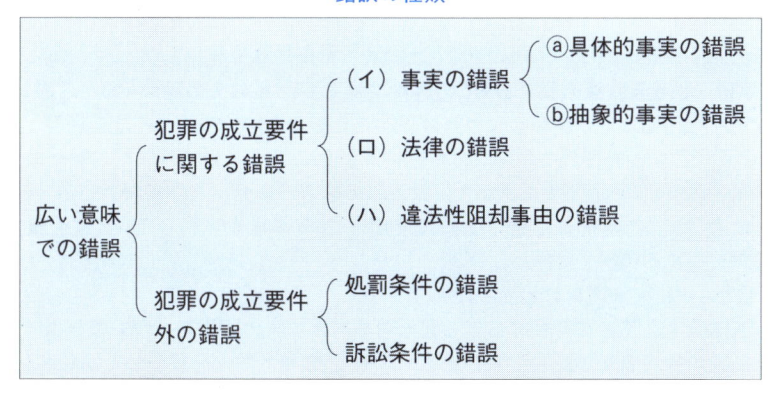

```
                                        ┌ ⓐ具体的事実の錯誤
                        ┌ (イ) 事実の錯誤 ┤
                        │                └ ⓑ抽象的事実の錯誤
        ┌ 犯罪の成立要件 ┤
        │  に関する錯誤  ├ (ロ) 法律の錯誤
        │               │
広い意味 ┤                └ (ハ) 違法性阻却事由の錯誤
での錯誤 │
        │                ┌ 処罰条件の錯誤
        └ 犯罪の成立要件 ┤
           外の錯誤       └ 訴訟条件の錯誤
```

1　犯罪の成立要件に関する錯誤

　犯罪の成立要件に関する錯誤については，その錯誤が犯罪の成否にかかわる可能性がある。

もっとも典型的な例は，何ら犯罪を犯す意図はないのに，外形的には犯罪的な結果が発生している場合である。たとえば，図書館の本を自分のものだと錯誤して持ち帰ったときのように，犯罪的な結果の発生を全く意図していなかった場合は，外形的には窃盗にあたるとしても窃盗の故意があるとはいえないから，窃盗罪（235条）は成立しない。

犯罪の成立要件に関する錯誤の中に，(イ)事実の錯誤，(ロ)法律の錯誤（第23章参照），(ハ)違法性阻却事由の錯誤（第20章参照）がある。

(イ) **事実の錯誤**　発生した構成要件該当事実について，行為者が認識を欠く場合である。さらに2つに分けられる。

ⓐ行為者の意図したことと発生した結果との間に，構成要件としてはくいちがいのない場合を，具体的事実の錯誤あるいは同じ構成要件間の錯誤という。たとえば，Aは，Bを殺害しようとしてピストルを発射したところ，弾丸はAの意図した客体に命中したものの，実際には別人Cであった場合である。

以下の判例は，どんな場合にくいちがいが発生するかという人間の心理面を示していて，興味深いものである。故意の成立が認められている。

> **判例**　大判昭6・7・8刑集10・312〔親分取違え狙撃事件〕
>
> Aは，侠客Bの舎弟分であるCの舎弟であるが，多数人の面前でBから侮辱を受けた。Aは，Bが謝罪しなければ殺すことも辞さない決意で拳銃を携帯し，Aの養子Dなどを連れてB方におもむいた。ところが，Bが不在だったため，出先と思うC方へ行った。Aが大人数混雑の中で「親分」と呼んだところ，これに応じて立上がったCを，DはBと勘違いして拳銃を発射した。Cは治療3週間を要する銃創を受けた。
>
> DとAが殺人未遂罪で起訴された。
>
> 「犯意とは，法定の範囲における罪となるべき事実の認識をいうものなれば，行為者が被害者を誤認し，殺意をもって暴行を加え他人を殺傷したる場合においても，行為者の認識したる犯罪事実と現に発生したる事実とは法定の範囲において一致するをもって，行為者は現に発生したる事実につき認識を欠くものにあらざるや論なく」。
>
> 「数人が殺人罪の遂行を共謀したる場合において，共謀者のある者が被害者を誤認し暴行をなしたるときといえども，行為者および他の共謀者の認識したる犯罪事実と現に発生したる事実とは法定の範囲において符合するをもっ

て，共謀者全部は現に発生したる事実につき認識を欠くことなく，もし他の共謀者が殺人罪の実行行為またはこれと密接かつ必要なる行為をなすにおいては，被害者を誤認せるといなとにかかわらず，行為者とともに殺人罪の刑責を免かることを得ざるものとす。」

ⓑ行為者の意図したことと発生した結果との間に，構成要件としてくいちがいがある場合を，抽象的事実の錯誤あるいは異なった構成要件間の錯誤という。たとえば，DがFの飼犬を殺そうとして散弾銃を撃ったところ，散弾はDの意図した客体に当たったものの，飼犬だと思われたのはFで，Fが死亡したという場合である。

(ﾛ) **法律の錯誤** 構成要件に該当する事実を惹起するという認識はあるものの，そのような行為が違法でないと勘違いして行為する場合である。禁止の錯誤ともいわれている。たとえば，映画を製作・上映した者が，当該映画についてかなり度を越した性的描写を含むという事実認識を有しながら，なんらかの理由でわいせつ図画公然陳列罪（175条）におけるわいせつ性がなく，違法なものでないと信じて行為した場合である。

> **条文** 175条 わいせつな文書，図画その他の物を頒布し，販売し，又は公然と陳列した者は，2年以下の懲役又は250万円以下の罰金若しくは科料に処する。販売の目的でこれらの物を所持した者も，同様とする。

(ﾊ) **違法性阻却事由の錯誤** 違法性阻却事由の前提となる事実がないにもかかわらず，あるものと誤認して行為する場合である。たとえば，急迫不正の侵害がないにもかかわらず，あるものと誤認し，正当防衛にあたると思って行為した場合である。それは，誤想防衛といわれる。

そのほか，被害者の承諾がないにもかかわらず，あると誤認して殺害行為をする場合，安楽死の要件が備わっていないにもかかわらず，備わっていると誤認して行為する場合などである。判例では，治療行為の中止を被害者の家族らが了解していると誤解してなされたものであると認定された事例（横浜地判平17・3・25判時1909・130）がある（214頁参照）。

2　犯罪の成立要件外の錯誤

　犯罪の成立要件外の錯誤は，犯罪成立要件における故意の有無には影響がない。処罰条件の錯誤と訴訟条件の錯誤がある。

　処罰条件とは，犯罪の成立要件がすべて充たされていながら，処罰のために，さらに一定の事由の存在が必要とされる場合において，その「一定の事由」のことを指している。たとえば，事前収賄罪（197条2項）では，公務員に就任することが処罰条件である。

　一定の事由の不存在が処罰条件となるものを処罰阻却事由という。たとえば，窃盗に関しては，加害者と被害者の間に配偶者・直接血族・同居の親族という身分関係が存在すれば処罰されない。刑法244条1項は「刑を免除する」と規定している。そのような身分が処罰阻却事由になるのである。

　訴訟条件とは，一定の訴訟的事実の存在によって訴訟要件が整うもののことである。たとえば，配偶者・直系血族・同居の親族以外の親族間における窃盗については，告訴が訴訟条件である（244条2項）。

　さて，別居の親族間における窃盗は，窃盗罪にはなるが，親告罪である。下記の判例は，行為者は別居の親族の窃盗にあたると思って行なったが，現実にはその客体は赤の他人のものであったということである。親族相盗例（244条2項）の適用を受けて親告罪となるかが問われる。

> **判例**　大阪高判昭28・11・18高刑集6・11・1603〔実は他人の物事件〕
>
> 　Aは，別居している実兄B方で，B夫婦の居室である奥6畳間のタンスの上に置いてあったラジオと玄関にあった靴を，Bの所有物であると信じて盗み出した。ところが，それはB方に同居していた赤の他人のCの物であった。
> 　Aは窃盗罪で起訴された。
> 　「財物の所有者たる他人が別居の親族であるとの錯誤は窃盗罪の故意の成立を阻却するものではなく，この点については刑法第38条2項もまた適用の余地がないのである。ただしCの財物をBの財物であると誤信した点において罪となるべき事実に関する具体的の錯誤が存するけれども，他人の物を他人の物と信じたことは相違がなく，その認識とその発生せしめた事実との間には法定的事実の範囲内において符合が存するから，右の錯誤を以て窃盗の故意を阻却するものということができず，この点についても刑法第38条第2項を適用することができない。」

3 事実の錯誤と法律の錯誤の区別

　刑法の錯誤に関する規定は矛盾を含んでいるように見える。事実の錯誤について，原則として故意犯が認められないとし（38条1項本文），他方，法律の錯誤については，原則として故意犯が成立するとしているからである（38条3項本文）。

　疑問点を整理すると，次のようになる。①なぜ，このように処理の仕方が異なるのか。②法律の錯誤は，行為者が違法でないと思っているにもかかわらず，故意犯が成立するのはなぜか。③事実の錯誤と法律の錯誤を区別する基準はどこにあるのか。

　①〜③の問題を考えるとき，故意犯の構造（くみたて）と関係させて捉えることが必要である。

　故意犯は，一般の国民なら踏み止まることをあえて行なった場合であるが，反対動機（それを行なってはならないという意識）が形成されないときにも2つの態様がある。第1は，行為者が，発生した事実について行為の時点で認識を欠いている場合である。第2は，違法性の判断の面において，本来なら許されないことを，誤って許されると判断した場合である。

　用語の森　認識　ものごとを見定め，その意味を理解すること。

　以上のことを前提として，刑法は，第1の事実の面で認識を欠くときは，当該結果を惹き起こすことについて認識を欠くゆえに，責任主義の観点から処罰しえないと考える。他方，第2の，事実の認識はありながら違法性の判断を誤ったときは，一般の国民が違法かどうかを誤って判断することはきわめてまれであるから，仮に行為者が違法でないと判断しても，容易に許すわけにはいかないと考えている。ただし，法律の錯誤の場合，違法でないと判断したことに相当な根拠があるときには，刑を減軽することを認めているのである（38条3項但書）。

　条文　38条3項　法律を知らなかったとしても，そのことによって，罪を犯す意思がなかったとすることはできない。ただし，情状により，その刑を減軽することができる。

事実の錯誤と法律の錯誤を以上のように捉えると，両者は並列的な関係ではなく，段階的な関係であることが明らかになる。このことを，「たぬき・むじな事件」と「むささび・もま事件」を例として検証してみよう。なお，両事件は，かつての狩猟法（現行は鳥獣保護及び狩猟に関する法律）違反に問われたものである。

たぬき・むじな事件は，狩猟禁止期間中に捕獲禁止獣であるたぬきを捕獲したが，行為者は，それをたぬきではなく捕獲禁止獣として採り上げられていないむじな（十文字むじな）であると信じていたのであり，たぬきを捕獲するという事実の認識を欠いていた場合である。ちなみに，行為者はたぬきと呼ばれるのはあなぐまのことだと思っていたのである。むささび・もま事件は，狩猟禁止期間中に捕獲禁止獣であるむささびを捕獲したが，行為者はそれをもまだと思っていたのである。

たぬき・むじな事件では，行為者は捕獲の客体が捕獲禁止獣であることを知らなかったのであるから，自己の行為が犯罪にあたるという事実の認識を欠いていた。すなわち，事実の錯誤として故意犯の成立は認められない。これに対し，むささび・もま事件では，行為者はむささびをむささび以外の動物と誤認したのではなく，その地方でもまと俗称されている動物がむささびと同一物であることを知らないで捕獲している。すなわち，行為者としては法律の錯誤であり，自己の行動が許容されると信ずるにつき相当な根拠があると主張したいのであろうが，そうとはいえないから，故意犯の成立は否定されない。判例は，たぬき・むじな事件は無罪とし（大判大14・6・9刑集4・378），むささび・もま事件は有罪としている（大判大13・4・25刑集3・364）。

事実の錯誤と法律の錯誤の関係

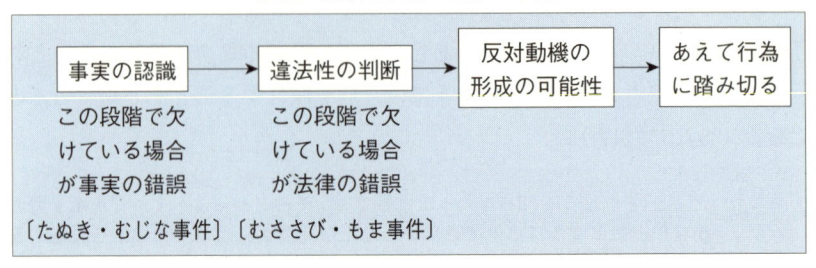

事実の認識 →	違法性の判断 →	反対動機の形成の可能性 →	あえて行為に踏み切る
この段階で欠けている場合が事実の錯誤	この段階で欠けている場合が法律の錯誤		
〔たぬき・むじな事件〕	〔むささび・もま事件〕		

2 具体的事実の錯誤

1 錯誤の形態

具体的事実の錯誤は，行為者の意図したことと発生した結果との間に，構成要件レベルではくいちがいのない場合である。3つの形態に整理されるが，3つに分ける実益は，錯誤に関する学説が形態によって結論を異にするところにある。なお，3つの形態は抽象的事実の錯誤にもあてはまることである。

錯誤の形態

構成要件 は同じか　　形態	客体の錯誤	打撃の錯誤	因果関係の錯誤
具 体 的 事 実 の 錯 誤			
抽 象 的 事 実 の 錯 誤			

(イ) **客体の錯誤**　実例として，暴力団員Aが抗争相手Bを殺害する意図で，Bが入院している病院に赴き，病室に踏み込み，ベッドに横になっている人にピストルを撃ったところ，死亡したのは，Bの退院後，その病室に入ったCであったというものがある。この病院では，個人情報の保護を理由に患者名を病室前に掲げておらず，かえってそれが仇となったようである。

(ロ) **打撃の錯誤**　行為者の意図していた客体からはずれて別の客体に被害が及んだ場合である。客体の錯誤が人違いであるとすれば，打撃の錯誤は当たりはずれである。方法の錯誤ともいわれるが，方法というと，加害方法のくいちがいのようでわかりにくい表現である。

たとえば，DがEを殺害しようとしてピストルを発射したところ，弾丸がそれてEの後方数十メートルにいたFに命中した場合である。

どのような場合が打撃の錯誤にあたるかは，吟味が必要である。というのは，行為者が狙った人のそばに別人がいたことを認識していたときは，ピストルを撃つような場合，よほど慣れた人でないかぎり，他にも被害を及ぼす可能性は十分あるのであるから，そばにいた別人に対しても殺人の未必の故

意を認めるべきである。たとえば，行為者が政治家を殺害しようとして発砲したところ，弾丸は政治家の胸部を貫通して，すぐ後ろにいた秘書にも命中したような併発事実の発生の場合，秘書に対する関係でも殺人の未必の故意を認めるべきである。また，通行人が多数いる路上で，特定人を狙って発砲した場合，通行人に当ったときも，打撃の錯誤ではなく，未必の故意の法理によって処理すべきである。

なお，併発事実として未必の故意を認めるか，それとも打撃の錯誤として捉えるかは，行為者の認識の範囲内か否かによって区別できることである。判例でとりあげられた例として，おいが，遺産相続に関して争っていた叔母を殺害する意図で，夜中に叔母の家に侵入して蚊屋を切り落し，蚊屋の上から十数回，叔母の頸部・頭部・胸部等を突き刺したところ，叔母と抱かれていた乳児を殺害した事例がある。おいが乳児を認識していれば殺人の未必の故意が認められるが，そうでなければ打撃の錯誤の問題として処理すべきである。判例が，「犯人において毫も意識せざりし客体の上に生じたるときといえども」としているのは（大判昭8・8・30刑集12・1445），打撃の錯誤として扱った根拠である。

(ハ) **因果関係の錯誤**　　具体的に発生した被害と行為者が認識していた被害が結果的に一致するものの，被害発生のプロセスにくいちがいがある場合である。たとえば，GがHを溺死させようとして橋の上から落としたところ，Hは川に落ちる前に橋脚に頭を打ちつけて即死した場合である。

> 小話　仮名手本忠臣蔵（竹田出雲作）の五段目「山崎街道」は，まさに打撃の錯誤―抽象的事実の錯誤の事例である。
> 　お軽の父与市兵衛は，娘婿の勘平を世に出すために，お軽の身を祇園に売った100両のうち50両を懐にして家路を急ぐ途中，定九郎に刀で殺され50両を奪われる。ちょうどその頃，勘平はなりわいのため，近くで猟をしていたが，手負いの猪を射止めようと，ズドンとやったところ，猪ではなくそばにいた定九郎に当る。つまり，勘平は偶然にも親の仇を討ったわけであるが，そんなこととは知らずに，50両を天の与えとおしいただいて帰る。この事実の錯誤の内容を知らなかったのが，勘平悲劇の発端。
> 　六段目で，勘平は舅を殺して金を取ったものと誤解して切腹する。しかし，原と千崎が与市兵衛の傷口が鉄砲傷ではなく刀傷であることを発見し，勘平は連判状に血判をして一味徒党に加わって死ぬ，という場面へと舞台は展開する。

2 法定的符合説と具体的符合説

具体的事実の錯誤に関して，その錯誤が故意を阻却するかどうかについては，法定的符合説（数故意犯説）・具体的符合説・法定的符合説（一故意犯説）の対立がある。ちなみに，ここで採り上げられている故意の成否は，どのような構成要件に該当するとして責任を問われるかを明らかにする問題であるから，有責性レベルの問題ではない。

> **用語の森** 符合　この言葉は，もともと割符(わりふ)が双方合うことを意味し，そこから，2つ以上のものがぴったり合うことである。行為者の意図と発生した結果がどのくらい合っているかが「符合」の意味である。

(イ)　**法定的符合説（数故意犯説）**　同じ構成要件の範囲で具体的な事実について錯誤があっても，発生した事実について故意は阻却されないとする見解である。

その根拠は，行為者の意図していた事実と発生した事実が同じ構成要件に属するかぎり，規範的な面では同じ内容・程度の反規範的行為として非難を負わせることができるからである，というところに求められる。つまり，行為者には発生した事実についての規範の問題が与えられていた点に変わりはないという。

この見解は，同じ評価ができる限界を「構成要件」の同一性に求めるのである。そこから，この見解は構成要件的符合説ともいわれる。結論として，客体の錯誤・打撃の錯誤・因果関係の錯誤のいずれについても，同じ構成要件内の錯誤の場合には，行為者の意図どおりの構成要件該当性を認める。したがって，打撃の錯誤については，狙った客体ばかりでなく，実際に当った客体についても故意犯が認められ，既遂・未遂の区別は結果の発生の有無による。

(ロ)　**具体的符合説**　故意犯において，故意の個数に着目し，行為者が1個の故意しか持っていないときは，未必の故意がないことを前提として，1個の故意犯の成立を認める見解である。

この見解は，併発事実が発生した場合にその特色があらわれる。第1に，故意の個数を確認し，その個数の故意犯のみ成立するとする。第2に，どの

客体との関係で故意犯を認めるかというと，結果の有無ではなく，行為者が狙った客体との関係で捉えればよいとする。では，狙った客体以外で結果が発生した場合はどうするかというと，故意は阻却されるとするのが，錯誤論の結論である。ただし，その後は，結果が発生しそうなところで加害行為をした者として過失犯の成立を考えることになる。

具体的符合説の根拠は，次のように整理することができる。①行為者が構成要件的結果について認識する場合，それは，故意・過失の区別と個数を併せて認識するはずである。他に未必の故意がある場合は別として，故意は原則として1個である。「人を殺した」（199条）という場合の「人」は，原則として1人であるはずである。②故意の個数をいくつと捉えるかは，責任主義の観点からも量刑の観点からもゆるがせにできないことである。とくに，殺人や強盗殺人（240条後段）の個数については，その個数によって，量刑上，死刑か無期懲役なのかが分かれるから，罪数の面で1個の行為の場合は観念的競合（54条1項前段）として1個になる（その最も重い刑）からそれでよい，というものではない。

法定的符合説（数故意犯説）との違いを明らかにするために，次の講壇事例を用いて，具体的符合説の考え方を確認することにする。

〔講壇事例〕
AがBを殺害する意図でピストルを発射したところ，弾丸ははずれてBの数十メートル後方にいたCにあたり，Cが死亡した。

具体的符合説によれば，故意犯が成立するのは，あくまで狙った客体との関係であり，そうでない客体との関係では過失犯が成立することになる。そして，結果の発生の有無によって既遂・未遂の区別をすればよい。したがって，Bとの関係で殺人未遂罪（199条・203条），Cとの関係では重過失致死罪（211条1項後段）が成立する。具体的符合説は，このように故意の向けられた客体・方向との関係で具体的に故意犯を考えるのであり，狙った客体がBかCかというレベルで具体的に考えているのではないのである。具体的符合説については，「行為者の認識した内容と発生した事実とが具体的に符合し

ない限り故意を阻却する立場」と解する見解（大谷實）があるが，これは学説の名称にとらわれた批判にすぎず，具体的符合説自身が言っていることから外れている。

　法定的符合説によれば，Bとの関係では殺人未遂罪，Cとの関係では殺人既遂罪が成立する。

　以上のことからも明らかなように，法定的符合説と具体的符合説が結論を異にするのは打撃の錯誤の場合であって，客体の錯誤の場合には同じ結論になる。

　(ハ)　**法定的符合説（一故意犯説）**　具体的符合説からの批判を考慮して，故意の個数を意識しながら，結果が発生しているときは同じ構成要件の範囲であるかぎり，故意の成立を認める見解である。ちなみに，故意が1個のときは文字通り，故意犯は1個であるが，2個のときは故意犯が2個になるのである。

　(二)　**判例**　学説の検討の前に，判例がどのような立場なのかを明らかにしておこう。

判例　最判昭53・7・28刑集32・5・1068〔拳銃強取未遂事件〕
　被告人は，警ら中の巡査Iから拳銃を強取するため，殺害するかもしれないと思いながら建設用びょう打銃で背後から撃ったところ，びょうは，Iに右側胸部貫通銃創を負わせたほか，30メートル前方の道路反対側を通行中のJに腹部貫通銃創を負わせた。被告人は拳銃を強取することはできなかった。
　被告人は，IとJに対する関係で強盗殺人未遂罪にあたるとして起訴された。
　「犯罪の故意があるとするには，罪となるべき事実の認識を必要とするものであるが，犯人が認識した罪となるべき事実と現実に発生した事実とが必ずしも具体的に一致することを要するものではなく，両者が法定の範囲内において一致することをもって足りるものと解するべきである……から，人を殺す意思のもとに殺害行為に出た以上，犯人の認識しなかった人に対してその結果が発生した場合にも，右の結果について殺人の故意があるというべきである。」
　「被告人の右殺人未遂の所為は同巡査に対する強盗の手段として行われたものであるから，強盗の結合犯として，被告人のIに対する所為についてはもちろんのこと，Jに対する所為についても強盗殺人未遂罪が成立するというべきである。」

以上の結論からも明らかなように，判例は数故意犯説に立つものといえる。

(ホ) **批判的検討**　数故意犯説，具体的符合説，一故意犯説の中で，どの見解が妥当であろうか。

それぞれの見解は，次のような欠点を指摘することができる。

数故意犯説は，故意犯が数個成立することについて，結局，観念的競合になるとして批判をかわそうとする。しかし，錯誤論としてどのような故意犯が成立するかを議論しているのに，最終場面の罪数問題を持ち出すのは議論の擦り替えといわなければならない。とくに，殺人罪・強盗殺人罪などの類型については，いくつの犯罪があったといえるかが，死刑選択（永山基準，次頁判例参照）にも影響を及ぼすことに注意する必要がある。

具体的符合説の欠点は，たとえば，犯人が人を殺そうとして人が死んでいても，殺人既遂罪という結論が示されない場合があり，一般の国民感情から納得できないものと批判を受けている。なお，この点について，殺人未遂という評価をした場合に，障害未遂は任意的減軽（43条前段）だから必ず減軽しなければならないわけではない，という言い訳をするならば，一種の詭弁というべきである。

一故意犯説は，法定的符合説が具体的符合説からの批判に応えようとするものではあるが，重い結果について故意犯を認めようとするあまり，結論が時間的に変移する可能性があり，不安定である。また，故意犯が認められない部分についての説明が不明確である。

なお，学説による批判の中には，本質論からはずれたところで激論を展開している場合もあるので注意したい。具体的符合説に対する批判として，次のようなものがある。器物に対する打撃の錯誤の場合，狙った物について器物損壊の未遂で不可罰，当たった物について過失による器物損壊で不可罰になり，どこにも犯罪は成立しない。これは，不都合ではないかと法定的符合説はいう。具体的符合説だとすべて不可罰になる点で，法定的符合説と違い（当たった物に関して器物損壊罪成立）が目立つが，器物損壊のような比較的軽微な犯罪についての擬律（法の適用）で，学説の是非を決めるのは疑問である。錯誤論で最も重要なのは，人の生命や身体に関して錯誤をどう処理するかであるから，本末転倒にならないよう注意すべきである。

そこで、われわれは、それぞれの見解の欠点を理解した上で、責任主義や法的安定性の観点を重視して判断するべきである。また、この分野での見解が他の領域にどのように波及するかも見逃してはならない論点である。後者の点について付言しておくと、立法論として死刑廃止の立場に立つかどうかは別として、死刑の選択をできるだけ控え目にすべきであるとすれば、殺人既遂罪などの認定について慎重でなければならないはずである。その意味では、数故意犯説は、死刑問題に対する視点を欠く見解というべきである。

判例　最判昭 58・7・8 刑集 37・6・609〔連続射殺事件〕
　「犯行の罪質，動機，態様，ことに殺害の手段方法の執拗性・残虐性，結果の重大性ことに殺害された被害者の数，遺族の被害感情，社会的影響，犯人の年齢，前科，犯行後の情状など各般の情状を併せて考察したとき，その罪責が誠に重大であって，罪刑の均衡の見地からも一般予防の見地からも極刑がやむをえないと認められる場合には，死刑の選択も許される」。

第15章

抽象的事実の錯誤

> **本章の主旨**
>
> 抽象的符合説が主張されたのには，それなりの理由がある。法定的符合説，具体的符合説でも，抽象的事実の錯誤で故意犯が認められる場合がある。

1 抽象的符合説が主張された理由

　抽象的事実の錯誤の場合，行為者の意図していた構成要件と異なる構成要件が実現しているのであるから，法定的符合説や具体的符合説では，当然，故意犯は認められない。ところが，故意犯の成立を考える抽象的符合説がある。次の設例で考えてみよう。

> **設 例**
>
> Aは，Bの飼っている犬を殺そうと思って投石したところ，Bの犬だと思ったのは実はBであり，当たりどころが悪くBは死亡した。

　上の設例の場合，法定的符合説と具体的符合説によると，器物損壊罪（261条）の意図で人を死亡させたことになるから，器物損壊罪の未遂と過失致死罪（210条）の可能性がある。そうすると，器物損壊罪については未遂処罰の規定がないので不可罰（無罪）となり，過失致死罪は一番重くても50万円の罰金である。したがって動物を殺そうとして人間を殺害したために，動物を殺そうとして動物を殺害した場合（3年以下の懲役）より軽くなってしまう。

そこで，抽象的符合説は，一般に軽い法益との関係では，未遂でも既遂として認めていこうとする主張をしている。すなわち，器物損壊罪（動物傷害罪）の既遂を認めるのである。このように，抽象的符合説は，適用されるべき刑罰のつりあい（権衡）を考えた学説である。抽象的符合説は，近代学派の立場（牧野英一）から主張されたものである。すなわち，行為者は犯罪を発生させる意図で犯罪的な結果を生じさせたのであるから，行為者の社会的危険性の徴表としては十分である，と解されるからである。

しかし，未遂なのに既遂罪の適用を認めるのは，罪刑法定主義の趣旨からは無理である。しかも，第二次世界大戦後の刑法の改正（昭22）で，211条後段（当時）に重過失致死傷罪が設けられ，さらに，その後，法定刑の上限が5年の懲役に引き上げられていること（昭43）に，着目すべきである。今日では，設例について，重過失致死罪の適用が考えられるので，抽象的符合説からの批判に十分対応できる。法定的符合説ないし具体的符合説で捉えてさしつかえない。

以上のことで明らかなように，抽象的符合説は現在ではあたかも意味がないようにも思えるが，それなりの存在価値はあったことに留意すべきである。全く意味のない学説はないのである。

2 抽象的事実の錯誤で故意犯が認められる場合

抽象的事実の錯誤の場合，抽象的符合説によらないかぎり故意犯が成立することはありえないと思える。

しかし，構成要件が重なり合う場合は，法定的符合説や具体的符合説でも，故意犯の成立を認める余地がある。

ここで，構成要件相互の関係について触れておこう。窃盗罪と強盗罪の関係は下記のように分析することができる（次頁の図参照）。

すなわち，Ⓧの部分が，窃盗罪と強盗罪の重なり合う部分である。ⓍにⓎがつけ加わると強盗罪になる。また，行為者は，自分の持ち去ろうとする自転車を放置自転車であると思って実行したところ，実際には，持ち主が一時的に置いていったにすぎないとする。行為者の意思は占有離脱物横領罪

窃盗罪と強盗罪の関係

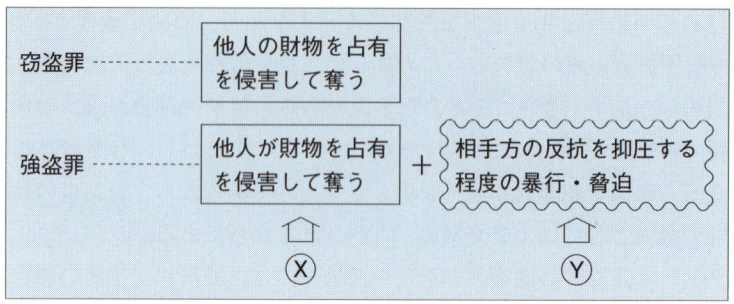

窃盗罪 ---- 他人の財物を占有を侵害して奪う

強盗罪 ---- 他人が財物を占有を侵害して奪う ＋ 相手方の反抗を抑圧する程度の暴行・脅迫

　　　　　　　　　　　　　　Ⓧ　　　　　　　　　　　Ⓨ

（254条）であるが，客観的に発生したのは窃盗罪（235条）である。この場合，占有離脱物横領罪と窃盗罪とは，他人の物を勝手に奪うという点で，両罪が重なり合っているので，軽い占有離脱物横領罪の範囲で故意犯を認めてさしつかえない，と解される。

> **🌳 用語の森**　**他人の物を勝手に奪う**　占有離脱物横領罪は，条文上は窃盗罪と離れたところに置かれているが，いわゆる盗罪（他人の物を勝手に奪う）の一番基本的な形といえる。

③ 構成要件の重なり合う場合の基準

構成要件の重なり合う場合をどのような基準によって判断すべきかに関して，判例は，実質的観点から判断すべきことを示している。

> **判例**　最決昭61・6・9刑集40・4・269〔覚せい剤誤認所持事件〕
> 　事例は，麻薬所持罪（コカイン所持）を犯す意思で覚せい剤所持罪にあたる事実を実現した場合である。なお，麻薬所持罪は麻薬及び向精神薬取締法で7年以下の懲役に処せられることになっており（66条1項・28条12項），覚せい剤所持罪は覚せい剤取締法で10年以下の懲役に処せられることになっている（41条の2第1項・14条1項）。
> 　判例は，次のように判示して軽い麻薬所持罪を認めている。
> 「両罪は，その目的物が麻薬か覚せい剤かの差異があり，後者につき前者に

比し重い刑が定められているだけで，その余の犯罪構成要件要素は同一であるところ，麻薬と覚せい剤との類似性にかんがみると，この場合，両罪の構成要件は，軽い前者の罪の限度において，実質的に重なり合っているものと解するのが相当である。被告人には，所持にかかる薬物が覚せい剤であるという重い罪となるべき事実の認識がないから，覚せい剤所持罪の故意を欠くものとして同罪の成立は認められないが，両罪の構成要件が実質的に重なり合う限度で軽い麻薬所持罪の故意が成立」する。

> **小話** 　上記の判例は，麻薬所持罪の成立を認めたものであるが，問題となった「覚せい剤」の没収については，どの法律が使われているのか。判例は，「薬物の没収が目的物から生ずる社会的危険を防止するという保安処分的性格を有することをも考慮すると，この場合の没収は，覚せい剤取締法41条の6によるべきものと解するのが相当である。」としている。なお，ここでいう保安処分とは「社会防衛のための処分」という意味である。
> 　以上の点について，判例の「補足意見」を読んでみよう。なぜなら，麻薬所持罪の成立を認めながら，押収中の覚せい剤を覚せい剤取締法41条の6の規定により没収するのは背理（道理に反すること）であるという批判もあるからである。
> 　谷口正孝裁判官の補足意見を読んでみよう。
> 「主刑の場合は，人の責任に対応した刑罰であるが，附加刑としての没収は，犯罪を契機として物に対し排害処分を行うものである。主刑たる懲役，罰金等（それは正に対人的処分である。）と，附加刑たる没収（それは正に対物的処分である。）とにおいては，それを科する要件において径庭があっても，必ずしも矛盾，背理ということはできない。主刑を科するための要件としては，前記のごとく構成要件に制約された故意責任を問うために麻薬所持罪の成立を認めたにとどまったわけであるが，そこでは，外形的・客観的に覚せい剤所持罪が社会的事象としてとらえられていたのである。前記41条の6の規定する必要的没収の要件としての，『前5条の罪』という場合の『罪』の意味は，このような社会的事象としての外形的・客観的形での罪を考えればよく，それこそかえって同条の規定する没収の性格に適合するといってもよいと思う。」

次のような場合，構成要件が重なり合っていて，いずれも軽い故意犯の範囲（前者の方）で故意犯が成立する。
イ　嘱託殺人罪（202条）と殺人罪（199条）
ロ　傷害致死罪（205条）と殺人罪（199条）
ハ　他人所有の非現住建造物等放火罪（109条1項）と現住建造物等放火罪（108条）

> **判例** 最判昭 23・10・23 刑集 2・11・1386〔医務課長買収失敗事件〕
>
> 　Aは，Bと共謀して，刑務所医務課長Cを買収して，Dが勾留に堪えられない旨の虚偽の診断書を作成させようとした。ところが，Bは，Cの買収が困難なのを知って，医務課長名義の診断書の偽造を思いつき，Eを教唆して診断書を偽造させた。Aが被告人である。
>
> 　「本件故意の内容は刑法第156条の罪の教唆であり，結果は同法第155条の罪の教唆である。そしてこの両者は犯罪の構成要件を異にするも，その罪質を同じくするものであり，且法定刑も同じである。而して右両者の動機目的は全く同一である。いづれもDの保釈の為めに必要な虚偽の診断書を取得する為めである。即ち被告人等は最初その目的を達する手段として刑法第156条の公文書無形偽造の罪を教唆することを共謀したが，結局共謀者の１人たるBが公文書有形偽造教唆の手段を選び，これによって遂に目的を達したものである。それであるから，BのEに対する本件公文書偽造の教唆行為は，被告人とBとの公文書無形偽造教唆の共謀と全然無関係に行われたものと云うことはできないのであって，矢張り右共謀に基づいてたまたまその具体的手段を変更したに過ぎないから，両者の間には相当因果関係があるものと認められる。然らば被告人は事実上本件公文書偽造教唆に直接に関与しなかったとしてもなお，その結果に対する責任を負わなければならないのである。即ち被告人は法律上本件公文書偽造教唆につき故意を阻却しないのである。」

　上の判例を要約すると，A・Bが虚偽公文書作成罪の教唆を共謀したものの，Bが公文書偽造の教唆を行った場合，Aに関して，公文書偽造教唆の故意は阻却されないとしたものである。

ポイント　重なり合う範囲

> 　抽象的事実の錯誤において，構成要件が重なり合う場合は，実質的観点から重なり合いを判断し，その範囲で故意犯を認めることができる。

第16章

正当防衛，違法性の本質

📖 本章の主旨

違法性に関する全5章の最初に，正当防衛という違法性阻却事由の典型例をとりあげる。それは，正当防衛の中に違法性の本質に関わる問題が含まれているからである。その点を明らかにすることは，とくに刑法に書かれていない超法規的違法性阻却事由の要件を確認するためにも役立つ。

1 正当防衛の意義

次に正当防衛の典型例を示そう。

設 例

Aは，夜道でBに襲われ，ナイフで刺されそうになったが，倒れた際に手にした石で反撃した。ところが，BはなおもAを刺そうとするし，他に助けを求める方法もなかったので，Aは自分の命を守るためには，Bを殺すしかないと思って，石でBの頭部を強打した。Bは頭蓋骨骨折で死亡した。

上の例において，Aは，殺意をもって殺害にふさわしい行為をし，Bの死亡を惹き起こしているから，殺人罪（199条）の構成要件に該当する。ただし，Aは自分の生命を守るために行なっているので，違法性の段階で正当防衛にあたる。

<u>正当防衛</u>は，違法な侵害に対する反撃行為がなされて，具体的状況を踏まえると，反撃者の行為について違法でないと判断される場合である。犯罪の成立要件でいえば，<u>違法性阻却事由</u>（正当化事由）の1つであって，その要件は36条がそれを明記している。

正当防衛は，人類の長い歴史の中で確かめられてきたことであるが，その成立範囲を明らかにするためにも，なぜ正当防衛が認められるか，その根拠を捉えておく必要がある。以下の3つを合わせたものである。

① 緊急状況下の自力救済の許容　緊急状況の下で警察官などの救済を期待できない場合，私人が自力で守ることを許さざるをえない。

② 権利の実現　権利に対する侵害から自らを守ることは。権利の実現として尊重する必要がある。

③ 社会的有用性　他人の権利に対する侵害に対して第三者が他人を守ることは，社会的に意味のあることである。

2 正当防衛において違法性の本質論を考える

1 違法性の本質論の2つの立場

違法性をどのようなものとして捉えるかという違法性の本質論は，たとえば自救行為や被害者の承諾などの超法規的違法性阻却事由の成立範囲を明らかにするときに役立つ。

しかし，違法性の本質論は，違法性阻却事由のもっとも基本的な場合である正当防衛においてこそ検討されるべき問題である。というのは，正当防衛の成立範囲を明らかにするためにも，違法性の本質論から見極める必要があるからである。それは，次の2つの課題にかかわる。第1は，正当防衛が認められるためには防衛の意思が必要か，ということである。第2は，正当防衛において法益の権衡が厳密に要求されないのはなぜか，という問題である。

そこで，ここでは，違法性の本質論に関する学説をおさえておこう。以下の2つの立場が対立している。

〔結果無価値論〕違法性の本質を法益侵害という結果に求める。構成要件に該当する行為が違法でないとされるためには，優越した法益がその行為によって救われる場合でなければならない。

〔行為無価値論〕違法性は，法益の優劣という結果無価値的側面だけでなく，行為の目的・手段など行為無価値的側面を合わせて検討すべきである。ちなみに，現在のわが国において，行為無価値的側面のみで違法性を判断し

ようとする見解は見当たらない。その意味で、わが国の行為無価値論は、違法二元論というべきものである。

> **🌲用語の森**　二元論　異なる原理を2つ合わせて説明しようとする方法。

以上の両説は、刑法が法益保護のためにあるという点では共通の基盤をもっているが、違法性の有無を判断するにあたって、法益の比較だけで具体的妥当性を求めることができるかどうかについて、考え方が分れる。

2　正当防衛における論議

では、このような学説の対立が、正当防衛にどのように影響してくるのであろうか。

(イ)　**防衛の意思の必要性**　正当防衛の成否に関して、防衛の意思が必要か、それとも不要かは、いわゆる偶然防衛を正当防衛の中に含めることができるかどうかに関わる。

偶然防衛とは、自分の行なうことが正当防衛になるとは思わずにしたのに、たまたま結果としては正当防衛のような形になっている場合である。たとえば、Cは、向こうから歩いてくるDを殺害するつもりでピストルを撃ち、弾丸がDの心臓に命中して即死したとする。ところが、後で調べたら、実は、DもCを狙ってピストルを撃つ寸前であったことが判明したというのである。Cの行為は殺人罪の構成要件に該当するが、客観的事実からすれば、Dによる急迫・不正の侵害から自分の生命を守ったことになるため、正当防衛として評価される余地もある。

この問題について結論を左右するのは、正当防衛が認められるために、防衛の意思は不要か必要か、ということである。防衛の意思を不要とする立場によると、偶然防衛でも正当防衛として認められることになる。これに対し、防衛の意思を必要とする立場によると、偶然防衛は正当防衛の範疇に含まれない。

それでは、この防衛の意思の不要・必要に関する見解の相違はどこに基因するか。それは、違法性の本質論である。すなわち、結果無価値論によれば

法益が守られさえすればよいのであるから，防衛の意思は不要になる。一方，行為無価値論によれば，法益が守られたかどうかだけでなく，行為の目的が防衛のためという目的を有していなければならないから，防衛の意思があってはじめて違法性が阻却されることになる。したがって，行為無価値論では，偶然防衛は正当防衛に含まれず，単なる侵害行為として評価される。上の例では，Cは殺人罪となる。

　㈹ **法益の権衡が厳密には要求されない**　　正当防衛では，守ろうとした法益より正当防衛行為によって損なってしまった法益が大きくてもかまわないとされている。たとえば，強盗犯人が被害者を傷つけて財布を奪おうとしたとき，被害者が反撃をして強盗犯人を殺意をもって死亡させたとしても，正当防衛にあたると解されている。

　この場合，強盗犯人が奪われた法益は「生命」で，強盗の被害者が奪われそうになった法益は「身体」と「財産」である。結果無価値論のように，法益だけの比較なら，強盗犯人に対する反撃は行き過ぎということになるであろう。なお，その立場に立つ学者は，攻撃者の法益が「0」なのだから防衛者の利益が常に優越すると説明したりする。しかし，そうなると，過剰防衛に関して具体的判断に柔軟性がなくなるであろう。それに対し，行為無価値論では，それぞれがどのような行為をしようとしたのかという行為の目的を考慮に入れて，違法性の有無を判断すべきと考える。そうすると，強盗犯人は人を傷つけてでも財物を奪おうとする不法な目的による行為をしていたことになり，被害者は，そのような不法な行為から自己を守ろうとしていたことになる。違法性というのは，社会全体の視点から，そのような行為を許してよいのかという判断であるから，急迫・不正の侵害があるとき，やむを得ずなされた行為は，多少の行き過ぎがあっても，正当防衛として許されるべきである。

③ 正当防衛の要件

　正当防衛が認められる要件は36条に規定されている。

> **条文** 36条 ① 急迫不正の侵害に対して，自己又は他人の権利を防衛するため，やむを得ずにした行為は，罰しない。
> ② 防衛の程度を超えた行為は，情状により，その刑を減軽し，又は免除することができる。

正当防衛は，次のような一般的要件をすべてみたしたときに認められる。

㋐急迫・不正の侵害に対するものであること

㋑自己・他人の権利の防衛のためであること

㋒やむを得ずにした行為であること

㋓防衛の程度を超えていないこと

このうち，㋐または㋑が欠けるときは，そもそも正当防衛の可能性がないのであり，過剰防衛にもならない。なお，㋒あるいは㋓，さらに㋒㋓の両方が欠けるときは過剰防衛（36条2項）になり，正当防衛ではない。

ちなみに，㋐または㋑が欠けるにもかかわらず，行為者自身は存在すると誤信していた場合には，誤想防衛の可能性がある。

つぎに，要件を細かく分けて検討する。

1　侵害の急迫性㋐の1

侵害の「急迫」について，次頁の図に基づき説明する。まず，①法益の侵害が間近に差し迫っている場合と，②現に法益が侵害されている場合である。本章の一番最初の〔設例〕（ナイフで刺されそうになったので石で反撃した例）は，②の場合である。なお，③侵害行為が犯罪としては既遂に達していたとしても，被害者が犯人を追いかけている間は，依然として侵害は継続中と捉えるべきである。たとえば，窃盗犯人に財物が移転すれば窃盗罪としては既遂になるが，正当防衛に関して侵害が過去のものになってしまうわけではない。

③が急迫に含まれる理由を整理しておこう。第1に，現行犯人は，何人でも逮捕することができる（刑訴213条）のであるが，現行犯人の意義について，「現に罪を行い終った者」（刑訴212条1項後段）もそれに含まれるとされている。第2に，窃盗の被害者が犯人を捕まえようとしたのに対して，窃盗犯人が逮捕を免れるために暴行・脅迫をすれば，全体として事後強盗罪（238条）

急迫性の範囲

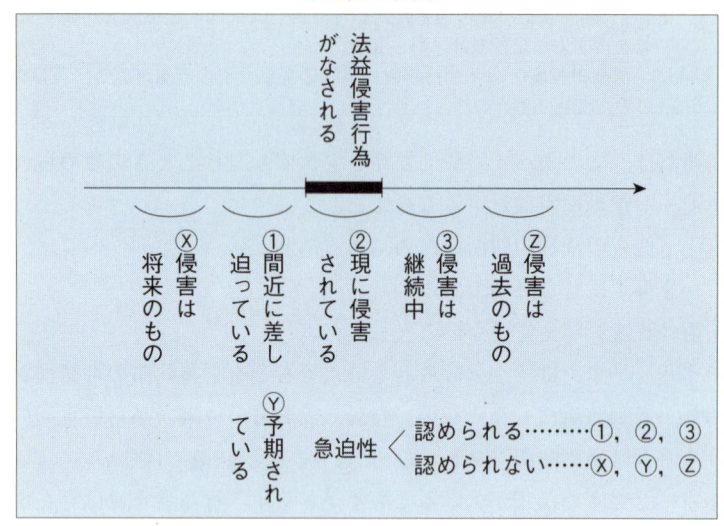

法益侵害行為がなされる

- Ⓧ 侵害は将来のもの
- ① 間近に差し迫っている
- ② 現に侵害されている
- ③ 侵害は継続中
- Ⓩ 侵害は過去のもの
- Ⓨ 予期されている

急迫性 ｜ 認められる……… ①，②，③
　　　 ｜ 認められない…… Ⓧ，Ⓨ，Ⓩ

という新たな犯罪にもなるわけである。

次の判例は，加害行為がいったん終了したように見えるものの，急迫不正の侵害はなお継続中としたものである。ただし，反撃行為が全体として行きすぎているとしている。過剰防衛となる。

判例　最判平9・6・16刑集51・5・435〔誠和荘鉄パイプ事件〕

Eは，同じアパート（誠和荘）に住むFと日ごろから折り合いが悪かったが，某日，2階で突然背後から鉄パイプで頭部を1回殴打された。続けて鉄パイプを振りかぶったFに対し，Eはもみ合いの末，いったん鉄パイプを取り上げ，両手を前に出して向かってきたFの頭部を鉄パイプで1回殴打した。ただし，鉄パイプはFに取り返された。Eは，Fが勢い余って手すりの外側に前のめりに乗り出した姿勢になり，Fがなおも鉄パイプを手に握っているのを見て，Fの左足を持ち上げ，手すりの外側に追い落とした。Fは，入院加療約3か月を要する頭頂部打撲挫創等の傷害を負った。Eは傷害罪で起訴された。

「被告人がFに対してその片足を持ち上げて地上に転落させる行為に及んだ当時，同人の急迫不正の侵害及び被告人の防衛の意思はいずれも存していたと認めるのが相当である。また，被告人がもみ合いの最中にFの頭部を鉄パイプで1回殴打した行為についても，急迫不正の侵害及び防衛の意思の存在が

認められることは明らかである。」
　しかしながら，Fが「手すりに上半身を乗り出した時点では，その攻撃力はかなり減弱していたといわなければならず，他方，被告人の同人に対する暴行のうち，その片足を持ち上げて約4メートル下のコンクリート道路上に転落させた行為は，一歩間違えば同人の死亡の結果すら発生しかねない危険なものであったことに照らすと，鉄パイプで同人の頭部を1回殴打した行為を含む被告人の一連の暴行は，全体として防衛のためにやむを得ない程度を超えたものであったといわざるを得ない。」

　なお，ⓧ侵害が将来のものの場合や，ⓩ侵害が過去のものの場合には，急迫性は認められない。ⓩの場合は，自救行為の可能性が残されている。
　ところで，正当防衛の要件として「急迫」が必要とされるのは，予めわかっていたら，警察力などの公的援助を受けることも可能であるばかりか，それを避ければ済むことだからである。たとえば，喧嘩闘争の当事者にとって，ⓨ侵害が予期されているときは，急迫性は否定される。判例では，相手が攻撃してきたら反撃するため，日本刀を抜身のまま携えていて，相手が包丁で突きかかってきたので斬りつけた場合について，「充分の予期を持ち且つこれに応じて立ち向かい敏速有力な反撃の傷害を加え得べき充分の用意を整えて」いたのであるから，急迫とはいえないとしている（最判昭30・10・25刑集9・11・2295）。ただし，予期されるかどうかの問題は具体的状況を抜きにしては判断できない。次の判例は，急迫性ありとしたものである。旅館の同宿者が，喧嘩の相手方に謝って仲直りをしようと思って旅館に戻ったところ，一方的に手拳で顔面を殴打され，加療10日間を要する傷害を負わされた上，さらに追いつめられて殴打されようとしたため，以前に買ってあった「くり小刀」で相手の左胸部を突き刺し死亡させた事例について，侵害行為がある程度予期されていたものであったとしても急迫性は失われないとされている（最判昭46・11・16刑集25・8・996）。
　ⓩ侵害が過去のものかどうかは，侵害行為をした者が抵抗不能の状態になったかだけでなく，防衛の意思の有無，発言の有無などを判断要素とする必要があることを示したのが，次の判例である。

> **判例** 最判平 20・6・25 判時 2009・149〔おれを甘くみるな事件〕
>
> 　H（76歳）は，大型アルミ製灰皿（直径19㎝，高さ60㎝の円柱形）をG（64歳）に向け投げつけた。Gは同灰皿を避け，Hの顔面を右手で殴打した。そうすると，Hは頭部から落ちるように転倒して，後頭部をタイルの敷き詰められた地面に打ち付け，仰向けに倒れたまま意識を失ったように動かなくなった。〔第1暴行〕
>
> 　Gは，憤激の余り，意識を失ったように動かなくなって仰向けに倒れているHに対し，その状況を十分に認識しながら，「おれを甘く見ているな。おれに勝てるつもりでいるのか。」などといい，Hの腹部を足げにしたり，足で踏み付けたり，右ひざを曲げて，ひざ頭を落とすなどの暴行を加えた。〔第2暴行〕
>
> 　Hは，付近の病院へ救急車で搬送された。約6時間後に，頭部打撲による頭蓋骨骨折に伴うクモ膜下出血で死亡したが，死因となる傷害は第1暴行によって生じたものであった。Hは，第2暴行により，肋骨骨折，脾臓挫滅，腸間膜挫滅等の傷害を負った。
>
> 　「第一暴行により転倒したHが，被告人に対し更なる侵害行為に出る可能性はなかったのであり，被告人は，そのことを認識した上で，専ら攻撃の意思に基づいて第2暴行に及んでいるのであるから，第2暴行が正当防衛の要件を満たさないことは明らかである。そして，両暴行は，時間的・場所的には連続しているものの，Hによる侵害の継続性及び被告人の防衛の意思の有無という点で，明らかに性質を異にし，被告人が前記発言をした上で抵抗不能の状態にあるHに対して相当に激しい態様の第2暴行に及んでいることにかんがみると，その間には断絶があるというべきであって，急迫不正の侵害に対して反撃を継続するうちに，その反撃が量的に過剰になったものとは認められない。」
>
> 　「そうすると，両暴行を全体的に考察して，1個の過剰防衛の成立を認めるのは相当ではなく，正当防衛に当たる第1暴行については，罪に問うことはできないが，第2暴行については，正当防衛はもとより過剰防衛を論ずる余地もないのであって，これによりHに負わせた傷害につき，被告人は傷害罪の責任を負うというべきである。」

　この事案において，Gの②行為はHの急迫不正の侵害に対するものであるが，Gの②行為の段階では，Hは動けなくなって仰向けに倒れているのであるから，Hによる急迫不正の侵害はないといえる。

　人は，他人から不正の侵害を受けたときは，相手の攻撃がいったん止んだ

ときにも，また再び襲われると思う。そこで，第1暴行と第2暴行が切れているというためには，防衛の意思の有無，第2暴行の程度，発言の有無などを判断要素とする必要があることを，判例は明らかにしたといえる。

2 不正の侵害㋐の2

　不正とは，違法の意味である。違法は，行為者が違法かどうかを判断できなければならない。したがって，他人の飼っている動物が襲ってきたとき，動物自体について違法ということはありえない。これに対し，動物が襲ったことについて，飼主に故意または過失があるときは，その人の行為として不正の侵害になる。対物防衛として正当防衛に含まれる。

　違法とは，その不正が全体として犯罪を構成することを必要としない。たとえば，13歳の少年が放火しようとしている場合，少年は41条により有責性を欠くが，違法であることにかわりはない。したがって，実力で排除して傷害を負わせたとしても，正当防衛として評価される。

　判例では，町の役員会の会合に酒気を帯びて入ってきて悪口雑言をならべたてた乱入者がある場合，退去要求に応じないので室外に拉致したところ，乱入者が靴をはいた右足で役員の足を蹴って打撲傷を負わせた事例について，拉致行為は違法でないから，それに対する正当防衛は成立しないとされている（大判昭8・9・27刑集12・1654）。

　なお，不正な侵害かどうかを検討する場合，ある一時点だけを捉えて判断するのは妥当ではない。以下のような自招侵害は不正な侵害とはいえないので，正当防衛として対処することは認められない。

> **判例** 東京地判昭63・4・5判タ668・223〔借金背負い自招侵害〕
> 　Iは，借金の返済を迫られていたJ方に赴き，Jを怒鳴りつけたうえ，突き飛ばして転倒させたところ，Jは，置物の石塊大小2個を続けざまに投げつけた。Iは石塊が頭部に当たって激高し，大きい石塊とラジオカセットで，Jの頭部・顔面部を20数回殴打して，死亡させた。
> 　Iは傷害致死罪で起訴された。
> 　「Jから受けた侵害は，被告人自らの故意による違法な行為から生じた相応の結果として自らが作り出した状況とみなければならず，被告人が防衛行為

> に出ることを正当化するほどの違法性をもたないというべきである。」
> 「Jの侵害は、違法な先行行為をした被告人との関係においては、刑法36条における『不正』の要件を欠き、これに対しては正当防衛はもとより過剰防衛も成立する余地はない」。

3　権利の防衛㋑の1

防衛されるべき権利は、自己または他人のあらゆる権利を含む。

他人のための正当防衛を法として許容するということは、社会的な連帯感を奨励することにもつながる。

「他人の」という場合、特定の個人に限定されるわけではなく、社会的な法益に属する法益保護のための正当防衛も許されるのである。たとえば、往来の危険を防ぐために、線路に置き石をしようとした者（125条に該当）と争うことである。

ただし、国家的法益は一般に国家機関自身にまかせるべきである（最判昭24・8・18刑集3・9・1465）。たとえば、わが国に対して外国から侵害行為がある場合、本来、個人間の問題に対する法理を安易に適用するのは飛躍がありすぎる。

条文　125条1項　鉄道若しくはその標識を損壊し、又はその他の方法により、汽車又は電車の往来の危険を生じさせた者は、2年以上の有期懲役に処する。

4　防衛の意思㋑の2

正当防衛というためには、防衛の意思が必要である。権利の実現の一環として法が正当性を認める以上、結果として防衛になっていればよいということではなく、防衛の意思でなされる必要がある。

防衛の意思というためには、もっぱら防衛のみを目的としなければならないかそれとも、攻撃の意思が含まれていてもよいのか、という問題がある。相手から攻撃を受けた場合、人間の心理として憤激することも大いにありうることであり、防衛目的という線が崩されないなら、防衛の意思ありと解してよいと思われる。

裁判上，防衛の意思と攻撃の意思が併存した例がある。Kは，友人LがMら3名から殴る・蹴るの暴行を執拗に受けているので，Lの生命の危険を感じて，自宅に駆け戻り，散弾銃を持ってきた。ところが，KはMから「この野郎，殺してやる」と追いかけられ，Mが死亡するかもしれないと認識しながら，素手のMに向けて散弾銃を1発発射し，加療4か月を要する腹部銃創の傷害を与えた。判例は，「防衛の名を借りて侵害者に対し積極的に攻撃を加える行為は，防衛の意思を欠く結果，正当防衛のための行為と認めることはできないが，防衛の意思と攻撃の意思とが併存している場合の行為は，防衛の意思を欠くものではないので，これを正当防衛のための行為と評価することができる」と判示している（最判昭50・11・28刑集29・10・983）。ただし，事件全体の評価としては，素手の相手に銃を発射して傷害を加えているところから，過剰防衛と評価されている。

5 やむを得ずにした行為

やむを得ずにした行為とは，そうせざるをえない状況で防衛手段を行ったということである。

以下の判例は，やむを得ない行為と評価された場合である。

> **判例** 千葉地判昭62・9・17判時1256・3〔西船橋ホーム転落死事件〕
> 駅のホームで酔っ払いNにからまれたO女は，まわりからの救助を求め難い状況の下で，さらに酔っ払いからしつこく迫られ，今後どんな危害を受けるかわからないと思って，Nを突いたところ，Nはホームから転落し，折から進入してきた電車の車体とホームの間に体をはさまれて死亡した。
> Oは傷害致死罪で起訴された。
> 「被告人がNから右の如く胸から首筋のあたりを手でつかまれる状態になるという更に強い絡みを受け，これからのがれるための手立てとして同人を両手で突く所為に出たことは，自制心を欠いたかの如き酒酔いの者にいわれもなくふらふらと近寄られ，更には手をかけられたときに生じる気味の悪さ，嫌らしさ，どのようなことをされるかも知れないという不安ないしは恐怖にも通じる気持が日常生活上において経験し理解され得るところであることをもあわせ考えると，差し迫った危害に対するやむを得ない行為であったといわなければなら」ない。

次の判例は，やむを得ない行為とはいえないとされた場合である。

> **判例** 東京高判昭 63・6・9 判時 1283・54 〔ホテトル嬢が客殺害事件〕
> 　Pは，客の待つホテルに赴いて売春をするいわゆるホテトル嬢をしていたが，ホテルの室内で客のQと4時間の遊びを約束したところ，Qはいきなりpのみぞおちを殴打し，切出しナイフでPの右手背を1回突き刺したり，ナイフを顔面近くに突きつけたり，Pの両足首・両手首をガムテープで縛るなどしたうえ，わいせつな行為を強要した。Pは異常な仕打ちから逃げ出したいと考え，Qの放置していたナイフを手に取り，Qの左腹部をナイフで1回突き刺した。QはそれでもPに対し暴行を加えた。PはQが死ぬかも知れないと思いながら，Qの胸部・腹部をナイフで数回強烈に突き刺したため，出血多量のため失血死させた。
> 　判決は，P被告人の行為が防衛のため，やむをえないといえるかどうか，検討している。おおよそ，次のような事情を確認している。(1) 被告人が，Qより体力的に劣勢であり，1回ナイフで刺されたりしている。(2) 被告人は高額の報酬で売春をすることを約しているから，被告人の性的自由・身体の自由は，一般の女性に対する場合と同列に論ずることはできない。(3) 被告人がQを1回刺した後は，ナイフを奪い取られない限り，被告人の生命までもが危険となることはなかった。
> 　その上で，次のように判示している。「法秩序全体の見地からみると，確かにQの側に被告人の権利に対する侵害行為のあったことは否定し難いところであるが，本件の状況下でこれに対し前記のような凄惨な死をもって酬いることが相当であるとは認め難く，被告人の本件行為は，前後を通じ全体として社会通念上防衛行為としてやむをえないといえる範囲を逸脱し，防衛の程度を超えたものであると認めざるをえない。」

　やむを得ずにした行為というためには，行為のなされた状況ばかりでなく，防衛手段として相当なやり方が要求される。**防衛行為の相当性**という場合，はたして武器対等の原則があてはまるか，という問題がある。たとえば，相手がナイフで襲ってきた場合に，拳銃で反撃するのは相当でないか，ということである。防衛行為の相当性は，実質的に判断するべきと思われる。
　判例では，素手であっても体力的にはるかにまさっている者の攻撃に対して，菜切包丁を腰のあたりに構え，「切られたいんか」と言った事例に関して，この点を確認している。ちなみに，この行為の構成要件該当性は何かと

いうと，暴力行為等処罰に関する法律1条にいう，「兇器を示し」て，刑法222条（脅迫罪）の罪を犯したというものである。この件について，控訴審は，過剰防衛にあたるとしたのであるが，最高裁はそれを破棄し，「危害を避けるための防御的な行動に終始していたものであるから，その行為をもって防衛手段としての相当性の範囲を超えたものということはできない」と判示して，無罪とした（最判平元・11・13刑集43・10・823）。

▲条文▶ 暴力行為等処罰に関する法律1条　団体若しくは多衆の威力を示し，団体若しくは多衆を仮装して威力を示し，又は兇器を示し若しくは数人共同して刑法（略）第208条，第222条又は第261条の罪を犯したる者は3年以下の懲役又は30万円以下の罰金に処す。

▲条文▶ 222条1項　生命，身体，自由，名誉又は財産に対し罪を加える旨を告知して人を脅迫した者は，2年以下の懲役又は30万円以下の罰金に処する。

　以上の判例に関して，実務上おもしろい問題があるので，触れておく。それは，菜切包丁を示した点が正当防衛といえるのはよいとして，包丁を携帯した点は銃刀法に違反しないかという問題である。

　なお，この規定に違反する場合の罰則は32条にある（1年以下の懲役または30万円以下の罰金）。

　判例は，この点について言及している。

▲判例▶ 最判平元・11・13刑集43・10・823〔正当防衛に用いられた刃物〕
「その公訴事実は，甲を脅迫する際に刃体の長さ約17.7センチメートルの菜切包丁を携帯したというものであるところ，右行為は，甲の急迫不正の侵害に対する正当防衛行為の一部を構成し，併せてその違法性も阻却されるものと解するのが相当であるから，銃砲刀剣類所持等取締法22条違反の罪は成立しないというべきである。」

4 過剰防衛

1 過剰防衛の意義

過剰防衛とは，正当防衛の前提要件としての急迫・不正の侵害等が存在し，

権利の防衛のために反撃行為がなされたのであるが，(1) やむを得ずにした行為とはいえない場合，あるいは，(2) 法益の権衡の点で防衛の程度を超えてしまった場合である。

(ア)　Rは，Sが屋根鋏で立ち向かってきたところから，たまたま付近にあった鉈で屋根鋏を払いのけ，Sが倒れたにもかかわらず，さらに鉈を振るって即死させた。Rの行為を一連の行為としてみた場合に，やむを得ずにした行為とはいえず，殺人罪の構成要件に該当し，過剰防衛になる（最判昭34・2・5刑集13・1・1）。

(イ)　豆腐の行商が貸売りを迫られ，さらに追跡されて豆腐の入ったバケツを蹴られて憤激し，角材で殴打し死亡させた。わずかな財産的利益を保護するために貴重な人命を害するのは，過剰防衛になる（大判昭3・6・19新聞2891・14）。

過剰防衛の成否に関して，武器の認識が十分でなくてもよいのかという問題がある。判例では，74歳の老父が棒を持って打ちかかってきたのに対し，息子が斧を持って頭部を乱打して死亡させた場合において，斧とは気づかなかったしても，「斧だけの重量のある棒様のもので頭部を」乱打した事実から，過剰防衛と認められている（最判昭24・4・5刑集3・4・421）。

| ポイント | 過剰防衛 |

> 過剰防衛とは，①急迫・不正の侵害と，②権利の防衛のための反撃行為が認められるが，③やむを得ずにした行為とはいえない場合，あるいは，④法益の権衡の点で程度を超えてしまった場合である。

2　法的効果の意味

過剰防衛と判断されたときは，その刑を軽減し，または免除することができるとされている（36条2項）。減軽にしても免除にしても，犯罪が成立していることには変わりがない。言葉の点で注意すべきは，過剰防衛は防衛という言葉が用いられているものの，正当防衛の一種ではないことである。

過剰防衛の法的効果である，刑の任意的減免の根拠はどこにあるのか。学

説としては，違法減少説，責任減少説，違法・責任減少説の3つの見解が争われている。この問題は，どんな場合がそれにあたるかを考えるとよい。過剰防衛が問題となる場合，その前提としては，法益に対する急迫・不正の侵害があるわけである。したがって，防衛目的でなされる行為は法益保護のためになされることであるし，他人のためのときは社会的有用行為になる可能性がある。そのような目的でなされている以上，違法性が弱くなるといえるであろう。次に，人間が不正の侵害にさらされて，冷静さを失った心理的異常状態は持続する可能性も高い。すなわち，行為者には適法行為の期待可能性が弱まっている場合が考えられ，有責性が弱くなる。以上のことから，過剰防衛の根拠としては，違法・責任減少説が妥当と思われる。

3 手段の過剰，時間の過剰

過剰防衛にいう「過剰」の中には，質的な過剰と量的な過剰とがあるといわれている。質的な過剰とは，素手で防げば防衛できるのに短刀で胸を刺して重傷を負わせたような場合をいい，量的な過剰とは，侵害してきた相手方を殴ったので相手方は侵害をやめたのに，さらに続けて殴ったような場合をいうとされている。

ところで，質的・量的という対義語はよく使われるが，どうせならもう少し内容に合った表現にしたらどうであろうか。そこで，1つ提案をしたいと思う。すなわち，質的過剰は，反撃の手段ないし方法が防衛の程度を超えている場合であるから，「手段の過剰」と呼ぶことにする。一方，量的過剰というのは，侵害行為終了後に追撃行為をする場合であるから，「時間の過剰」と呼ぶことにする。

過剰防衛の中に時間の過剰が含まれるということは，反撃行為が終了したからといって，その後の行為を単なる加害行為として捉えるのではなく，追撃行為についても反撃行為と一連一体のものとして総合評価することを意味する。たとえば，被害者が窃盗犯人と格闘のうえ被害品を奪還したあと，謝罪する犯人を懲罰の意図で殴打して負傷させた場合でも，必ずしも前半と後半を分断するのではなく，全体として防衛の程度を超えたかどうかを考えるべき場合があるということである。

正当防衛と過剰防衛

急迫・不正の侵害				
あ　り			な　し	
自己・他人の権利の防衛				
あ　り			な　し	
やむを得ずにした行為				
	いえる	いえない		
防衛の程度	超えていない	正当防衛		正当防衛にも過剰防衛にもあたらない
	超えている	過剰防衛		

> 小話　2008年秋に上映された『容疑者Xの献身』(原著・東野圭吾, 文春文庫) は, 高校の数学教師・石神が, 秘かに想いを寄せていた隣人の靖子とその娘が, 前夫を殺害したことを知って, 2人を守るために完全犯罪を企てる話である。2人の女性にアリバイを作るために, 事件発生日を一日遅らせ, その日に映画を観にいかせ, 映画の半券をアリバイの道具にしたりする。問題は, どうしたら前夫の死亡日時を1日ずらすことができるかである。そこで石神が企てたのは, 2人のアリバイのある日にホームレスの男を殺して, 指紋を焼いて前夫にしたて, 前夫の方は川に沈めてしまう。観客も読者も, どうやってアリバイを作ったかと, 石神の友の物理学者・湯川がどこに真相解明の糸口を見つけるかに気を取られている。
>
> しかし, 私だったら全く違った取り組みをする。というのは, 母と娘は, 娘が母の前夫からこっぴどく殴られているのに生命の危機を感じ, 自分等の生命を守るために, 必死で炬燵のコードで前夫の首を絞め, 気がついたときには死んでいたのである。これは, まさしく正当防衛か過剰防衛に当たるのであるから, 堂々と自首して, 法律論で解決すべきだったのである。科学的取り組みに捕われているところに問題がある。法律的取り組みは, 犠牲を拡大させず, 平和裏に問題解決を図ることが可能だ。

5 正当防衛と共同正犯

　共同正犯が成立する場合において，正当防衛や過剰防衛の成否はどのように認められるべきか，という問題がある。また，時間の過剰の場合にどのような要件で共同正犯を認めるべきか，という問題もある。
　以下の判例は，正当防衛や過剰防衛は，各人につき，それぞれの要件をみたすかどうかを検討すべきことを明らかにしたものである。

> **判例**　最決平4・6・5刑集46・4・245〔パブ殺人事件〕
> 　被告人は，飲食店「アムール」に電話をかけて勤務中の女友達と話していたところ，店長Tから拒否され，侮辱的言葉を浴びせられた。被告人は同行を渋るUを説得し，包丁を持たせて一緒にタクシーで同店に向かい，Uに対し，「やられたらナイフを使え」と指示した。
> 　Uは，Tとは面識がないからいきなり暴力を振るわれることもないだろうと考えて「アムール」出入口付近で被告人の指示を待っていたところ，同店から出てきたTに被告人と取り違えられ，いきなりえり首をつかまれて引きずり回された上，手けん等で顔面を殴打された。Uは自己の生命身体を防衛する意思でとっさに包丁を取り出し，包丁でTの左胸部等を数回突き刺し，殺害した。
> 　「共同正犯が成立する場合における過剰防衛の成否は，共同正犯者の各人につきそれぞれの要件を満たすかどうかを検討して決するべきであって，共同正犯者の一人について過剰防衛が成立したとしても，その結果当然に他の共同正犯者についても過剰防衛が成立することになるものではない。」

　つまり，Uにとっては，急迫不正の侵害であるとしても，被告人にとっては急迫性を欠くから，被告人は過剰防衛とはいえず，殺人罪が成立する。
　次の判例は，時間の過剰の場合について，侵害終了後の暴行については，新たに共謀が成立したかどうかで判断すべきだとしている。

> **判例**　最判平6・12・6刑集48・8・509〔不忍通り事件〕
> 　被告人は，午前1時30分頃，歩道上でA，B，C，D女，E女と雑談をしてい

たが，そこに通りかかったXが，Aの車のアンテナに上着をひっかけておきながら黙って通りすぎたので，「ちょっと待て」と言った。ところがXはD女の長い髪をつかみ，引き回すなどの乱暴を始めた。被告人とA，B，C計4名の男性は，D女の髪からXの手を離させようとして，こもごもXの顔面・身体を殴る・蹴るなどし，ようやくXは手を離した。その後，Xが「馬鹿野郎」などと悪態をついて応戦する気勢を示しながら，後ずさるようにして駐車場の奥の方へ移動した。Bが殴りかかり，Cが制止した。AはCの制止にもかかわらず，Xの顔面を手拳で殴打し，Xはコンクリート床に転倒した。その時点で，被告人は自ら暴行を加えてはいないが，他の者の暴行を制止しているわけでもない。

　被告人とA，Bの3名が共謀による傷害罪で起訴された。

　「本件のように，相手方からの侵害に対し，複数人が共同して防衛行為としての暴行に及び，相手方からの侵害が終了した後に，なおも一部の者が暴行を続けた場合において，後の暴行を加えていない者について正当防衛の成否を検討するに当たっては，侵害現在時と侵害終了後に分けて考察するのが相当であり，侵害現在時における暴行が正当防衛と認められる場合には，侵害終了後の暴行については，侵害現在時における防衛行為としての暴行の共同意思から離脱したかどうかではなく，新たに共謀が成立したかどうかも検討すべきであって，共謀の成立が認められるときに初めて，侵害現在時及び侵害終了後の一連の行為を全体として考察し，防衛行為としての相当性を検討すべきである。」

　「被告人に関しては，反撃行為については正当防衛が成立し，追撃行為については新たに暴行の共謀が成立したとは認められないのであるから，反撃行為と追撃行為とを一連一体のものとして総合評価する余地はなく，被告人に関して，これらを一連一体のものとして認めて，共謀による傷害罪の成立を認め，これが過剰防衛に当たるとした第一審判決を維持した原判決には，裁決に影響を及ぼすべき重大な事実誤認があり，これを破棄しなければ著しく正義に反するものと認められる。」

　上の判決は，侵害終了後に新たに共謀があれば，侵害現在時の行為と侵害終了後の行為を一連一体のものと認めてよいとする点で，「共謀」が扇の要の役割をしている。というのは，この共謀は，一人ひとりについて犯意の形成を裏づけるとともに，共同正犯関係を認める根拠になっているからである。

　このように，正当防衛行為の後，共謀が認められなければ共同正犯を認めえないとするのは，正当防衛の本質に関わる点で重要な意味があることであ

る。すなわち，正当防衛のために反撃行為を共同した場合も，侵害が終了してしまえば当初の目的を達成したことになり。それで止める場合が一般であろうから，反撃行為について共同があっても，それがただちに追撃行為の共謀に結びつくとは限らないということである。

時間の過剰の場合

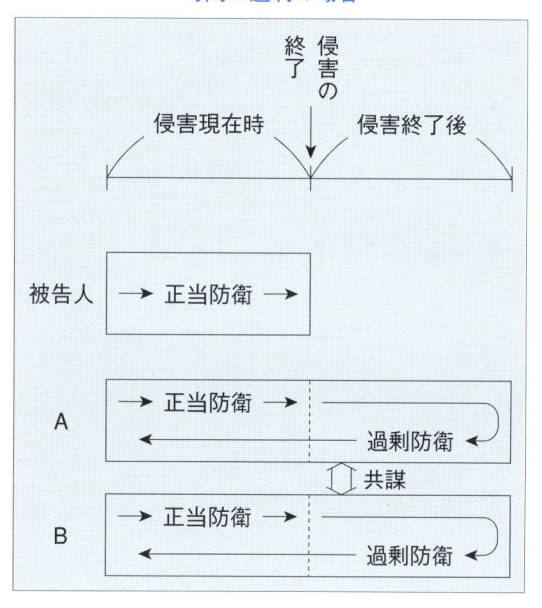

侵害現在時 ／ 侵害の終了 ＼ 侵害終了後

被告人 → 正当防衛 →

A → 正当防衛 → ← 過剰防衛 ←

⇕ 共謀

B → 正当防衛 → ← 過剰防衛 ←

第17章

緊急避難

本章の主旨

法益に対する現在の危難に対してやむを得ずにした行為については，緊急避難として違法性が阻却され，犯罪とならない。

1 緊急避難の意義

緊急避難は，危難に遭遇した者が他者（の法益）を犠牲にすることによって自分の法益を守る場合である。

1 カルネアデスの板

緊急避難の典型例は，下記のような「カルネアデスの板」である。「カルネアデスの板」は，古代ギリシャの哲学者カルネアデス（前214～前129）が提示した，道徳と刑法の差異にかかわる問題である。

> 船が難破して2人の船員が波間を漂っているところへ，1枚の板きれが流れてきたが，その板きれは2人をともに支えるだけの浮力がないため，一方の船員が助かりたい一心から，他方をあえて溺死させて，自分だけ生き残った。

以上の「カルネアデスの板」の例について，道徳の中の1つの立場は，他人を犠牲にして自分だけ助かろうとするのは卑劣な振舞いとして捉えるであろう。ただし，道徳の基準の中には，一般国民が守れる程度のところに合わせたものもある。この立場からすれば，生き残った船員を許さざるをえないことになる。

> **🌲用語の森**　**道徳の中の１つの立場**　道徳には，高い基準から低い基準までさまざまなレベルのものがある。人間には高いレベルの道徳に合わせたいという気持（向上心）があればこそ，そこまでいかなくても，従来より高いレベルに沿った行為ができるのである。人間には可塑性があるのである。

　では，刑法が任意規範として我々に要求する基準はどうかというと，上述の，一般国民が守れる程度の道徳と同等といってよいであろう。ここでいう一般国民とは，７・８割の国民と言い換えることができる。すなわち，法律は，大半の国民が守れるにもかかわらず守ろうとしない者を規制の対象とするのである。しかし，このことを逆にみると，あまり高い基準の道徳を期待することはできないということである。つまり，刑法としては，波間に漂う船員に対して自己犠牲を強いることはしないのである。自分の命が危うくなっているとき，命の支えの板をわがものにするために相手を犠牲にすることは，決して誉められたことではないが，一般国民としてはやむをえないことといわねばならない。

　以上のような趣旨を刑法上明らかにしたのが，緊急避難である。
　ところで，緊急避難に当てはまるものには，カルネアデスの板とは態様の異なるものがある。それは，危害を第三者に転嫁する場合である。
　たとえば，Aが暴漢Bに襲われて逃げる途中，通行人Cに衝突し難を逃れたが，Cがけがを負ったという場合である。Aの行為は，過失傷害罪（209条１項）の構成要件に該当するが，緊急避難にあたるので，無罪ということになる。

> **条文**　209条１項　過失により人を傷害した者は，30万円以下の罰金又は科料に処する。

2　２つの態様

　私は，緊急避難の２つの態様を区別するため，「カルネアデス型」と「転嫁型」という名前をつけている。なお，転嫁型の例において，AがBに反撃して自分を守った場合には正当防衛になるわけである。このように，暴漢が

襲った場合でも，その後の展開で，緊急避難になったり，正当防衛になったりする場合があるのである。

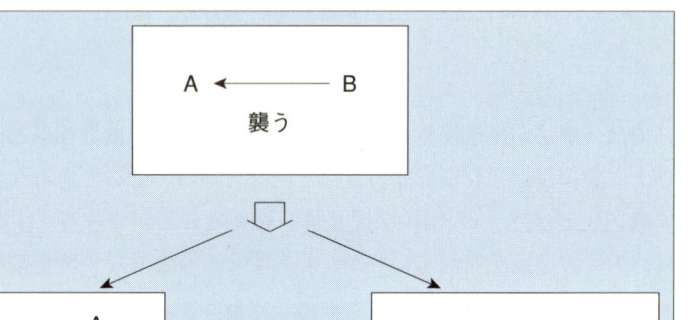

転嫁型の緊急避難

```
            A ← B
             襲う

      ↙            ↘
   A                A → B
 ①逃げる          ①反撃する  ②ケガする
③ケガする
 C ②衝突する

〔緊急避難〕        〔正当防衛〕
 （転嫁型）
```

2 緊急避難の法的性格

緊急避難が処罰されない理由については，(イ)違法性阻却説，(ロ)責任阻却説，(ハ)二分説の3説が主張されている。

このうち，(ハ)の二分説は，優越する法益維持のための緊急避難は違法性阻却であり，対等の法益維持のためやその他の緊急避難は責任阻却であるとするものである。たとえば，カルネアデスの板の場合であると，自分の生命を守るに相手の生命を損なうのは一般人のレベルで違法ではあるが，そのような状況に置かれたならば他の適法な行為を期待できなかったといえるから，有責性を欠くということになる。(ロ)の責任阻却説も同じような発想に基づきながら，すべての場合について有責性阻却とする。

それでは，わが国の現行法の解釈としては，どの立場に立つべきであろうか。次のような理由により，(イ)の違法性阻却説が妥当と思われる。第1に，37条1項は，自己ばかりでなく「他人の」法益についての緊急避難も認めており，そのような社会的有用性は違法性の問題である。第2に，仮に緊急避難が有責性阻却事由であるとすると，緊急避難行為自体は違法な行為となる。違法な行為ならば，それに対しては正当防衛による反撃が許されることになるが，それでよいであろうか。カルネアデスの板の場合でいうと，先に手を出した方は緊急避難，後で防ごうとする者は正当防衛ということになる。しかし，これは不合理といわざるをえない。2人のうち1人しか生きられないような極限状況に陥った場合に，一方のみを違法とするのは現実的でないし，無理な道徳を強いることになる。

3　緊急避難の要件

緊急避難が認められる要件は37条1項に規定されている。

> **条文　37条1項**　自己又は他人の生命，身体，自由又は財産に対する現在の危難を避けるため，やむを得ずにした行為は，これによって生じた害が避けようとした害の程度を超えなかった場合に限り，罰しない。ただし，その程度を超えた行為は，情状により，その刑を減軽し，又は免除することができる。

緊急避難は，次のような一般的要件をすべてみたしたときに認められる。
㋐自己・他人の法益に対する現在の危難を避けるためであること
㋑やむを得ずにした行為であること
㋒その行為から生じた害が避けようとした害を超えていないこと
　ちなみに，㋑あるいは㋒が欠けるときは，過剰避難（37条1項但書）になり，もはや緊急避難ではない。また，㋐が欠けるときは，そもそも緊急避難の可能性がないのであり，過剰避難にもならない。なお，㋐が欠けるにもかかわらず，行為者自身が存在すると誤信していた場合には，誤想避難の可能性がある。

1　現在の危難⑦

緊急避難といえるためには，法益に対する現在の危難が必要である。37条1項は法益を限定的に列挙しているが，すべての法益を含むと解される。

現在の危難とは，現に継続中の危難ばかりでなく，目前に差し迫ったものも含むと解される。ただし，将来予想されるにとどまる危難は，現在の危難とはいえない。

危難とは，災害，事故のほか，動物の加害行為が含まれる。犯罪行為も一種の危難である。判例では，水害により稲が枯死する危険がある場合に，耕作者が湛水を排除するため他人の板堰を破壊したときは，現在の危難に対する緊急避難として犯罪を構成しないとされている（大判昭8・11・30刑集12・2160）。

> **小話**　緊急避難行為は，カルネアデスの板の例でもあるように，ときに人の命が関わることもあり，人間の究極の選択にかかる例もある。実際にあった例として，1972年10月13日，ウルグアイのラグビー・チームなど45名を乗せた飛行機が雪のアンデス山中に墜落し，10週間後に16人が奇跡の生還を果たした事例について，緊急避難の問題があった。それというのは，標高約3,500メートルの厳寒のアンデス山中で彼らが生き伸びることができたのは，事故死した仲間たちの死体だったからである（P・P・リード著，永井淳訳『生存者』，新潮文庫）。
> 　人間が人間の肉を食べるという行為は，刑法が考える犯罪類型に直接反映されていない。しかし，人間の死体の肉を食べるという行為を形式的に捉えると，死体損壊罪（190条）の構成要件に該当する。ただ，人里離れた雪のアンデス山中で生き伸びるために行なったことは，緊急避難にあたるとして，刑法上の犯罪にはあたらない。

「危難」にあたるかどうかに関して，自ら危難を招いた場合に，避難をすることが認められるかという，自招危難の問題がある。

以下の判例は，行為者がその有責行為によって自ら招いた危難に対しては緊急避難は認められないとしたものである。

> **判例**　大判大13・12・12刑集3・867〔車の後に人あり事件〕
> 　Dは自動車を運転していて，荷車の背後が見えないのに，漫然と時速約13kmで荷車の横をすりぬけようとしたところ，荷車の背後でEが道路を横断しようとしていたため，急きょこれを避けようとしてハンドルを切ったが，

そこには，さらにEの祖母Fがいたため，Fに衝突して死亡させた。

「刑法第37条において緊急避難として刑罰の責任を科せざる行為を規定したるは公平正義の観念に立脚し，他人の正当なる利益を侵害してなお自己の利益を保つことを得せしめんとするにあれば，同条はその危難は行為者がその有責行為により自ら招きたるものにして，社会の通念に照しやむを得ざるものとしてその避難行為を是認するあたわざる場合に，これを適用することを得ざるものと解すべき」。

2　やむを得ずにした行為⑦

緊急避難行為として認められるためには，他に避けるべき方法がなかったことが必要とされる。これを補充の原則といっている。

条文の文言では，同じく「やむを得ずにした行為」とされているが，正当防衛と緊急避難では意味合いが違う。正当防衛については，相手が不正なのであるから，補充の原則は厳密には要求されない。場合によっては他に採るべき手段があったとしても，反撃をして自分で道を切り開いても構わないのである。これに対して，緊急避難については，それこそ罪もない他人に迷惑をかけるわけであるから，本当にやむを得ない行為であったことが必要とされる。

> 判例　東京高判昭46・5・24判タ267・382〔救急車を呼ぶべき事件〕
> 　被告人は，同人方の住込みの人夫Gが胃けいれんにより苦しみ出したため，他の人夫一同からの強い要請により，Gを自動車で約10キロメートル離れた病院に運送しようとして，無免許運転をした。
> 　「被告人としては，救急車の出動を要請すべきであったといわれても，致し方がないところである。してみると，本件の場合，本件運転のみがGの危難を避ける唯一の手段，方法であったとはいいがたいので，緊急避難を認める余地はな」い。

避難行為として補充性が認められるかどうか争われた裁判例がある。Hは，酒乱で粗暴癖のある弟Iが鎌を持って自宅に暴れ込んできたので，一時車の中に隠れたもののIに発見され，その車で逃走したが，Iに追跡され，約6

キロメートル運転し，警察署に到着して助けを求めた。この事例に関し，Hは酒気帯び運転（道交法117条の2第1号・65条1項）で起訴された。第1審は，緊急避難も過剰避難も否定した。これに対し，控訴審は，「被告人が自宅の前から酒気帯び運転の行為に出たことは，まことにやむを得ない方法であって，かかる行為に出たことは条理上肯定しうるところ，その行為から生じた害は，避けようとした害の程度を超えなかったものであったと認められる。しかしながら，T橋を渡って市街地に入った後は，I車の追跡の有無を確かめることは困難ではあるが不可能ではなく，適当な場所で運転をやめ，電話連絡等の方法で警察の助けを求めることが不可能ではなかったと考えられる。この点で被告人の一連の避難行為が一部過剰なものも含むことは否定できないところである」として，全体として過剰避難と判断したのである（東京高判昭57・11・29判時1071・149）。

私は，Hにしてみれば，途中で電話をしていて追いつかれたら何にもならないのであり，判決は補充性の判断について厳しすぎる，と思う。緊急避難を認めてよい例といえる。

> **判例** 最判昭35・2・4刑集14・1・61〔村有吊橋爆破事件——差戻後の上告審〕
> Jは村の道路委員，Kは村の相談員をしていたが，村所有の吊橋が腐朽し車馬の通行が危険となったので，村当局に対し再三架替を要請したが，その実現の運びにいたらず，日常著しく不便を感じていた。しかし漫然日を送ったのみではいつ橋の架替ができるかもわからないところから，橋を落下させ，表面は雪害によって落橋したように装い災害補償金の交付を受ければ，架替も容易であろうと考え，ダイナマイトを爆破させて損壊し，川中に落下させた。
> JとKの行為は，往来妨害罪（124条），爆発物取締罰則違反が問題となる。
> 「右吊橋は200貫ないし900貫の荷馬車が通る場合には極めて危険であったが，人の通行には差し支えなく，……本件吊橋の動揺による危険は，少くとも事件犯行当時たる昭和28年2月24日頃の冬期においては原審の認定するほどに切迫したものではなかったのではないかと考えられる。」
> 「仮に本件吊橋が原審認定のように切迫した危険な状態にあったとしても，その危険を防止するためには，通行制限の強化その他適当な手段，方法を講ずる余地のないことはなく，本件におけるようなダイナマイトを使用してこれを爆破しなければ右危険を防止しえないものであったとは到底認められな

い。しからば被告人等の本件所為については，緊急避難を認める余地はなく，従ってまた過剰避難も成立しえないものといわなければならない。」

　上記の判決は，まず，現在の危難がないとし，仮にあったとしても。危難を避けるためには他の方法があったので，やむを得ずにした行為とはいえないとして，緊急避難の可能性が全く認められないとしたものである。被告人達が村民の安全を考えていたこと，犯罪が認められると罰則が重すぎることを考慮すると，判決は厳しすぎると思われる。

▎条文▎　爆発物取締罰則1条　　治安を妨げ又は人の身体財産を害せんとするの目的を以って爆発物を使用したる者及び人をしてこれを使用せしめたる者は，死刑又は無期若しくは7年以上の懲役又は禁錮に処す。

4　過剰避難

　過剰避難とは，緊急避難の前提要件としての法益に対する現在の危難を避けるためであるが，①やむを得ずにした行為とはいえない場合，あるいは，②その行為により生じた害が避けようとした害を超えている場合，である。
　①にあたる例としては，トンネル内の有毒ガスによる列車乗務員の生命身体に対する危難を避けるため，全面的に職場を放棄した狩勝トンネル事件がある（最判昭28・12・25刑集7・13・2671）。この事例では，全面的に職場を放棄した点で緊急避難の程度を超えたと解されている。これに対し，3割減車という方法なら緊急避難の範囲内と解されている。
　②にあたる例としては，自分の犬が他人の犬に襲われたときに，自分の犬を守るために，飼主である他人に傷害を加えたような場合である。ただし，過剰避難というためには，一応やむをえずにした行為があって，その程度を超えたものであることが必要である。すなわち，現在の危難を避ける方法として他に適当な手段や方法があるときは，行為者としてはうまい手段・方法だと思ったとしても，それが構成要件に該当する以上，安易に許すわけにはいかないのである。もともと緊急避難は，避難行為によって生じた害と避けようとした害とは正対正の関係にあるのであるから，補充性の原則は厳格に

解する必要がある。ここに，不正に対する正である正当防衛とは違うところがある。

以下の判例は，暴力団事務所に監禁された者が，放火して難を逃れた場合について，「やむを得ずにした行為」の意義を厳格に解し，過剰避難の要件を過度に緩めるのは許されないとしたものである。

> **判例** 大阪高判平 10・6・24 判時 1665・141〔暴力団事務所放火脱出事件〕
>
> Lは，暴力団事務所で，組長のMらに監禁され，連日，Mから頭部をガラス製の卓上ライターで殴打されたり，骨折でいためた左足首を蹴りつけられるなどの暴行を受けた。Lは，Mらによる監視および暴行から逃れるためには，組員による見張りが手薄になったときを狙って事務所に放火し，その騒ぎの隙を突いて逃げるしかないと考え，Mが外出し，組員が2名になった機会を捉え，放火に及んだ。Lは，4世帯が現に住居に使用している木造住宅の事務所出入口の付近において，脱ぎ捨てた自己の綿装着衣にその場にあったポリタンク内の灯油を染み込ませて簡易ライターで点火し，木札ですくい上げ，テーブル付近に投げつけ，壁，天井板等に燃え移らせたが，早期の消火で約18平方の焼損にとどまった。
>
> Lは，現住建造物放火罪で起訴された。
>
> 「緊急避難では，避難行為によって生じた害と避けようとした害とはいわば正対正の関係にあり，原判決のいう補充性の原則は厳格に解すべきであるところ，過剰避難の規定における『その程度を超えた行為』（刑法37条1項ただし書）とは，『やむを得ずにした行為』としての要件を備えながらも，その行為により生じた害が避けようとした害を超えた場合をいうものと解するのが緊急避難の趣旨及び文理に照らして自然な解釈であって，当該避難行為が『やむを得ずにした行為』に該当することが過剰避難の規定の適用の前提であると解すべきである」。
>
> 「本件においては，他に害の少ない，より平穏な態様での逃走手段が存在し，かつ，本件放火行為が条理上も是認し得るものとはいえない以上，過剰避難が成立する余地はなく，これを肯定した原判決の前記法解釈は過剰避難の要件を過度に緩めるものとして採用できない。」

緊急避難の要件は厳しい

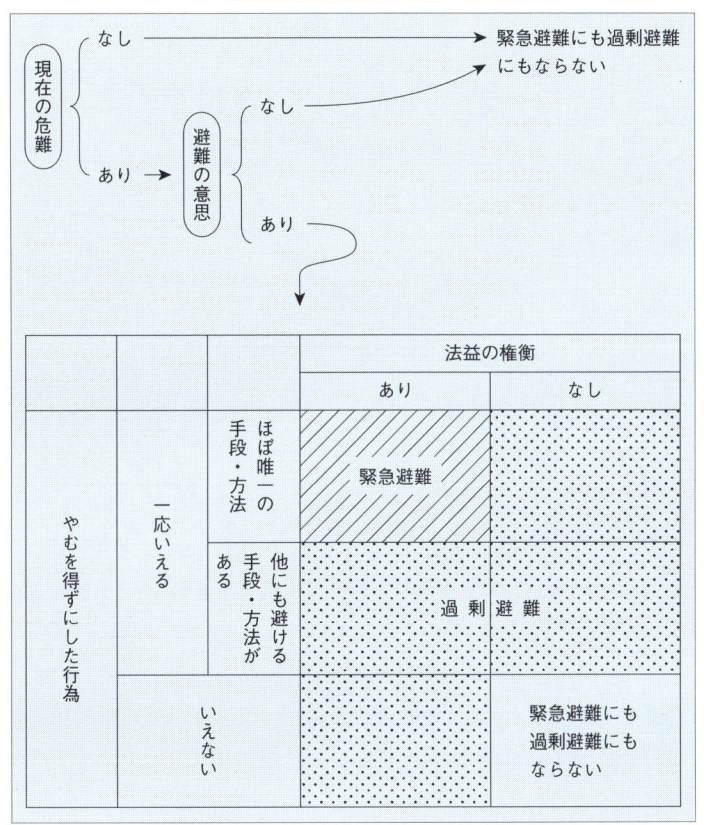

現在の危難
- なし → 緊急避難にも過剰避難にもならない
- あり → 避難の意思
  - なし → 緊急避難にも過剰避難にもならない
  - あり ↓

			法益の権衡	
			あり	なし
やむを得ずにした行為	一応いえる	ほぼ唯一の手段・方法	緊急避難	
		他にも避ける手段・方法がある		過剰避難
	いえない			緊急避難にも過剰避難にもならない

> **ポイント** 緊急避難の要件
>
> 　緊急避難は，①法益に対する現在の危難があるとき，②避難意思をもって，③ほかに避ける方法がないため，やむを得ず法益を侵害する行為をなし，④結果として，守るべき法益より発生した法益侵害行為が超えていない場合，認められる。

第18章

法令行為，正当行為，230条の2

> 📖 **本章の主旨**
>
> 実定法上の違法性阻却事由として，刑法35条のほか，230条の2がある。

1 刑法35条の趣旨

　刑法35条がその内容として掲げているのは，法令行為と正当業務行為である。**法令行為**の例としては，警察官が逮捕状により犯罪容疑者を逮捕する場合がある。ちなみに逮捕状による逮捕の要件については刑訴法199条に規定があり，それ以降に，逮捕の手続（刑訴201条）などの規定が並べられている。**正当業務行為**の例としては，医師が虫垂炎（いわゆる盲腸）の患者の右わき腹を切開し，患部を切除する場合がある。刑法35条は，それらの行為を「罰しない」と規定している。

　この「罰しない」の意味について，そもそも構成要件に該当しないという趣旨であるとの見解と違法性阻却事由であるとの見解がある。

　法令行為や正当業務行為は適法であることが当然のように思えるが，具体的事情を加味すると，必ずしもそうとはいえない。上の例でいえば，警察官が逮捕状によって逮捕する場合でも，不必要な有形力（暴力）を行使すれば，特別公務員暴行陵虐罪（195条）を構成する可能性がある。また，医師が虫垂炎であるかどうかを十分に確かめずに患者の腹部を切開したところ，何でもなかったとすれば，業務上過失傷害罪（211条1項前段）の可能性がある。

　このように，法令行為，正当業務行為といっても，それが正当な方法や手続によってなされなければ，国民に危害の加わるおそれがあるのである。つ

まり，人の自由を拘束したり身体を傷つける以上，それらの行為については犯罪を構成する可能性があるのである。そうであるとすれば，犯罪成立要件の設計のしかたとして，法令行為や正当業務行為に関しては，構成要件該当性を明らかにした上で，違法性の段階で，具体的に許すか許さないかを判断するという手順で考える必要がある。

以上のことから明らかなように，法令行為，正当業務行為は違法性阻却事由として捉えるべきである。ただし，実際上は，緊急行為（正当防衛，緊急行為）の場合と異なり，いちいち取り上げるまでもなく処理される場合が大半である。たとえば，わが国においては，刑務所などの刑事施設の1日平均収容人員は約7万7千人であるから（『平成21年版犯罪白書』），毎日，7万7千件の「監禁」行為がなされているわけであるが，格別なことがないかぎり，犯罪の可能性あるものとして検討する必要はない。

なお，警察官のピストル使用については，警察官職務執行法7条に要件が定められてあるが，実際になされた場合，それに合致しているかどうかを所轄の署長が検討し，発表する習わしになっている。

2 法令行為

法令行為とは，法律上とくに許されたり，権限の行使について法律上の根拠があるものである。その性質により，いくつかに分類することができる。

1 職務行為

警察官が刑事訴訟法に基づき被疑者を逮捕すること（刑訴199条）や，検察官の執行指揮に基づいて自由刑を執行すること（刑訴472条）である。なお，とくに，死刑の執行は，法務大臣の命令によるとされている（刑訴475条1項）。警察官が電気通信の傍受をすることも職務行為に含まれる（刑訴222条の2）。この点について，細かい手続などは，「犯罪捜査のための通信傍受に関する法律」に規定されている。

2 権利行使

親権者は，未成年の子に対して必要な範囲で懲戒権を有している（民822条）。ただし，近時は，しつけとは名ばかりで，懲戒権の濫用の例が浮き彫りにされている。ドメスティック・バイオレンスが主に配偶者間の暴力に関して用いられている関係から，親子間の暴力については，ファミリー・バイオレンスという言葉が使われるようになった。

私人による現行犯人の逮捕（刑訴213条）も権利行使に含まれる。私人による現行犯逮捕がなされる場合，実力行使が許されるかという問題がある。次の判例は，実力行使を肯定している。

> **判例** 最判昭50・4・3刑集29・4・132〔密漁犯逮捕事件〕
>
> 漁業監視船から依頼されたAらが，密漁船の船員を現行犯逮捕するため，第1清福丸で追跡したところ，密漁船はロープを流してスクリューにからませようとしたため，逃走防止の目的で，Aが，密漁船を操舵中のBの手足を竹竿で叩くなどして全治1週間の傷害を負わせた。Aは傷害罪で起訴された。
>
> 「現行犯逮捕をしようとする場合において，現行犯人から抵抗を受けたときは，逮捕をしようとする者は，警察官であると私人であるとをとわず，その際の状況からみて社会通念上逮捕のために必要かつ相当であると認められる限度内の実力を行使することが許され，たとえその実力の行使が刑罰法令に触れることがあるとしても，刑法35条により罰せられないものと解すべきである。……被告人の行為は，刑法35条により罰せられない」。

3 社会的相当行為を明確にしたもの

医師が行なう人工妊娠中絶は，本来業務上堕胎罪（214条）の構成要件に該当するものであるが，母体保護法によって，①身体的または経済的理由，②強姦被害の場合に，指定医師によるときは許容されている（同法14条）

4 政策的理由によるもの

競輪や競馬は，本来，賭博罪（185条）にあたり，宝くじは，富くじ罪（187条）にあたるが，国や地方公共団体の財政収入の確保・その他の理由から，合法とされている。そのため，自転車競技法，競馬法，当せん金付証票

法，小型自動車競走法，モーターボート競走法などが規定されている。なお，近年のものとして，サッカーくじを認めているスポーツ振興投票法がある。

　私見としては，いわゆる公営賭博で身を持ち崩す人が少なくないことなどを考えると，合法性の根拠に疑問があるといわざるをえない。

③ 正当行為

　刑法35条が直接規定しているのは正当業務行為であるが，業務性に関係ない正当行為も35条に含むと解される。

　正当業務行為とは，法令にその正当性を根拠づける直接の規定がなくても社会的にみて，その有用性から正当なものとして認められるものをいう。以下のような場合があるが，その限界線が裁判上争われている。

1 医療行為

　医療行為は正当業務行為の代表例であるが，違法性が阻却されるかどうかは，具体的状況を要素に入れて判断する必要がある。

> **判例** 東京高判平 9・8・4 高刑集 50・2・130〔豊胸手術失敗事件〕
> 　Bは，医師免許を有しないのに，Cに対して，美容整形手術と称して豊胸手術を行なったが，麻酔薬注入に基づくアレルギー反応によりショック死させた。Bは傷害致死罪で起訴された。
> 　判決では，一般的に，豊胸手術を行うにあたっては，①特異体質の有無の確認をすること，②人工呼吸器等を備えること，③手術は滅菌管理下の医療設備のある場所で行うこと，④手術は，医師または看護婦の監視下で呼吸状態などをモニターでチェックしながら行うこと，⑤手術後は，抗生物質を投与することなどの措置をとることが必要とされているが，いずれも欠けていると判断し，次のように判示した。
> 　「被告人がCに対して行った医行為は，身体に対する重大な損傷，さらには生命に対する危難を招来しかねない極めて無謀かつ危険な行為であって，社会的通念上許容される範囲・程度を超えて，社会的相当性を欠くものであり，たとえCの承諾があるとしても，もとより違法性を阻却しないことは明らかである」。

2 弁護士の弁護活動

弁護士の法廷での弁論は，弁護活動として正当業務行為にあたり，一般に違法性が阻却される。しかし，法廷外の活動については，弁護目的との関連性が弱くなるから，正当業務行為として認められる範囲は限定される可能性がある。判例では，弁護人が被告人のため，特定人を真犯人であるとして事実の摘示をした場合に，正当な弁護活動に含まれず，違法性は阻却されないとして，名誉毀損罪（230条）の成立が認められている（最決昭51・3・23刑集30・2・229，丸正名誉毀損事件）。

刑事裁判における当事者主義を実質的に保障するためには，弁護活動の範囲をなるべく広く認める必要がある。弁護士は，その有する法律知識・技術と実務経験を駆使して，被告人に対し有効かつ十分な弁護活動を行うことが社会的義務でもある。そのような活動によって，被告人の「無罪の推定」も保障されるのであるから，弁護目的との関連性をあまり厳しく追及するべきではないと思われる。

3 報道機関の取材活動

新聞記者・放送記者など報道機関の取材活動は，公正な報道の準備活動としてなされるとき，表現の自由の一環として，また国民の知る権利に資するものとして，憲法上も十分尊重されなければならない。

ただし，情報源への接近・探索行為が刑罰法規に触れる場合には，どの程度までが正当な範囲とされるか，問題となる。

> **判例** 最決昭53・5・31刑集32・3・457〔外務省機密漏えい事件〕
>
> 新聞記者Dは，外務事務官の女性と肉体関係をもったのち，沖縄返還交渉関係の秘密文書を見せるよう執拗にそそのかして入手した。Dは，国家公務員法上の秘密漏示罪（国公法100条1項・109条12号）のそそのかし罪（国公法111条）として，起訴された。
>
> 「報道機関が公務員に対し根気強く執拗に説得ないし要請を続けることは，それが真に報道の目的からでたものであり，その手段・方法が法秩序全体の精神に照らし相当なものとして社会観念上是認されるものである限りは，実質的に違法性を欠き正当な業務行為というべきである。しかしながら，報道

機関といえども，取材に関し他人の権利・自由を不当に侵害することのできる特権を有するものでないことはいうまでもなく，取材の手段・方法が贈賄，脅迫，強要等の一般の刑罰法令に触れる行為を伴う場合は勿論，その手段・方法が一般の刑罰法令に触れないものであっても，取材対象者の個人としての人格の尊厳を著しく蹂躙する等法秩序全体の精神に照らし社会観念上是認することのできない態様のものである場合にも，正当な取材活動の範囲を逸脱し違法性を帯びるものといわなければならない。」

4 宗教活動

加持祈禱の結果，人を死亡させた場合，それは宗教行為として信教の自由の保障の限界を逸脱したものであり，正当業務行為とは認められないから違法性を阻却されない，とされている（最大判昭38・5・15刑集17・4・302）。

裁判例として，牧師が，学園紛争のため，建造物侵入などの罪で警察から追われている2人の高校生をかくまった件で，犯人隠匿罪（103条）に問われた事例がある。

> **条文** 103条　罰金以上の刑に当たる罪を犯した者又は拘禁中に逃走した者を隠匿し，又は隠避させた者は，2年以下の懲役又は20万円以下の罰金に処する。

裁判所は，犯人隠匿罪の構成要件に該当するとしても，「自己を頼って来た迷える二少年の魂の救済のため」の牧師の牧会（ほっかい）活動ならば，手段方法が相当であるかぎり，牧師の正当業務行為として違法性を阻却する，と判示している（神戸簡判昭50・2・20判時768・3）。

> **用語の森　牧会**　プロテスタント教会で，牧師が信者の魂への配慮をすること。カトリック教会で，司祭が行うときは司牧という。

> **小話**　安寿と別れた厨子王を守ったのは中山の国分寺であった。住持の曇猛律師は，山椒大夫の息子三郎の詰問に対し，「逃げた下人を捜しに来られたのじゃな。当山では住持のわしに言わずに人は留めぬ。わしが知らぬから，そのものは当山にいぬ。」と答える。そのうち，大声で叫ぶものがあった。声の主はこの寺の鐘楼守で，「そのわっぱは，わしが午ごろ鐘楼から見ておると，築泥（ついぢ）の外を通って南へ急いだ。」と言った。中2日置いて，曇猛律師が寺を出たあとを「頭を剃りこくって三衣（さんえ）を着た厨子王がついていく。」のである。（森鷗外『山椒大夫』岩波文庫42〜44頁）

正当行為は，アマチュアのスポーツに関して事故が起きたとき，プロのスポーツの正当業務行為に対応させて導き出された違法性阻却事由である。しかし，スポーツについては，ルールに則ってなされているかぎり，プロ・アマに関係なく，正当行為とするのがわかりやすいであろう。そこで，それぞれのスポーツのルールに則って競技をしていて，相手をけがさせた場合，構成要件としては，傷害罪（204条）か過失傷害罪（208条）になるとしても，違法性の段階では，正当行為として違法性が阻却され，犯罪とはならないことになる。ただし，ルール違反，たとえば，柔道の禁じ手のカニバサミで相手の足を骨折させた場合は，正当行為にはあたらず，傷害罪が成立する。ちなみに，フェンシングでは，一定の強さの力で突かれても突き通らないウェアを着て競技をしなければならないが，相手方がそのような正規のものを着用していないのを知りながら競技をしたとき，フェンシングの剣が折れて相手に刺さり死亡させれば，傷害致死罪（205条）にあたり，正当行為とはいえない。

> **用語の森** 禁じ手　相撲・将棋などで，使用を禁じられているわざのこと。用いると反則負けとなる。

5 労働争議行為

労働争議行為は，正当行為の一部をなす。労働組合法1条2項は，労働争議行為が刑法と抵触する場合でも，一般に刑法35条の正当行為として違法性が阻却されることを明らかにしている。これは，憲法28条が，勤労者の団結権・団体交渉権・その他の団体行動権を保障したことを受けた規定である。したがって，正当な争議行為であれば，構成要件上は業務妨害罪，暴行罪，住居侵入罪などに該当するとしても，違法性が阻却されるのである。

いかなる場合に争議行為が正当なものとして認められるかは，実質的に考察する必要があり，目的の正当性，手段の正当性とともに，行為の態様，侵害された法益の性質，市民一般への影響などを総合的に判断する必要がある。その意味では，違法性の本質論との関係で，行為無価値論の応用場面といえる。

判例では，労働組合の役員が，会社のために集金業務は行うが，その金員を一時組合が保管し，会社側に引き渡さないという納金ストに関して，不法領得の意思がなければ，そもそも業務上横領罪（253条）を構成せず，たとえ同罪の構成要件に該当するとしても，争議行為として違法性が阻却されることを明らかにしている（最判昭33・9・19刑集12・13・3047）。ただし，労働組合が，賃金支払いに充てるため，売却する目的で会社の資材を工場外に搬出するような生産管理については，正当な争議行為とはいえず，窃盗罪が成立すると判示されている（最大判昭25・11・15刑集4・11・2257）。

　争議行為に伴う有形力の行使について，どこまでが正当といえるか，問題となる。炭坑の労働争議に際して，「通るなら自分を轢き殺して通れ」と怒号して座り込み，炭車の進行を妨害したとして，威力業務妨害罪（234条）に問われた事例がある。判例は，すでに多数組合員が炭車運転行為を阻止している情況において，怒号した程度では，「いまだ違法に刑法234条にいう威力を用いて人の業務を妨害したものというに足りず」として，無罪を是認している（最判昭31・12・11刑集10・12・1605，三友炭坑事件）。これは，争議行為の手段・方法の面からみて，正当な争議行為と評価したものである。これに対して，ピケッティング（労働争議中の見張り）を張って，出勤者を説得する目的で，出勤者の腕をつかまえて公道上を230メートルほど連行して，逮捕罪に問われた事件については，「容認されるべきピケッティングの合理的限界を超えた攻撃的・威圧的行動として評価するほかなく，刑法上の違法性に欠けるところはない」として有罪が認められている（最判昭50・22・25刑集29・10・928，光文社事件）。

　公務員や特定独立行政法人等の職員には争議行為が禁止されている（国公98条2項，地公37条1項，特定独立行政17条）。そこで，争議行為の禁止されている者が争議行為をしたときは，労働組合法1条2項（正当行為として違法性が阻却される）の適用はなく，犯罪とされるのか，それとも，労働組合法1条2項の適用を受けて，民事上の規制（解雇される）は別として，刑事的規制は受けないか，という問題がある。

　判例は，かつて公共企業体等労働関係法（公労法，その後，国営企業労働関係法に変わった）の適用を受けた郵便局員が他の郵便局員に，職場離脱によ

る郵便物不取扱いを教唆した事案に関して，変遷をしたのである。当初，判例は，労働基本権を尊重する立場から，正当な争議行為として，郵便法違反等に問うことはなかった（最大判昭41・10・26刑集20・8・901，東京中郵事件）。ところが，その後，公労法違反の争議行為には労組法1条2項の適用はないとした（最大判昭52・5・4刑集32・3・182，名古屋中郵事件）。公労法は，現在では，「特定独立行政法人等の労働関係に関する法律」に変わっているが，郵政事業は今日では民営化されている。

4 刑法230条の2

1 立法の趣旨

実定法上の違法性阻却事由としては，例外的に，名誉毀損的行為（230条）がなされた場合の違法性阻却事由が規定されている。真実をいう権利は，正当な理由があるかぎり，名誉毀損的表現でも表現の自由として保障されなければならない。本条は，表現の自由（憲21条）と名誉の保護（憲13条）が衝突する場合の，調和と均衡のための規定である。

2 免責規定の要件

1項――名誉毀損的行為が，①公共の利害に関する事実で（事実の公共性），②公益をはかる目的の場合（公益目的），③真実であることの証明があったとき（真実性の証明）は，免責される。2項――公共の利害に関する事実の例示として，起訴前の犯罪報道を掲げた。3項――公務員または公選による公務員の候補者に関する事実のときは，当然に，1項の①事実の公共性，②公益目的，の2要件があるものとし，真実であることの証明さえなされれば免責される。

3 免責の法的性格

真実性の証明があった場合に免責されることの法的性格をどう捉えるかについては，(イ)構成要件該当性阻却事由説，(ロ)違法性阻却事由説，(ハ)処罰阻却原由説が対立している。

刑法230条の2のしくみ

要件	[1項] 一般の場合	[2項] 起訴前の 犯罪事実	[3項] 公務員または 公選による公 務員の候補者 に関する事実
事実の公共性	◆	みなされる	ある
公益目的	◆	◆	ある
真実性の証明	◆	◆	◆

◆……無罪になるには，この項目に被告人側の立証が必要とされる，との意味

(イ)は，表現の自由の保障を強調する立場から支持されるかもしれないが，具体的状況のなかで個人の名誉と公共のための表現行為との調和をはかるのにふさわしい。(ハ)は，真実の発表も違法であって犯罪は成立するが，とくに処罰をしないという構成になるため，表現の自由の保障という観点とかみあわない。

(ロ)の違法性阻却事由説が，次の理由から妥当である。①個人の名誉と公共のための表現行為の調和をはかるためには，表現の自由の「一面的な強調はかえってこれを守り立てて行く上に有害」である（団藤・各論523頁）。②「表現の自由の中核的機能とは，公的問題に関する討論・意思決定に必要・有益な情報の自由な流通を確保する」ことにあるから，情報の自由な流通を確保するのに必要なかぎりで正当化されるべきである（平川宗信『名誉毀損罪と表現の自由』1983・有斐閣，65頁）。

4 真実性の証明ができなかったとき

被告人が，名誉毀損的行為について，裁判において真実性の証明ができなかった場合，230条の2の適用はなく，有罪になる。

しかし，国民の知る権利に寄与する目的で論争の材料を提供したのに，証明に失敗したために処罰されるとすれば，処罰をおそれて自由な言論の発表を躊躇させることになり，表現の自由は豪胆な者のみの特権になり，真に活

力ある社会は望むべくもなくなる。論争し，批判し合うことは，異なる意見の併存を許すことであるから，仮に事後に真実性が否定されても，真実と信じたことに正当な理由があった場合は許すべきである。論争そのものを封殺するような刑罰の適用を控えるのが，民主主義社会の有り様といえよう。問題は，どのような場合に正当な理由があったといえるか，ということである。

　230条の２の適用を受けない場合でも免責されるときがあることは，今日，確立した判例になっている。すなわち，「行為者がその事実を真実であると誤信し，その誤信したことについて，確実な資料，根拠に照らし相当の理由があるときは，犯罪の故意がなく，名誉毀損の罪は成立しないものと解するのが相当である」（最大判昭44・6・25刑集23巻7号975頁，夕刊和歌山時事事件）とされている。事例は，新聞を発行している者が，完全に信頼できる部下の記者の取材・報告に基づいて，真実なりと確信して報道した場合であった。この点を，刑法35条によって理論づけたのが藤木英雄博士である。いわゆる**35条説**といわれる内容は，次のようである。「真実に立脚した言論を保護し，助成するためには，他人の名誉を傷つける言論を，単に事後的に真実である旨証明されたときにだけ罪にならぬものとして保障するだけでなく，たとえ事後において真実であることが証明されなかったときでも，行為のときに真実であることの蓋然性の高度な事実の発表，すなわち確実な資料根拠に基づいて真実と信じていた言論については，刑事制裁を受けることがないよう，正当な権利の行使としての法的保障を及ぼすことが要請される」（藤木・各論245頁）。

> **ポイント** 真実性の誤信
>
> 　表現者が，230条の２の要件を証明できない場合でも，真実であると誤信したことについて相当な理由がある場合は違法でない，とするのが判例である。

第19章

自救行為，被害者の承諾，同意傷害，安楽死，尊厳死，義務の衝突

本章の主旨

違法性阻却事由の超法規的なものをいくつか，パターンに分けて検討する。違法性の本質論が具体的問題でためされる。

1 自救行為は認められるか

　<u>自救行為</u>とは，警察官などの助力を得ずに，私人（一般の国民）が自分の実力行使によって権利の救済・確保をはかることである。自力救済とも呼ばれる。たとえば，自転車を盗まれた被害者が，1週間後に自分の自転車を乗りまわしている者を見つけ，声をかけたところ一目散に逃げようとしたので追いかけて，反抗する相手を殴り，自転車を取り戻したような場合である。この例でわかるように，自救行為として設定された問題は，正当防衛に似たところがありながら，急迫性を欠くものである。では，これは違法性阻却の可能性があるのか。

　近代以降の国家は，国民の権利を実現するために，裁判機構・警察組織などさまざまな公的組織を整備していることから，原則として私人が実力行使をして権利を実現することを認めていない。しかし，常にそのような公的組織が発動するとは限らない。とくに，ここで実力行使をしなければ権利保護の機会を失ってしまうような状況にもかかわらず，手を拱いて見過ごすことはできない。

　そこで，できるだけ正当防衛や緊急避難などの実定法上のものに似通わせて，この機会を逃したら困る，という限定的な範囲で，違法性阻却を認める

べきと思われる。

裁判上争われた例として，Aは，自己の借地上にBが侵入して増築をしたので，侵入している部分の取り除きを求めていたが，返事もなく，一方で，自己の経営危機を打開するため店舗の増築が必要なところから，事情を知らないCに命じて，B所有の玄関のひさしを間口8尺奥行き1尺にわたって切り取らせたという事例がある。判例は，原審の「漫りに明文のない自救行為の如きは許されるべきものではない」との立場を是認して，違法性は阻却されないとしている（最判昭30・11・11刑集9・12・2438）。

なお，以下の判例は，建物の占有に関して自救行為を認めた例である。

> **判例** 福岡高判昭45・2・14高刑集23・1・156〔シャッタードア錠損壊事件〕
> Dは，E所有の店舗を期間の定めなく貸借し，Fと共に履物販売等を営んでいたが，抵当権が実行され，店舗の所有権がGに移った。GはFに対して明渡請求の訴えを起こして勝訴し，Fは商品を運び出し，Gはドアに施錠して店舗の占有を取得した。その4日後，Dは，貸借権およびこれに基づく占有を確保するため，シャッタードアの内外錠を損壊してその取り替えをし，自動車の格納をした上，新たに施錠して戸締まりをした。Dは，器物損壊罪と不動産侵奪罪で起訴された。
> 「平和秩序維持のため物に対する事実的支配の外形を保護せんとする占有制度の趣旨および作用からいって，占有侵奪者であるGの占有が前叙のように未だ平静に帰して新しい事実秩序を形成する前である限り，被侵奪者である被告人の喪失した占有は未だ法の保護の対象となっているものと解すべく，従って，被告人はGの右占有を実力によって排除ないしは駆逐して，自己の右占有を回収（奪回）することが法律上許容されるものと解される（いわゆる自救行為として）。」

2 被害者の承諾と犯罪の成否

1 違法性が阻却される場合

犯罪の被害者が被害を受けることを承諾しているとき，被害者は，承諾によってみずから法益を放棄しているのであるから，犯罪を成立させる必要は

ないようにも思われる。しかし、刑法は、社会生活上の法益保護を理念としているのであるから、一般に禁じられていることを行った場合には、それが法秩序全体の見地から許されるかどうかを、吟味する必要がある。その意味で、被害者の承諾のみでただちに違法性がないとするわけにはいかないことを明らかにしているのが、承諾殺人罪（202条）の規定である。

> **条文** 202条　人を教唆し若しくは幇助して自殺させ、又は人をその嘱託を受け若しくはその承諾を得て殺した者は、6月以上7年以下の懲役又は禁錮に処する。

そもそも、被害者の承諾が問題となるのは、その法益が処分可能な場合である。したがって、保護の対象が社会的法益ないし国家的法益の場合には処分を認めるわけにはいかない。なお、1つの犯罪が、個人的法益とともに社会的法益ないし国家的法益を含んでいる場合には、個人的法益が処分可能であったとしても、承諾は違法性を阻却することにはならない。たとえば、虚偽告訴罪（172条、以前は誣告罪といわれた）は、個人がむやみに告訴されることはないという法的安全と、国の刑事司法作用を保護するものであるから、告訴される者が承諾したところで違法性は阻却されず、虚偽告訴罪が成立する（大判大元・12・20刑録18・1566）。

個人的法益では、自由・名誉・財産は、通常、被害者に法益の処分権が認められるため、承諾によって違法性が阻却される。ただし、13歳未満の者への強制わいせつ・強姦は、同意があっても犯罪を構成することを、条文が示している（176条・177条）。その理由は、13歳未満の者の場合、性的行為の意味を十分知らないことがあるため、本人が同意していても犯罪になるとして保護を厚くすることが、性的自由（性的自己決定権）を保護することにつながる、という考え方に基づく。

2　有効な承諾

有効な承諾というためには、承諾する者が承諾の意味を理解し、かつ、自由な意思に基づいてなしたものでなければならない。仮に承諾らしい外形を呈していたとしても、内容を理解しえない幼児や高度の精神障害者の承諾は、効力は認められない。判例では、自殺の意味を理解する能力を有しない5歳11か月の幼児が、自己を殺害することを承諾したとしても、有効な承諾と認

めることはできないとして，父親に，承諾殺人罪ではなく普通殺人罪（199条）が成立するとしている（大判昭9・8・27刑集13・1086）。また，精神障害者であるH女が通常の意思能力がなく，自殺の何たるかを理解せず，しかも，行為者の命ずることは何でも服従するのを利用して，縊首(いしゅ)（首をくくって死ぬこと）の方法を教えて自殺させたときは，202条ではなく，199条が適用されるとしている（最決昭27・2・21刑集6・2・275）。

　暴行・脅迫による同意は，それによって被害者に自由の余地が残されているかどうかによる。承諾は真意によるものでなければならないから，錯誤によって承諾した場合には，有効な承諾とはいえない。判例では，強盗犯人が「今晩は」とあいさつをし，家人が「おはいり」と答えたのに応じて，犯人が住居に入り，匕首(あいくち)を突き付けて脅迫した上，金品を強取しようとしたが，家人に騒ぎ立てられ目的を遂げなかった事例につき，「外見上家人の承諾があったように見えても，真実においてはその承諾を欠く」として，住居侵入罪と強盗未遂罪を認めている（最大判昭24・7・22刑集3・8・1363）。

　次の判例は，錯誤による同意殺人に関して，2項強盗罪に基づく強盗殺人罪の成立を認めたものである。

> **判例** 福岡高宮崎支判平元・3・24高刑集42・2・103〔被害者の行為を利用した殺人〕
> 　Iは，J女（66歳）から短期間に750万円を借りたが，返済のめどが立たなかったことから，J女をだまして自殺以外に現状を逃れる途はないと誤信させ，農薬を飲ませて死亡させた。
> 　「被害者Jは，警察に追われているとの錯誤に陥り，更に，被告人によって諸所を連れ回られて長期間の逃避行をしたあげく，その間に被告人から執拗な自殺慫慂を受けるなどして，更に状況認識についての錯誤を重ねたすえ，もはやどこにも逃れる場所はなく，現状から逃れるためには自殺する以外途はないと誤信して，死を決したものであり，同女が自己の客観的状況について正しい認識を持つことができたならば，およそ自殺の決意をする事情にあったものとは認められないのであるから，その自殺の決意は真意に添わない重大な瑕疵のある意思であるというべきであって，それが同女の自由な意思に基づくものとは到底いえない。したがって，被害者を右のように誤信させて自殺させた被告人の本件所為は，単なる自殺教唆行為に過ぎないものということは到底できないのであって，被害者の行為を利用した殺人行為に該当

する」。

　なお，後を追う意思がないのに，心中しようと欺いて自殺させた場合（偽装心中）は，有効な承諾とはいえず，殺人罪が成立する（最判昭33・11・21刑集12・15・3519）。
　次の判例は，嘱託殺人罪における嘱託の真意性について，真意と認め，202条の適用を是認した例である。

> **判例**　大阪高判平10・7・16判時1647・156〔SMプレイ嘱託殺人事件〕
> 「被害者は，下腹部を殴打してもらうというSMプレイが高じて，いわば究極のSMプレイとして被告人に対し本件刺突行為を依頼したものと認めるのが相当である。それだからこそ被害者は，下腹部をナイフで刺すという方法に執着したのであって，奇妙な方法に執着したからその依頼は真意に基づくものではないとするのは当を得たものではない。」
> 「死の結果に結びつくことを認識している場合には，たとえ死の結果を望んでいなくても，真意に基づく殺害の嘱託と解する妨げとはならないとすべきである。」

　性的行為に関する判例が続くが，次は，違法性が阻却されないとされた例である。ただし，殺意は認められていない。

> **判例**　大阪高判昭40・6・7下刑集7・6・1166〔性交中同意を得て首を絞め死亡させる〕
> 　被告人は，性交に際し相手方である妻の求めに応じ，同女の首を自己の寝間着の紐で1回まわして交叉し両手で紐の両端を引っぱって同女の首をしめながら性交に及び，しかも相当強く激しく締めている。そして遂に窒息死に致らしめている。
> 　「被害者の嘱託ないし承諾が行為の違法性を阻却するのは，被害者による法益の抛棄があって，しかもそれが社会通念上一般に許されるからであると解する。……仮令個人の法益であっても行為の態様が善良の風俗に反するとか，社会通念上相当とする方法，手段，法益侵害の限度を超えた場合も亦被害者

の嘱託ないし承諾は行為の違法性を阻却しない」。
「この絞首が暴行であることはいうまでもなく，且つかかる方法による暴行は仮令相手方の嘱託ないし承諾に基づくものといっても社会通念上許される限度を越えたものと言うべく，従って違法性を阻却するものとは解せられない。」
「寝間着の紐で締めるとなると単に手で締める場合に比すると一段とその調整は困難であり，相手方の首に対する力の入り具合を知り難いものである。……これは窒息死という生命に対する危険性を強度に含んでいるのである。してみると，被告人の本件絞首は違法性を阻却しない暴行というべく，それによって窒息死に致らしめたもので，被告人の所為は傷害致死罪に該るものと解する。」

③ 同意傷害

1 超法規的違法性阻却事由の1つ

同意傷害は，被害者が，身体という法益の損なわれることを承諾している場合である。問題となるのは，被害者の同意によって傷害罪が不成立になるのか，それとも，同意があっても傷害罪が成立するのか，という点である。

該当する規定はあるか

類型 同意	殺人罪	傷害罪
なし	199条	204条
あり	202条	——

なぜ，同意傷害が問題になるのかというと，殺人罪に関しては承諾（同意）殺人罪の規定が対置されているのに，傷害罪には，そのような規定が用意されていないからである。行為態様としては当然考えられるはずなのに，規定がないということをどう捉えるか。

2 違法性の本質論から

議論は，解釈論にゆだねられることになる。なお，仮に同意傷害の場合に違法性が阻却されるとすれば，それは実定法を超えたという意味で，**超法規的違法性阻却事由**ということになる。

違法性はどのようなものかといえば，その当時の社会が何を許容するかし

ないか，という実質的な判断でなければならない。刑法典をはじめとしてその他の刑罰法規が違法性阻却事由を実定法として規定する前提としては，それに対する社会的コンセンサスが形成されるなり，判例が確固たるものとして根付くことなどが必要である。社会の変化に伴って，国民の意識が変化したり，民事上・行政上の規定が変化することによって，従来は処罰の対象とされていたものが，そうではなくなるということもある。その場合に，刑事裁判が，従来通り形式的に処罰することは国民が納得せず，ひいては，法に対する信頼を崩すことにもなる。そこに，超法規的違法性阻却事由を取り上げる理由がある。以上のような意味で，違法性の判断は実質的なものでなければならない（実質的違法性論）が，その場合に，違法性の本質をどう理解するかが関わる。違法性の本質論について，私は，結果無価値的側面と行為無価値的側面をともに考察に入れて判断すべきと思うが，その根拠は，結果無価値的側面のみで判断するときに，結論が硬直的になりやすいことに危惧を抱くからである。

　ここで，問題としている同意傷害について考えてみよう。結果無価値論によれば，本人が結果発生について許容している以上，法益は放棄されているのであり，一律に違法性はない，という論理に親しみやすい。しかし，たしかに身体は個人に属するが，他人が関与して行う場合に，それを許容することが究極的に身体という法益の保護につながるか，という視点を忘れてはならない。結局個々の事情を加味しつつ判断する必要があるが，その場合には，行為の目的・手段・方法，あるいは価値などを含めて考える必要がある（行為無価値論）。

　次に，具体例で考えてみることにしよう。

　同意傷害の例として，やくざの指詰めがある。これは，やくざが不義理に対しけじめをつけるためや詫びを入れるために，指詰めをする際，それを手伝った舎弟（弟分）に傷害罪が成立するか，という問題である。

　以下の判例は，違法性は阻却されないとするものである。

【判例】　仙台地石巻支判昭 62・2・18 判時 1249・145〔やくざの指詰め〕
　　X一家のYの身内であるKは，Yから不義理に対するけじめをつけるよう言

われたため、指詰めを決意し、Lに依頼した。Lは、Kの左小指の根本を釣り糸でしばって血止めしたうえ、出刃包丁でKの左小指の末節を切断した。Lは傷害罪で起訴された。

「右のようなKの承諾があったとしても、被告人の行為は、公序良俗に反するとしかいいようのない指つめにかかわるものであり、その方法も医学的な知識に裏付けされた消毒等適切な措置を講じた上で行われたものではなく、全く野蛮で無残な方法であり、このような態様の行為が社会的に相当な行為として違法性が失われると解することはできない。」

3 偽装交通事故事件

同意傷害に関わる裁判例の1つとして、偽装交通事故事件を取り上げる。

判例 最判昭55・11・13刑集34・6・396〔偽装交通事故事件〕

M、N、O、Pが共謀し、Nが入院納付金（保険金）などをせしめること、身体障害者であったNに入院治療の機会を得させることを目的として偽装交通事故が起こされた。実際には、Oが運転しN、Pが同乗しているライトバンが交差点の赤信号で停止し、その後ろにたまたま第三者Qの軽自動車が停止した際、一番後ろに控えた軽自動車のMがわざと玉突き事故を起こしたというものである。その結果、Qは2か月の入院治療を要する頸椎捻挫の傷害を受け、N、O、Pも数週間の傷害を負った。Mは、N、O、Pとの関係で同意傷害をどう捉えるかが問われる。

「被害者が身体障害を承諾したばあいに傷害罪が成立するか否かは、単に承諾が存在するという事実だけでなく、右承諾を得た動機、目的、身体障害の手段、方法、損傷の部位、程度など諸般の事情を照らし合わせて決すべきものである」。

ポイント 違法性の本質に関する判例

判例は、違法性の判断基準として、承諾が存在するだけでなく、行為の動機・目的・手段・方法などを掲げている点で、違法性の本質論については、行為無価値論の立場に立つものと解される。

4 安楽死

1 積極的安楽死

　安楽死とは，余命いくばくもない末期患者の苦しみがはなはだしく，その苦しみを医療で緩和できない場合に，自然の死期を人為的に早める措置をとることである。このような積極的安楽死は，構成要件としては，殺人罪（199条）や嘱託殺人罪（202条）に該当するのであるが，患者の苦しみを救うために行ったこととして，違法性が阻却されないか，問題となる。

　今日の医療では疼痛管理（ペイン・クリニック）が浸透し，以前に比べて，いわゆる死の苦しみを和らげることができるようになったといわれている。それでも，たとえば多発性骨髄腫（癌）のように，本人も苦しみ，家族も見るに忍びないような病気がある。そこで，患者本人の意思を尊重して，医師や家族が薬物などを用いて死期を早めることが行なわれるという現実がある。

　安楽死の問題は，次のように，実定法上の違法性阻却事由に似ている部分がある。(イ)現に苦しんでいる患者を救うためにやむを得ず行なう点で，身体という法益のための緊急避難（37条1項）に近いと思われる。(ロ)医師が医療行為に接続して行う場合は，正当業務行為（35条）のように思われる。

　しかし，いずれも当たらない。というのは，(イ)については，身体という法益（苦しみの救済）のために，それより重大な法益である生命を損なうことが目的とされている点で，ふさわしくない。(ロ)については，医療行為は，そもそも生命を伸長するためになされるものであるから，通常の医療行為に含めるのは無理である。

　そこで，法令上，すなわち実定法上の違法性阻却は無理であるが，法規を超えて，超法規的に違法性を阻却する場合があると主張されている。それは，次のような理由からである。①本人が自殺しようとしてもできないような場合に，本人のために死期を早めることは人道的な行為といえる。②どのような死に方をするのかは本人の自己決定権の内容に属するので，他人が関与する（助ける）ことは，自己決定権の尊重につながる。③現今の医療がホスピ

スの手法によっても苦しみを救済できない場合に，苦しみをなくす究極の手段を探すことを許さざるをえない。

以上のことから，厳密な要件の下に違法性が阻却されるとの考え方が一般に承認されている。ただし，肉体的苦しみ（身体）を救うために生命を損うことは違法であり，有責性が阻却される可能性があるにすぎないとの見解もある。

> **用語の森**　**実定法上の違法性阻却**　オランダのように，この問題を立法によって解決している国もある。「自らの死を決めるのは個人の権利」という考えから，28の条件をすべて満たせば積極的安楽死が許容される。2002年4月から施行されている。
> 　**ホスピス**　末期のがん患者など，死の近い患者に対し，治療よりも心身の苦痛の除去を重視した看護をする病院のこと。

2　2つの判決

安楽死を一般論として認めた2つの判決がある。以下，若干の説明をしよう。

名古屋高裁の事例は，脳溢血から全身不随になった父親が激痛を訴え，「殺してくれ」などと叫ぶのを見て，息子が牛乳びんに有機燐殺虫剤を混入し，事情を知らない母親が患者に飲ませ，有機燐中毒により死亡させたというものである。横浜地裁の事例は，多発性骨髄腫で余命1・2日の患者に対し，医師が患者の家族から依頼されて，希釈しないで使用すれば心停止作用をひきおこす塩化カリウム製剤「KCL」を希釈せずに注射し，患者を心停止により死亡させたというものである。

判決は，名古屋の事例では，表の⑤と⑥の要件を欠くとして，違法性は阻却されないとされた（名古屋高判昭37・12・22高刑集15・9・674）。横浜の事例では，②と④の要件を欠くとして，違法性は阻却されないとされた（横浜地判平7・3・28判時1530・28）。

安楽死については，今後，判例にまかせるのではなく，立法によって厳しい要件の下に，許容される場合があることを明示するべきである。その場合，要件の判断にあたっては，病院内の倫理委員会の果たす役割が大きくなる。

安楽死に関する判例

名古屋高判昭和37年12月22日	横浜地判平成7年3月28日
① 病者が現代医学の知識と技術からみて不治の病に冒され,死が目前に迫っていること。	① 患者の死が避けられず,かつ死期が迫っていること。
② 病者の苦痛が甚しく,何人も真にこれを見るに忍びない程度であること。	② 患者に耐えがたい激しい肉体的苦痛が存在すること。
③ もっぱら病者の死苦の緩和の目的でなされたこと。	③ 医師による末期患者に対する積極的安楽死が許されるのは,苦痛の除去・緩和のため他の医療上の代替手段がないとき。
④ 病者の意識がなお明瞭であって意思を表明できる場合には,本人の真摯(しん)な嘱託または承諾のあること。	④ 患者の意思表示が存在すること。
⑤ 医師の手によることを本則とし,これにより得ない場合には,それなりの事情があること。	
⑥ その方法が倫理的にも妥当なものとして認容しうること。	

その際,個人情報の保護をはかりつつ,医療的情報について透明性を確保することが大切になる。

> **小話** 以下は,弟を殺したとして遠島を申し渡された喜助が,高瀬舟の中で,護送する同心の羽田庄兵衛に語った話しの一部である。これは,安楽死における本人の「真摯な嘱託」にあたるといえるだろう。
> 弟は『すまない。どうぞ堪忍してくれ。どうせおりそうにもない病気だから,早く死んで少しでも兄きにらくがさせたいと思ったのだ。……これをうまく抜いてくれたらおれは死ねるだろうと思っている。物を言うのがせつなくっていけない。どうぞ手を貸して抜いてくれ』と言うのでございます。……こんな時は,不思議なもので,目が物を言います。弟の目は『早くしろ,早くしろ』と言って,さも恨めしそうにわたしを見ています。」(森鷗外『高瀬舟』岩波文庫,122~123頁)

5 尊厳死

1 尊厳死と自己決定権

　尊厳死とは，患者本人に苦しみはないが，人間としての尊厳を持ったまま死にたいという意思が予め表明されているときに，その意思を尊重して，医療行為を断絶することである。それは，植物状態になっている末期状態の患者について，その意思に反するような延命治療を行わないことである。たとえば，植物状態の患者に従来与えてきた人工栄養をやめ，餓死させるような方法でなされる。

　尊厳死については，患者の**自己決定権**を尊重して死期を早める行為として，厳格な要件の下に違法性が阻却されるという考え方が有力である。なお，もう1つの考え方として，植物状態になり，かつ，患者が予め医療行為の継続を拒否しているとき，医師はもはや医療行為を継続しなければならない**作為義務**はないという捉え方もある。そうすると，医療行為をやめることは作為義務に違反しないことになり，不作為犯にあたらないことになる。この立場であると，医師の行為は構成要件に該当せず，犯罪にならない。

2 治療行為の中止

　次の判例は，末期医療における**治療行為の中止**について，患者の自己決定の尊重と医学的判断に基づく治療義務の限界を根拠として許されることを明らかにしたものである。やや長いので要点を示すと，①治療行為の中止が患者の自己決定権の尊重を根拠に認められる，②治療義務の限界から治療の中止が許容される，③ただし，本件では，患者本人の意思が確認されていないし，家族らにおいても確認されていない。

> **判例**　横浜地判平17・3・25判時1909・130〔川崎筋弛緩剤事件―第1審〕
> 　被告人は，主治医として担当していたRが気管支喘息重積発作に伴う低酸素性脳損傷で意識が回復しないまま治療中であったが，延命を続けることでその肉体が細菌に冒されるなどして汚れていく前にできる限り自然なかたちで息を引き取らせて看取りたいとの気持をいだき，Rに対し，気管内チュー

ブを抜き取り，呼吸を確保する処置を取らずに死亡するのを待った。ところが，予期に反して，Rが「ぜいぜい」などと音を出しながら身体を海老のように反り返らせるなどして苦しそうに見える呼吸を繰り返し，鎮痛剤を多量に投与してもその呼吸を鎮めることができなかったことから，家族らに見せ続けることは好ましくないと考え，このうえは，筋弛緩剤で呼吸筋を弛緩させて窒息死させようと決意した。被告人は，事情を知らない准看護婦S子に命じて，ミオブロック注射液をRの中心静脈に挿入されたカテーテルの点滴管の途中にある三方活栓から注入させて，まもなくその呼吸を停止させ，Rを呼吸筋弛緩に基づく窒息により死亡させた。

①「末期，とりわけその終末期における患者の自己決定の尊重は，自殺や死ぬ権利を認めるというものではなく，あくまでも人間の尊厳，幸福追求権の発露として，各人が人間存在としての自己の生き方，生き様を自分で決め，それを実行していくことを貫徹し，全うする結果，最後の生き方，すなわち死の迎え方を自分で決めることができるということのいわば反射的なものとして位置付けられるべきである。そうすると，その自己決定には，回復の見込みがなく死が目前に迫っていること，それを患者が正確に理解し判断能力を保持しているということが，その不可欠の前提となるというべきである。……そのような死の迎え方を決定するのは，いうまでもなく患者本人でなければならず，その自己決定の前提として十分な情報（病状，考えられる治療，対処法，死期の見通し等）が提供され，それについての十分な説明がなされていること，患者の任意かつ真意に基づいた意思の表明がなされていることが必要である。」

②治療義務の限界については，「医師が可能な限りの適切な治療を尽くし医学的に有効な治療が限界に達している状況に至れば，患者が望んでいる場合であっても，それが医学的にみて有害あるいは意味がないと判断される治療については，医師においてその治療を続ける義務，あるいは，それを行う義務は法的にはないというべきであり，この場合にもその限度での治療の中止が許容されることになる」。

③「本件において，被告人は，患者を最も良く知ると思われる家族らに対しても，患者本人の意思について確認していないのみならず，その前提となる家族らに対する患者の病状・余命・本件抜管行為の意味等の説明すら十分にしていなかった……結局，本件抜管の意味さえ正確には伝えられていなかったのである。……被告人の本件抜管行為は，治療義務の限界を論じるほど治療を尽くしていない時点でなされたもので，早すぎる治療中止として非難を免れないというべきである。本件においては，この観点から治療中止も許容されないことが明らかである。」

なお，上告審では，脳波等の検査は実施されておらず，患者の「回復可能性や余命について的確な判断を下せる状況にはなかったものと認められる」とされ，そもそも尊厳死の要件に当たらないとされている。さらに，被告人による抜管は，被害者の回復をあきらめた家族からの要請に基づき行われたものであるが，その要請は「被害者の病状等について適切な情報が伝えられた上でされたものではな」いので，被害者の推定的意思に基づくということもできないとされたのである。したがって，抜管行為はミオブロックの投与行為と併せて，殺人行為を構成するとされた（最決平21・12・7 LEX／DB文献番号25441517）。

6 義務の衝突

　片方の義務を果たすために他方の義務を果たせず，それゆえに構成要件該当性が認められる場合，義務の衝突を理由に違法性が阻却されるかという問題がある。たとえば，新聞記者の取材源秘匿義務と証言義務との衝突のように，一方の義務を履行しようとすると，他方の義務に違反する場合，高い義務の履行のために低い義務に違反しても，違法性が阻却されると考えられる。判例は，証言義務違反罪に問うているが（最大判昭27・8・6刑集6・8・974），表現の自由の前提としての秘匿義務こそ高い義務と解する立場では，違法性は阻却されることになる。

第20章

違法性阻却事由の錯誤，誤想防衛

📖 本章の主旨

違法性阻却事由の前提となる事実がないにもかかわらず，行為者があると信じて行為をした場合にも，一定の限度で違法性阻却の可能性を考える必要がある。その典型例として，誤想防衛，誤想過剰防衛がある。

1 違法性阻却事由の錯誤

違法性阻却事由の錯誤とは，違法性阻却事由の前提となる事実（たとえば，急迫不正の侵害）がないにもかかわらず，行為者が，それがあるので違法でないと信じて行為をしたような場合である。行為者としては違法性阻却事由（正当防衛）を充たすと思って行為をしたとしても，客観的には充たしていないのであるから，違法性が阻却されると簡単にはいえない。しかし，犯罪を犯そうとしている通常の場合と区別する必要があることはいうまでもない。そして，考え方によっては，後述するように違法性が阻却されることもあるので，「違法性」の章で扱うことにする。

違法性阻却事由の錯誤には，さまざまなパターンがある。急迫不正の侵害がないにもかかわらず正当防衛の意思で行った場合が誤想防衛，現在の危難がないにもかかわらず緊急避難のつもりで行った場合が誤想避難である。そのほか，安楽死の前提要件の1つである「患者の死が避けられず，かつ死期が迫っていること」に関して，実際には死期が切迫していないにもかかわらず，切迫していると勘違いし，その他の要件を充たした上で，自然の死期を早めるような行為をした場合である。

違法性阻却事由の錯誤において問題となるのは，故意の阻却や刑の減軽な

どが認められるか否か，また，その場合に，いかなる根拠によるのか，という点である。

　錯誤というと，事実の錯誤か法律の錯誤かという枠組みで考察されることが多いようなので，両者を引合いに出して検討してみる。

　事実の錯誤において故意の阻却が認められるのは，たとえば，行為者が占有離脱物だと思って行為をしている以上，客観的には，他人の占有物を奪ったとしても，窃盗罪として処罰することは，責任主義に反すると思われるからである。それに対して，誤想防衛の場合において誤って判断しているのは，構成要件上の事実ではない。たとえば，ふざけて抱きつかれているにもかかわらず，襲撃されていると誤認し，そのことがその後の行為に影響しているのである。そこで誤認しているのは，構成要件上の事実ではない。

　次に，違法性阻却事由に関する錯誤が，構成要件上の事実ではなくて，かつ，違法でないと思ったという点では，法律の錯誤に似ているようにも思える。しかし，法律の錯誤において，違法性の判断を誤ったきっかけは，行政庁や民間の権威ある機関（たとえば，映画倫理委員会）の判断が前提とされている。それに対し，誤想防衛では，個人が置かれている状況について，とっさの判断に誤りがみられるのである。

　以上のことから，違法性阻却事由の錯誤が，事実の錯誤でもなければ法律の錯誤でもないことが明らかになったと思う。

2 誤想防衛

1 問題となる場合

　誤想防衛は，正当防衛の前提要件にあたる事実がないにもかかわらず，その事実が存在すると誤信（誤想）して，反撃行為をし，構成要件に該当する事実が発生した場合である。

　たとえば，Aは，Bが狙撃するといいながら右手をポケットの中に入れたので，凶器を取り出すものと思って，Bの右手を木刀で打ちすえ，傷害を与えた。しかし，実際には，Bは負傷した右手を隠すためであったという場合である（広島高判昭35・6・9高判集13・5・399）。ちなみに，この事例について，

裁判所は，被告人の本件行為は，錯誤により「正当防衛を認識したものである故の内容たる犯罪事実の認識を欠くことになり従って犯意の成立が阻却されるから犯罪は成立しない」として，無罪としている。結論はよいとしても，その法理（法理論上の理由づけ）がよいかは疑問が残る。

2 従来の議論

誤想防衛をどう捉えるかについて，事実の錯誤と解する立場と法律の錯誤と解する立場が対立していた。ここでは，とくに誤想防衛に絞って考える。

それぞれの学説の内容は次の通りである。事実の錯誤と解する立場は，誤想防衛を事実の錯誤として捉え，故意の阻却を考える。そして，その錯誤について過失があるときは過失犯処罰規定の存在を前提として，過失犯が成立するとする。法律の錯誤と解する立場は，誤想防衛は法律の錯誤の一場面であって故意を阻却するものではないと解する。

次に，それぞれの学説の論拠を明らかにする。誤想防衛を事実の錯誤と解する見解の論拠は，構成要件該当の事実もそれ以外の違法性を基礎づける事実も，どちらも違法性を基礎づけるものである点で異なるところはなく，違法性阻却事由たる事実の錯誤も事実の錯誤であることに変わりはないとする。このような錯誤があるかぎり規範に関する問題は行為者に与えられていないのであり，直接的な反規範的人格態度はみられない。行為者は結局，違法でない事実を認識しているわけで，その認識は違法性の意識（判断）の発生源たりえない。他方，法律の錯誤と解する見解は次のように論じる。誤想防衛において，行為者は構成要件に該当する事実を認識しており，その意思は構成要件該当の結果惹起に向けられている。この場合，行為者は当該行為が禁じられているかどうかの問題に直面しており，ただ違法性阻却事由の錯誤のためにあやまって許されると信じたものである。

それでは，従来の議論のそれぞれの論拠について，検討してみよう。事実の錯誤説は，構成要件に該当する事実も違法性阻却事由の前提となる事実についても，どちらも違法性を基礎づける事実である点で異ならないとする。しかし，それは疑問である。なぜなら，自分の行うことが人に傷害を負わせることになるとは認識していない場合と，人に傷害を負わせることにはなる

が正当防衛になるので，結局許されるのだと認識している場合とでは，行為者の緊張度に違いがあるからである。後者では，行為者は自己の行為が構成要件に該当することは認識しているのであり，まったくそのような認識がない場合に比べれば，行為に踏み切る際，ある程度慎重な態度をとることになる。その意味において，規範に関する問題がまったく行為者に与えられていないわけではない。少なくとも自己の行為が構成要件に該当することを認識していれば，場合によって違法になる可能性があることは，行為者の考慮の内に入っているといえる。

　一方，法律の錯誤説は，誤想防衛が，次のような意味で，法律の錯誤とは異なる点を見逃しているといわねばならない。第1に，法律の錯誤も誤想防衛も，構成要件該当の事実については誤認はないものの，誤想防衛においては，それ以外の事実，すなわち違法性判断の前提となる事実について誤認している点で，同列に論じることはできない。第2に，両者は次のような点でも異なる。法律の錯誤は，本来なら違法性の意識（判断）が喚起されることが期待されるだけの事実認識をそなえていながら，錯誤により違法でないと思ったという場合であり，それゆえに，その処理としては原則として故意が阻却されることはない。それに対して，誤想防衛の場合は，違法性阻却事由があると誤信しているのであり，違法性阻却事由があると思えばその行為が許されると判断するのは一般的であろう。

> 小話　寛保2年（1742）に，八代将軍吉宗によって公事方御定書(くじ上)が制定され，その下巻として御定書百箇条が作られると，これがその後の裁判の基準となった。ただし，御定書百箇条は，先例を集めた判例集的なものであったから，規定は不変ではなく，実体がどうであったかをみなければならないとされている（石井良助『日本刑事法史』455頁）。
> 　前掲書の取り上げた例がある。甲州の百姓金左衛門が，見ず知らずの男が理不尽に及んだ際，他に人がいず，手に余ったので脇差で手疵を負わせ，それによって死亡させた事例に関し，金左衛門の処置が正当なものといえるかについて証拠がないとき，疑をもって処罰するのは妥当でないと判断された。これは，江戸時代においても，正当防衛ないし一種の誤想防衛について考慮されていたものといえる。

3　第三の錯誤

　以上の検討からも明らかなように，誤想防衛の問題を，事実の錯誤か法律

の錯誤かという枠組みで捉えようとすることは，当を得ていないように思われる。誤想防衛については，事実の錯誤でもなければ法律の錯誤でもない。いわば第三の錯誤として捉えた上で，その本質を吟味するのが妥当と思われる。

その意味では，誤想防衛につき，急迫不正の侵害の存在を誤信したことに客観的な根拠があれば，正当防衛の一種として捉えようとする見解（藤木・総論172頁）に着目する必要がある。それは，行為者が自己または他人の権利に対する不正の侵害が切迫しているか，あるいは現に行われているものと誤信した場合である。そのような事実を誤認したことについて，行為者の立場におかれた平均的な思慮分別をそなえた一般市民を標準として，そのような状況に置かれた者ならば当然，急迫不正の侵害が行われていると信ずることに客観的な理由があると認められる場合には，正当防衛の前提要件としての急迫不正の侵害があった場合と同様に扱うべきである，とするものである。

ポイント　誤想防衛

> 誤想防衛については，急迫不正の侵害の存在を誤信したことに客観的な根拠があれば，正当防衛の一種として捉えられる（35条説）。

その論拠は，次のようなことである。(イ)正当防衛権の行使を無用に躊躇させないことが必要である。(ロ)現実に誤想防衛として問題となる事例は，当座は何が真実かわかりにくいものが多く，すべての事情が明らかになるまでは手出しをすべきでないとすれば，不正に立ち向かう意欲を減殺（げんさい）することになる。(ハ)盗犯等防止法1条2項が，法益に対する現在の危険がなくても罰しない場合として，行為者が恐怖，驚愕，興奮，狼狽した場合をあげているが，誤想防衛の場合も多くはこのような状況にあると思われる。(ニ)刑法230条の2の名誉毀損罪における事実の証明に関し，事実の真実性に誤信があった場合でも，確実な資料・根拠に基づいて，事実を真実と信じた上で行った場合は，表現の自由の正当な行使であるから，230条の2の違法性阻却事由には該当しないとしても，正当行為として無罪という考え方（35条説，最大判昭44・6・25刑集23・7・975，第18章201頁）によれば，誤想防衛は同じく違法性阻

却事由の誤信の場合として，違法性を欠くと理解することができる。

> **🌳 用語の森** **盗犯等防止法** 正式には，「盗犯等の防止及び処分に関する法律」という。説教強盗事件（住居に侵入し，家人を縛って物を盗ったあげく，戸締まりをしていないから，こういうことになると説教して立ち去った連続強盗）を1つのきっかけとして，昭和5年（1930）から施行された。①正当防衛の範囲の拡大，②常習強窃盗などについて刑罰を加重する規定を設けた。

③ 誤想過剰防衛

誤想過剰防衛とは，正当防衛の要件にあたる事実がないにもかかわらず，その事実が存在すると誤信（誤想）して反撃行為をした場合で，かつ，その防衛の程度が必要性・相当性の程度を超えている場合である。

この問題について，学説は，誤想防衛に関する対立を背景として，さらに次のように複雑に見解が分かれる。①誤想防衛を事実の錯誤と解し，防衛行為が相当性を欠くときにもはや故意を阻却しないとする。②誤想防衛を事実の錯誤と解し，誤想過剰防衛も誤想防衛の一種として常に故意を阻却するとする。③誤想防衛を事実の錯誤と解し，急迫不正の侵害を誤信して防衛的反撃行為をしたとき，自己の行為が防衛の程度を捉えるという事実（過剰事実）を認識していなかった場合は故意を阻却し，過剰事実を認識していた場合は故意を阻却しないとする。④誤想防衛を法律の錯誤と解し，誤想過剰防衛も故意犯を成立させることになるとする。⑤誤想過剰防衛のうち，急迫不正の侵害を誤信したことに相当な理由がある場合は，過剰防衛として扱うとする。

判例は，誤想過剰防衛については，単に刑法36条2項により処断するのが相当であると結論を示すのみで，理論的根拠は示されていない（最決昭41・7・7刑集20・6・554）。事例は，Cの長男Dは高校生であったが，町の無法者の噂が高く傷害致死の前科のあるEから出向くと電話があったので，Dが見張りをしていると，Eが包丁を持って自宅前に迫ったので，Dは機先を制して自転車チェーンで2・3回殴りつけたのである。ところが，DがEから追いつめられて悲鳴をあげたため，CはDがEから一方的に攻撃を受けているもの

と誤信し，その侵害を排除する意図で猟銃を発射し，散弾の一部をEの右頸部前面鎖骨上部に命中させ，加療約1か月を要する傷害を負わせた。決定では，「原判決が被告人の本件所為につき，誤想防衛であるがその防衛の程度を捉えたものであるとし，刑法36条2項により処断したのは相当である」とされた。

判例　最決昭62・3・26刑集41・2・182〔誤解による騎士道発揮事件〕
　酔っ払い同士の揉み合いを目撃した在日英国人Fは，それを女性の酔っ払いGが暴行を受けているものと誤解し，Gおよび自己の身体を防衛する意図で相手の男性Hに回し蹴りを加えたところ，Hは転倒して傷害を負い，8日後にその傷害がもとで死亡した。ところが，実際には，Hは酔っ払っているGを送って帰るところであった。ただ，Gは揉み合って転倒した際，Fを見かけて「ヘルプ・ミー」と言っていたことなどが明らかになった。
　「本件回し蹴り行為は，被告人が誤信したHによる急迫不正の侵害に対する防衛手段として相当性を逸脱していることが明らかであるとし，被告人の所為について傷害致死罪が成立し，いわゆる誤想過剰防衛に当たるとして刑法36条2項により刑を減軽した原判断は，正当である。」

誤想過剰防衛ではどこにミスがあるのか

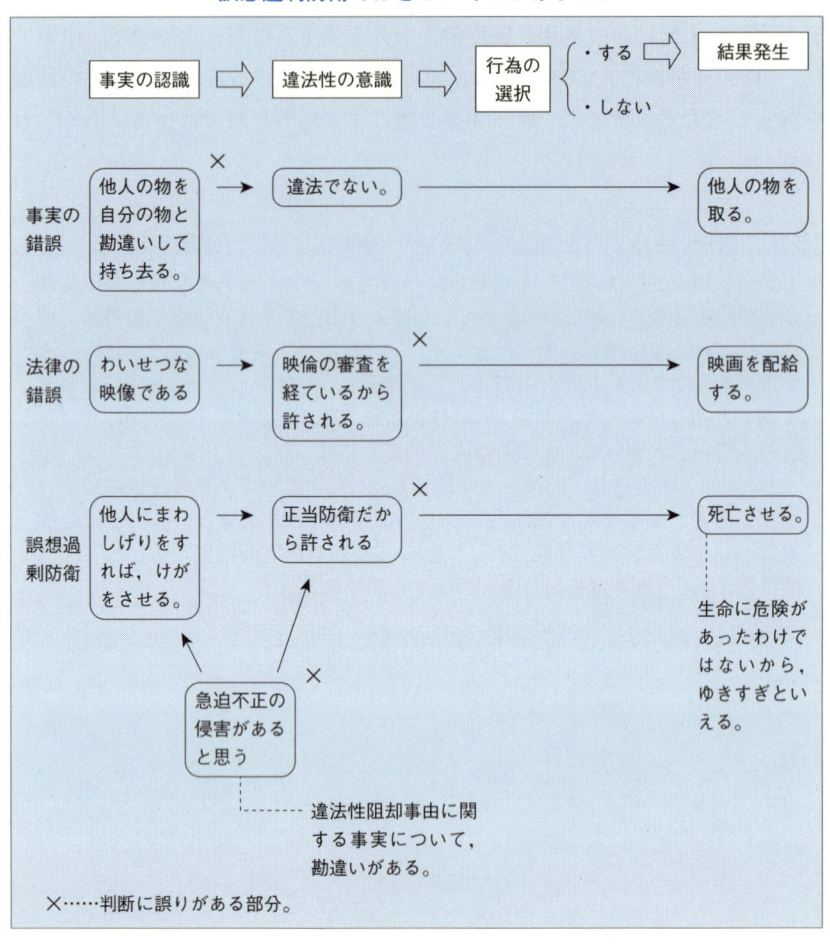

	事実の認識 ⇒ 違法性の意識 ⇒ 行為の選択 {・する / ・しない} ⇒ 結果発生

事実の錯誤	他人の物を自分の物と勘違いして持ち去る。 →×→ 違法でない。 →		他人の物を取る。
法律の錯誤	わいせつな映像である → 映倫の審査を経ているから許される。 →×→		映画を配給する。
誤想過剰防衛	他人にまわしげりをすれば、けがをさせる。 → 正当防衛だから許される →×→		死亡させる。

急迫不正の侵害があると思う →×↑（正当防衛だから許される へ）

生命に危険があったわけではないから，ゆきすぎといえる。

┄┄ 違法性阻却事由に関する事実について，勘違いがある。

×……判断に誤りがある部分。

第21章

有責性の本質，責任と制裁

本章の主旨

犯罪成立要件の最後に，その人自身に非難を負わせることができるかという有責性（責任）がある。有責性の本質は非難可能性である。責任と制裁は区別する必要がある。

1 有責性の本質

1 有責性とは何か

有責性（責任）は，行為者自身に対し責任を負わせることができるか，という評価に関わることである。責任主義（第6章）に関して述べたように，われわれは，犯罪的結果にある人が関わっているというだけで処罰するのではない。その人に対し刑罰という制裁をもって対処してよいだけの非難可能性があるかどうかを判断する。

非難可能性とは，あなたの行ったことは法的に許されないから制裁を受けるべきであり，その立場にあるはずだという評価である。非難可能性があるというためには，①行為者に責任能力があり，②適法行為を期待する期待可能性があることが必要とされる。ちなみに，①については実定法に規定があるが，②については，学説と一部の判例が支持するものである。

結果的加重犯について判例が因果関係を必要としているのは，責任主義に適うことである。判例は，結果的加重犯に関して，以下のように，致死の結果について予見を必要としておらず，その点で，学説が責任主義の建て前から，重い結果につき予見可能性ないし過失を要するとするのと，真っ向から対立しているかのようにみえる。しかし，「因果関係の存在を必要とする」

ということは，相当因果関係説（折衷説）によるかぎり，行為の時点で将来を予見してどのような結果が発生するかを考え，発生した結果が極めて稀な場合は因果関係なしとするのであるから，予見可能性を要するとするのと同じことである。

> **判例** 最判昭 32・2・26 刑集 11・2・906〔馬乗りショック死事件〕
> 夫婦げんかの末，夫が馬乗りになって妻の頸部を圧迫したところ，特異体質でショック死した場合について，夫が傷害致死罪で起訴された。「傷害罪の成立には暴行と死亡との間に因果関係の存在を必要とするが，致死の結果についての予見を必要としないこと当裁判所の判例とするところである」。

2　責任能力

責任能力は，次の2つの要素を合わせたものである。その1つでも欠ければ責任能力がないことになり，有責性が阻却され，無罪となる。

第1に，行為者は，自分の行うことがどんな結果を惹き起こすかを予見する能力が必要である。この能力を備えるには，ある程度の社会経験と予想能力が基盤となる。第2に，予見によって自分の行為から犯罪的な結果が惹き起こされる可能性を察知したならば，そのような結果を惹き起こさないように自分を制御する能力が必要である。人間は一般に以上のような2つの能力を持っているからこそ，単に欲望や衝動にかられて行為するのではなく，規範の命ずるところに従った行為をすることができるのである。

> **用語の森**　責任能力　刑事責任を負担しうる能力のこと。

実定法が責任能力を欠くとしているのは，刑事未成年（41条）と心神喪失（39条1項）である。

刑事未成年は，ある年齢に達しないと責任能力を十分に備えないという考慮である。子どもの成長に関しては，肉体的成長に精神能力がついていかないという特徴がある。そのギャップは少年自身が持て余すことがあり，そこに，少年に対しては教育的配慮が必要とされる根拠の1つがある。

心神喪失は，年齢ゆえにではなく，精神障害などによって責任能力を欠損

した場合，一人前の大人に対すると同様な責任追及を控えようとするものである。

3 違法性と有責性の違い

　行為に対する評価という点で，違法性と有責性はどのように違うのか。両者とも，人の行為が刑法の予定する犯罪類型（構成要件）に当てはまることを前提としつつ，具体的状況において許されるかどうかに関わる点では共通である。

　両者の違いは，次のようなところに現れる。<u>違法性</u>は，その行為がおそらく社会的な観点から（社会の中にいる人間として）許されるかどうかに関わる。犯罪が人と人との間で起きるトラブルであるかぎり，それぞれの法益が衝突する場面であり，どちらが許されるかは，法益の比較のほか，行為の目的・手段・方法などの要素によって判断する必要がある。これに対し，<u>有責性</u>は，行為者個人の状況を考慮した上で許されないという評価である。行為者個人の状況としては，行為者の年齢，精神的判断能力，さらに，当人の置かれた状況などによって判断される。当人の置かれた状況とは，犯罪的結果を惹き起こさなければならない状況におちいっているために，規範にそった行為が難しくなっている場合であり，期待可能性の項（第24章）で検討する。

> **ポイント**　有責性
>
> 　有責性は，行為者個人に対し非難可能性があるとする評価であり，行為者に責任能力があり，かつ期待可能性があることを前提とする。

2 責任と制裁

1 「内から」と「外から」

　刑事責任とは何か。刑事責任は，刑事裁判を経た上で刑の執行を受けることだという考え方がある。このように，責任＝刑罰を受けること，という考え方の場合，あえて，責任と制裁を対置させて捉える必要はない。

しかし，私はそうでないと思う。責任は「内から」の問題であり，制裁は「外から」の問題であると思うからである。むろん，それは人間にとって，ということである。

刑罰は，有罪の判決を受けた者が，当人の持っている法益を剥奪されるものであり，国家が犯罪者に対して制裁を加えるという内容を有する。したがって，刑罰が執行されれば制裁を加えられることは異論がない。

ただし，制裁を科せられた者がそれをきっかけとして反省し，自分の非を認めるとは限らない。そうなれば，制裁を受けたが本人は責任を完了したとはいえない。

責任とは何かといえば，犯罪を行った者が，自分の行ったことが許されないことだと自覚し，その上で，これまでの自分の態度を改めることである。態度を改める中には，二度と犯罪を犯さないように自分を律するだけでなく，犯罪被害者に対し謝罪し，さらに損害賠償をするなど，被害者に対する関係でできるだけのことをするという事柄も含まれる。

この責任は何によってもたらされるか。この点は人さまざまであって，何がその特効薬かはいまだわからないというのが本当のところであろう。というのは，責任を感じるというのは心の問題であって，何がそのきっかけになるかは人さまざまであるからである。

以上のように，責任は人間の「内から」わき起こるものであり，刑罰は人間の「外から」権力によって加えられるものである。これほど性質の異なるものを単純にイコールで結びつけることは意味がないというべきである。

> **小話** 北海道家庭学校（児童自立支援施設）の校長を長く勤められた谷正恒先生は，礼拝堂の中で私に語ってくれたものだ。「心の扉には外側には把っ手がついていない。」と。
> 非行を犯して家庭裁判所から家庭学校に送致されてきた少年の多くは，心を閉ざしている。家庭学校の先生方は辛抱強く子ども達に語りかける。数か月を経て，ようやく子どもが心を開く。しかし，それは子ども自身が内側から開くのであって，外側から開くことはできない。では，外側から語りかける必要がないかというと，そんなことはないという。

2　刑罰は目標ではない

　何が大切かといったら，犯罪を犯した者が更生することである。これに対し，刑罰は，本人が反省するための1つの手段にすぎないというべきである。別のいい方をすれば，責任が果たされることが第1であって，その意味で，刑罰自体が目標ではない。目的と手段を混同してはならない。

第22章

心神喪失，刑事未成年，原因において自由な行為

📖 本章の主旨

> 責任能力のない者の行為は有責性なしとして無罪となるが，それに含まれるのは，成人の場合と14歳未満の場合がある。行為時に責任能力はないが，その状態を本人がもたらした場合，どう扱うかが，原因において自由な行為の問題である。

1 心神喪失

1 心神喪失者

　責任能力のない者のことを，刑法は心神喪失者とし，その行為について罰しないとしている（39条1項）。

> 🌳 **用語の森**　「心神」とは，心理と精神を合わせた言葉であり，こころのはたらきのことである。

条文　39条1項　心神喪失者の行為は，罰しない。

　心神喪失は，精神の障害などにより物事の是非善悪を弁識する能力がないか，この弁識に従って行為する能力のない状態をいう。責任能力は行為の時点で存在することが必要であり，これを**行為と責任能力の同時存在の原則**といっている。

　心神喪失者は，責任無能力として責任が阻却されるため，その他の成立要件が充たされたとしても，結論として無罪となる。

第22章　心神喪失，刑事未成年，原因において自由な行為　231

> **判例**　大判昭6・12・3刑集10・682〔柴刈り鎌殴打事件〕
>
> 　Aは，かねてから田の境界についてBと折合が悪かった。ある日，耕作田の草刈りに赴いた際，Bが帰宅しようとしてAの耕作している芹田に近づいたのを，Aは，同所の草刈りをしているものと誤信して，日頃の反感が一時に激発して突如Bの背後から所携の柴刈鎌で頭部を強打し，さらにBの叫び声を聞いてやってきたBの長男Cの頭部を殴打し，Bに全治100日，Cに全治10日の打撲傷を負わせた。被告人側は，Aは遺伝的負因による精神分裂症（当時）の経過中で，妄覚，錯聴，幻聴，幻視，被害妄想が相次いで起こる状態だったから，心神喪失の状況にあったとして上告した。
>
> 　心神喪失とは「精神の障礙により事物の理非善悪を弁識するの能力なく，またはこの弁識にしたがって行動する能力なき状態を指称」する。
>
> 　「本件犯行当時における被告人の心神障礙の程度は普通人の有する程度の精神作用を全然欠如せるものにはあらず。ただその程度に比し，著しく減退せるものなりというにあるがゆえに，その精神状態は刑法にいわゆる心神耗弱の程度にありと認むべきもの」。

　刑事裁判において，責任能力のありなしを判断するのは裁判官であるが，その前提として，被告人が行為当時，精神障害であったかどうかは精神科医の鑑定に負うところが大きいのである。ただし，心神喪失かどうかは法律判断であるから，専ら裁判所にゆだねられるべき問題である。
　次の判例は，その前提となる生物学的，心理学的要素についても，裁判所の判断に委ねられるべきことを判示したものである。

> **判例**　最決昭58・9・13判時1100・156〔フラッシュバック空き巣窃盗事件〕
>
> 　被告人は，旅行中，途中下車した町で，朝，ビール3本を飲んだことが引金となって，覚せい剤中毒症状のフラッシュバック現象を起こし，幻聴に襲われ，3軒の家に空巣窃盗を行なった。被告人は窃盗罪で起訴され，控訴審において初めて心神喪失の主張をした。精神鑑定では心神耗弱とされたが，控訴審では，心神耗弱は否定された。
>
> 　「被告人の精神状態が刑法39条にいう心神喪失又は心神耗弱に該当するかどうかは法律判断であって専ら裁判所に委ねられるべき問題であることはもとより，その前提となる生物学的，心理学的要素についても，右法律判断との関係で究極的には裁判所の評価に委ねられるべき問題であるところ，記録によれば，本件犯行当時被告人がその述べているような幻聴に襲われたという

ことは甚だ疑わしいとしてその刑事責任能力を肯定した原審の判断は，正当として是認することができる。」

2 精神障害との関係

ところで，精神障害ということと責任能力が欠けるということは，直接に結びつくわけではない。刑事上の責任能力は，人がものごとの善し悪しを判断して，それに基づいて自分の行うことを制御できる能力である。精神障害があったからといって，必ずしもそのような能力を欠くとは限らないからである。

なお，別の要因によって責任能力を欠くこともある。たとえば，飲酒酩酊のために一時的に判断能力を欠くことがあるし，薬物中毒に基因する場合もある。要するに，規範的視点から，当人に自己をコントロールする能力があったか否かを判断する必要がある。

責任能力がない場合に無罪とすることが是認されるためには，近代の精神医学の発達と個人の尊重の理念の浸透が必要であった。人間が，身体の病気になるのと同じように精神の病気にもなること，精神の病気は合理的判断能力に影響することが人々に理解されるためには長い時間が必要だったのである。

> 小話　精神障害は，人の世に生きる悩み・苦しみから発している場合があることも忘れてならないことである。
> 　時は中世・人攫(さら)いが横行していた時代に，わが子をさらわれた母親が精神障害にかかった話が残されている。わが子をさらわれ，気がちがった母親が，子どもは東国に連れ去られたようだという噂につられて，京を立ち，武蔵の国の隅田川までやってきた。母親は舟頭（渡守）にいじわるをされながらも渡し舟で川を渡ってみると，地元の人々が集まって念仏の法要が営まれている。その法要は，その辺りで死亡した子どもの一周忌の法要だという。母親はもしやと思って子の名前を尋ねる。その子こそ，自分のいとし子・梅若丸だった。母親は，柳の下にある子どもの墓に連れていかれると，土を掘返してわが子を戻してくれと嘆く。そして，大勢で念仏を唱えていると，子どもの声がその中に混って聞こえるので，母親は「今一声こそ聞かまほしけれ南無阿弥陀仏」というと，声の中より子の幻が見えるという。
> 　　　　　　　　　　　　　　　　　　　　　　　　　観世十郎元権『隅田川』
> 　この話の中に，大きな精神的苦痛が精神障害の要因となることが物語られている。

一方，精神障害にかかった人に対して，その当時の人々がただ疎外するのでなく，なぜ気がちがったのか，その訳を知り，悩み・苦しみに涙している姿が見受けられる。

2 心神耗弱

心神耗弱（こうじゃく）は，障害の程度が心神喪失までに至らないが，著しく減退した状態（大判昭6・12・3刑集10・682）をいう。心神耗弱者は，限定責任能力として，必ず刑が減軽される。これは，有責性が弱まるだけで，有責性が阻却されるわけでないのである。

3 心神喪失者等医療観察法

刑法は心神喪失の場合に無罪とするが，それは犯罪者として「処罰」する意味がないということであって，社会として医療的処置が必要なことはいうまでもない。

従来は，このような場合に措置入院（精神保健及び精神障害者福祉に関する法律29条）という強制入院の方策で対処してきた。しかし，そこでは司法機関の関与がないばかりか，退院などが適切になされているのかという課題もあった。

そこで，近時，心神喪失者等医療観察法（心神喪失等の状態で重大な他害行為を行った者の医療及び観察等に関する法律）が制定され，心神喪失等の状態で重大な他害行為を行った者に対し，原則として，検察官の申立てにより，地方裁判所において裁判官と精神保健審判員（精神科医）の合議体による審判が行われ，医療の要否・内容が決定されることになった（平成17年7月15日から施行）。

心神喪失者等医療観察法の対象となるのは，①不起訴処分において，対象行為（放火，強制わいせつ，強姦，殺人，傷害，強盗のいずれかに当たる行為）を行ったこと，および心神喪失または心神耗弱者であることが認められた者，②対象行為について，心神喪失を理由に無罪の確定裁判を受けた者，または

心神喪失に関する犯罪統計

一般刑法犯において精神障害者として検査された者	2,859人
心神喪失を理由とする不起訴処分	520人
第一審において心神喪失を理由として無罪となった人数	9人

(『平成21年版犯罪白書』より)

心神耗弱を理由に刑を減軽する旨の確定裁判を受けた者である。

なお，検察官は，起訴しても心神喪失で無罪になったり，心神耗弱で刑が減軽されることを見越して，不起訴処分にする場合も少なくない。その場合には，捜査段階で精神科医による簡易鑑定がなされ，それを参考にして判断がなされる。ちなみに，この鑑定は，行為者が行為の時点で心神喪失・心神耗弱であったかを判断するものであるから，わずか数日間の簡易なもので大丈夫なのか，という疑問がある。

精神障害者等の一般刑法犯罪名別検挙人員

(平成20年)

罪　名	総数	殺人	強盗	傷害・暴行	脅迫	窃盗・詐欺・横領	強姦・強制わいせつ等	放火	その他
検挙人員総数 (A)	339,752	1,211	2,813	45,543	1,824	252,170	3,170	659	32,362
精神障害者等 (B)	2,859	123	52	569	42	1,391	43	94	545
精神障害者	1,288	48	30	256	17	628	26	38	245
精神障害の疑いのある者	1,571	75	22	313	25	763	17	56	300
B/A (％)	0.8	10.2	1.8	1.2	2.3	0.6	1.4	14.3	1.7

(『平成21年版犯罪白書』より)

4 刑事未成年

1 14歳未満は犯罪にならない

刑法において責任能力がないとされているのは，成人の場合の心神喪失（39条1項）のほかは，14歳未満の少年である（41条）。

ところで，少年法は，かつて，刑法の規定にかかわらず，16歳になっていなければ絶対に刑事裁判にかけられることはなかったのに（少20条旧規定），近年の改正で取り払われた（平成13年4月1日から）。そこで，今日では，刑

事裁判で，15歳・14歳の少年に懲役刑が言い渡されることがある。ところが，懲役刑における所定の作業（刑12条2項）は一種の労働であるし，子どもは満15歳に達した日以後の最初の3月31日が終了するまで（通常は，中学3年の終了）は就労することができないことになっているから（労働基準法56条1項），これらの少年を懲役に服させるわけにはいかない。そのため，15歳・14歳の少年はしばらく少年院に収容され，15歳の3月31日を待って少年刑務所に送られる。このような矛盾は，少年に対する厳罰化のみを考え，法全体に対する視野を忘れた，立法の不備の例といわざるをえない。

　刑法ならびに少年法が，責任年齢を比較的高いところに設定している理由は，次の通りである。(イ)人間は，ほぼ小学校の高学年位になれば，おおよそどのようなことが許されないか，の見当がつくようになることを考えると，13歳まで刑事未成年としているのは，ものごとの善し悪しができないという設定ではない。(ロ)少年の場合は，可塑性に富むから教育の効果が期待でき，大人に対すると同様な刑罰は控えた方がよい。大人に対しては，社会復帰を期待するとしても，矯正という厳しい処遇で対処するのがふさわしいが，少年に対しては保護というあたたかい処遇で対処するべきである。(ハ)子どもの権利条約が，子どもを発達可能な存在として捉えていること（子どもの権利条約5条）からも明らかなように，犯罪・非行を犯したとしても，できるだけ子どもの成長発達に役立つような処遇をすすめるべきである。

2　非行少年に対する処遇

　ここで，少年法の非行少年に対する処遇について触れておこう。少年法は，少年に対して，原則として保護処分で対処しようとしている。保護処分の具体的内容としては，軽い方から順に，①保護観察，②児童自立支援施設・児童擁護施設送致，③少年院送致，がある（少24条1項）。保護観察は，少年を家庭にかえし，保護司の継続的指導を通して改善更生を期待するものである。児童自立支援施設（従来，教護院といわれたもの）・児童養護施設も少年院も，少年の身柄を拘束するという点で少年の自由を奪う不利益処分であるが，その処遇の中心は，教育的・福祉的処遇である。ちなみに，児童自立支援施設では，夫婦が自分の家庭とは別に，非行を犯した8〜10人の子ども達と一緒

に擬似家庭を構成し，共に生活する中で，子ども達に気づかせ，自立できるよう導く教育がなされている（夫婦小舎制）。②も③も少人数制でなされるため，画一的処遇がなされている刑務所と違って，子ども自身が自分に向き合うきっかけとなっている。

少年法は，成人と少年をはっきりと分けて扱っているが，成人と少年を分けるのは少年法に限ったことではなく，法全体がそのような姿勢をとっている。それはなぜかというと，法というものが人間の成長ということを十分に考慮し，10代から20代にかけ，その成長に合わせて段階的に作られているからである。人間は多様な知的能力を持って生まれるが，社会規範を身につけるには段階を経て，かつ時間を要するものである。

> **小話** 江戸時代は，数えで15歳以下が刑事未成年であった。そのことがお七の白州で争点になっている。
>
> 本郷駒込片町の八百屋久兵衛の一人娘お七は，天和元年（1681）の火事で家を焼かれた折，難を避けた円乗寺の寺小姓吉三郎と恋におちいる。しかし，家が新築されて帰ると吉三郎に会えなくなってしまい，もう一度家が焼ければ，吉三郎に会えるに違いないと思い，自宅に放火してしまう。お七は捕えられ，お白州で取り調べを受けるが，北町奉行北条安房守（あわ）は，お七が吉三郎恋しさから放火したこと，火事が小さく済んだこと等を考慮して，罪を軽くしてやりたいと算段する。当時は，犯人が15歳以下ならば，死刑にはならず，親族預りのうえ遠島（島流し）で済むことになっていたので，奉行は一計を案じ，小柄なお七に，「お七お前は14歳であろうがな」と誘導尋問をかける。しかし，お七は，正直に16歳になると答えてしまい，鈴ケ森の刑場で火あぶりの刑を受けるのである。

5 原因において自由な行為

次のような設例について，どのように考えるべきであるか。

〔設例〕

Cは，覚せい剤を使用すると2・3時間後に心神喪失になって他人に乱暴するくせがあることを自覚していて，うらみに思っていたDに会う3時間前に覚せい剤を注射した。そして，予定通り，Aは心神喪失状態でDを絞殺した。Cは殺人罪で起訴されたが，裁判において，Cの弁護人は，行為の時点でCが心神喪失であったことを立証し，無罪の主張をした。C側の主張は認められるだ

ろうか。

1　行為と責任能力の同時存在の原則

　刑法は，行為者を非難するためには，行為の時点で責任能力がなければならないという，行為と責任能力の同時存在の原則を明らかにしている。行為のときに心神喪失であった場合には処罰しない旨の規定（39条1項）は，それを示している。ところが，その規定を逆手にとって，一方で自己の犯罪的欲求を満たしながら，他方で捕まったときにも罪を免れることを企図して，ちょうど行為時に心神喪失になるように自己を操縦するような行為がなされることもあった。

　行為と責任能力の同時存在の原則を杓子定規にあてはめると，上の設例でCの悪辣な計画はまんまと成功することになる。それは，正義と公平の観点からは納得しがたいところである。そこで，設例のCを処罰できるよう，次のように，行為と責任能力の同時存在の原則を修正する考え方が有力である。

　犯罪を犯そうと考えた原因時において，犯罪を犯すか犯さないかという，判断の自由の契機（決断の自由）があるとすれば，そこに処罰の根拠を求めようとするものである。原因時には決断の自由があるはずだ，ということから，原因において自由な行為（actio libera in causa アクティオ・リベラ・イン・カウザ）といわれている。この考え方は，間接正犯に似ている。間接正犯が他人を自分の道具のように使って犯罪を実現するものと説明するように，将来の自己の心神喪失状態を道具のように利用する意思で踏み切った以上，具体的な行為がなされた時点で責任能力がなくてもよいとするものである。

2　問題点の検討

　以上のような道具説的な考え方に立った場合，次のようないくつかの問題点を検討しておく必要がある。(イ)行為時に心神喪失になっているのに，故意犯を認めることができるか。(ロ)原因時を実行の着手時期として捉えてよいのか。(ハ)心神耗弱の場合でも原因において自由な行為の理論が使えるのか。

　それぞれの問題点について，検討する。

原因において自由な行為と間接正犯

(イ) たとえば，飲酒酩酊して心神喪失になったようなときには，原因時に犯罪の故意があったとしても徐々に弱くなり，結果惹起のときには故意犯とはいえない場合もあるのではないか，という疑問である。心神喪失になる場合にも，いろいろな態様があるので，意識を持続し続けるときは，故意犯を認めてもさしつかえないはずである。

以下の判例は，心神喪失時の殺人の故意としてではなく，薬物注射時の暴行の未必の故意を認めて，傷害致死罪の成立を認めたものである。

> **判例 名古屋高判昭31・4・19高刑集9・5・411〔覚せい剤中毒殺害事件〕**
> Eは，前年から覚せい剤中毒にかかって幻覚妄想の症状を呈するに至っていたが，6月5日頃，覚せい剤を注射した結果，中枢神経が過度に興奮して幻覚妄想を起こした。Eは，自分や一家が世間から怨まれて復讐されると考え，生きがいなく感じ，厭世観に陥り，まず自己の身辺におり日頃最も敬愛する姉Fを殺害して自殺しようと決意し，7日，Fを短刀で突刺し死亡させた。
> 「薬物注射により症候性精神病を発しそれに基く妄想を起し心神喪失の状態に陥り他人に対し暴行傷害を加え死に至らしめた場合に於て注射を為すに先だち薬物注射をすれば精神異常を招来して幻覚妄想を起し或は他人に暴行を加えることがあるかも知れないことを予想しながら敢て之を容認して薬物注射を為した時は暴行の未必の故意が成立するものと解するを相当とする」。

(ロ) 仮に，原因時を実行の着手時期として捉えると，実際に心神喪失状態になったときに，なんら犯罪的結果に結びつく行為をしなかったときは，どのように判断すべきか，という問題がある。結局，原因において自由な行為の問題は，全体的に考察する必要があるということである。

(ハ) 仮に，心神耗弱の場合に原因において自由な行為の理論が使えないとすれば，39条2項により刑は減軽されることになる。そうなると，行為者みずからが心神耗弱の状態を招いたにもかかわらず，合理的な判断と制御の能力が少し残っているときの方が全くなくなったときより軽く扱われることになる。これは，不合理というべきである。みずからを心神喪失状態に陥らせて犯罪的結果を惹起しようとするときは，仮に心神喪失状態に至らなかったとしても，原因において自由な行為の理論を使えるとするのが，バランスのとれた理論といえる。

> **ポイント** 原因において自由な行為
>
> 薬物注射により心神喪失となって人に暴行を加え，死に至らしめた場合，そうなることを予想して注射した時点で暴行の未必の故意が認められる（判例）。

3 適用範囲

以下の判例は，原因において自由な行為の理論が，過失犯のみならず故意犯にも，また，心神喪失中の犯行のみならず心神耗弱中の犯行にも適用されるとしている。

判例 東京高判昭40・6・14 高刑集18・4・370〔米兵飲酒運転事件〕

Gは，米海軍横須賀基地の1等兵曹であるが，市内のバーで飲酒する目的で自家用車で出かけ，飲酒後自動車を運転しようとの意図をもち，かつ飲酒により酩酊するであろうことを認識しながら，午後8時30分過頃から翌日0時過頃まで，数軒のバーで飲酒した。そのうちに度を過ごし，高度の酩酊状態（責任能力のうえからいえば心神耗弱の状態）に陥り，アルコールの影響により自動車の正常な運転ができない状態で自動車の運転を開始し，道路の右側をGと同一方向に向かって歩行していたHの存在に気づかず，道路の中央線を右に突破し，Hに衝突して死亡させた。Gは業務上過失致死罪（現在なら，危険運転致死罪）で起訴された。

原因において自由な行為の理論は，「過失犯の場合には故意犯の場合に比して適用が容易であり，従って過失犯の場合にその適用を見る実例が多いことは否定し難いところであるけれども，理論的には同理論の適用は，過失犯の

場合にのみ限定されるものではなく，……要件さえ具われば故意犯の場合にも適用があるべきものであり，……しかもこの理論は，心神喪失中の犯行のみにとどまらず，心神耗弱中になされた犯行についてもその適用を排すべきでないと解される」。

第23章

法律の錯誤，法律の誤解，違法性の意識の欠如

本章の主旨

行為者に事実の認識があるときは，違法でないと思ったという主張は認められない。ただし，何らかの理由により許容されると思ったときや，それほど重い罪にあたるとは思わなかったときなどについて，一概に斥けられない場合がある。違法性の意識の欠如については，超法規的有責性阻却事由の1つに含めることができる。

1 法律の錯誤

1 法律の錯誤とは

人間がなんらかの行為をしようとするとき，自分の行うことからどのような結果が惹き起こされるかを予見し，それが犯罪的な結果になると思われる場合には，あえてそのような違法な行為をしないのが普通である。つまり，人間が行為をするときは，事実的な側面と法的な側面（規範的な側面）の両者を加味して判断した上で，行為の選択をしているといえる。

このうち，事実的な側面において，現実に発生した犯罪的な結果を全く予見しえなかった場合には，構成要件的故意が認められない。なお，われわれが，事実の錯誤として論議の対象としているのは，なんらかの故意があり，発生した結果は行為者の予見とくいちがいを生じていた場合である（たとえば打撃の錯誤）。

これに対し，事実の認識とそれに基づく予見があるならば，通常の規範的判断能力を有する人において，それが法律上許されないかどうか，あるいは，違法かどうかについて，判断を誤ることはないはずである。したがって，行

為者が事実の認識をし，かつ認容をして行為しながら，違法だとは思わなかったとか，許されると思ったと主張したとしても，それを易々と受け入れる必要はない。ただし，許容されるものと信ずるにつき相当の理由がある場合には，故意の阻却が考えられる。

昔から，「法律の不知は何人をも許さない」とする法格言があるのは，以上の原則を意味している。刑法38条3項本文が，「法律を知らなかったとしても，そのことによって，罪を犯す意思がなかったとすることはできない」と規定しているのは，その実定法化にほかならない。そして，38条3項但書が「情状により，その刑を減軽することができる。」としているのは，上述の相当の理由がある場合に関する立法の答えである。これが，法律の錯誤である。なお，自己の行為が法律上禁止されていることを知らないで行為することに着目して，禁止の錯誤ともいわれる。このように，事実の認識はありながら，違法性の判断を誤った場合に，犯罪の成否に影響しないとする法理を，法律の錯誤と捉えておく。

> **判例** 最判昭53・6・29刑集32・4・967〔羽田空港デモ事件〕
>
> 被告人は，羽田空港国際線出発ロビーにおいて，公安委員会の許可を受けずに，参加者約300名の集団示威運動を指導した。原判決は，被告人において法律上許されると誤信したことに相当の理由があるとして，犯罪の成立が阻却されるとした。それに対する最高裁の判断である。
>
> 「被告人の経歴，知識，経験に照らすと，被告人は東京都内において集団示威運動を行おうとするときは場所のいかんを問わず本条例に基づき東京都公安委員会の許可を受けなければならないことを知っていたことが明らかであるうえ，終始みずからの意思と行動で本件集団を指導，煽動していたことにより，本件集団の行動が示威運動の性質を帯びていることを認識していたことも明らかであるから，被告人は行為当時本件集団示威運動が法律上許されないものであることを認識していたと認めるのが相当である。……以上によれば，被告人は行為当時本件集団示威運動が法律上許されないものであることを認識していたと認められるから，被告人はそれが法律上許されないものであるとは考えなかったと認定した原判決は，事実を誤認したものであり，この誤りは判決に影響を及ぼし，原判決を破棄しなければ著しく正義に反すると認められる。」

2 相当の理由があれば

次の判例は，法律上許されたものと信じていたことに相当の理由があるとされた例である。

判例 東京高判昭 27・12・26 高刑集 5・13・2645〔こんにゃくだまは盗まれたか〕

被告人は，自己の畑のこんにゃくだまの盗難を防ぐため見張中，Ｉが，深夜，こんにゃくだま窃取の目的でその用具を携えて右畑に近づき，人の姿を認めて逃げ出したところから，窃盗の現行犯人と信じて逮捕し，直ちにその旨を警察署に通報して警官の来場を待った。

「Ｉは，右こんにゃく畑のこんにゃくだまを窃取する目的で，そのための用具を携え，前記畑道を右こんにゃく畑に向かって数間の地点まで進んで来ていたものであるとは言え，右畑道は，Ｉにとっては附近に同人方の畑もなくなんら通行の要のない道ではあっても，被告人方の右畑に限らずひろく附近一帯の畑地の共用の小道であり，また他の通路にも通じているものであるから，Ｉが前記逃走直前まで右畑道の上を進んでいたものと認められる以上は，未だ同人が右畑のこんにゃくだまに対する被告人の事実上の支配を侵すにつき密接な行為をしたものとは解し得ないのであって，Ｉの行為は，窃盗の実行の着手には達せず，その予備の段階にあるものと言わなければならない。そして，窃盗の予備は，犯罪とはされていないのであるから，被告人の本件逮捕行為は，現行犯の逮捕と解することはできない。」

被告人が，「自分の行為を法律上許されたものと信じていたことについては，相当の理由があるものと解されるのであって，被告人の右所為は，罪を犯すの意に出たものと言うことはできない。」

仮に，被告人が考えたように，本件が現行犯逮捕（刑訴213条）だとすれば，法令行為（刑35条）として違法性が阻却され，犯罪とならない。ただし，判決がいうように，Ｉの本件における行為は窃盗の実行の着手前なので，現行犯人とはいえない。したがって，被告人の行為について違法性阻却事由の錯誤（第20章）という捉え方もできるのだと思う。しかし，上の判例は，法律の錯誤的に捉えて，有責性レベルで故意がないという理解をしているようである。（もっとも，違法性阻却事由の錯誤を有責性の問題とする見解もある）

ところで，本事例は，窃盗罪の線で捉えるから予備なのであって，軽犯罪

法で捉えれば，「他人の田畑に正当な理由がなくて入った者」（1条32号）に該当するのであるから，軽犯罪法関係では十分に既遂になる。したがって，軽犯罪法違反で現行犯逮捕が可能なはずである。ただし，刑訴法217条は軽微な犯罪に対して現行犯逮捕が制限されるので，その点を確認しておこう。軽微な犯罪について，刑訴法217条は，「犯人の住居若しくは氏名が明らかでない場合又は犯人が逃亡するおそれがある場合に限り」，現行犯逮捕ができるとしている。本件では，犯人が人の姿を認めて逃げ出しているので，要件をみたすことになる。

以上の検討から明らかなように，本件の解決方法としては，軽犯罪法違反に対する現行犯逮捕が認められる事例として，法令行為により犯罪にあたらないとするのが妥当である。

> **小話** 軽犯罪法が制定される前，軽犯罪に関する実体法として警察犯処罰令（明治41年内務省令16号）があり，手続法として違警罪即決例があった。違警罪即決例によると，正式裁判によらず，警察署長という行政官が即決処分で拘留または科料を言い渡すことができるとされていた。犯罪捜査の便宜的手段として思想犯の弾圧に濫用された。昭和22年に廃止された。

ポイント　法律の錯誤

> 犯罪的事実の認識がありながら，許容されるものと信ずるについて，厳格な見地から相当の理由があると認められるときは，故意を阻却する。

2 法律の誤解

1 あてはめの錯誤

行為者が，自己の行為がどの刑罰法規にふれるかを知らなかったり，それほど重い罪にあたるとは思わなかったというのは，法律の誤解である。このような誤解が故意を阻却する理由にならないのは当然である。**あてはめの錯誤**ともいわれる。

村有吊橋爆破事件を取り上げてみよう（第17章188頁参照）。これは，村の道路委員らが通行の危険が迫った村有吊橋をダイナマイトで爆破しておきな

がら，雪で落橋したように装って，架け替えの災害補償金を国に請求したものである。事が露見し，道路委員らは自分達の行為が法定刑に死刑を含む爆発物取締罰則1条違反に当たると知らされて，驚愕する。裁判では，弁護側は過剰避難（37条1項但書―任意的減軽免除）の可能性を弁論するが，最高裁判所は，そもそも現在の危険がないかぎり過剰避難になる余地はない，と判示した（最判昭35・2・4刑集14・1・51）。なお，被告人側の主張の根底には，何らかの罪にあたるかもしれないが，そんなに重い罪とは予想しなかった，という思いがあったと解される。しかし，それは法律の誤解にすぎず，故意を阻却することはない。

2 法律的事実の錯誤

ところで，法律の誤解が原因となって，法律的事実の錯誤になった場合には，事実の錯誤の一種として故意を阻却することもある。たとえば，飼兎を守るための罠にかかった犬が首輪をはめていたものの鑑札をつけていなかったところから，「飼犬証票なく且つ飼主が分明ならざる犬は無主犬と看做す」という県の警察規則（もともとは，町村長に，危険予防のため無主犬の撲殺を許す規定）を誤解し，他人の飼犬であっても直ちに無主犬とみなされるものと誤信して他人の犬を撲殺した事例がある。判例は，法律の誤解の結果，犬が他人所有に属する事実について認識を欠いたものとして，器物損壊罪（261条）の故意を欠くとしている（最判昭26・8・17刑集5・9・1789）。

営業許可についての法律的事実に誤解があった結果，違法でないと思っていた場合に，事実の錯誤として故意の阻却が認められた判例もある。Jの父親Kは，公衆浴場法により営業を続けていたが，Kの健康が悪化したことから，Jが公衆浴場営業許可申請事項変更届を県に提出し，変更届が知事に受理されていた。ところで，行政行為としてみた場合，「変更届」が許されるのは申請者が同一人でなければならず，Jとその会社は新規に営業許可を求めるほかなく，仮に変更届が受理されても，それはそもそも無効だったのである。その後，Jは，許可を受けないで業として公衆浴場経営をしたとして，公衆浴場法違反として起訴された。最高裁判所は，「被告人が変更届受理によって被告会社に対する営業許可があったと認識し，以後はその認識のもと

に本件浴場の経営を担当していたことは，明らか」であるから，被告人に無許可営業の故意がなく，無許可営業罪は成立しないと判示している（最判平元・7・18刑集43・7・752）。これは，まさに，法律の誤解が原因となって故意を欠いた場合といえる。そして，それを認める論拠の1つとして，行政行為に関する錯誤がある点を忘れてはならない。

3 違法性の意識の欠如

1 超法規的有責性阻却事由の1つ

われわれが，人間の行為を捉えて，許されないことだと非難しうるのは，いかなる根拠に基づくのであろうか。行為者を非難しうるのは，行為者において，ある行為をすることが違法であると知りながら，それをくい止めなかったという，反規範的な態度が見られるためである。仮に，行為者が，それは許されないことだという規範的課題に遭遇せずに行為をしたのであるとすれば，規範的視点から非難を負わせることは無理ということになる。

そこで，行為者が事実の認識をしながら違法性の意識を欠いていた場合，違法性の意識を欠くもっともな理由があるならば，刑法上の非難を負わせることは差し控えなければならない。これは，刑法38条3項とは別のことである。

違法性の意識が欠如した場合，相当な理由があるときは非難を負わせることができないという考え方は，犯罪の成立要件に当てはめてみると，有責性を阻却する場合として捉えられる。ちなみに，期待可能性がない場合は，違法性の意識はあるものの，行為者の置かれた具体的状況の下でそうせざるをえないような窮地におちいった場合である。違法性の意識の欠如も期待可能性がない場合も，ともに行為者個人に着目したときに，非難を負わせることができないという意味で，共通性を有しているといえる。すなわち，両者とも超法規的有責性阻却事由に位置づけることができる。

2 事例の検討

違法性の意識の欠如の問題は，たとえば，次のような事例に対してどのよ

うに評価するのか，という実践的な課題である。

　Aは，自己の飲食店の宣伝のために百円紙幣に似せたサービス券を配布しようとして，知りあいの警察官に相談し，紙幣と紛らわしい物を作成すると通貨及証券模造取締法に違反するとの助言を受けた。ところが，Aは百円紙幣に似せたサービス券を印刷し，助言を受けた警察官に差し出したが，格別の注意も受けず，かえって同僚らにその券を配布してもらったのである。Bは，Aの作成したサービス券を見て，Aに相談したところ，Aから，このサービス券は警察で問題ないといっており，警察に配布してから相当日時が経過しているのに別に何の話もないと聞かされ，格別の不安を感ずることなく，同様のサービス券を作成した。

　この事例について考えると，Bについては違法性の意識を欠いていると思われる。ただし，違法性の意識の欠如については無理もないといえるか，疑問である。これに対し，Aについては違法性を意識していた可能性は十分にある。この事例について，最高裁判所は，被告人らの行為が，「違法性の意識を欠いていたとしても，それにつきいずれも相当の理由がある場合には当たらないとした原判決の判断は，これを是認することができる」として，有罪を認めている（最決昭62・7・16刑集41・5・237）。

　違法性の意識を欠くときは有責性が認められないという立場に立つとして，実務上は問題がないであろうか。というのは，そのような立場を貫くと，自分には違法性の意識がなかったから無罪だ，と主張する場合が多くでてくると思われるからである。違法性の意識を有していたかどうかは，行為者の内心の問題であり，しかも規範的判断にかかわることであるから，本当に違法性の意識がなかったといえるかを見極めることは難しい。しかし，事実の認識の問題もそうであるが，われわれは，行為者が，なぜ違法性の意識を有しなかったのか，という主張を吟味するなかで，ある程度の推測は可能である。ただ，それにしても，行為者が違法性の意識がなかったと主張しているのに対し，あなたにはあったはずだから有責性がある，と一方的に押しつけたのでは意味がない，といわなければならない。

3 違法性の意識の可能性

「違法性の意識の可能性」によって，検察側と弁護側の調整をはかろうという考え方がある。つまり，こうである。行為者に違法性の意識のあることが有責性を基礎づける論拠であるが，仮に違法性の意識のあったことを検察官が立証できなかったとしても，行為者の置かれた状況から違法性の意識の可能性が認められる以上，処罰を免れないとするものである。この考え方は，有責性を基礎づけるものとしては違法性の意識そのものを必要とするのが本体であるが，それを検察官に常に立証させることは困難を伴うところから，違法性の意識の可能性があれば有責性を認めていこう，とするものである。これに対し，弁護側は，違法性の意識の欠如を立証することができれば有責性阻却を主張できるのである。もっとも，事実の認識がありながら違法性の意識を欠いていたという立証は，かなり難しいと思う。

ただし，客観的には違法であるにもかかわらず，すなわち，違法性の意識の欠如を立証できなかったが，行為者が違法でないと信じたことについて相当の理由がある場合には，有責性を阻却すると解される。

では，このように捉えた場合，刑法38条3項但書にいう，法律を知らなかったとしても「情状により，その刑を減軽することができる」とする規定は，どのような意味を有するのか。この点については，法律の誤解で触れた村有吊橋爆破事件に関して，最高裁判所が刑法38条3項但書の趣旨について言及しているので，みておこう（なお，緊急避難に関する判示の部分は第17章を参照のこと）。

> **判例** 最判昭32・10・18刑集11・10・2663〔村有吊橋爆破事件─巻戻し前〕
> 「刑法38条3項但書は，自己の行為が刑罰法令により処罰さるべきことを知らず，これがためその行為の違法であることを意識しなかったにもかかわらず，それが故意犯として処罰される場合において，右違法の意識を欠くことにつき斟酌または宥恕すべき事由があるときは，刑の減軽をなし得べきことを認めたものと解する」としている。そして，村有吊橋爆破事件に関して，「法定刑の寛厳の程度を知らなかった」にすぎないとして，38条3項但書の適用を否定したのである。

4　相当の理由

　このような規定の解釈を参考にして考えると，違法性の意識の欠如について相当の理由がある場合は有責性が否定され，その程度に至らない場合には38条3項但書（情状により，刑の減軽）が適用されると解される。このような解釈は，やや不思議な気がするが，刑法の規定が，基本的なことは実定法化せず（たとえば，同時犯について原則を規定していない），例外を規定すること（同時傷害の特例として，207条）もあるのであるから，理屈として合っている刑法の基本原則に適っているならば，構わないはずである。

　相当の理由がある場合とは，どのような場合であろうか。具体例を判例に求めてみよう。

> **判例**　東京高判昭 44・9・17 高刑集 22・4・595 〔黒い雪事件〕
> 　Cらは，映画「黒い雪」を製作・上映したとして，わいせつ図画公然陳列罪（175条）で起訴された。原審である東京地裁は，わいせつ図画にあたらないとして無罪を言渡したので，検察官が控訴した。
> 　「被告人らはいずれも映倫管理委員会の審査の意義を認めて本件映画をその審査に付し，その間，被告人Cは，もとより製作者として主張すべき点は主張して審査員との間に論議を重ねたとはいえ，結局は審査員の勧告に応じ，一部修正，削除して右審査の通過に協力し，……被告人両名等本件映画の公開関係者は，右審査の通過によって，本件映画の上映が刑法上の猥褻性を帯びるものであるなどとは全く予想せず，社会的に是認され，法律上許容されたものと信じて公然これを上映したものであることは一件記録に照らして明白であり，……被告人らにおいて，本件映画の上映もまた刑法上の猥褻性を有するものではなく，法律上許容されたものと信ずるにつき相当の理由があったものというべきであり，……映倫審査制度発足以来16年にして，多数の映画の中からはじめて公訴を提起されたという極めて特殊な事情にある本件においても，なおこれを単なる情状と解し，被告人らの犯意は阻却しないものとするのはまことに酷に失するものといわざるをえない。してみれば，被告人らは，本件行為につき，いずれも刑法第175条の罪の犯意を欠くものと解するのが相当である」。

> **判例** 東京高判昭55・9・26高刑集33・5・359〔石油やみカルテル事件〕
> 　石油連盟の需給委員長であったDらが，連盟加入の各会社に原油処理量を割り当て，独禁法違反に問われた。
> 　「被告人は，石油業法の下で，あるいは通産省の直接指導により，あるいは通産省の指導，要請に基づく石油連盟の協力措置として実施されてきた生産調整の歴史の流れの中で，需給委員長に選任され，生産調整を正当な職務と信じ，何ら違法感をもたずに，誠実にその職務を遂行してきたものと認められるのであって，その違法性を意識しなかったことには右のとおり相当の理由があるのであるから，同被告人が本件各行為に及んだことを刑法上非難し，同被告人にその責任を帰することはできない。したがって，同被告人にはこの点において故意即ち『罪を犯す意』がなかったと認められる。」

　以上のような判例などを参考に考えてみると，違法性の意識の欠如について相当な理由がある場合として認められるためには，次のような要件をみたす必要がある。第1に，①法令，②行政庁の許可，③公務員の意見，④弁護士・税理士・司法書士などの意見，⑤公的に信用のある民間機関の見解などが判断の材料となっていることである。第2に，それらを材料として判断する場合に，常識のある一般人だったからそう判断することも無理もない，と思われる場合でなければならないことである。

4 故意説と責任説

　違法性の意識ないし違法性の意識の可能性について，それを故意の要件とするか，それとも，故意とは別に責任非難性を根拠づける責任の要素とするかについて，論争があり，前者が故意説，後者が責任説と呼ばれる。学説は大まかに4つに分かれている。
　①　厳格故意説　故意の要件として，事実の認識のほか，違法性の意識も必要とされる。したがって，違法性の意識が欠如する場合には，故意を阻却する。
　②　制限故意説　故意の要件として，事実の認識のほか，違法性の意識の可能性があれば足りるとされる。したがって，違法性の意識の可能性が欠如

する場合には，故意を阻却する。
　③　厳格責任説　事実の認識があれば故意が成立するとする。違法性の意識の欠如があっても，故意の成立には関係がない。違法性の意識の可能性は有責性の要件となる。違法性の意識が欠けるときも相当の理由があれば，責任が否定される。
　④　制限責任説　故意は事実の認識があれば成立し，違法性の意識の可能性が責任の要件となる。厳格責任説と違うのは，違法性阻却事由に関する錯誤を，事実の錯誤として故意阻却のレベルで処理する点である。
　今まで検討してきたことと，これらの学説を対応させると，私の立場は，どちらかというと，上述の③の厳格責任説に近いといえる。すなわち，違法性の意識の可能性があれば非難を負わせることができるのであり，しかも相当の理由があれば責任が否定されると解される。また，違法性阻却事由に関する錯誤については，事実の錯誤でもなければ法律の錯誤でもないと捉えたいと思う。

5　違法性の意識と判例変更

　行為当時における最高裁判所の判例の示す法解釈に従えば無罪となる行為について，処罰することは憲法39条に違反しないであろうか。
　以下の判例は，判例変更について憲法39条に違反しないとしたものである。

判例　最判平8・11・18刑集50・10・745〔岩教組同盟罷業事件〕
　Eは，岩手県教職員組合の中央執行委員長であったが，日教組が昭和49年4月11日，全国規模で行ったストライキに際し，傘下の公立学校教職員に対し，同盟罷業の遂行のあおりを企て，かつ，これをあおったとして，地方公務員法違反の罪で起訴された。被告人の上告趣旨は，処罰範囲を拡張する方向で判例を変更し，これを被告人に適用して処罰することは，遡及処罰を禁止した憲法39条に違反するという主張である。
　「行為当時の最高裁判所の判例の示す法解釈に従えば無罪となるべき行為を処罰することが憲法39条に違反する旨をいう点は，そのような行為であっても，これを処罰することが憲法の右規定に違反しないことは，当裁判所の判例……の趣旨に徴して明らかである。

> 裁判官河合伸一の補足意見「判例，ことに最高裁判所が示した法解釈は，下級審裁判所に対し事実上の強い拘束力を及ぼしているのであり，国民も，それを前提として自己の行動を定めることが多いと思われる。この現実に照らすと，最高裁判所の判例を信頼し，適法であると信じて行為した者を，事情の如何を問わずすべて処罰するとすることには問題があるといわざるを得ない。しかし，そこで問題にすべきは，所論のいうような行為後の判例の『遡及的適用』の許否ではなく，行為時の判例に対する国民の信頼の保護如何である。私は，判例を信頼し，それゆえに自己の行為が適法であると信じたことに相当な理由のある者については，犯罪を行う意思，すなわち，故意を欠くと解する余地があると考える。」

河合裁判官の補足意見は，以上のように，判例を信頼した国民の立場を考慮しながら，本件犯行当時，都教組事件判例（地方公務員法61条4号の処罰について，要件を厳しく絞るいわゆる「二重のしぼり論」を展開していた）はいずれ変更されることが予想される状況にあり，被告人は，このような事情を知った上であえて犯行に及んだものと認められるとして，本件は故意を欠いていたと認める余地のない事案であると指摘している。

> **🌳 用語の森**　補足意見　最高裁判所には，各裁判官の意見を表示しなければならないという意見表示制度がある（裁11条）。多数意見に加わった裁判官が，自己の意見を付加して述べたものを「補足意見」と呼んでいる。

第24章

期待可能性

📖 本章の主旨

有責性阻却事由の超法規的なものとして期待可能性がある。この法理がなぜ認められるか，判断基準はどこにあるのか。

1 期待可能性の思想

1 暴れ馬事件

有責性に関して，期待可能性という考え方が確認される機会を提供したのが，いわゆる「暴れ馬事件」である。

「暴れ馬事件」は，19世紀の終わり，まだ馬車が交通機関として重要な役割を果たしていた頃，ドイツで起きた事件である。

> しっぽを御者の手綱に絡ませる癖の悪い馬がいた。御者はそのために事故を起こす可能性があることを雇主に告げて何とかして欲しいと頼んだのであるが，雇主は一向に聞き入れてくれなかった。御者は勝手に馬を換えることできないし，また，仕事をやめれば家族を路頭に迷わせることになると悩んだ。致し方なく御者は従来通り仕事についていたところ，ある時，その馬が手綱にしっぽを絡みつかせ，御者が手綱を引き離そうとしたがうまくいかず，馬が暴れて通行人に大けがを負わせてしまった。

この事例では，御者が，わが国でいえば業務上過失致傷罪（211条1項前段）にあたるとして起訴された。当時のドイツの裁判所は，御者が雇主の命令を拒否したりすることができない状況にあったことを認めて，無罪を言い渡した。

「暴れ馬事件」に対する裁判所の判断がきっかけとなって，有責性の内容は，行為者に故意・過失という心理的要素があるだけでは足りないことが確認されるようになった。すなわち，有責性（責任）のよりどころは，次のようなところにあることが明らかになった。

2　規範的責任論

われわれが，行為者に責任を問うことができるのは，その行為者が，犯罪的な結果を惹き起こすことになった行為以外の，他の適法な行為をすることができたにもかかわらず，当該行為をしてしまったからである。そのような状況に置かれた者が，他の適法な行為をすることができなかったとすれば，その者に刑事責任を科したとしても，それは規範的視点からの非難ではなくなってしまう。自分の行うことから犯罪的結果が惹起されることを認識したとしても，置かれた状況によってはそれを避けることができない場合もあることを，われわれは理解する必要がある。

こうして，有責性は，かつて行為者の故意・過失という心理的要素のみで捉えていた心理的責任論から脱却し，規範的視点から非難することができるかどうかが重要であるとする規範的責任論で捉えられるようになった。そして，期待可能性は，故意・過失とは別個の責任要素として理解されるようになり，実定法上の直接的な規定はないものの，期待可能性がない場合は有責性が阻却され，犯罪は成立しないのである。

3　実定法の例

以上のように，有責性の基礎として期待可能性の理論が確認されると，実定法の立法の背景にも期待可能性の考え方があったと思われる規定がいくつかあることに気がつくのである。

証拠隠滅罪（104条）の規定を見よう。

> 条文　104条　他人の刑事事件に関する証拠を隠滅し，偽造し，若しくは変造し，又は偽造若しくは変造の証拠を使用した者は，2年以下の懲役又は20万円以下の罰金に処する。

この規定が処罰の対象としているのは，「他人の刑事事件に関する証拠」

をなくしたりすることである。したがって，たとえば，殺人を犯した犯人自身が凶器のナイフを橋の上から川に投げ捨てたとしても，そのこと自体が104条として処罰されることはない。そして，そのような規定のしかたをした理由は，犯人が自分のかかわった事件の証拠を隠滅しようとするのが人情の常である，と思われるからである。つまり，実際に行われた行為以外の他の適法な行為を期待することは一般に困難だからである。

また，親族が犯人をかくまったり（103条関係），証拠を隠滅したりすることも往々にしてあることなので，期待可能性が弱くなるという理由から，有罪ではあるが，刑を免除することができるとされている（105条）。さらに，過剰防衛（36条2項），過剰避難（37条1項但書）も，期待可能性が微弱な場合の一例と考えられる。

104条の規定は，本人が自分の刑事事件に関する証拠をなくしても処罰しないというのであって，本人が他人を巻き込んで行う場合まで許す趣旨ではない。判例は，犯人が他人を教唆して自己の刑事事件に関する証拠を偽造させたときは104罪の教唆犯（61条）が成立するとしている（最決昭40・9・16刑集19・6・679）。

以下の判例は，犯人が身代わりになるよう他人に依頼した場合，犯人隠避罪（103条）の教唆犯（61条）が成立するとしている。期待可能性がないとはされていない。

> **判例** 大判昭8・10・18刑集12・1820〔身代わり犯人仕立て事件〕
> Aは，自分が猪を取るために仕掛けた据銃によって，自家の女中Bが負傷を負い，それが原因で死亡したのを知り，県会議員としての社会的地位に傷がつくことを苦慮し，Cに対し，Aの犠牲となって，Cが据銃を仕掛けたことにするよう，依頼した。Cは，自分が犯人であると虚偽の申告をした。
> 「犯人がその発見逮捕を免れんとするは人間の至情なるをもって，犯人自身の単なる隠避行為は法律の罪として問う所にあらず。いわゆる防御の自由に属すといえども，他人を教唆して自己を隠避せしめ，刑法第103条の犯罪を実行せしむるに至りては防御の濫用に属し，法律の放任行為として干渉せざる防御の範囲を逸脱したるものといわざるをえざるにより，被教唆者に対し犯人隠避罪成立する以上，教唆者たる犯人は犯人隠避教唆の罪責を負わざるべからざること言をまたず。しからば，所論原判示被告人の行為は，犯人隠避

教唆罪を構成すること勿論なる」。

> **小話**　追善供養（先祖の冥福をいのること）が大事な規範とされていた時代では，その費用を賄うために窃盗行為をすることについて，今の理屈からすれば期待可能性なしとされる余地があったようである。
> 　狂言の「牛盗人」の話である。法皇の牛車の牛が盗まれ，方々を探しても見つからない。そこで，奉行は盗人の手がかりを知らせた者には望み通りのほうびを与えるという高札を立てた。そうすると，子どもがやってきて，犯人を知っているというのである。情報に従ってある男を呼び出すと自分には覚えがないと白を切る。そこで，奉行が子どもを証人として出廷させると，親子であった。結局，男は犯行を認め処罰されそうになるが，そこで子どもは望み通りのほうびを与えると約束したではないかと父の命を乞い，許されるのである。
> 　親子関係，供養のこと，奉行の約束など種々の要素があるが，別の視点からすると，法皇という権威の上に庶民の願いを優先しているともいえ，なるほど下剋上がはじまる時代の物語といえよう。庶民は大きな喝采をしたに違いない。

2 期待可能性の判断基準

　期待可能性は，超法規的有責性阻却事由の1つである。期待可能性の有無をどのような判断基準に基づいて判定するかについては，4つの見解がある。
　(イ)期待可能性はあくまで個々の行為者について考えるべきである（行為者標準説）。(ロ)期待可能性の有無は国家の側の要請によって決まることである（国家標準説）。(ハ)一般通常人を標準とするべきである（通常人標準説）。(ニ)行為者標準説を基本としながら，上限は通常人レベルで抑えるべきである（修正した行為者標準説）。
　4つの見解を比較してみる。(イ)は個人責任主義を徹底した考え方であり，(ロ)はその対極にある。通説となっている(ハ)は，法は一般通常人に期待できないものを無理に要求するものではない，という考え方である。(ニ)の見解は，行為者が低いレベルならそれに合わせて考え，どんなに高くても通常人のレベルを超えるべきではないとする。
　そもそも，刑法が行為者を非難するのは，行為者が現実に行ってしまったこと以外のことをできたはずなのに，それをしなかったことは怪しからん，

期待可能性の判断基準

- 国家標準説 → 国家標準（高い）
  (ロ) 国家の側の要請によって決まる
- 通常人標準説 → 通常人標準
  (ハ) 一般通常人のレベルを標準とする
- 行為者標準説
  (イ) 個々の行為について考えられるべき
- 修正した行為者標準説
  (ニ) 行為者標準説を基本としながら、上限は通常人レベルで抑えるべき

との判断に基づく。つまり，行為者には犯罪的な結果を惹き起こす以外の適法な行為ができたはずだとするのは，行為者が置かれた状態と行為者能力を抜きに考えることはできないはずである。このような見解によると，(ニ)の見解を支持することになる。

3 期待可能性に関する判例

期待可能性の理論について，学説はおおむねその必要性を認めているが，大審院や最高裁判所は正面からそれを認めていない。ただし，下級審では認めたものがある。

> **用語の森　下級審**　最高裁判所以外の裁判所。高等裁判所，地方裁判所，家庭裁判所，簡易裁判所の4種がある。

次の判例は，期待可能性が無いとまでは認めていないが，その考え方を十分に踏まえたものといえる。

> **判例　大判昭8・11・21 刑集12・2072〔第5柏島丸事件〕**
> Dは，発動機船の船長として旅客運搬業務に従事していた。昭和7年9月13日午前6時12分頃，第5柏島丸（9トン）の乗客定員24名の5倍余の127名を満載して出航し，目的地に向かう途中，後方から航行してきた発動機船の追波

を受け，乗客の一部が波のしぶきを避けようとして右舷から左舷に移動したため，船尾より海水が浸入し，第5柏島丸は沈没してしまった。そのため，乗客のうち，28名が溺死し，8名が全治数日間を要する頭痛・腹痛の疾病にかかった。

Dは，船長として，船を覆没させた点について業務上過失往来危険罪（129条2項），乗客を死傷させた点について業務上過失致死傷罪（211条1項前段）に問われた。

判決は，通勤の乗客が殺到していた事実，取締の警官も出航時刻の励行のみに専念し定員については寛大であった事実，船主が船長の再三の注意にもかかわらず採算上から多数の乗客を乗せるよう命じていた事実を考慮して，「被告のみの責任なりとして，これに厳罰を加ふるについては大いに考慮の余地あり」として，300円の罰金を言い渡した。

以下の2つの判例は，期待可能性がないとして，無罪を言い渡した。

判例　東金簡判昭35・7・15下刑集2・7＝8・1066〔山林埋葬事件〕

E女は，夫が脳溢血で突然死亡した際，本家から宗派の違い等で埋葬を拒まれ，共同墓地も余裕がなく，土葬が慣習の土地で，死体の腐敗の危険があるとき，亡夫の死体を山林に埋葬した。E女は，墓地，埋葬等に関する法律に違反するとして起訴された。

「適法行為を期待することが可能であるか否かは，具体的環境のもとにおいて被告人に適法行為をなすことを期待できるかどうかということであって，……客観的事情から見て右の行為にでないことを期待することは酷であると云わねばならない。従って右の事情をかれこれかん案して見ると，被告人に行為の当時墓地埋葬等に関する法律に適合した行為をなすことを期待できないものと認められる」。

判例　東京高判昭28・10・29高刑集6・11・1536〔失業保険不納付事件〕

Fは，G会社の川岸工場長として同工場の経営を担当していた者であるが，右会社は失業保険法所定の事業主として保険料の納付義務者であるところ，Fは右会社の業務に関し，川岸工場における失業保険者の賃金から控除した昭和23年9・10・11月分，約7万5千円をいずれも所定の納付期日である各翌月末までに，県労働部失業保険収課に納付しなかった。Fは失業保険法違反で起訴された。

「義務の履行は，その履行が可能な限りにおいて期待さるべきであるから，もし義務者のおかれた諸般の情況が，義務者としてその義務の履行をして不可能ならしめるような場合には，たとえ義務の不履行があったからといって，その不履行につき義務者の責任を問うわけにはいかない。けだし，法は何人に対しても不可能を強いるものではないからである」。

「『経理状況に悪化を加えられていた事情もあって，被告人会社の本店からの送金が遅れていた反面，前記工場長たる被告人Fの自由裁量を許される手許資金もなく，又独自の権限で融資を受ける方法等もなかった状態の下に起ったことが認められる』というのである。してみれば，かような事情たるや，被告人Fに対し本件失業保険料納付義務の履行を期待することは不可能であったと見るのが相当である。」

> **ポイント** 期待可能性の判例
>
> 期待可能性の理論について，大審院・最高裁は正面からそれを認めていないが，下級審では認めたものがある。

第25章

過失犯の基本問題

> **本章の主旨**
>
> 刑法は，責任主義の観点から過失犯を例外的な扱いとしているが，現実社会では，交通事故をはじめとして，企業による薬品・食品公害など取り組むべき課題は多い。それに伴い，過失犯をどう捉えるかが問い直されている。

1 過失犯と故意犯の区別

1 過失犯処罰は例外

　刑法は，故意犯処罰が原則である。刑法38条1項が「罪を犯す意思がない行為は，罰しない」としているのは，原則として故意のない行為は犯罪とならない，という趣旨を示している。そして，但書の「法律に特別の規定がある場合は，この限りでない」というのは，過失犯処罰の規定がある場合は処罰する趣旨である。

　たとえば，傷害については，故意犯の規定が204条にあり，過失犯の規定が209条にある。これに対して，器物損壊については，261条に規定があるのみで，そのほかに過失処罰の規定は設けられていないので，過失器物損壊は犯罪として処罰されないことになる（この点について，「不可罰」と表現される）。

　刑法典の各則をみると，過失犯は，次のような表現で規定されている。(イ)放火罪に属する出火は，「失火により」（116条）である。(ロ)過失致死罪は，「過失により人を死亡させた」（210条）と規定している。(ハ)業務上過失致死傷罪は，「業務上必要な注意を怠り，よって人を死傷させた」（211条1項前段）とする。(ニ)自動車運転過失致死傷罪は，「自動車の運転上必要な注意を怠り，

よって人を死傷させた」(211条2項) と規定している。このように，過失犯が統一的な形をとっていないことも，刑法が制定された明治40 (1907) 年の時点で，過失犯は例外的な扱いであったことを示している。その理由は，まず，量的に過失事犯がそれほど多くなかったことである（今日とは隔世の感がある）。次に，理屈の上では，近代より前は犯罪的な結果になんらかの意味で関わっていれば，処罰されるという結果責任主義が採られていたが，近代刑法はそれから脱却するために，あえて故意犯処罰を中心に捉えたということがある。

では，犯罪類型によって，過失処罰の規定があったり，なかったりするのは，なぜであろうか。それには，2つの理由が考えられる。第1は，過失犯の規定が置かれているのは，いずれも重要な法益に関してである。過失傷害や過失致死は人間の身体・生命に関わることであるから，不注意によって法益侵害が惹起された場合でも犯罪とする必要がある。それに対して，器物損壊は法益侵害という面でみると軽いといえる。また，過失による器物損壊は，加害者が被害の弁償をして当事者間で決着がつくなら，あえて刑事裁判の俎上にのせる必要はないといえる。第2は，犯罪形態として過失犯が考えられない場合もある。たとえば，過失による強盗ということは考えられないから，過失処罰を置いておく必要はない。

ところで，犯罪統計でみると，交通事故に関する過失犯（業務上過失致死傷罪，平成19年6月12日から自動車運転過失致死傷罪）は，認知件数で2位，検挙人員で1位であることを確認しておきたい。

2 特別の規定とは

刑法8条によれば，行政取締法規などの特別刑法にも，刑法38条1項但書は適用されるはずである。

> **条文** 8条　この編の規定は，他の法令の罪についても，適用する。ただし，その法令に特別の規定があるときは，この限りでない。

ところが，行政取締法規において，過失犯を処罰する明文がない場合にも，立法の趣旨などから「特別の規定」(38条1項但書) と認めて過失犯処罰をすることは許されるか，という問題がある。本来は，条文で規定すれば済むこ

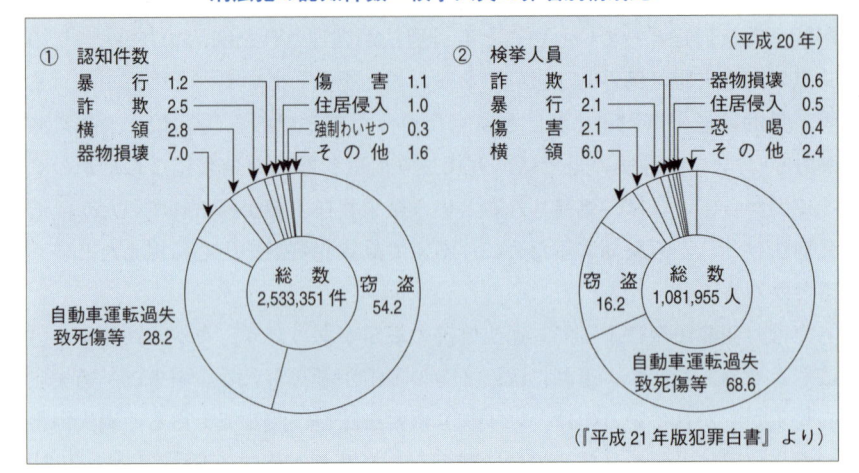

刑法犯の認知件数・検挙人員の罪名別構成比

① 認知件数
- 暴　　行　1.2
- 詐　　欺　2.5
- 横　　領　2.8
- 器物損壊　7.0
- 傷　害　1.1
- 住居侵入　1.0
- 強制わいせつ　0.3
- その他　1.6
- 総数 2,533,351 件
- 窃盗 54.2
- 自動車運転過失致死傷等 28.2

② 検挙人員　　　　　　　　　　（平成 20 年）
- 詐　欺　1.1
- 暴　行　2.1
- 傷　害　2.1
- 横　領　6.0
- 器物損壊　0.6
- 住居侵入　0.5
- 恐　喝　0.4
- その他　2.4
- 窃盗 16.2
- 総数 1,081,955 人
- 自動車運転過失致死傷等 68.6

（『平成 21 年版犯罪白書』より）

と（後述の，海洋汚染防法参照）であるから，過失犯処罰の明文規定を欠く場合には，「特別の規定」として処罰する必要はないはずである。これが，罪刑法定主義の考え方に沿った理解である。

ただし，行為態様から考えて，むしろ過失形態が大半を占めると思われる場合は，規定のしかたとして過失犯特有の文言が使われていないとしても，過失処罰は不都合ではないと解される。たとえば，外国人が登録証明書を携帯していない場合，犯罪として処罰されることになっているが（外国人登録法18条の2第4号・13条1項），行為態様としてみたとき，わざと携帯しない場合よりはうっかり忘れてしまう方が多いはずである。したがって，登録証明書不携帯として処罰する場合に，過失を含めてさしつかえないであろう。ちなみに，判例は，(旧) 外国人登録令違反事件に関して，「取締る事柄の本質に鑑み」という理由で過失犯処罰を認めている（最決昭28・3・5刑集7・3・506）。

ところが，このような形式犯ではない実質犯の場合で，なおかつ，違法行為の半数近くが故意によってなされている場合には，過失処罰の明文規定がないにもかかわらず処罰することは疑問である。判例は，(旧)「船舶の油による海水の汚濁の防止に関する法律」が「油を排出してはならない」と規定

して罰則を用意している場合に，過失犯処罰の明文規定がなくても処罰してさしつかえないと判示している（最決昭57・4・2刑集36・4・503）。この判例には賛成しかねる。ちなみに，新法の「海洋汚染等及び海上災害の防止に関する法律」では，故意犯と別に，「過失により」犯した場合に処罰する旨を規定している（同法55条1項・2項）。

> **用語の森** 形式犯　一定の行為がなされればそれで犯罪は成立し，法益に対する侵害または危険が生じなくてもよいもの。

> **判例** 最判昭37・5・4刑集16・5・510〔帳簿不記載事件〕
> 　被告人は古物商を営んでいたが，古物を買い受けながら，古物営業法所定の帳簿に所定の事項を記載しなかった。
> 　「古物営業法17条にいう『その都度』とは，『そのたびごとに』の意に解すべきである。又同法29条で処罰する『同法第17条の規定に違反した者』とは，その取締る事柄の本質にかんがみ，故意に帳簿に所定の事項を記載しなかったものばかりでなく，過失によりこれを記載しなかったものをも包含する法意である」。

3　過失犯と故意犯の区別

　過失犯と故意犯は，行為の態様として区別できる場合が多いのである。たとえば，前者としては自動車運転による事故があり，後者としてはピストルで狙撃することがある。しかし，なかには自動車事故を装って相手にけがを負わせる場合もあるから，外形的な動作と結果だけでは区別できないことも考える必要がある。
　そこで，行為者の主観的側面が判断材料となる。そうすると，過失犯は不注意で犯罪的な結果を惹き起こす場合，故意犯はわざと結果を発生させる場合，と整理することができる。
　ただし，どの程度の意思的要素があれば故意犯となるかについては，議論がある。過失犯と故意犯は，認識のある過失と未必の故意を分水嶺とすることになるが，故意の限界については，次のように学説は分かれる。
　① 蓋然性説　犯罪実現の高度の蓋然性（そうなることが十分に予測できる

こと）を認識した場合に故意を認める。
② 認容説　犯罪事実を認識し，かつ認容した場合に故意を認める。
③ 動機説　結果の発生を認識しながら，行為を思いとどまる動機としなかった場合に故意を認める。

過失犯と故意犯の区別は，(イ)故意犯でなければ処罰されない場合があるとともに，(ロ)故意犯は過失犯より相当重く処罰される根拠を示すものでなければならない。そこで，故意責任を認めるためには，少なくとも，結果発生があってもかまわない，という認容を必要と解するべきである。したがって，**未必の故意**は，犯罪的な結果を予見しながら，必ずしも結果発生を意欲するわけではないが，あるいは発生しても構わないと思って行為した場合ということになる。

狭い道路で自動車を運転している運転者の行為に関して，具体例で整理すると，次の表のようになる。

過失犯と故意犯の区別

	狭い道路で自動車を運転している運転者の行為	刑法上の評価
認識のない過失	前方不注意のため，通行人がいるのに気がつかず，通行人をはね，死亡させた。	過失犯（自動車運転過失致死罪）
認識のある過失	前方に通行人がいるのに気がついたが，自分の技術を過信し，減速などせず運転し，通行人をはね死亡させた。	
未必の故意	前方に通行人がいるのに気がついたが，はねて死亡させてもかまわないと思って運転し，通行人をはね死亡させた。	故意犯（殺人罪）
確定的故意	前方の通行人がかねてからうらみに思っていた人であったため，交通事故にみせかけ，通行人をはね死亡させた。	

次の判例は，発生した結果について，認識のない過失（業務上過失致死罪，当時）を認めた例である。

> 判例　最決平元・3・14 刑集 43・3・262〔後部荷台の 2 人事件〕
> 　被告人は，時速30キロメートルに指定されている道路を時速約65キロメートルで運行し，対向してきた車両を認めて狼狽したことから，左・右とハンドルを切り，走行の自由を失って，道路左側に設置してある信号柱に自車左側後部荷台を激突させた。その衝撃により，後部荷台に同乗していたA・B両名を死亡させ，助手席に同乗していたCに全治約2週間の傷害を負わせた。被告人が自車の後部荷台に両名が乗車している事実を認識していたとは認定できない。
> 　「被告人において，右のような無謀ともいうべき自動車運転をすれば人の死傷を伴ういかなる事故を惹起するかもしれないことは，当然認識しえたものというべきであるから，たとえ被告人が自車の後部荷台に前記両名が乗車している事実を認識していなかったとしても，右両名に関する業務上過失致死罪の成立を妨げないと解すべき」。

4　過失犯の種類

　過失には，軽過失，重過失，業務上過失の3種類がある。

　軽過失というのは，いわば普通の過失のことである。たとえば，通行人がよそ見をしながら歩いていて他者に衝突し，全治1週間の打撲傷を負わせたときで，過失傷害罪（209条）にあたる。

　重過失は，誰でも気がつくような注意を怠り，法益侵害を惹き起こしたような場合である。実例として，歩道上でゴルフクラブのスイングをしていて通行人の腹部に当て，内臓破裂で死亡させたという事例があり，重過失致死罪（211条1項後段）にあたる。

　業務上過失というのは，反復継続して危険な行為を行っている場合であり，それなりに十分な注意が必要とされると考えられている。判例では，「本来人が社会生活上の地位に基き反復継続して行う行為であって……かつその行為は他人の生命身体等に危害を加える虞あるものであることを必要とする」としている。以下，事例を含めて紹介する。

> 判例　最判昭 33・4・18 刑集 12・6・1090〔同伴者に発砲事件〕
> 　Cは，猟銃を携行してDとともに雑木林内で狩猟をしていた。Cは，草むら

中を進行し，前方約5m位先のボサ中からコジュケイ1羽が飛び出し，東北方のボサ中に飛び去るのを目撃したので，同伴者が発砲方向にいるかどうか掛声でたしかめもせず，突然発砲したところ，東北方のボサのかげにいたBに散弾を命中させ，全治2週間の傷害を負わせた。

「刑法211条にいわゆる業務とは，本来人が社会生活上の地位に基き反覆継続して行う行為であって，……かつその行為は他人の生命身体等に危害を加える虞あるものであることを必要とするけれども，行為者の目的がこれによって収入を得るにあるとその他の欲望を充たすにあるとは問わないと解すべきである。従って銃器を使用してなす狩猟行為の如き他人の生命，身体等に危害を及ぼす虞ある行為を，免許を受けて反覆継続してなすときは，たといその目的が娯楽のためであっても，なおこれを刑法211条にいわゆる業務と認むべきものといわねばならない」。

2 過失犯の構造

1 過失犯の成立要件

人間が刑事責任を問われるのは，①予見可能性と，②支配可能性があるにもかかわらず，規範の命ずるところに従わないで，法益を侵害したり危険にさらしたからである。

過失犯について，この人間の行為の特色をあてはめてみると，②の部分が結果回避措置ということになる。これらの言葉を使って，過失犯の構造（しくみ）を表現すると，次のようになる。過失犯は，結果発生の予見可能性があるにもかかわらず，結果回避措置を採らず，そのために結果が発生した場合である。

具体例で考えてみよう。たとえば，自動車を運転中，小雨が降り出したような場合，道路が滑りやすくなり，ブレーキをかけても制御が難しくなることは常識であるから，実際に対向車が来ようが来まいが，減速ないし徐行をするという措置が必要である。そこで，減速せずに運転していたためにスリップし，車が反対車線に出たため，通りかかった対向車に衝突したときは，過失が認められる。その結果，相手にけがを負わせれば，自動車運転過失致傷罪（211条2項）になる。この例で，過失行為として捉えられるのは，衝突

する直前のことではなく，小雨が降り出したとき，減速という結果回避措置を採らなかったことである。その結果として法益の侵害や危険が発生すれば，過失犯が成立することになる。

過失犯が犯罪として処罰しうる根拠は，次のような理由からである。過失犯は，一定の生活状況の下で，犯罪的な結果の惹起を回避するために採るべき措置を採らなかったことにより，結果が惹起した場合に，回避措置を採らなかった心的態度を法の視点から非難する。つまり，過失は，単にうっかりしていたとか，故意ではないこと，というような消極的な概念ではない。

ポイント　過失犯の成立要件

> 過失犯は，結果発生の予見可能性があり，結果回避義務があるにもかかわらず，回避措置を採らなかったことにより，結果が発生した場合に成立する。

2　予見可能性と結果回避措置の関係

どのような結果回避措置を採るべきかは，具体的な予見可能性がなくても比較的容易に予測がつくというのが，社会経験の教えるところである。たとえば，スプリンクラーや防火壁・防火扉が必要とされるのは，万が一の出火に対しても対処できるようにするための，いわば「転ばぬ先の杖」である。また，石油タンクが破壊して油漏れになるメカニズムは千差万別であるが，どうしたらそのような場合にも油による広域汚染を防止できるかは，容易に考えつくことである。つまり，石油タンク内の全石油分をプールできるだけの容量を計算して石油タンクの周りに堤防を築いておけば，万が一，石油が流れ出たとしても，被害の拡大を防ぐことが可能である。

以上のことから明らかなように，結果発生の防止は，結果回避措置の側からも捉えることができる。結果回避措置からフィードバックして予見可能性の内容を捉えることができるわけである。すなわち，過失犯の眼目は，ある社会生活関係において，危惧感程度に予想される結果発生を防止するために，どのような結果回避措置を採ることができるか，を明らかにすることにある。

どのような思想から，結果回避措置に重点を置き，予見可能性は危惧感で

足りるとする見解が支持されるのか。それは，国民生活の安全と人の生命の尊重を確保するために尽くすことのできる方策はしておくべきだ，という考え方からである。とくに，現代のように「危険がいっぱい」の社会においては，結果が起きてしまってからでは手の打ちようがない。ただし，結果回避措置ならば比較的容易にすることができる場合が少なくないことを踏まえておく必要がある。

予見可能性との関係でいえば，一般に，大事故になる前に小事故があり，また事故には至らない不具合が頻発していることも指摘されている。現実に起きた大事故が予測できなかったから予見可能性はなかった，という言い訳は許されないのである。

とくに，結果回避措置との関係では，インシデント（前事故事象）の把握から容易に引き出すことができるものである。この点について，「もしインシデントの段階で適切な改善措置がとられていれば，事故に発展しなかったのではないか」と考えられることが指摘されている。以下のハインリッヒの法則は示唆に富むものである。

> 小話　ハインリッヒの法則は，「『The 300-29-1 Ratio Opportunity』と表現されているが」その意味するところは『1件の大事故が発生する前には，29件の小事故と，損害を伴わない（事故に至らない）不具合が300件おきている』ということである。つまり，大事故発生前には，インシデントともいうべきものが頻発しているということである。……したがって，インシデントの情報から事故を構成する可能性がある危険要因を探し出し，人間の過誤と人間を過誤に陥らせた危険要因との関係を究明し，なぜ事故に発展しないですんだか（回復事由）や，危険の程度がどれくらいあったかを見極めることができれば——すなわちインシデントを分析・考察することによって——事故を未然に防止する適切な方策を考えることができることになる。」
>
> （宮城雅子『大事故の予兆をさぐる』（ブルーバックス）37〜39頁）

以上のことから，次のような課題についても，おのずから答えは明らかになる。その課題というのは，「今までなかった事故だから責任を負わなくてよいはず，との主張は正しいのか」というものである。

事故が起きて過失の刑事責任を問われるとき，被告人側からよく言われることは，「今までなかった事故だから責任を負わなくてよいはず」との主張である。その根拠は，(イ)予想外の事故で不可抗力であった，(ロ)過失犯におけ

る予見可能性は具体的予見可能性でなければならず，危惧感（抽象的予見可能性）から結果回避義務が生ずるとするのは責任主義に反する，というものである。

　仮にこのような主張を安易に認めた場合には，被害者は泣き寝入りしなければならないことになるから，慎重な判断が必要である。さて，(イ)の，いわば初めての事故だから責任を問われる理由はない，との主張は容認できない。たとえば，わが国では原子力発電所の大規模かつ破滅的な事故は今のところ発生していないが，十分に予想されるところである。(ロ)の理論的根拠については，そもそも予見可能性が相当の幅のある抽象的なものであり，予め結果回避措置を採ることで結果発生を未然に防げるなら，法益保護のために履行すべきである。したがって，今までになかった事故だからということは，責任を免れる理由にはならない。

3　予見可能性の内容

　通常の場合，結果発生の予見があるからこそ結果回避措置が要求されるといえる。ただし，この予見可能性は，具体的に，現実に発生した結果との関係で必要とされるものではない。

　たとえば，自動車を運転しているときに小雨が降り出した場合，自動車の減速・徐行が要求されるのは，現実に発生した結果を予見したわけではなく，スリップ事故などが起きやすいという危惧感に基づく。このように，予見可能性は，もともと，ある程度，抽象的なものであり，幅のあるものといえる。

　以下のいわゆる弥彦神社事件についての判例は，予見可能性について，危惧感で足りるとする立場を明らかにしたものと解される。

> 判例　最決昭42・5・25刑集21・4・584〔弥彦神社事件〕
> 　神社がいわゆる2年参りの慣わしで，花火を合図に餅まきを行った際，群集が折り重なって転倒し，窒息死等により124名が死亡した。行事を企画施行した神社職員が過失致死罪で起訴された。
> 　「餅まき等の催しを計画実施する者として，参拝のための多数の群集の参集と，これを放置した場合の災害の発生とを予測することは，一般の常識として可能なことであり，また当然にこれらのことを予測すべきであったといわ

なければならない」。
「右予見の可能性と予見の義務が認められる以上，被告人らとしては，あらかじめ，相当数の警備員を配置し，参拝者の一方交通を行なう等雑踏整理の手続を講ずるとともに，右餅まきの催しを実施するにあたっては，その時刻，場所，方法等について配慮し，その終了後参拝者を安全に分散退出させるべく誘導する等事故の発生を未然に防止するための措置をとるべき注意義務を有し，かつこれらの措置をとることが被告人らとして可能であったことも，また明らかといわなければならない」。

次の判例は，予見可能性の意義について，明確に，具体的予見可能性である必要はないと判示したものである。

判例　最決平12・12・20刑集54・9・1095〔生駒トンネル火災事件〕
近畿日本鉄道東大阪線生駒トンネル内における電力ケーブルの接続工事に際し，施行資格を有してその工事に当たった被告人が，ケーブルに特別高圧電流が流れる場合に発生する誘起電流を接地するための大小2種類の接地銅板のうちの1種類をY分岐接続器に取り付けるのを怠ったため，右誘起電流が，大地に流されずに，本来流れるべきでないY分岐接続器本体の半導電層部に流れて炭化導電路を形成し，長期間にわたり同部分に集中して流れ続けたことにより，火災が発生した。折からトンネル内を通過中の電車の乗客らが，火災により発生した有毒ガスを吸引し，1名が死亡，43名が傷害を負った。被告人は，業務上失火罪，業務上過失致死傷罪で起訴された。
「被告人は，右のような炭化導電路が形成されるという経過を具体的に予見することはできなかったとしても，右誘起電流が大地に流されずに本来流れるべきでない部分に長期間にわたり流れ続けることによって火災の発生に至る可能性があることを予見することはできたものというべきである。したがって，本件火災発生の予見可能性を認めた原判決は，相当である。」

4　結果回避措置の重視

過失犯罪の予防という点からすると，一定の立場にある者がどのような結果回避措置をとるべきかを，判例が明らかにすることが大切だといえる。
以下の判例は，結果回避措置に重点を置いたものといえる。

第25章　過失犯の基本問題　271

> **判例**　最決平13・2・7判時1743・149〔松戸トンネル水没事件〕
> 　千葉県が発注したトンネル型水路部分を含む国分川分水路の建設工事において，台風の接近による豪雨のため，周辺の河川からあふれ出した水がトンネル坑口前の掘削地にたまり，その水圧で，トンネル坑口に設置されていた仮締切が決壊し，大量の水が一挙にトンネル内に流れ込んで，トンネル内下流の区域で作業に従事していた作業員7名が溺死した。
> 　被告人は，千葉県土木部の出先機関である真間川改修事務所の国分川建設課長として，本件工事の監督，仮締切の管理等を担当していたとして，業務上過失致死罪で起訴された。
> 　「被告人は，仮締切の管理に関して，当時トンネル内で建設工事等に従事していた者の危険を回避すべき義務を負っていたと解される上，本件に際して仮締切の決壊を予見することができたというのであるから，被告人には，仮締切の決壊による危険を回避するため，トンネル内で作業に従事するなどしていた請負人の作業員らを直ちに避難させる措置を採るべき注意義務があるとした原判断は，正当としてこれを是認することができる。」

　次に，結果回避措置に重点を置いた判例として，ニセコアンヌプリ「春の滝」雪崩遭難事件（札幌地小樽支判平12・3・21判時1727・172）があるので，検討してみる。
　A・Bは，プロスノーボードサービスの従業員として勤務し，冬期間における雪上散策（スノーシューイング）の企画，参加者の募集およびガイド等の業務に従事していた。平成10年1月28日実施の有料スノーシューイング・ツアーにおいて，A・Bはツアーガイドとして，応募したC子・D子の2名を，ニセコアンヌプリ山の南東側に位置する「春の滝」（春になると雪解け水で滝ができることからの通称）の下部の沢筋に当たり，樹木がほとんどない標高411メートル地点に，午前11時45分ころ，引率して休憩させた。午前11時50分ころ，折から「春の滝」の標高約816メートル付近から発生し流下してきた面発生乾雪表層雪崩にC子・D子が巻き込まれて雪中に埋没した。そのため，C子は，右休憩地点付近において，入院加療6日間を要する全身打撲，偶発性低体温症の傷害を負い，D子は，救出された後，同日午後8時2分ころ，入院していた病院において，雪崩事故に起因する急性心不全により死亡した。A・Bは，共同して雪崩による遭難事故の発生を未然防止すべき業務

上の注意義務があるのに，これを怠った過失により死傷の結果を惹き起こしたとして，業務上過失致死傷罪で起訴された。

判決に基づいて，説明しよう。

第1に，判決は，被告人両名の注意義務を明らかにしている。

「雪上対策のため参加料を支払ってツアーに参加した者を積雪期の山中などに引率するという被告人らのガイドとしての職務は，いったん判断を誤れば，その性質上，雪崩に巻き込まれるなどして参加者の生命身体に対する危険が生ずる可能性があることが明らかであるから，……被告人両名の右ガイドとしての職務が刑法211条前段にいう義務に当たることは明白であり，被告人両名は，ツアー参加者を，ツアーに伴い予想される前記のような危険から保護すべく万全の備えをし，その生命身体に対する侵害を生じさせる事態を招かないよう細心の注意を払わなければならないのは当然である。」

第2に，判決は，結果回避措置について言及している。

雪崩による遭難事故を避けるためには，「被告人両名が，具体的状況の下で雪崩発生の危険がある区域への立ち入りを避けることはもちろん，上方で発生した雪崩の通過地域となるような樹木の疎らな沢筋等を避け，遭難事故のおそれのない樹木の密生した小高い林等を行程として選定するなど……の業務上の注意義務を負う」というのである。

3 信頼の原則

1 許された危険

現代は，危険を承知の上で，科学技術の進歩に伴う交通・通信・生産・建築・医療などを社会として容認している時代である。これを許された危険と呼んでいる。

ただし，便利なら何でも受け容れてよいというわけではなく，被害が起きないように注意義務を尽くすとともに，事故が起きた場合に取り返しがつかない甚大な被害の生ずるおそれが予想されるときは，便益を受けることを自己規制する必要もあると指摘されている。たとえば，原子力発電所の稼働や遺伝子工学の応用は，許された危険と，いわば許されない危険の境界問題と

いえる。

2　信頼の原則

信頼の原則は，許された危険の法理の1つのあらわれである。これは，危険な作業に携わる者同士において，特別な事情のないかぎり，それぞれの要求される結果回避措置を尽くせば足り，他者の不注意で危険が生ずることをあくまで予想して，万全の措置を採ることまでは必要とされない，とする原則である。

この原則が採り上げられた判例を検討してみよう。

Aは，自動車を運転していて，交通整理の行われていない交差点を右折する途中，中央付近でエンストを起こし，再び低速で発進しようとした際，左側方のみを注意して右側方に対する安全の確認を欠いたまま発車した。そのため，右側方からバイクでやってきたBに初めて気づいたのはバイクとの間が約5mの距離になってからで，Aは急停車したが間に合わず，自動車をバイクに衝突させ，Bに約100日の治療を要する傷害を与えた。

Aは，この件につき，業務上過失致傷罪（211条前段）で起訴された（現在なら，自動車運転過失致傷罪〔211条2項〕）。これに対し，判例は，次のように判示して，Aを無罪にした（最判昭41・12・20刑集20・10・1212）。

「自動車運転者としては，特別な事情のないかぎり，右側方からくる他の車輌が交通法規を守り自車との衝突を回避するため適切な行動に出ることを信頼して運転すれば足りるのであって，本件Bの車両のように，あえて交通法規に違反し，自車の前面を突破しようとする車両のありうることまでも予想して右側方に対する安全を確認し，もって事故の発生を未然に防止すべき業務上の注意義務はない」。

このように，信頼の原則は，危険防止について，協力あるいは分担する関係にある場合において，過失犯の注意義務を合理的に限定

交差点の例

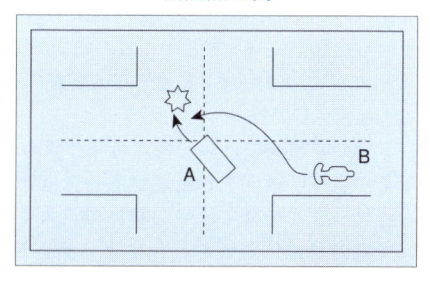

するのに役立つものである。

　交通事故に関して信頼の原則が適用されるためには，具体的事情の下で，被害者が危険を回避する措置を採ることを期待しうる状況でなければならない。相手が老人・身体障害者・幼児等の場合には安易に適用すべきではなく，自動車運転者側に十分な結果回避措置が期待される。たとえば，幅狭い道路で7歳の子供が自動車に気づかないとき，運転者に信頼の原則は適用されず，警笛を鳴らすなどの結果回避義務を負うのである（東京高判昭42・9・21高刑集20・4・553）。

ポイント　信頼の原則

> 信頼の原則は，危険な作業に携わる者同士において，特別な事情のないかぎり，それぞれの要求される結果回避措置を尽くせば足り，万全の措置を採ることを必要とされない。

3　チーム医療に信頼の原則は適用されるか

　チーム医療において，医療関係者に信頼の原則が適用されるべきか問われたのが，下記の北大電気メス事件である。

判例　札幌高判昭51・3・18判時820・36〔北大電気メス事件〕

　昭和45年，北大医学部附属病院で行われた2歳半の患者に対する動脈管を大動脈との分岐点で切断する手術に際し，手術自体は成功したが，手術に用いられた電気メス器の対極板付ケーブルのプラグとメス側ケーブルのプラグとを交互に誤接続したため，対極板を装着した患者の右下腿部に高周波電流が流れ3度の熱傷を生じ，そのため下腿切断のやむなきにいたった。手術を行った医療従事者9名のうち，電気メスを使用した執刀医Cと電気メスについてケーブルの接続，ダイヤルの調整にあたって看護婦Dが起訴された。

　被告人D関係
　介助看護婦にとって予見可能と認められるのは，「ケーブルの誤接続をしたまま電気手術器を作動させるときは電気手術器の作用に変調を生じ，本体からケーブルを経て患者の身体に流入する電流の状態に異常を来し，その結果患者の身体に電流の作用による傷害を被らせるおそれがあること」であり，

「被告人Dの場合，刑法上結果発生の予見可能性があったといえる」ので，業務上過失傷害罪が成立する。
　被告人C関係
　執刀医である被告人Cにとって，「ケーブルの誤接続のありうることについて具体的認識を欠いたことなどのため，右誤接続に起因する傷害事故発生の予見可能性が必ずしも高度のものではなく，手術開始直前に，ベテランの看護婦である被告人Dを信頼し接続の正否を点検しなかったことが当時の具体的状況のもとで無理からぬものであったことにかんがみれば，被告人Cがケーブルの誤接続による傷害事故発生を予見してこれを回避すべくケーブル接続の点検をする措置をとらなかったことをとらえ，執刀医として通常用いるべき注意義務の違反があったものということはできない」。Cは，「業務上過失傷害罪における過失にあたらない」ので無罪である。

　今日の医療の重要な部分は，手術を代表例として捉えれば，いわゆる**チーム医療**としてなされている。それだけに，チーム医療において**医療過誤**が問題となる場合，その法理を用いると刑事責任を免れる者が浮かび上がる信頼の原則を適用することは，慎重を要するところである。
　チーム医療の場合は，道路交通の場合と異なり，そもそも加害者（医療従事者）と被害者（患者）は危険防止を分担すべき当事者ではないから，信頼の原則の適用の結果，チーム医療の中心的人物が刑事責任を免れたりするのは，患者側にとって納得しがたいことである。本件では，もともと医療従事者間の業務分担が確立していなかったものであるから，信頼の原則を適用するべき場面でなかった，といわざるをえない。判例の見解は妥当でない。

4　大規模事故における過失犯

1　管理過失

　大規模事故に関して問題となるのは，管理過失ないし監督過失である。
　実際に問題となった事例として，川治プリンスホテル火災事件があるので，検討してみよう。
　某日午後3時頃，川治プリンスホテルの新館の旧露天風呂用地で，鉄柵切

断作業をしていた建設会社作業員Eの不注意から火災が発生し，火災が新館から旧館へ短時間に流入し，合計45名が死亡し，22名が負傷した。なお，多量の煙や火災が短時間に流入した要因としては，新館と旧館との間に防火戸の設置がないことや旧館に防火区画がなかったことがある。また，非常ベルが鳴っているのに，従業員によって，火事ではないとして客の避難行動を押さえるような言動があった。

　この事例に関し，川治プリンスホテルの代表取締役Fとその妻で専務取締役G，ならびに作業員Eが起訴された。(イ)作業員Eについては，業務上失火罪（117条の2）と業務上過失致死傷罪（211条前段―当時）が成立する。(ロ)FとGについては，出火に直接関係していないから，ホテルの経営者として人の死傷について責任を負うかどうかを考える必要がある。なお，本事例では，Fが代表取締役であるものの，実質的な経営者はGであった。

　問題となるのは，ホテルや旅館の経営そのものが人の生命や身体に危害を加えるおそれがあるわけではないから，はたしてGに業務上過失致死傷罪が問えるか，である。裁判においても，Gが最後までその点を争った。

　しかし，次のように考えることができる。ホテルや旅館にとって最も大事なことは，宿泊客の安全を確保することにあると思われる。防火防災設備が不十分であって，なおかつ，防火訓練が十分行われていない場合には，いったんホテル・旅館の内外で出火すれば甚大な被害が発生することは十分に予測できることである。また，ホテルや旅館はいつもどこかで大小の工事が行われているものであるし，出入りする人々のタバコの火も油断できない。もちろん，厨房では常に火が用いられている。そうであるとすると，宿泊客の命をあずかるホテル・旅館としては，何時どこからか火災が発生したとしても，それから宿泊客等を守るということが大切である。物的・人的な面で防火防災対策を施さない経営者は，宿泊客等の生命・身体に危害を加えるおそれがあることを十分承知していたといえるから，Gには業務上過失致死傷罪の成立が認められる。

　それでは，判例はどういっているか。「本件火災による宿泊客及び従業員の死傷の結果については，被告人において，あらかじめ消防計画を作成してこれに基づき避難誘導訓練を実施するとともに，右の防火戸・防火区画を設

置していれば，双方の措置が相まって，本件火災による宿泊客等の死傷の結果を回避することができたものと認められる」として，業務上過失致死傷罪が成立すると判断した（最決平2・11・16刑集44・8・744）。

以上のように，Gについて問われている過失責任は，ホテルの経営者として，管理する立場に認められる管理過失（責任）である。ちなみに，ここで管理責任というのは，仮に現場がミスを犯しても被害が発生しないよう，経営者，管理者が予め物的・人的両面で安全対策を講じておくべき注意義務を負うことである。いわば，企業の経営者・管理者的地位にある者が，直接，外部に対して負う責任である。最高裁判所が大規模火災事故について管理責任を認めたのは，不作為犯としての過失責任を明らかにするものであり，この種の事件に対する警鐘にもなる。

2　監督過失

管理過失（責任）という言葉と類似のものとして監督過失がある。これは，企業の経営者・管理者的地位にある者が，従業者が不適切な行為をして結果を発生させないように，監督する注意義務を負うことである。

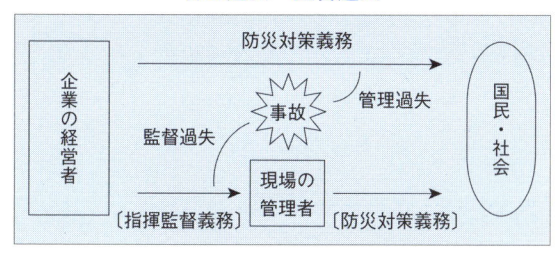

管理過失・監督過失

企業の経営者 →[防災対策義務]→ 国民・社会
企業の経営者 →監督過失→ 事故 ←管理過失←
企業の経営者 →[指揮監督義務]→ 現場の管理者 →[防災対策義務]→

以下の判例は，ホテルの代表取締役社長が，管理過失とともに，防火管理者である支配人を指揮監督する義務があることを明らかにしたものである。

判例　最決平5・11・25刑集47・9・242〔ホテル・ニュージャパン事件〕
　昭和57年2月8日午前3時16・7分ころ，ホテル・ニュージャパンの9階938号室の宿泊客のたばこの不始末により同室ベッドから出火し，駆けつけた当

直従業員が消火器を噴射したことによりいったん火災は消えたが，約1分後に再燃し，同室ドアが開放されていたため火勢が拡大して，同3時24分ないし26分ころには，同室および前面の廊下でフラッシュオーバー現象が起こり，以後，9・10階の大部分に延焼が拡大した。出火は早期に発見されたが，消防訓練等が不十分で，組織的な対応ができなかった。各個人の対応としても，防火戸の閉鎖に思いつく者もなく，119番通報も大幅に遅れるなど，本件火災の拡大防止，被害者の救出のための効果的な行動を取ることができなかった。そのため，就寝中などの理由で逃げ遅れた9・10階を中心とする宿泊客らは，激しい火災や多量の煙を浴びもしくは吸引し，または窓等から転落しもしくは飛び降りるなどのやむなきに至り，その結果，32名が火傷・一酸化炭素中毒・頭蓋骨骨折等により死亡し，24名が全治約3日間ないし全治不明の火傷，骨折等の傷害を負った。社長Hは，業務上過失致死傷罪で起訴された。

「被告人は，本件ホテル内から出火した場合，早期にこれを消火し，又は火災の拡大を防止するとともに宿泊客らに対する適切な通報，避難誘導を行うことにより，宿泊客らの死傷の結果を回避するため，消防法令上の基準に従って本件建物の9階及び10階にスプリンクラー設備又は代替防火区画を設置するとともに，防火管理者であるIを指揮監督して，消防計画を作成させて，従業員らにこれを周知徹底させ，これに基づく消防訓練及び防火用・消防用設備等の点検，維持管理等を行わせるなどして，あらかじめ防火管理体制を確立しておくべき義務を負っていたというべきである。そして，被告人がこれらの措置を採ることを困難にさせる事情はなかったのであるから，被告人において右義務を怠らなければ，これらの措置があいまって，本件火災による宿泊客らの死傷の結果を回避することができたということができる。」

第26章

未遂と既遂，不能犯

📖 本章の主旨

　実行の着手がありながら結果発生に至らないのが障害未遂であり，行為者自身の中止行為によって結果不発生にとどまるのが中止未遂である。行為者に結果発生の意図がありながら，行為がなされても実行の着手と評価しえないときは，不能犯である。実行の着手があって結果が発生すれば，既遂である。

1 犯罪の遂行段階

1 予備・陰謀，未遂，既遂

犯罪には，遂行段階（過程）があることを，殺人を例にして見てみよう。

> 　Aが殺害の意図（殺意）をもってBを毒殺しようとする場合にも，実際には，事の成り行きによって，次のようないくつかの態様として現れる。
> 　(イ)AがBの飲もうとするジュースの中に青酸カリを混入し，Bがそれを飲んで死亡した。
> 　(ロ)AがBの飲もうとするジュースの中に青酸カリを混入したが，Bは一口飲んで異常に気づいて吐いたため，命拾いをした。
> 　(ハ)Aが殺害の意図で青酸カリを所持していたところ，落ち着きのない態度を警察官に見咎められ，事が発覚した。

　以上は，殺害という被害（法益侵害）の発生から時間的に遡って捉えてみたのであるが，順序に従って整理すると，犯罪は，(ハ)→(ロ)→(イ)と進行していくといえる。このように，犯罪を一連の遂行段階として捉えたとき，〔予備〕

→〔未遂〕→〔既遂〕という過程として理解できる。

　刑法は，一般に，人の暴力行為により，人の生命が侵害されたり，放火によって公共の危険が生じた場合など，法益侵害の結果や危険が発生したときに，犯罪の成立を考えている。ただし，特別に規定がある場合には，そのような結果が発生しないときにも処罰することとしている（43条・44条）。これが，未遂処罰である。

　ところで，未遂より前の予備段階はどうであろうか。たとえば，スリが被害者に目星をつけたような場合である。ただし，その段階で犯罪として処罰するのが妥当かどうかは，一考を要する。ということは，窃盗の意思は行為者の内心にあるにしても，外部からはわからないからである。他方，殺人の目的でナイフをカバンに入れて相手方の家へ向かっている場合は，行為者の意思だけでなく，ナイフが行為者の意思を推測させる。

　そこで，刑法は，きわめて重大な犯罪の予備行為で，しかも，ある程度，客観的に捉えることが可能なものに限って，予備の段階でも犯罪になるとしている。刑法が，予備について処罰の対象としてとりあげているのは，内乱予備（78条），外患予備（88条），私戦予備（93条），放火予備（113条），通貨偽造準備（153条），支払用カード電磁的記録不正作出準備（163条の4），殺人予備（201条），身の代金目的拐取予備（228の3），強盗予備（237条）である。

　また，予備の一種として，2人以上の者が犯罪を行う意思を合致させた場合について，陰謀として処罰される場合がある。刑法が処罰の対象としてとりあげているのは，内乱陰謀（78条），外患陰謀（88条），私戦陰謀（93条）の3か条だけである。

　予備，未遂，既遂という遂行段階としての捉え方は，後のものが成立するとき，前のものはそれに包含されて評価されることを意味する。逆からみれば，既遂に至らないから未遂として捉え，未遂にも至らないので予備を考えるということである。なお，予備，未遂，既遂は，犯罪類型によって可罰性（処罰の必要性）が刑法上決められているのであるから，その評価が構成要件該当性の問題であることはいうまでもない。

2　未遂をなぜ処罰するのか

　刑法は，なぜ，被害が発生していない未遂の場合にも処罰するのか。また，なぜ，特定の「ある罪」の未遂として処罰しうるのか。この問題は，刑法が犯罪というものを捉えるにあたって，被害発生という客観的な面ばかりでなく，行為者の主観面を合わせて考慮していることを物語っている。

　同じ程度のけがをしながら，暴行罪（208条）とされたり，殺人未遂罪（203条・199条）とされるのはなぜであろうか。それは，第1に，結果ではなく，行為自体の危険性に意味のある差があるからにほかならない。仮に同じく全治2週間のけがと診断されたとしても，手拳（拳固）によるか，ピストルの弾丸によるかは，その手段・方法に含まれている危険性という面で大きな違いがあるといわなければならない。ピストルによるときは，死亡という重大な結果につながりかねない。刑法は，それを違法性の差異として捉え，さらに，類型的にも差異があるとして，構成要件上で区別している。すなわち，違法性判断の基準についていえば，法益侵害の程度に加えて，侵害する行為の及ぼす危険性が考慮されている。つまり，結果無価値に合わせて行為無価値的側面を加味する必要がある。第2に，被害者の脅威感ともつりあいが取れている。単に傷害を負わされそうになったか，それとも殺されそうになったかでは，被害者の脅威感に大きな隔たりがある。第3に，犯罪抑止という観点からみても，暴行罪・傷害罪と殺人未遂罪とで，刑罰の上限に格段の差が設けられていることは，十分な意味があるといわなければならない。

　以上述べてきたように，未遂罪がそれ自体として処罰される根拠は，㈠行為者の主観面の違法性，㈡手段・方法の危険性，㈢被害者の脅威感，㈣刑罰の差による犯罪抑止効果，に求められる。

　未遂と既遂の関係については，既遂を基本的構成要件とし，未遂をそれに対する修正された構成要件と捉えるのが一般である。すなわち，殺人未遂の場合なら，199条の「人を殺した」という基本的構成要件を充足していないが，「人を殺そうとする行為をしたが殺害という結果が生じなかった」という修正された構成要件との関係では充足している，とする。そして，未遂は，共犯とならんで，「構成要件の修正形式」とされている。

> **用語の森** 修正された構成要件 「修正」という言葉は，本来，よくないところを直して，正しく改めることを意味する。既遂・未遂にそのような関係があるわけではないので，私は，拡張された構成要件と名づけた方がよいと思っている。

3 既遂の時期

既遂は，43条本文の文言を逆にした場合である。「犯罪の実行に着手してこれを遂げた」ときである。ただし，「遂げた」という状態が，犯罪のパターンによって差異がみられる。

(イ) 侵害犯，危険犯 侵害犯は，法益侵害の結果そのものを惹き起こすことが必要とされる。殺人罪（199条），傷害罪（204条），窃盗罪（235条）がその例である。

窃盗罪の既遂時期についていえば，財物に対する他人の占有を排除して，自己または第三者の事実上の支配内に置いたときに認められる。たとえば，万引き犯人が，コンビニエンス・ストアで大きな物を盗むときは，店外に出ることが必要であるが，小さな物をポケットに入れたときは，その時点で財物を自己の事実上の支配下に移したといえる。貨物列車の乗務員が，後で拾いにくる計画の下に，予定地点で積荷を突き落としたときは，その後，現場に行って品物を持ち帰った時点ではなく，列車から突き落とした時点で既遂となる（最判昭24・12・22刑集3・12・2070）。また，他家の風呂場で他人の金指輪を発見し，領得の意思で，風呂場内の他人が容易に発見しえない隙間に隠匿すれば，その時点で窃盗罪の既遂となる（大判大12・7・3刑集2・624）。

次の判例は，「早すぎた結果の発生」といわれているが，第1行為について，殺人罪の実行の着手を認め，その上で既遂の成立を認めたものである（なお，因果関係に関しては第13章で扱っている）。

> **判例** 最決平16・3・22刑集58・3・187〔クロロホルム・タオル事件〕
> Aは，夫のBを事故死に見せかけて殺害し生命保険金を詐取しようと考え，Cに殺害の実行を依頼し，CはD，E，Fに実行を依頼した。

D，E，Fは，石巻市内の路上において，犯人使用車をB使用車に追突させた上，犯人使用車の助手席に誘い入れた。午後9時30分ころ，Eが多量のクロロホルムを染みこませてあるタオルをBの背後からその鼻口部に押し当て，Dもその腕を押さえるなどして，クロロホルムの吸引を続けさせてBを昏倒させた（『第1行為』）。その後，実行犯3名は，Cを呼び出し，Cと実行犯3名は，ぐったりとして動かないBをB使用車の運転席に運び入れた上，同車を石巻工業港の岸壁から海中に転落させて沈めた（『第2行為』）。C及び実行犯3名は，第1行為自体によってBが死亡する可能性があるとの認識を有していなかった。しかし，客観的にみれば，第1行為は，人を死に至らしめる危険性の相当高い行為であった。

　「被告人C及び実行犯3名は，第1行為自体によってBが死亡する可能性があるとの認識を有していなかった。しかし，客観的にみれば，第1行為は，人を死に至らしめる危険性の相当高い行為であった。」

　「実行犯3名の殺害計画は，クロロホルムを吸引させてBを失神させた上，その失神状態を利用して，Bを港まで運び自動車ごと海中に転落させてでき死させるというものであって，第1行為は第2行為を確実かつ容易に行うために必要不可欠なものであったといえること，第1行為に成功した場合，それ以降の殺害計画を遂行する上で障害となるような特段の事情が存しなかったと認められることや，第1行為と第2行為との間の時間的場所的近接性などに照らすと，第1行為は第2行為に密接な行為であり，実行犯3名が第1行為を開始した時点で既に殺人に至る客観的な危険性が明らかに認められるから，その時点において殺人罪の実行の着手があったものと解するのが相当である。また，実行犯3名は，クロロホルムを吸引させてBを失神させた上自動車ごと海中に転落させるという一連の殺人行為に着手して，その目的を遂げたのであるから，たとえ，実行犯3名の認識と異なり，第2行為の前の時点でBが第1行為により死亡していたとしても，殺人の故意に欠けるところはなく，実行犯3名については殺人既遂の共同正犯が成立するものと認められる。そして，実行犯3名は被告人両名との共謀に基づいて上記殺人行為に及んだものであるから，被告人両名もまた殺人既遂の共同正犯の罪責を負うものといわねばならない。」

　危険犯は，法益に対する危険が発生した時点で既遂と認められる。放火罪（108条以下），保護責任者遺棄罪（218条）がその例である。往来危険罪（125条）においては，線路上に置き石がなされれば往来の危険が生じるから，その時点で既遂となる。列車の通過前に保線係によって置き石が除去されたり，

列車によって置き石がはね飛ばされて実害が生じなかったとしても未遂ではないのである。なお，往来危険罪の未遂は，置き石をしようとした際に列車の接近を知って思いとどまったような場合である。

保護責任者遺棄罪（218条）は，**抽象的危険犯**と解されるので，人を現在保護されている状態から保護を欠くおそれのある状態に移せば，既遂となる。そこで，母親が乳児を遺棄するつもりで，病院の前に置けば，数分後にたとえ無事保護されても保護責任者遺棄罪の既遂となる。なお，いわゆる「赤ちゃんポスト」に赤ちゃんが置きざりにされた場合，抽象的危険犯の立場からは，父母に対し保護責任者遺棄罪の成立を考えざるをえない。

> **🌳 用語の森**　**抽象的危険犯**　法益が侵害される危険がありさえすれば成立すると解される犯罪。

(ロ)　**即成犯，状態犯，継続犯**　これは，既遂が成立したとき，法益侵害の結果がそこで終息するか，それとも，それが持続するとして，どう評価するか，という点からの区分である。

即成犯は，既遂の成立とともに法益侵害の問題は終息し，その後に引きずることはないのである。たとえば，殺人罪の既遂が認められれば，その後，死体として190条の客体にはなりうるとしても，生命侵害の問題が登場する余地はない。

状態犯は，既遂成立以降にも法益侵害の状態は続くものの，既遂評価の時点でそれ以降の状態も予め考慮されており，格別の評価を必要としないのである。たとえば，窃盗罪（235条）が既遂となった場合，犯人がその財物を利用したり毀損したからといって，別罪を構成するわけではない。窃盗犯人が，盗んだ壺を破壊しても，器物損壊罪（261条）になるわけではなく，それは**不可罰的事後行為**という評価を受ける。ただし，それが新たな法益侵害につながるときは，別罪を構成する。盗んだ郵便貯金通帳と印鑑を利用して貯金を引き出したときは，郵便局に対する詐欺罪（246条1項）に該当する。

継続犯は，既遂成立以降の法益侵害も時々刻々に新たな法益侵害と評価されるものである。たとえば，監禁罪（220条）では，監禁状態が続くかぎり，既遂は常に成立し続けると捉えられる。継続犯という捉え方の効果として，

(a)法益侵害が継続している間に新法が成立しても，それは事後法とはならない，(b)刑事訴訟法上の公訴時効の起算点（刑訴253条）が延びる，などがある。

2 未遂犯

1 未遂の種類

　未遂とは，犯罪の実行に着手したが，これを遂げなかった場合である（43条本文）。つまり，行為者の当初の意図通りに結果が生じなかった未完成犯罪である。

　未遂には，条文上の区別として，外部的な障害によって結果が発生しなかった障害未遂（狭義の未遂）と，行為者の意図に基づいて結果の発生をくい止めた中止未遂（中止犯）とがある。刑法は，障害未遂については，裁判官の任意により減軽ができるとし（43条本文），中止未遂については，必ず減軽か免除することとしている（43条但書）。

　条文上の区別ではないが，実行に着手して未遂にとどまる場合にも，実行行為そのものが未完成の場合と，実行行為は完了したが結果は不発生の場合とがある。前者を着手未遂，後者を実行未遂（終了未遂）と呼んでいる。

　殺人罪に関して，それぞれの例を示す。着手未遂は，AがBの首を締めて殺害しようとして10数秒たった時点でCが止めに入ったことにより，殺害に至らなかったような場合である。実行未遂は，DがEを殺害する意図でピストルを撃ち，弾丸はEの腹部を貫通したものの，Eはいちはやく病院に運び込まれ，手術が成功して一命をとりとめたような場合である。

　着手未遂と実行未遂の区別は何によるのか。それは，行為の手段・方法が結果惹起に結びつかない段階か，それとも結びつく可能性があったかどうかによる。行為者の主観のみによるものではないのである。ピストルを3発発射して人を殺害するつもりでいたところ，2発撃った段階で阻止されたからといって，着手未遂と考えるべきではない。ピストルの発射ならば行為者が何発撃つつもりであったかにかかわらず，1発発射すれば，通常，殺人行為として十分といえる。ただし，2発までは明らかに脅しのためであることが，発射された方向などからも証明されたような場合は別である。

その意味では，客観的な状況と行為者の主観面の両者を合わせて判断する必要がある。判例から，2つの事例を検討してみよう。

〔事例1〕
　Fの意を受けたGが，刃渡り約50cmの日本刀を振り上げて，Hの右肩辺りを1回切りつけ，Hが前かがみに倒れたので，Gが二の太刀を加えてHの息の根を止めようとした折，FがGに対し，「もういい，行くぞ」と告げたため，ともに立ち去った。

　この事例では，Fも最初の一撃でHを殺害できたとは考えず，だからこそGも次の攻撃に移ろうとしていたのであり，Hの肩部の切創も骨に達しない程度であった。そこで，判決は，本件は，「着手未遂の事案に当たる場合であり，被告人としては，Hを殺害するため更に次の攻撃を加えようとすれば容易にこれをなしえた」のに「次の攻撃を自ら止めている」として，中止未遂を認めている（東京高判昭51・7・14判時834・106）。つまり，一撃では致命傷にならないのに，そこで止めているため，実行行為として未完成なのである。

〔事例2〕
　Iは，殺意をもってJの左側頭部付近を牛刀で切りつけたが，Jがとっさにこれを左腕で防いだため，全治約2週間の左前腕切傷にとどまった。Iは最初の一撃で足らないときは追撃の意図を有していたが，Jから「命だけは助けてくれ」と哀願されたため，憐憫の情を催して，断念した。

　この事例では，Iに確定的殺意がありながら一撃で止めており，さらに，Jの傷害が2週間程度にとどまっているから，殺人の実行行為は終了しておらず，着手未遂と解される。したがって，1審判決が，実行未遂で障害未遂と認定したのは，妥当ではない。そこで，控訴審判決が，着手未遂とした上で，「本件殺人が未遂に終ったのは，被告人が任意に，すなわち自己の意思によって，その実行行為をやめたことによるものであるから，右の未遂は，中止行為に当たる」（東京高判昭62・7・16判時1247・140）と判示しているのは妥当である。

　控訴審判決は，Iが，「自らもJに謝罪して，同人を病院に運び込んだ行為」

を採りあげているが，本事例では，そのような積極的行為がなければ中止犯にならない，という趣旨でないことはいうまでもない。ただし，そのような行為の存在は，それ以上に実行行為をしなかったことが犯人の任意に出たものである証拠にはなる。

以上のことから明らかなように，着手未遂と実行未遂を区別する実益は，中止未遂の場合に中止行為を必要とするかどうかにあらわれる。着手未遂ならば，自己の意思によりそれ以上の行為をしなければ，直ちに中止未遂となる。それに対して，実行未遂の場合は，すすんで結果発生防止のための努力（中止行為）をしなければ結果は発生してしまうのであるから，結果防止の積極的行為がなければ中止未遂とはいえないのである。

2　未遂犯の要件

未遂犯（障害未遂）の要件は，①犯罪の実行に着手すること，ならびに，②結果が不発生にとどまること，である。

> **条文**　43条本文　犯罪の実行に着手してこれを遂げなかった者は，その刑を減軽することができる。

(1)　犯罪の実行に着手するとは，各構成要件に属する行為が開始されたことである。

実行の着手の意義については，行為者の主観を基準に判断しようとする立場がある（近代学派）。しかし，行為者の主観のみで判断するのは，裁判官の恣意的な判断を招きかねないし，訴訟手続の面では自白強要の引き金になり妥当でない。実行の着手があったかどうかは，客観的な事実によって明確にされるべきである。つまり，実行の着手というためには，(a)行為者の意思がはっきりしていること，(b)結果発生の危険性のある行為がなされること，の2つが揃っていることが必要である。

それでは，判例はどうか。

(イ)　殺人罪については，以下のように毒薬を混入した食物を被害者が口にできるような状態においた場合，殺人の実行の着手である。

> **判例** 大判昭7・12・12刑集11・1881〔毒まんじゅう交付事件〕
> 　Aは，妹BがCに嫁いだのに20余日にして格別の理由なく離別させられたのをうらみ，Cとその家族の殺害を決意した。Aは，饅頭7個を買求め，毒薬の黄燐を含有する「猫イラズ」を混入し，Cおよび家人の食するのを認識しながら，Cに交付した。その後，Cはこれを食べなかったが，Cの長男らが食べ，その量が少なかったので死亡せずにすんだ。
> 「特定人を殺す目的をもって，人を殺すに足る毒物を含有せる饅頭をその者の家に持参し，毒物含有の事実を秘してその者に交付したる場合にありては，犯人において毒殺の実行手段を尽したるものなれば，その者がいまだ現実に該饅頭を食せずとするも，すでに殺人の着手あり」。

犯罪の遂行段階

```
準備行為        実行行為        実行行為        結果
の開始          の着手          の終了          の発生
  │              │              │              │
  ▼──────────────▼──────────────▼──────────────▼──────▶
  
  予備・陰謀    着手未遂        実行未遂        既遂
                ┌──────┐       ┌──────┐
                │障害未遂│       │障害未遂│
                │中止未遂│       │中止未遂│
                └──────┘       └──────┘
                  自己の意思      自己の意思
                                    ＋
                                 結果防止の
                                 積極的行為
                      ←────── 未　遂 ──────→
```

　次に，判例は，毒入りジュースを家族に飲ませる目的で農道に配置した場合，農村では他の目的（野ねずみの駆除など）のためもあることが考慮されている。すなわち，Dは，父との反目から家族の将来を悲観し，一家心中を企て，父および家族らの日常通行する農道の道端に毒入りジュースを置いたところ，他の村人が拾って飲み，その家族3人が死亡した件につき，Dの父親，母親，その他の家族に対する関係で，殺人の実行の着手があったといえるか，それとも予備にすぎないかに関し，「農道に単に食品が配置されたというだけではそれが直ちに他人の食用に供されたといえない」として，家族

に対する関係では予備行為にすぎない，とされた（宇都宮地判昭40・12・9下刑集7・12・2189）。

　(ロ)　窃盗罪については，ほぼ外部的動作を基準として，実行の着手を認める立場が採られている。

　以下の判例は，侵入する建物の性質の違いによって何の目的かが区別されるという視点に立って，窃盗の実行の着手を捉えている。

【判例】　名古屋高判昭25・11・14高刑集3・4・748〔土蔵侵入事件〕
　被告人は，窃盗の目的で土蔵に侵入しようとして土蔵の壁の一部を破壊したり，または外扉の錠を破壊してこれを開いた。
　「一般に窃盗の目的で，他人の住家に侵入しようとしたときは，窃盗の着手があったものと認めることはできないけれども，土蔵内の品物を窃取しようと思って，土蔵に侵入しようとしたときは，窃盗の着手があったものと解すべきである。」
　「住家の場合は，被告人の主観を除けば，窃盗するのか暴行するのか姦淫するのか客観的には判明しないので，窃盗の着手をしたものと認めることはできないが，土蔵の場合には，通常窃取すべき財物のみがあって人が住んでいないのが通常であるから，これに侵入しようとすれば，右の財物を窃取しようと企てていることが客観的にも看取することができる。」

　家宅に侵入して，金品物色のためタンスに近寄れば，窃盗の着手ありといえる（大判昭9・10・19刑集13・1473）。そして，この判例などから，いわゆる物色説が判例の基調といわれる。しかし，上述の土蔵侵入の例でもわかるように，財物に対する結果発生の具体的危険が生じれば，窃盗罪の実行の着手と認められるのであるから，必ずしも物色に至る必要はないと思われる。たとえば，Eが，電気器具商Fの店に侵入後，「なるべく金を盗りたいので……煙草売場の方に行きかけ」れば，窃盗の実行の着手があると解される（最決昭40・3・9刑集19・2・69）。スリの場合，被害者のズボンのポケットから現金をすり取る目的で，金品の存在を確かめるためにポケットの外側に触れれば（あたり行為），窃盗の着手といえる（最決昭29・5・6刑集8・5・634）。

　いわゆる車上荒らしの場合，普通乗用自動車から金銭を窃取する目的で，「助手席側ドアの鍵穴に所携のドライバーを差し込んで開け，車内にある金

員を窃取しようとしたが，その場で警察官に発見されて逮捕されたため，その目的をとげなかった」場合，窃盗の実行の着手といえる（東京地判平2・11・15判時1373・144）。

(ハ) 放火罪に関して，本人の意図した方法でなくても，焼損の危険性があるときは，実行の着手があると解されている。

> **判例** 横浜地判昭58・7・20判時1108・138〔最後のタバコ事件〕
>
> 　被告人は，自宅家屋を燃やすと共に焼身自殺をしようとして，家屋内に約64リットルのガソリンを撒布し，死ぬ前に最後のタバコを吸おうとライターで点火したところ，ガソリンに引火し，爆発して火災に至った。被告人は，妻が離婚するといって家出したことがきっかけとなって放火しようとしたのであるが，本件犯行時は，妻が家を出てから半日も経過しておらず，被告人はガソリンを撒布した後でも妻からの電話連絡を待っていたことから，現住建造物放火罪（108条）で起訴された。
> 　「ガソリンの強い引火性を考慮すると，そこに何らかの火気が発すれば本件家屋に撒布されたガソリンに引火し，火災が起こることは必定の状況にあったのであるから，被告人はガソリンを撒布することによって放火について企図したところの大半を終えたものといってよく，この段階において法益の侵害即ち本件家屋の焼燬を惹起する切迫した危険が生じるに至ったものと認められるから，右行為により放火罪の実行の着手があったものと解するのが相当である。」

(ニ) 強姦罪（177条）の実行の着手については，手段としての暴行・脅迫の開始と解される。

　問題となるのは，姦淫行為の直前でない暴行・脅迫についても実行の着手となりうるか，という点である。争いとなった事例は，G，Hがダンプカーで徘徊中，Gが下車してI女を背後から抱きすくめてダンプカーまで連れてくると，Hは必死に抵抗するI女を運転席に引きずり込み，ダンプカーを発進し，約5.8キロ離れたところまで移動し，運転席内でI女の反抗を抑圧して姦淫した事例である。I女は引きずり込まれた際の暴行で全治10日間の傷害を負っている。この事例に関して，姦淫行為に接着していない暴行・脅迫を実行の着手といえないとすると，強姦致傷罪（181条2項）は成立せず，傷害罪（204条）と強姦罪が成立することになる。判例では，「被告人が同女をダ

ンプカーの運転席に引きずり込もうとした段階においてすでに強姦に至る客観的な危険性が明らかに認められるから、その時点において強姦行為の着手があったと解するのが相当」と判断し、強姦致傷罪にあたるとしている（最決昭45・7・28刑集24・7・585）。

間接正犯の実行の着手時期はどこに認められるべきか。毒物を郵送した場合、実行の着手時期は、郵送に付したときなのか、あるいは、被害者が受領したときなのか、それとも、被害者が実際に食用に供しようとしたときか、という問題である。学説では、利用者の行為について考えるべきであり、発送したときに実行の着手があるとする見解が有力である。この見解に対しては、被利用者を基準とする立場から、仮に郵送の途中で毒物が紛失したときはどうするか、という疑問が呈せられている。

有力説は、発送行為以降は結果に向かっての因果関係の進行過程であるから、殺人未遂罪が成立するとする。

判例は、以下のように、被害者が受領したときに殺人の実行の着手が認められるとする。

> **判例** 大判大7・11・16刑録24・1352〔毒入り砂糖郵送事件〕
>
> 　Jは、Kに毒物混入の砂糖を送付すれば、Kまたはその家族において純粋の砂糖と誤信して食用し中毒死するであろうことを予見しながら、猛毒昇汞(しょうこう)を白砂糖に混入し、ひとさじで人の致死量の15倍以上の効力のあるものとし、歳暮の贈物のようにして小包郵便でKに送付した。Kは、これを純粋の砂糖と思って受領したが、調理する際、その白砂糖をひとさじ入れたところ、非常に泡がたったので、食べるのをやめた。
>
> 「右毒物混入砂糖はKがこれを受領したる時において、同人またはその家族の食用しうべき状態の下に置かれたるものにして、すでに毒殺行為の着手ありたるものというを得べきこと……寸毫(すんごう)も疑なきところなりとす。」

(2) 未遂犯のもう1つの要件は、結果が不発生にとどまることである。結果が発生してしまえば既遂となる。

ただし、仮に法益侵害の結果が発生しても、行為との間に因果関係が認め

られなければ，やはり未遂である。たとえば，LがMを殺害するつもりでナイフで刺したが，致命傷に至らず，Mが病院で治療中，N医師の過誤で死亡したとすれば，死の結果についてはNが業務上過失致死罪（211条1項前段）の責任を負うべきで，Lは殺人未遂罪（203条・199条）となる。

3 未遂犯の処罰

未遂犯（障害未遂）と認められた場合は，裁判官の判断により，法定刑に対し減軽を加えても，加えなくてもよいのである（43条本文）。

法律上の任意的減軽の1つの場合である。必ず減軽することは要求されていないから，たとえば殺人未遂罪と認定され，199条の最高刑である死刑を言い渡されることもある。

ただし，既遂とされるよりは未遂と評価された方が一般に刑は軽くなるのである。この点が，具体的事実の錯誤で打撃の錯誤の場面において，法定的符合説と具体的符合説で結論が分かれることに反映される。たとえば，OがPを殺害するつもりでピストルを撃ち，弾丸がPの身体を貫通し，Pのかなり後ろにいたQにあたってQが死亡したとする。法定的符合説（数故意犯説）では，Pに対して殺人未遂罪，Qに対して殺人既遂罪が成立する。具体的符合説では，Pに対して殺人未遂罪，Qに対して重過失致死罪が成立する。具体的符合説に対して批判が加えられるのは，行為者が人を殺そうとして殺しているにもかかわらず，最も重いものとして殺人未遂罪しか成立していない点である（第14章②参照）。

③ 不能犯

1 不能犯とは

未遂犯は一種の危険犯であるが，法益保護を過度に重視すると処罰範囲が無限定になるおそれがある。43条が「犯罪の実行に着手して」と規定し，限定のための道具を用意したのは，それを避けるためである。そこで，結果が発生せず，しかも，その行為が結果を惹起する危険性がないものについては，そもそも未遂として処罰する必要がない。このような場合を，未遂犯と区別

して，**不能犯**（不能未遂）と呼んでいる。不能犯の典型例は，**丑の刻参り**である。

> 小話　**丑の刻参り**は，丑の刻（午前2時頃）に，神社に参詣し，のろう人を模したわら人形を神木に打ち付け，のろい殺そうとする行為。7日目の満願の日には，その人が死ぬと信ぜられた。うしのときまいりともいう。
> **養老律令**（757年施行）では，不能犯とは捉えられておらず，謀殺行為に関する罰則を適用するとしていた。
> 「凡そ憎み悪む所有りて，厭魅を造り，及び符書呪詛を造りて，以て人を殺さむとせらむは，各謀殺を以て論じて二等減せよ。」（賊盗律）

不能犯を認めるべきかどうかが争われる事例には，毒薬をコップに入れたが致死量に達していなかったような，手段・方法の欠陥の場合のほか，犯人が財布を盗もうとして被害者のポケットに手を入れたが，もともと財布を所持していなかったような，客体の不存在の場合がある。後者を事実の欠缺（構成要件の欠缺）と呼ぶ立場がある。しかし，懐中無一物の通行人に対するスリ行為のような客体の欠缺の場合でも，問題の焦点は，実際に財物があったかどうかではない。一般の通行人に対するスリ行為が，通常，窃盗の危険性を含んでいるかどうかなのである。したがって，不能犯と別個に事実の欠缺の概念を使う必要性は見当たらない。

2　不能犯と未遂犯の区別

不能犯と未遂犯を区別する基準を何に求めるかについては，おおよそ，次のように見解が分かれている。

〔1〕　主観説……行為者の危険な犯罪的性格の表現が認められるかぎり，未遂犯として処罰する必要がある。ただし，この立場でも，丑の刻参りのような**迷信犯**（迷信的手段により犯罪を実現しようとする行為。結果は実現するわけがない）については，不能犯とする。

〔2〕　絶対的不能・相対的不能説……結果発生が絶対的に不能な場合は不能犯とし，相対的に不能であるにすぎない場合は未遂犯とする。

〔3〕　具体的危険説……行為が具体的事情のもとで結果発生に至る危険性があると認められるときは未遂犯となり，そうでない場合は不能犯とする。

それでは，検討してみよう。たとえば，人を青酸カリで殺そうとするとき

に、それが致死量を下まわっていた場合、純粋に科学的に考えれば、死という結果を惹き起こす可能性はなかったわけであるから、不能犯とする見方もある。しかし、これを、たとえば硫黄で人を殺そうとした場合と比較すると、質的な違いがある。なぜなら、青酸カリの場合、被害者の体力が弱いときは生命にかかわることもあると考えれば、結局、具体的事情によって結果発生の危険性がないとはいえないことになる。これに対し、硫黄の場合、危険性は行為者の主観のみにとどまる。

以上のことから明らかなように、われわれは、〔3〕の具体的危険説の立場で考えるのが妥当である。

ポイント　具体的危険説

> 行為が具体的事情のもとで結果発生に至る危険性があると認められるときは未遂犯となり、そうでない場合は不能犯となる。

判例については、その表現は別として、いずれも具体的危険説から同様の結論を導き出すことができると思われる。

(イ)

判例　大判大6・9・10刑録29・999〔硫黄殺人計画事件〕

> Aは、B子と相談して、B子の内縁の夫Cを殺害することにしたが、1回目はみそ汁の中に硫黄粉末を入れ、2回目は水薬の中に硫黄粉末を入れたが、それを飲んだCは死亡しなかった。そこで、AはCを絞殺した。
> 「行為が殺人罪として純然たる不能犯に属する場合においては殺人罪に問擬すべからざるは勿論にして、もし、また該行為の結果が傷害罪に該当するにおいては、殺人罪としては不能犯なるも傷害罪をもってこれを処断すべく」。

(ロ)　外を出歩いている人はほとんど財布を携帯しているのであるから、たまたま被害者が所持していなかったとしても、そのポケットに手を入れる行為があれば、結果発生の危険性は十分に認められる。そこで、通行人を倒して懐中物を奪取しようとしたときは、たまたま懐中物を所持していなかったとしても、強盗未遂罪にあたる（大判大3・7・24刑録20・1546）。

(ハ)　青酸カリを入れて炊いた米飯が黄色を呈し臭気を放っているからとい

って，「何人もこれを食べることは絶対にない」と断定できないから，殺人未遂罪になる（最判昭24・1・20刑集3・1・47）。

(ニ)

判例　福岡高判昭28・11・10高刑判特26・58〔ピストル空砲事件〕

Dは，巡査Eにより緊急逮捕されるに際し，Eが腰に着装していた拳銃を奪取し，Eの脇腹に銃口を当て引き金を引いたが，実弾が装てんされていなかったので，殺害の目的を達しなかった。Eは，多忙のため，たまたま当夜に限り実弾の装てんを忘れていたのであった。

「制服を着用した警察官が勤務中，右腰に着装している拳銃には，常時たまが装てんされているべきものであることは一般社会に認められていることであるから，勤務中の警察官から右拳銃を奪取し，もしくも殺害の目的で，これを人に向けて発射するためその引鉄を引く行為は，その殺害の結果を発生する可能性を有するものであって，実害を生ずる危険があるので右行為の当時，たまたまその拳銃にたまが装てんされていなかったとしても，殺人未遂罪の成立に影響なく，これを以て不能犯ということはできない。」

(ホ)

判例　広島高判昭36・7・10高刑集14・5・310〔死体を殺せるか事件〕

F，Gは，組の一派の首領Hに対し不快の念を抱いていたが，Fは逃げようとするH目がけ，拳銃を3発発射して，頭部・背部貫通銃創を負わせた。Gは拳銃の発射音を聞くや，刃渡り60cmの日本刀を携えて，上向きに倒れていたHに対し，殺意をもって，前胸部等を日本刀で突き刺した。なお，GがHを突き刺した時点で，Hが生きていたかどうかについては，生前の瀕死時近くであったとする鑑定と，医学的には死亡していたとする鑑定とがある。

「被告人Gの加害行為の寸前にHが死亡していたとしても，それは意外の障害により予期の結果を生ぜしめ得なかったに止り，行為の性質上結果発生の危険がないとは云えないから，同被告人の所為は殺人の不能犯と解すべきでなく，その未遂罪を以て論ずるのが相当である」。

(ヘ)　人を殺害する目的で静脈に空気注射をした場合，それが致死量以下であるとしても，被害者の身体的条件その他の事情のいかんによっては死の結果発生が絶対ないとはいえないから，不能犯ではない（最判昭37・3・23刑集16・3・305，空気注射事件）。

(ト)　覚せい剤の主原料が真正の原料ではなかったため，覚せい剤を製造す

ることができなかった場合，結果発生の危険は絶対に存しないから，覚せい剤製造につき不能犯となる（東京高判昭37・4・24高刑集15・4・210）。

(チ) ピース缶にダイナマイトを入れた手製爆弾の導火線の接着剤が不良のため爆発しなかった場合，基本的構造上の欠陥ではないから，点火して投てきすれば，爆発物取締罰則にいう爆発物の使用にあたり，不能犯ではない（最判昭51・3・16刑集30・2・146）。

(リ) Ｉは，2人の子どもを殺害して自らも死のうと決意し，アパートのドアやガラス戸の隙間をガムテープで目張りなどして，ガスの元栓を開放状態にした。その結果，都市ガスが室内に充満したが，Ｉを訪ねてきた友人によって発見され，その目的を遂げなかった。裁判において，弁護人は，Ｉが漏出させた都市ガスは天然ガスで人体に無害だから不能犯である，と主張した。これに対し，判例は，①ガス爆発事故や，②酸素欠乏症により，室内における人の死の結果発生の危険が十分にあったとして，不能犯の主張を退け，殺人未遂罪の成立を認めた（岐阜地判昭62・10・15判タ654・261）。

3 幻覚犯

自分の行うことが犯罪になると思い込んで行為したものの，その結果がそもそも何ら法律上の犯罪を構成しない場合は，不可罰である。行為者が考えたことは，犯罪として幻覚であるため，**幻覚犯**と呼ばれる。

たとえば，姦通が犯罪にあたると勘違いをして，姦通をしたような場合である。幻覚犯は，行為者の企図したことが実現したとしても構成要件にあてはまらない場合であり，不能犯と異なる。

第27章

中 止 犯

📖 本章の主旨

障害未遂と中止犯では法的効果に違いがある。そこで，どのような場合に中止犯が認められるかが問われる。中止犯が他の論点と関わる問題として，予備との関係，共同正犯との関係がある。

1 中止犯の立法理由

中止犯（中止未遂）は，①犯罪の実行に着手したのち，②自己の意思により犯罪を中止し，③既遂に至らなかった場合である。中止犯の効果は，必要的な減軽・免除である（43条但書）。未遂犯（障害未遂）が任意的減軽であるのと比べて，寛大に扱われる。

> **条文** 43条但書　ただし，自己の意思により犯罪を中止したときは，その刑を減軽し，又は免除する。

中止犯が寛大な取扱いを受ける根拠としては，次のような点がある。(イ)中止行為により実害が防止されて違法性が微弱化する（違法減少説）。(ロ)行為者の態度変化により有責性が微弱化する（責任減少説）。(ハ)寛大に扱うことによってできるだけ犯罪の完成を阻止しようとする刑事政策的意図がある（刑事政策説）。以上のうち，(イ)と(ロ)は法律説である。

以上のうち，(ハ)については，中止犯の規定を知らない者には意味がないと批判されているが，具体的規定を知らなくても同趣旨のことは一般に予測できるし，実際に知っている者もいるから，根拠として除く必要はない。(イ)・(ロ)・(ハ)のすべてを含めて根拠としてよいと思われる。

2 中止犯の要件

　中止犯は，広い意味での未遂犯に属するから，その要件として，犯罪の実行に着手することと，結果が不発生にとどまることは，障害未遂と共通である。ただし，中止犯特有のものとして，①自己の意思による中止行為があり，それに基づいて，②結果の発生を阻止すること，が必要である。

1 自己の意思による中止行為

　行為者自身の自発的意思により，結果発生防止に向けた中止行為がなされたことである。

　刑法が必要的減軽・免除の規定を設けている以上，中止犯は，最低，行為者の自発性（任意性）は必要とされる。ただし，後悔までは要求されない。

　何が自発的な意思になるかは議論がある。たとえば，AはBを殺そうとして短刀でBの胸部を突き刺したが，流血を見て驚いて中止したのであるとすれば，本人の自発的な意思によるとはいえない。判例は，「中止犯たるには外部的障碍の原因存せざるにかかわらず，内部的原因により任意に実行を中止」することが必要であるとしている（大判昭12・3・6刑集16・272）。

　Cが殺意をもって，就寝中の母親Dの頭部をバットで力強く1回殴打したが，CはDが頭部より血を流し痛苦している姿を見て，にわかに驚愕恐怖し，その後の殺害行為を続行しなかったときは，自己の意思により犯行を止めた場合に当たらない（最決昭32・9・10刑集11・9・2202）。

　Eが殺意をもって，Fの頭部をナイフで1回突き刺したところ，Fが口から多量の血を吐き出すのを見て，Eは驚愕すると同時に「大変なことをした」と思い，直ちにタオルを頸部に当てて止血に努め，その場から消防署に電話をかけて救急車の派遣を要請したような場合には，「流血という外部的事実の表象を契機としつつも，犯行に対する反省，悔悟の情などから，任意の意思に基づいてなされた」と認められている（福岡高判昭61・3・6高刑集39・1・1）。

　以上のような判例を踏まえて，中止行為の自発性（任意性）を考察してみよう。有名なフランクの公式は，「成し遂げることができたとしても，成し遂げることを欲しない」でやめたのが中止未遂，「成し遂げたくても，成し

遂げることができない」のが障害未遂と整理している。これをやや修正し，自発性という要素を加え，中止犯とは，「成し遂げることができたとしても，自発的に成し遂げようとしない」場合と捉えることができる。

　中止行為については，着手未遂と実行未遂とで意味が異なってくるのは，着手未遂と実行未遂との区別に関して述べた（285頁）通りである。実行行為そのものが途中である着手未遂ならば，単に実行行為をそこでやめれば中止したことになり，結果も発生しない。たとえば，溺死させるつもりで被害者の頭を水面に数十秒押さえつけたところで，被害者がかわいそうになって自発的に手を放し，被害者が助かれば，殺人の中止犯となる。これに対し，殺意をもって相手の腹部をナイフで1回刺した後，被害者がかわいそうになってそれ以上の犯行を思いとどまったような場合には，ただやめれば済むことにはならない。行為者は，被害者を病院に連れていって治療を受けさせるなど，結果回避のための真摯な（真剣な）努力が必要となってくる。

　次の判例は，行為者がなした行為の性質によって真摯な態度の内容が異なってくることを示したものである。

判例　大判昭13・4・19刑集17・336〔青酸カリ殺人事件〕

　Gは，金を貸していたHが返済しないので，病弱なHが死んだのでは回収不能となるので，生命保険に加入させた。ところが，Hが保険料も払わないので，Gは，Hに青酸カリを服用させて，表面は病死のように装い，保険金を取得しようとした。Gは，青酸カリの入った胃腸薬とただの胃腸薬を用意し，Hの前でただの胃腸薬を飲んでみせた。HはGから渡された薬を本当の胃腸薬と誤信して飲んだため，青酸カリ中毒で死亡した。なお，Gは，薬をいったん与えた後，取り戻しにいったが，Hが飲んでいないのに飲んだというのを聞いて，そのまま引きあげたのであった。

　「いやしくも青酸カリの如き毒物を服用して激変なかりしが如きは，たやすく首肯すべき事柄にあらず。被告人にして真に結果の発生を防止せんとせば，よろしくそのさきに交付したる薬品が毒物なりしことを告白するの真摯なる態度にいでざるべからざるをもって，被告人が単にHの言によりてそのまま放任し置きたるは，いまだ結果の発生を防止する行為をなしたるというを得ざればなり」。

　「被告人は該結果の発生を現実に防止せざりし以上，もはや中止犯の存在を認むるによしなきなり」。

また，自宅に放火した犯人が，恐怖心を生じ，第三者に「放火したから，よろしく頼む」と叫びながら走り去り，第三者が消火したため住宅を焼損（燬）するに至らなかった事例について，放火の結果発生の防止につき，自らこれにあたったと同視するに足る努力を尽くしたと認められないから，中止犯とはいえないとしている（大判昭12・6・25刑集16・998）。

判例には，結果防止行為の真摯性について，きわめて厳格な立場をとったと解されるものがある。Ｉは未必の殺意をもって刺身包丁でＪの左腹部を1回突き刺し，肝臓に達する深さ約12センチメートルの刺創を負わせたが，Ｊから「病院へ連れて行ってくれ」と哀願されると，自分の自動車に抱き入れて，近くの病院へ連れて行き，医師の手に引き渡したため，Ｊは一命を取り止めたという事例である。ところが，中止犯の成立が否定されている（大阪高判昭44・10・17判タ244・290）。

検討してみよう。結果回避（防止）のための真摯な努力という場合に，大切なことは，法益侵害の結果を防止するに役立つような努力をしているか否かであって，殊勝な態度をとることではないはずである。つまり，本件なら，生命救助のために必要な努力がなされていればよいのである。とくに，Ｊにとって不可欠なのは，いち早く医師による専門的な医療行為を受けることであって，素人がなすべきことは医師のところへ連れていくことである。したがって，この判例が指摘するように，Ｉが自分は犯人でないと虚言を弄したり，凶器を川に捨てたり，医療の経済的負担を申し出ないことなどをもって，万全の行動を採っていないとするのは，見当違いといわざるをえない。この判例は，中止犯の要件としての真摯な努力について誤解をしているものである。

下記の判例は，被害者の懇願による中止に関し，中止犯の成立を認めたものである。

> **判例** 札幌高判平13・5・10判タ1089・298〔無理心中中止事件〕
> Ｋは，殺意をもって包丁でＬ子の左胸部を突き刺したのであるが，Ｌ子はＫに対し，「Ｋのことを好きだった」，「病院に連れていって」などと苦しそうな声で繰り返し懇願した。ＫはＬ子を自動車に乗せ，無理心中しようとしたが，Ｌ

子の言動で動揺し，病院に搬送した。
　被告人はL子の「被告人のことが好きだったとかいう言葉に触発されて心を動かされたものではあるが，苦しい息の中で一生懸命訴え続けている同女に対する憐憫の気持ちなども加わって，あれこれ迷いつつも，最後には無理心中しようなどという思いを吹っ切り，同女の命を助けようと決断したと解されるのであって，このような事情を総合考慮すると，被告人は自らの意思で犯行を中止したものと認めるのが相当である。」

2 結果の発生を阻止すること

　自発的な中止行為はなされたものの，結果の発生を阻止できなかった場合は，どう取り扱われるであろうか。
　中止犯が認められる根拠として，違法性の減少，有責性の減少が組み入れられていることからすると，結果不発生が必要であり，条文の規定も未遂犯の一種とされている以上，結果が発生すれば中止犯とはいえないと解される。
　この点について，主観説（近代学派）の中には，中止行為がありさえすれば，仮に結果が発生したとしても中止犯を認めるべきとの見解もある。それは，中止犯の規定の精神として，行為者の翻意した点を重視しようとする立場である。たとえば，毒殺しようとして毒を飲ませた者が，飲ませた後で翻意して解毒剤を与えた場合に，解毒剤がなかったときとそうでないときとで区別するのは不合理だとする。しかし，行為者の主観に特に重きを置く考え方でないかぎり，そのような見解にはならないだろうし，前述のように条文上も無理がある。つまり，結果の発生を阻止できなかった場合は既遂であり，中止犯とする余地はない。

> **用語の森** **近代学派** 近代学派の概要は，次の通り。①罰せられるべきは行為者であって，行為ではない。②刑は応報ではなく，教育である。③刑は，犯罪から社会を防衛するものである。④刑により個々の犯人について犯罪予防を完うするのが刑の目的である。

　ところで，中止行為があり，結果が不発生に終わった場合において，他の事情により結果が発生しなかったときは，どのように取り扱われるべきであろうか。たとえば，建物の所有者が貸家の火災保険金をだまし取ることを企

図して，放火後，後悔してもみ消したが完全に消えず，借家人が発見して消し止め，建物を焼損するに至らなかった場合，中止犯となるか否かである。中止行為と結果発生との間に因果関係を要すると解するべきである。判例は，この事例について，中止犯とはならないと判断している（大判昭4・9・17刑集8・446）。

> **ポイント** 中止犯の成立要件
>
> 中止犯が認められるためには，①犯罪の実行に着手すること，②自己の意思による中止行為，③結果の発生を阻止すること，が必要である。

3 中止犯の効果

中止犯（中止未遂）と認められた場合には，必ず刑を減軽または免除される（43条但書）。

ドイツの刑法では，中止犯については「未遂犯としては処罰しない」として，不処罰を明らかにしている。そこで，中止犯は，ドイツでは「引き返すための黄金の橋」にたとえられているが，わが国では，せいぜい「銅」か「木」の橋だと表現されている。

刑の免除は，犯罪の成立要件には関係のない処罰阻却事由（刑罰阻却事由）である。つまり，犯罪そのものは成立しているのであるが，特別の理由により処罰されないということである。

> **小話** 強盗犯人が被害者を殺そうとして，途中で止めたという例は古典にも見られる。以下は，『古今著聞集』（橘成季編，1254年）の中の「篳篥師用光臨調子を吹き海賊感涙の事」の話である。
>
> ひちりき師の用光が南海道（紀伊・淡路・阿波・讃岐・伊予・土佐の6か国）に向かったとき，海賊に遭った。海賊が殺そうとしたとき，用光は海賊に向かって，「私は長い間，ひちりきで朝廷につかえてきたが，今殺されようとしている。最後に一曲吹かせてほしい」といった。用光は一生の最後の仕事と思って，泣きながら「臨調子」と言う雅楽の一曲を吹いた。そのとき，冷酷な海賊も感涙をたれて，用光を許した。そればかりか，海賊は，用光を淡路まで送っていったそうである。
>
> この段は，「諸道に長ぬるは，かくのごとくの徳を，かならずあらはす事也」とし

めくくっている。

以上の話を現代風に捉えると，強盗犯人が殺人を犯そうとして刀をおさめ，物も取らなかったというのであるから，さしずめ，強盗罪（236条1項）の中止犯であろう。殺人の実行行為には踏み切っていないから，強盗殺人罪の中止未遂ではない。

4 予備の中止

中止犯は，未遂の一形態である。すなわち，中止犯は実行着手後の問題である。一方，予備は着手前の段階である。したがって，予備罪に中止犯が認められるか，と問われるなら，理論的には，予備の中止はありえないことになる。

しかし，次のような疑問がある。(イ)予備が実行の着手に発展し，そこで中止行為があって中止犯が認められれば，必ず刑が減軽または免除される。それに対し，予備には中止が認められず，減軽・免除がないのは，刑のバランス上，問題がある。(ロ)殺人予備罪（201条）・放火予備罪（113条）には，「情状により，その刑を免除することができる」という規定があることを考慮すると，強盗予備罪（237条）にないことは不均衡というべきである。

裁判で争われた事例は，次のようなものである。M子は，Nら他の3人と寿司屋へ強盗に入る相談をし，Nから包丁を預かっていたが，Nが寿司屋の表戸を叩き「警察署の者だが」と言って家人を起している様子をみて恐ろしくなり，一目散に自宅へ帰った。強盗の手段としての暴行・脅迫が始まる前にM子は離脱しているから，強盗予備罪（237条）は異論ない。問題は，さらにその中止犯にならないか，ということである。判例は，「予備罪には中止未遂の観念を入れる余地」がないとしている（最大判昭29・1・20刑集8・1・4）。強盗予備罪にも，殺人予備罪と同様の規定を置くことで，立法的に解決すべきである。

5 中止犯と共同正犯

中止犯は，共同正犯の場合にどのように認められるべきか，という問題が

ある。共同正犯の場合，中止犯は，中止者の行為により犯罪が全体として未遂に終わったときにのみ成立する。中止者が，自己の中止のみによって中止犯と認められないのは，共犯の特殊性による。すなわち，共同正犯のように，いったん相互利用補充関係が形成されたときは，共犯関係は簡単に解消されるものではない。それは，行為者にとっては，一緒にやろうということで，一人ではできないが気を強くして犯行に加わったという経緯があるし，被害者からみても，一人がいなくなったからといって急に状況が変わるわけではない。

そこで，一部の者が犯行を中止したとしても，他の共同者が犯罪を実現した場合には，中止犯は成立しえない。実行着手後の共犯からの離脱については，着手前と異なり，共犯関係は強固なものとなるから，離脱を認めるのは厳格でなければならない。

判例 最判昭24・12・17刑集3・12・2028〔教員宅押込み強盗事件〕

OはPと共謀の上，Q方に強盗に入った際，Qの妻Rから，「自分の家は教員だから金はない」と言われたのに対し，Pは刺身包丁をRに突きつけて「あり金を出せ，1万や2万はあるだろう」と言った。その間，OはPの傍らでジャックナイフを手に持って立っていた。Rがタンスの中から900円を出してきたのに対して，Oは，「自分はそんな金はいらん，俺も困って入ったのだからお前の家も金がないのならばその様な金は取らん」などといって，Pに「帰ろう」といって外に出た。ところが，Pは数分後，その900円を手にして出てきた。その後，OとPの2人で遊興費として消費した。

「被告人がQの妻の差し出した現金900円を受取ることを断念して同人方を立ち去った事情が所論の通りであるとしても，被告人において，その共謀者たる一審相被告人Pが判示のごとく右金員を強取することを阻止せず放任した以上，所論のように，被告人のみを中止犯として論ずることはできないのであって，被告人としても右Pによって遂行せられた本件強盗既遂の罪責を免れることを得ないのである」。

不能犯，障害未遂，中止犯，既遂

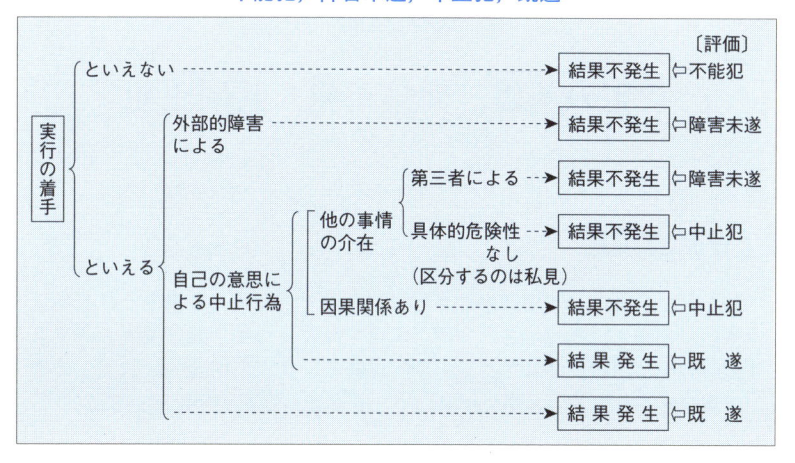

```
                                                                    〔評価〕
           ┌ といえない ────────────────→ 結果不発生 ⇐ 不能犯
           │
           │           ┌ 外部的障害 ────────────→ 結果不発生 ⇐ 障害未遂
           │           │ による
実行の着手 ─┤           │                ┌ 第三者による ──→ 結果不発生 ⇐ 障害未遂
           │           │  ┌ 他の事情   ┤
           │ といえる ─┤  │ の介在     │ 具体的危険性 ──→ 結果不発生 ⇐ 中止犯
           │           │  ┤              なし
           │           │  │           （区分するのは私見）
           │           │  │ 因果関係あり ────────→ 結果不発生 ⇐ 中止犯
           │           │  │
           │           │  └────────────────────→ 結 果 発 生 ⇐ 既　遂
           │           │
           └───────────────────────────────────→ 結 果 発 生 ⇐ 既　遂
```

第28章

共犯の基礎，間接正犯，共同正犯

本章の主旨

2人以上が関わって犯罪が惹き起こされるとき，1人の場合とは態様が違うし，被害も大きくなる。犯罪の実体を踏まえつつ，責任主義の例外を考える必要がある。これが共犯の問題である。共同正犯は，2人以上の者が犯罪を行う共謀をし，それに基づいて共同実行した場合に成立する。

1 共犯の基礎

1 共犯の意義と種類

われわれが犯罪の成否を考えるとき，通常は，1人が1つの犯罪を惹起することを前提としている。ところが，実際の社会では，2人以上の人が犯罪に関わる場合や，1人が2つ以上の犯罪を発生させる場合がある。前者が共犯の問題であり，後者が事実の錯誤や罪数に関わる問題である。

2人以上が犯罪に関わる場合を大きく2つに分けると，そもそも2人以上いなければ犯罪にならない必要的共犯と，1人でもできるが2人以上でなされる任意的共犯とになる。

必要的共犯は主に各論の分野の問題であり，内乱罪（77条）・騒乱罪（106条）のように皆が同じ方向を目指している集団犯と，賄賂罪（197条）のように対向する相手方のいる対向犯とがある。

任意的共犯は総論の分野の問題であり，それを処理するための規定が60条から65条に用意されている。ところが，現実に生起する問題は多様であるため，刑法の簡略な規定では対応できず，解釈論を賑わすことになる。任意的共犯の中に，共同正犯（60条），教唆犯（61条），幇助犯（62条）の3つの態

様がある。それらを区別するとともに，同時犯や間接正犯との違いを理解する必要がある。

2 共同正犯，教唆犯，幇助犯の区別

広義の共犯に，共同正犯，教唆犯，幇助犯が含まれる。

(イ) **共同正犯**　1人ひとりの行為は違うとしても，全員が相互に利用し補充しあって1つの犯罪を実現しようとする行為がなされる場合が共同正犯である。たとえば，AとBはXを誘拐する計画を立て，Aが自動車で待機し，BがXをだまして自動車に乗せ，連れ去ったとすれば，AとBは誘拐罪（224条以下）の共同正犯となる。

(ロ) **教唆犯**　犯罪をそそのかされた者が，それによって犯罪を行う気になり，犯罪を実現した場合，犯罪を実行した者が正犯，そそのかした者が教唆犯となる。たとえば，CはDに対してYを殺害したら500万円を渡すと言ってそそのかし，Dはそれに基づいてY殺害を企図し，Yを自動車ではねて死亡させたとすれば，Dは殺人罪（199条）の正犯，Cは殺人罪の教唆犯（61条1項）となる。

教唆犯

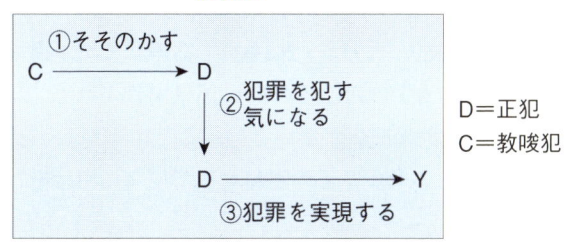

```
①そそのかす
C ─────────→ D
              │②犯罪を犯す
              │　気になる
              ↓
              D ─────────→ Y
                ③犯罪を実現する
```

D＝正犯
C＝教唆犯

(ハ) **幇助犯**　犯罪を実現しようとする者を手助けする意思で手助けし，犯罪が実現されたとき，犯罪を実行した者が正犯，手助けした者が幇助犯（従犯）となる。たとえば，EはFにピストルを購入する資金を依頼したところ，Fは犯罪に用いられると知って50万円を提供し，Eはそれでピストルを手に入れ，Zを狙撃して死亡させたとすれば，Eは殺人罪の正犯，Fは殺人罪の幇助犯（62条1項）となる。

なお，ある行為が幇助になるかは，与えた物の性質によって判断できることである。短刀は強盗罪の用に供し得べき器具であることが明らかである。これに対し，鳥打ち帽子1個や足袋1足を与えたとしても，それが強盗罪の幇助になるとはいえない。判例は，原判決が，「如何なる関係において強盗罪を容易ならしむるやの理由を説示せざる」は，理由不備であるとして，幇助にあたらないとしている（大判大4・8・25刑録21・1244）。

3　同時犯と共同正犯

共同正犯の本質を明らかにするために，同時犯と比較してみよう。

同時犯とは，2人以上の者が意思の連絡をせず，同時に犯行を行っていて，しかも，誰が結果を惹き起こしたか判明しない場合である。関わっている人の誰が結果を惹き起こしたかが明らかなときは，その人に結果について責任を問えばよいのであるから，時間的に同時であっても同時犯とはいわない。

たとえば，GとHは，全く偶然に，同時に，意思の連絡なく，Iを殺害しようとしてピストルを撃ったとする。Iの心臓に一発の弾丸が命中し，もう一発ははずれてしまい，Iは即死したとする。ただし，その弾丸がGのものかHのものかわからない，という設定である。この場合，責任主義によれば，GについてもHについても，Iの死亡に関して責任を問えないことになるから，GとHはいずれも殺人未遂罪（199条・203条）である。また，因果関係の視点から捉えると，Gの行為とIの死亡との間に因果関係がなく，他方，Hの行為とIの死亡との間にも因果関係がないということになる。

共同正犯は，2人以上の者が意思の連絡をして同時に犯行を行った場合である。

たとえば，GとHが，Iを殺害することについて，意思の連絡，つまり共謀をして，同時に発砲する場合である。共同正犯とされることの法的効果は，「すべて正犯とする」（60条）ということである。つまり，共同正犯者は，1人ひとりが全体的な結果について責任を問われる。Iの心臓に一発の弾丸が命中して，それが死因であることが明らかになったとき，次のいずれの場合でも，GとHがそれぞれ殺人既遂罪に問われるというのが，共同正犯の特色である。すなわち，①弾丸はGのものであった，②弾丸はHのものであった，

③弾丸はGのものかHのものか，どちらとも判明しない，場合である。

　傷害罪（204条）については，同時犯であっても共同正犯として扱うとするのが，同時傷害の特例（207条）である。これは，傷害事件が殺人罪に比べて何桁も多く，同時犯として扱ったのでは被害者の保護にも欠けることを考慮して，検察官の挙証責任を軽減したのである。したがって，同時傷害の事例では，被告人・弁護側で，その傷は自分で負わせたのではないと立証できれば，207条の適用は受けず，暴行罪（208条）の適用を受けることになる。

> 小話　挙証責任とは，証拠調べを終えても，真偽どちらとも決しかねるとき，どう決着をつけるかということについて，「それがない」ものとして扱われることである。この場合の，不利益を受ける当事者の負担が挙証責任と呼ばれるものである。この考え方は，手続的保障というものである。「手続的保障」について，深い視点から説明がなされているので紹介させて頂く。
> 　「手続的保障とは，口でいうは易いが，実際にこれを貫徹するのは難しいことである。真実の発見に奉仕するための手続要求である場合はよいが，真実発見に矛盾してでも貫くべき手続的保障の場合は，ある意味では社会の通念や常識を乗りこえる必要があるからである。例えば，偏った判断をするおそれのある裁判官が関与したというので，手続きをやりなおすという場合には，これに抵抗を感ずる人はいないと思われる（前者）。しかし，迷宮入り寸前に犯人を別件逮捕し自白させた場合に，違法な自白だからという理由で，犯人が無罪になったとしたら，容易に人は納得するであろうか（後者）。手続的保障を真に貫徹するということは，適正手続きのための〝真実の超克〟という課題をかかえているのである。」
> 　　　　　　　　　　　　　　　　　　　（田宮裕『刑事訴訟法〔新版〕』6〜7頁）

2　間接正犯

1　正犯とは何か

「正犯」とは何かについて刑法は直接規定せず，幇助される者として（62条1項），あるいは，全体的な結果について責任を負う者として（60条），規定されているにすぎない。そこから，刑法が正犯として予定しているのは，自ら犯罪を実行した者，と推測される。

2　間接正犯は正犯か

いわゆる間接正犯は正犯に含めることができるか。間接正犯の典型例とし

ては，医師が事情を知らない看護師に命じて，患者に毒薬を注射させる場合がある。この事例において，たしかに医師は注射をしていない。しかし，大事なことは誰が注射をしたかではない。状況を把握した上で，「事態のなりゆきを思いのままに操作し，それによって所期の犯罪事実実現の目的を遂げた者」は，自ら犯罪を実行した者として評価してよいはずである（藤木・総論275頁）。そこから，自ら手を下して犯罪を実行する者を**直接正犯**とし，他人を道具のごとく利用して自分の犯罪意思を実現する者を間接正犯と呼ぶことにしたのである。

間接正犯が「正犯」として評価されるという考え方が，他の問題にも波及する。正犯は，自ら直接手を下す必要はないことになるから，共謀共同正犯において，共謀に参加したのみで犯行現場に行かなかった者も，他の共謀者の手を通して犯罪を実現する，と評価できる。

「間接正犯」を正犯としない考え方もある。それは制限的正犯論といわれるもので，人を介しないで自ら行為を行った者だけを正犯とし，人を利用する行為はすべて共犯（教唆犯・幇助犯）とする。これは，正犯を制限する方向の考え方である。しかし，上述の例について，医師を教唆犯とするのが不合理であることはいうまでもない。また，一方，結果の発生に原因力を与えた者はすべて正犯であるとする拡張的正犯論がある。この考え方では，教唆・幇助行為も，もともとは正犯であって，法律がとくに教唆犯・幇助犯として規定したから，そのように評価されるにすぎないとする。したがって，故意のない者を利用する場合も，責任無能力者を利用する場合も，すべて間接正犯となる。しかし，責任主義の考え方からすれば，犯罪的結果への関わり方の軽重を区別して評価をするべきであるから，拡張的に捉える必要はない。

間接正犯が成立するのは，利用者が被利用者を道具として利用し，みずからの犯罪意思を実現する場合である。次のような，いくつかの態様がみられる。

　(イ)　**故意のない者の利用**　　上述の医師が看護師を利用した場合である。

　(ロ)　**責任のない者の利用**　　10歳にも満たない幼児を利用して幼児の自宅から借用証書を持ち出させた場合，窃盗罪の教唆犯ではなく，間接正犯であ

る（大判明37・12・20刑録10・2415）。12歳の養女を連れて四国八十八箇所の巡礼をしながら寺などから金員を窃取させた養父の場合，「自己の日頃の言動に畏怖し意思を抑圧されている同女を利用」した窃盗罪の間接正犯となる（最決昭58・9・21刑集37・7・1070）。

これに対し，以下の判例は，同じく12歳の少年でも，少年が独自に行為している点を考慮して，そそのかした母親について，間接正犯でも教唆犯でもないとしている。

> **判例** 最決平13・10・25刑集55・6・519〔母親が長男に強盗させた事件〕
> スナックのホステスであったJ子は，生活費に窮し，同スナックの経営者K子から金品を強取しようと企て，長男L（12歳10か月，中学1年生）に対し，ママから金品を奪い取るよう指示命令し，覆面用のビニール袋，エアーガン等を交付した。ところが，Lは，自己の判断により，スナック出入口のシャッターを下ろしたり，K子をトイレに閉じ込めたりするなどしてその犯行を抑圧し，Kから現金約40万円とショルダーバッグ1個を強取した。J子は，自宅に戻ってきたLからそれらを受け取り，現金を生活費等に消費した。
> 「本件当時Lには是非弁別の能力があり，被告人の指示命令はLの意思を抑圧するに足る程度のものではなく，Lは自らの意思により本件強盗の実行を決意した上，臨機応変に対処して本件強盗を完遂したことなどが明らかである。これらの事情に照らすと，所論のように被告人につき本件強盗の間接正犯が成立するものとは，認められない。……被告人については，本件強盗の教唆犯ではなくて共同正犯が成立するものと認められる。」

上の判決は，母親J子と長男Lについて強盗罪の共同正犯を認めたものであるが，Lは刑事未成年（41条）であるから有責性が阻却され，犯罪にはならない。ただし，Lが少年審判の対象になるのは別論である。

(ハ) **他人の適法行為の利用**　Mは，妊婦Nから堕胎の嘱託を受け，堕胎手段をとったが，Nの身体に異状を生じた。そこで，医師Oが妊婦の生命に対する緊急避難として胎児を排出された場合，Oは無罪であるが，Mは堕胎罪の間接正犯となる（大判大10・5・7刑録27・257）。

(ニ) **故意ある道具の利用**　通貨偽造罪（148条）は，通貨の偽造という故意のほかに，「行使の目的」という主観的違法要素が必要である。そこで，

Pが行使の目的を有しつつ，行使の目的のない印刷技術者Qに偽造紙幣を印刷させれば，故意ある道具を利用した通貨偽造罪の間接正犯となる。

(ホ) **幇助行為の利用**　判例では，通運会社の代表取締役Rが使用人Sに命じて闇米を運搬させた事例について，Sが事情を知っていたとしても，Rに食糧管理法違反の間接正犯が成立することに変わりはないとされた（最判昭25・7・6刑集4巻7号1178頁）。これは，判例が幇助利用の間接正犯を認めたものと解される。

(ヘ) **被害者の利用**　以下の判例は被害者を利用した加害者の間接正犯の成立を認めたものである。

> **判例**　鹿児島地判昭59・5・31判時1139・157〔第5指かみ切り事件〕
>
> Tは，Uを終始『今日は殺す』などと脅迫し，徹底したリンチによってUが当時肉体的にも精神的にも死という極限に近い状況に追い詰められていた。
> 「Uが被告人Tの命令に従って，自己の右第5指を歯でかみ切ったのは，指1本をかみ切ればそれと引き替えに命が助かるという絶対的命題のもとに，自己の自由意思の存立を失い，その限りで自己を被告人Tの道具と化したからにほかならず，反面，被告人Tの側からしてみれば，自己の脅迫等により生か死かの選択を迫られ抗拒不能の状態に陥っているUを利用してUの指をかみ切らせたと認めるのが相当である。」

> **用語の森**　闇米　食糧管理法に違反して流通する米のことをこう呼んだ。食糧管理法は，1942年に制定され，食糧を管理し，その需給および価格ならびに流通の規制を目的とする法律であったが，1995年に廃止され，新たに，「主要食糧の需給及び価格の安定に関する法律」が制定された。

3　間接正犯の実行の着手時期

間接正犯の実行の着手時期については，利用者を基準とするか，被利用者を基準とするかで議論がある（第26章291頁参照）。たとえば，毒物混入の砂糖を郵送するという場合である。考え方としては，発送したときに殺人の実行の着手があるとする見解と，被害者が受領したときに殺人の実行の着手が認められるとする見解が対立する。これらの見解の違いはどこにあるかとい

うと，郵送の途中で毒物が紛失したとき，どう評価されるかということである。前者の立場なら途中で紛失しても殺人未遂罪に変わりはないことになるが，後者の立場では，それでは殺人予備罪（201条）にすぎないことになる。判例は，後者の立場に立っている（大判大7・11・16刑録24・1352）。前者の立場が妥当と思われる。その理由は，①利用者の行為について考えるのが実行の着手を考える上では筋だと思われること，②郵便で物を送るときはほとんど間違いなく相手方に届くから，発送行為以降は結果に向かっての因果関係の進行過程にすぎないということである。

3 共同正犯

1 共同正犯の要件

共同正犯が成立するためには，①2人以上の者が犯罪を行おうという意思の連絡（共同実行の意思，共謀）をし，それに基づいて，②犯罪を共同実行すること（共同実行の事実）が必要である。

▶条文 60条　2人以上共同して犯罪を実行した者は，すべて正犯とする。

①の共謀がある点で，単独犯が並列してなされているにすぎない同時犯と区別される。

②の共同実行とは，構成要件に該当する行為を共同して行うことである。犯罪を行う意図で同時に行為がなされたとしても，行為者の意図が異なる場合は共同実行とはいえない。

共謀というと，顔を突き合わせて策を練るようなイメージを持つが，知っている者同士のときは，状況によって，共謀が瞬時に形成されることもある。判例では，露店商仲間の会長が業務妨害のかどで警察官によって連行される際，3人の者がとっさに自動車を木刀でたたいたりした事例に関し，「共同正犯たるには，行為者双方の間に意思の連絡があることは必要であるが，行為者間において事前に打合せ等のあることは必ずしも必要ではなく，共同行為の認識があり，互いに一方の行為を利用し全員協力して犯罪事実を現実せしむれば足る」として，3人に公務執行妨害罪（95条1項）の共同正犯を認

めている（最判昭23・12・14刑集2・13・1751）。

共同実行の事実が認められるためには，各共同者が互いに他人を利用し補いあって共同の犯罪意思を実現しようとすればよく，単独正犯における実行行為にあたる行為の全部または一部を負担する必要はないのである。たとえば，夜間，強盗に際し，1人の男がブリキ製ピストルを突きつけ，「騒ぐな金を出せ」と脅迫している傍で佇立していたにすぎない男も，「被害者を畏怖せしめるに役立つこと論をまたない」ので，強盗罪の共同正犯になる（最判昭23・6・22刑集2・7・711）。

2 共同実行は何を共同することか

共同実行とは何を共同にすることなのか，について，犯罪共同説と行為共同説の対立があるといわれる。犯罪共同説は，「共同正犯は，一定の基本的構成要件に該当する実行行為を共同して行うもの」という（団藤・総論390頁）。行為共同説は，「共犯は行為を共同にするもの」という（平野・総論Ⅱ364頁）。

それでは，このような見解は具体的にどのように異なるのか。次のような例で考えてみよう。

AとBは，Cを痛めつける意図で暴行を加えていたところ，Aが途中から急に殺意をもってナイフでCをさし，Cが出血多量で死亡した。

犯罪共同説では，殺人罪と傷害罪の構成要件が重なり合う範囲で実行行為の共同があったと解する。したがって，Aは殺人既遂罪，Bは傷害致死罪になり，両者は傷害致死罪の範囲で共同正犯となる。このように，犯罪共同説といっても，犯罪の部分的な共同でもよいとされるところから，部分的犯罪共同説と呼ばれる。なお，犯罪共同説の中には，自己の行為の結果でない事実についてまで犯罪の成立を認め，刑だけは故意の範囲にとどめようとする，完全犯罪共同説もある。

これに対し，行為共同説は，はじめから，「犯罪行為の全部にわたって共同である必要はなく，その一部の共同でもよい」とする見解である（平野・総論Ⅱ364頁）。したがって，Aは殺人既遂罪，Bは傷害致死罪になり，Aは傷害致死罪の限度でBと共同正犯になるというのである。なお，行為共同説の中でも近代学派の系譜に属する考え方では，前構成要件的・自然的な行為を

共同で行えば，共同正犯になる。したがって，異なる構成要件についての共同正犯も認められることになる。

以上のことから明らかなように，部分的犯罪共同説と今日展開されている行為共同説は，結論的に大きな違いはない。そこで，いたずらに両説の違いをあげつらう必要はない。要は，共同正犯の他の問題（たとえば，共謀共同正犯，過失の共同正犯）をも視野に入れて，できるだけ整合性のある考え方に立つべきである。判例は，「殺人罪の共同正犯と傷害致死罪の共同正犯の構成要件が重なり合う限度で軽い傷害致死罪の共同正犯が成立する」と解している（最決昭54・4・13刑集33・3・179）。これは部分的犯罪共同説といえる。私は，部分的犯罪共同説の立場に立ちたいと思う。

3 一部行為の全部責任

2人以上の人の行為が共同正犯と認められた場合には，「すべて正犯」（60条）とされる。その趣旨は，1人ひとりが現実に行ったことにかかわらず（あるいは，証明されなくても），全員が全体について責任を負うということである。

一例を掲げる。D・E・Fの3人が銀行強盗を計画し，実際には，Dは支店長にピストルをつきつけて5000万円出さなければ殺すと脅し，Eはピストルを他の行員や客に向けて妨害がなされないようにし，Fは銀行の外で逃走用自動車のエンジンをふかして待っていたとする。仮に，Fの行為を独立にとらえ出すと，自動車のエンジンをふかして待っているだけでは，通常は犯罪とはいえない。しかし，銀行強盗の共同正犯と認められると，Fについても，住居侵入罪（130条前段）と強盗罪（236条1項）が認められる。

以上のような法的効果を一部行為の全部責任を呼ぶが，どうしてそのような法理が採用されているのか。答えは，共同正犯が単独犯と異なり，犯罪現象として効率的であり，被害も甚大になりやすい，というところに求められる。

上述の銀行強盗の場合，主役はDのように見えるが，Dが大胆に支店長を脅すことができるのは，Eによるフォローがあり，さらに，いざというとき，すぐに逃げられるようFが控えているからである。その点は，E・Fそれぞ

れについてもいえる。3人が互いに相手を利用し，補い合って犯行を犯す場合（相互利用補充関係）には，1人に比べて，はるかに効率的に犯罪を実現することが可能である。その分，被害も甚大である。そこで，3人の行為が有機的に全体的結果に結びついていることに着目して，1人ひとりについて全部責任を問うのである。

> **ポイント** 共同正犯の要件
>
> 共同正犯は，①2人以上の者が犯罪を行おうと共謀をし，それに基づいて，②犯罪を共同実行することによって，成立する。

第29章

共謀共同正犯，承継的共同正犯

本章の主旨

共同正犯の拡張がどの範囲で認められるか。共謀をしたが，共同実行に加わらなかった者は共同正犯に問えるかが共謀共同正犯の問題である。実行行為の一部終了後に，共謀が成立し，共同正犯がなされた場合，共同正犯がさかのぼれるかが承継的共同正犯の問題である。

1 共謀共同正犯

1 共謀共同正犯は共同正犯か

共同正犯の要件として，①共同実行の意思と，②共同実行の事実とがあり，①と②が両方そなわっている場合を実行共同正犯という。これに対し，①の共同実行の意思が形成され，共謀者のうちにある者が共謀に基づいて実行し，実行に加わらなかった者がいた場合を，共謀共同正犯と呼んでいる。

問題となるのは，実行に加わらなかった他の者についても，共同正犯を認めることができるか，ということである。共同正犯の適用を否定する立場は，教唆犯（61条）ないし幇助犯（62条）を適用すればよい，とする。

2 否定説と肯定説

共謀共同正犯については，共同実行の事実がないという点から，共同正犯を認めるのは無理のようにも思える。共同正犯を認めるべきでないとする否定説の論拠を整理すると，次のようになる。(イ)正犯とは，自ら実行行為をした者であるから，自ら実行行為をしない者に正犯を認めてよいのか。(ロ)刑法60条の解釈として，共同正犯には共同実行が不可欠なのではないか。(ハ)共謀

共同正犯を肯定することは，刑法において団体責任を認めることになり，個人責任主義に反するのではないか。

> 🌳 **用語の森**　**団体責任**　個人責任の反対である。団体の中の一人の行為について団体全体が責任を負うこと。

これに対し，肯定説は，次のように考える。互いに他人を利用し補い合って共同の犯罪意思を実現しようとする場合は，実行行為を分担しない者も心理的に実行担当者を支援し，一方，実行担当者はその影響の下に，単独では行いえないような大胆な行為を実現している事実がある。そこのところに着目して，学説では，次のように，共謀共同正犯を基礎づける見解が展開されている。

各人が意思連絡のうえ，互いに他人を利用し補い合って共同の犯罪意思を実現しようとする場合には，ⓐ実行行為を分担しない者は，実行担当者が犯行を思いとどまるのを抑圧し，実行担当者を全員の手足として行動させた点で，自らは手を下さなくても実行担当者と共同して実行行為をしたといえる。ⓑ実行担当者は，背後に共同者がいるという意識によって，心理的に鼓舞され，支援を受けている（藤木・総論284～285頁）。この学説は，ⓐの理由づけから間接正犯類似説と呼ばれているが，むしろ，相互利用補充説とでもいうべきである。

否定説の論拠に合わせて肯定説の論拠を整理すると，次のようになる。①正犯は必ずしも自らの手で実行を分担する必要はない。間接正犯は自らの手で実行を分担しない者に正犯性を認めている。②実定法上も必ずしも実行の分担を要するという解釈が必然的であるとはいえない。③否定説の指摘は，共同意思主体説に対する批判にはなるが，間接正犯類似説（相互利用補充説）には当てはまらない。

3　判例の流れ

判例は，大審院時代に，共同意思主体説によって共謀共同正犯を裏づけていた。すなわち，共同正犯の本質は何かというと，「2人以上の者一心同体のごとく，たがいに相より相たすけて各自の犯意を共同的に実現し，もって

共謀共同正犯についての検討

	否定説の論拠	藤木説からの反論	団藤新説
正犯がみずから実行する必要があるか	理論上正犯とはみずから実行行為をした者で、実行しない単なる共謀者は正犯とはいえない。	正犯がみずからの手で実行を分担することは、正犯としての必要的要素ではない。(例) 間接正犯の正犯性	構成要件該当事実について支配をもった者はみな正犯。
刑法60条の解釈として	実定法上、実行の共同が必要。	法文上も必ずしも実行の分担を要しない。	
個人責任主義に関して	〔共同意思主体説に対して〕団体責任論であると、批判しうる。	〔否定説の主張は、個人責任に立脚した肯定説にはあてはまらない〕共謀者と実行担当者のあいだに相互利用補充関係が認められるから、共同者の行為を、全体として、犯罪を共同実行したものと認めることができる。	
共同正犯・教唆犯の区別に関して	共謀共同正犯を認めなくとも、教唆として罰することができる。	集団犯の現実からいって適当でない。重視すべきは、実行の背後でなんびとが実行者と一体となって犯罪実現に協力したかである。	被教唆者に基本的構成要件についての実行の決意をさせる行為が教唆行為。

特定の犯罪を実行するにあり」としたのである（大判昭11・5・28刑集15巻715頁、大森銀行ギャング事件）。しかし、これは団体責任の考え方だとして批判を受けていた。

そして、最高裁判所は、いわゆる「練馬事件」に関して、新たな判断基準を示した。練馬事件は、労働争議に際して工場に出入りしていたD巡査に暴行を加えることを企図したA・Bは、実際の暴行現場におらず、Cほか数名が鉄管や丸棒で巡査の頭部などを乱打したため、脳損傷で死亡させたというものであった。A・B・Cほか数名全員が傷害致死罪の共同正犯で起訴された。判例は、次のように判示して、共謀共同正犯を認めたのである。

判例　最大判昭33・5・28刑集12・8・1718〔練馬事件〕

「共謀共同正犯が成立するには、2人以上の者が、特定の犯罪を行うため、共同意思の下に一体となって互に他人の行為を利用し、各自の意思を実行に移すことを内容とする謀議をなし、よって犯罪を実行した事実が認められなければならない。したがって右のような関係において共謀に参加した事実が認められる以上、直接実行行為に関与しない者でも、他人の行為をいわば自

己の手段として犯罪を行ったという意味において，その間刑責の成立に差異を生ずると解すべき理由はない」。

ちなみに，この判例では，「共謀」についても判示し，必ずしも共謀者が一堂に会する必要はなく，いわゆる順次共謀でもよいとした。しかし，こうなると，共謀の内容が伝言ゲームよろしく変化することもあるし，共同正犯の眼目である相互利用補充関係が共謀者間で形成されるか，疑問が残る。

ポイント 共謀共同正犯

> 共同意思の下に一体となって互いに他人の行為を利用し，各自の意思を実行に移すことを内容とする謀議をなし，犯罪を実行した事実が認められれば，実行をしなかった者に共謀共同正犯が成立する。（判例）

以下の事例では，暴力団組長の被告人が，自分を警護するスワットと呼ばれるボディーガードがけん銃を所持していると認識していたかが争われた。被告人は，鉄砲刀剣類所持等取締法が規定するけん銃不法所持の共謀共同正犯に問われている。弁護人は，被告人が幹部組員に対してけん銃を持つなという指示をしていたと主張している。

判例 最決平15・5・1刑集57・5・507〔スワット事件〕

>「被告人は，スワットらに対してけん銃等を携行して警護するように直接指示を下さなくても，スワットらが自発的に被告人を警護するために本件けん銃等を所持していることを確定的に認識しながら，それを当然のこととして受け入れて認容していたものであり，そのことをスワットらも承知していた」。
>「弁護人らが主張するように，被告人が幹部組員に対してけん銃を持つなという指示をしていた事実が仮にあったとしても，前記認定事実に徴すれば，それは自らがけん銃等の不法所持の罪に問われることのないように，自分が乗っている車の中など至近距離の範囲内で持つことを禁じていたにすぎないものとしか認められない。また，前記の事実関係によれば，被告人とスワットらとの間にけん銃等の所持につき黙示的に意思の連絡があったといえる。そして，スワットらは被告人の警護のために本件けん銃等を所持しながら終始被告人の近辺にいて被告人と行動を共にしていたものであり，彼らを指揮

命令する権限を有する被告人の地位と彼らによって警護を受けるという被告人の立場を併せ考えれば，実質的には，正に被告人がスワットらに本件けん銃等を所持させていたと評し得るのである。」

以上のことから，被告人にはけん銃等の所持について，スワットら5名らとの間に共謀共同正犯が成立するとされたのである。

> **小話** どういう意思の疎通があったら「共謀」といえるかは難しい問題である。芥川龍之介の『藪の中』は，金沢の武弘という若者が殺された事件について，検非違使（令外の官の1つで，裁判官と警察官を兼ねた役職）の前で，何人かの証人が発言するが，くいちがいがあって，何が真実かは藪の中のようにわかりにくいという話である。「犯人」として捕まった多襄丸の白状の中に，次のような部分がある。
> 「男の命は取らずとも，──そうです，わたしはその上にも，男を殺すつもりはなかったのです。ところが泣き伏した女を後に，藪の外へ逃げようとすると，女は突然わたしの腕へ，気違いのように縋りつきました。しかも切れ切れに叫ぶのを聞けば，あなたが死ぬか夫が死ぬか，どちらか1人死んでくれ，2人の男に恥を見せるのは，死ぬよりもつらいというのです。いや，その内どちらにしろ，生き残った男につれ添いたい，──そうも喘ぎ喘ぎいうのです。わたしはその時猛然と，男を殺したい気になりました。（陰鬱なる興奮）」（芥川龍之介『藪の中』岩波文庫，202頁）
> これは，武弘の妻である真砂と多襄丸との間に，武弘殺害の「共謀」が形成された瞬間ではないのか。

なお，共謀共同正犯が共同正犯として扱われるとしても，実行共同正犯との区別がなくなるわけではない。なぜなら，①共同正犯としての「共謀」の存在を確かめる必要があるし，②実行を担当していない者は共同実行に加わっていないので，教唆犯，幇助犯とも区別しなければならないからである。

2 承継的共同正犯

1 承継的共同正犯はどの範囲で共同正犯か

共同正犯の要件である共同実行の意思は，行為の際に存在すれば足り，事前の共謀は要しないし，実行行為の一部が行われた後でもよい。しかし，実行行為の一部がすでに終了した後に共同実行の意思が形成され，共同実行がなされた場合には，いかなる範囲で共同正犯が成立するのか。これが，承継的共同正犯の問題点である。

たとえば、Aが強盗の意思でCに暴行を加え傷害を負わせた後、Bが状況をのみこんで、Aと協力してCから財物を奪取した場合、Aが強盗致傷罪（240条前段）になるのは異論がないとして、Bは、強盗致傷罪として共同正犯になるのか、それとも強盗罪（236条1項）の共同正犯にとどまるのか、という問題である。

2　学説・判例の状況

学説を大まかに整理すると、次の通りである。
　① 積極説　後行者は介入前の先行者の行為を含む全体について共同正犯の責任を負う。
　② 消極説　後行者は介入以後の共同行為についてのみ責任を負う。
　③ 中間説（一部肯定説）　後行者が先行者の発生させた状態を自ら行った行為と一体として利用する範囲で共同正犯の責任を負う。
　②と③について、その根拠を検証してみよう。②の根拠としては、共同正犯の効果を、結果への因果性で説明する立場から、先行者が生じさせた傷害などの結果は後行者の行為と因果関係がないとして、共同正犯を否定するのである。これに対して、③の根拠としては、単独犯の場合と同じ原理があてはまると説明されている。すなわち、暴行の後で、相手方が制圧された状態になってから、その勢いに乗じてあらたに財物奪取の意思を生じて被害者の所持品を奪う行為は、全体を総合して強盗と認められてよい。そこで、上述の例でいえば、BはAが生じさせた反抗抑圧の状態を財物奪取の目的で利用したにすぎないから、強盗の責任を負うにとどまり、強盗致傷の責任を負わないとされる（藤木・総論290〜291頁）。
　判例は、かつて、①の積極説の立場のものがあったが、近時は、③の中間説の立場のものが下級審でみられるようになっている。
　前者の例としては、強盗目的で被害者を殺害した夫から事情を聞かされ、妻がやむなくロウソクを手にして金員強取を容易にした事例について、加担より前の殺人についても責任を負うとされた。ただし、強盗殺人の幇助である（大判昭13・11・18刑集17巻839頁）。
　後者の例としては、暴力団員数名が木刀などで暴行を加え、傷害を生じさ

せた後，加わってきた者（被告人）が，事態のなりゆきを察知し，自らもこれに共同して加担する意思で，被害者を手で2〜3回突き上げたり，手拳で顔面を1回殴打した事例に関するものがある。結論として，被告人には暴行罪の共同正犯が認められ，傷害罪の共同正犯は否定されたのである。その根拠として，承継的共同正犯に関する見解が次のように展開されている。

判例 大阪高判昭62・7・10 高刑集40・3・720〔顎突き上げ事件〕

「先行者の犯罪遂行の途中からこれに共謀加担した後行者に対して先行者の行為等を含む当該犯罪の全体につき共同正犯の成立を認め得る実質的根拠は，後行者において，先行者の行為等を自己の犯罪行為の手段として積極的に利用したということにある。」

上の判例は，承継的共同正犯の成立範囲を適正に画するものと評価できる。私は，③の中間説に与したいと思う。

以下の判例は，③説の立場に立って承継的共同正犯の成立を否定し，その上で，同時傷害の特例（207条）の適用を認めたものである。

判例 大阪地判平9・8・20 判タ995・286〔鼻骨骨折事件〕

DはGに対し頭突きなどの暴行を加えていたところ，E・Fが途中から加わり，E・FはGの頭部を多数回足蹴にした。さらに，Dは単独でもGに暴行を加えた。この一連の暴行により，Gは鼻骨骨折の傷害を負ったが，その傷害は，E・FがDに加勢する前後いずれの暴行により生じたのが不明であった。

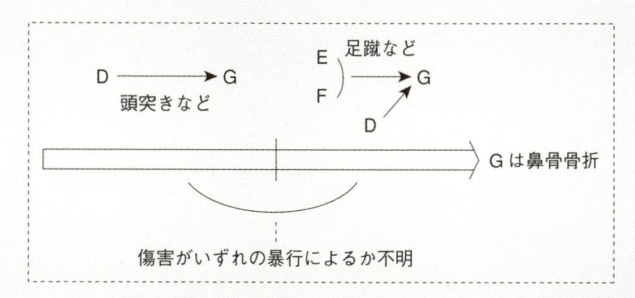

```
D ──→ G        E  足蹴など
 頭突きなど     F  ）──→ G
                D ↗

─────────────────→ Gは鼻骨骨折
       ⌣
    傷害がいずれの暴行によるか不明
```

「確かに，後行者たる被告人両名は，先行者たるDが頭突き等の暴行を加えるのを認識・認容していたことが認められるが，それ以上に被告人両名がこ

れを『自己の犯罪遂行の手段として積極的に利用する意思』を有していたとか，現にそのような手段として利用したとかの事実は本件全証拠によっても認めることはできないから，結局，被告人両名には傷害の承継的共同正犯は成立しないというべきである。」

「本件のように共謀成立の前後にわたる一連の暴行により傷害の結果が発生したことは明らかであるが，共謀成立の前後いずれの暴行により生じたものであるか確定することができないという場合にも，右一連の暴行が同一機会において行われたものである限り，刑法207条が適用され，全体が傷害罪の共同正犯として処断されると解するのが相当である。けだし，右のような場合においても，単独犯の暴行によって傷害が生じたのか，共同正犯の暴行によって傷害が生じたのか不明であるという点で，やはり『その傷害を生じさせた者を知ることができないとき』に当たることにかわりはないと解されるからである。」

3 過失犯に共同正犯はあるのか

1 過失犯の共同正犯の問題点

過失犯について，共同正犯は認められるであろうか。

共同正犯が成立するためには，①共同実行の意思と，②共同実行の事実が，ともに必要である。従来は，この問題を，行為共同説と犯罪共同説の対立という構図で捉えてきた。すなわち，犯罪共同説の立場では，犯罪的でない意思の連絡は，共同して犯罪を実行する意思として不十分であるとして，共同正犯を否定するのである。

問題の焦点は，過失犯のとらえ方にある。過失の本質的な部分を無意識の領域に求め，意識的な領域を非本質的な部分と捉えれば，それらについての意思の連絡を考える余地はない。

しかし，過失犯を，結果回避の注意義務を負いながら，結果回避措置を採らなかった落度ある行為と捉えるならば（第25章266頁参照），事情は異なってくる。事故防止のために相互利用・補充関係にある行為者の間では，共同して結果を回避するような注意義務を負っており，そのために相互に連絡しあって，全体として不足がないように注意する必要がある。そうなると，そ

れは，もはや個々の独立の注意義務ではなく，共同正犯の要件である①共同実行の意思ということができる。しかも，そのような注意義務を尽くさず，共同作業上，落度ある行為がなされたとすれば，それは，②共同実行の事実，というべきである。

2 判 例

過失犯の共同正犯を認めたものとして，2つの判例を掲げておく。

(a) **四条踏切事件**（第11章105頁参照）
(b) **電話ケーブル失火事件**（第12章121頁参照）

4 予備罪の共同正犯

1 殺人予備罪の共同正犯

殺人予備罪（201条）について考えてみることとする。殺人予備というためには，①殺人の目的で，その目的実現のために役立つ行為をしながら，②しかも，殺人の実行に着手しないことが必要である。たとえば，AがXを殺害するつもりで青酸ソーダを用意しながら，Xに飲ませるまでに至らなかった場合，Aは殺人予備罪にあたる。

次に，殺人予備罪の共同正犯が問題なく成立する場合を考えてみる。BとCがXを殺害するつもりで共謀し，Cは青酸ソーダを入手し，BはXに飲ませようとして，Xのコーヒーに入れる機会をねらっていたが，とうとうできなかったという場合，BとCは殺人予備罪の共同正犯になる。ここまでは，問題がない。

2 判 例

これから採り上げる例は，裁判上，予備罪の共同正犯が成立するかどうか，問題となった例である。

DはEにX殺害の意図を打ち明け，相談をもちかけた後，Eに青酸カリの入手方を依頼した。EはX殺害に使用されるのを知りながら，知人から青酸ソーダを譲り受け，Dに手渡した。ところが，Dは青酸ソーダを使用するまで

に至らなかったのである。

　この例において，DがXに対する関係で，殺人予備罪にあたることは異論がない。問題となるのは，Eについてどのように評価されるか，ということである。

　DとEとの関係をみると，EはDの行為を幇助しているように思われる。仮に，DがXに青酸ソーダを飲ませるに及んでいれば，Dは殺人罪の正犯，Eはその幇助犯と評価される可能性がある。

　それでは，Eは殺人予備罪の幇助になるであろうか。本件の第1審裁判所はそのように捉えている。しかし，それには1つの理論的前提が必要となる。つまり，予備罪がそれ自体として実行行為と認められなければならない，ということである。というのは，予備行為の内容があいまいなものなのに，さらにその幇助ともなれば，可罰的なものといえるかどうか，微妙だからである。

　第2審判決は，1審についてその点を批判し，予備罪の幇助が処罰されるのは，刑法上，明文の規定が存在する場合（79条——内乱予備の幇助）に限るべきだとして，破棄した。それでは，どのような立論をしたかというと，EとDは殺人予備罪の共同正犯だというのである。そして，最高裁も，この判決を支持した（最決昭37・11・8刑集16・11・1522）。

　しかし，DとEが予備罪の共同正犯であるとすると，共同正犯と幇助犯の区別はどうなるか，という問題が残る。共同正犯は，ともに犯罪を惹起しようとする意思と，それに基づく共同実行行為が必要であるのに対し，幇助は，自分では犯罪を惹起する意思はなく，正犯が行おうとすることを物質的・精神的に手助けする場合である。このような考え方からすれば，DとEを共同正犯とするのは無理で，Eは不可罰となる。

第30章

教唆犯，幇助犯

> **本章の主旨**
>
> 教唆犯が処罰されるのは，そそのかしによって正犯が犯罪を実行したためである。幇助犯が処罰されるには，幇助が正犯の行為の実行に役立っていることが必要とされる。

1 狭義の共犯

1 共犯の処罰根拠

　Aは，BがCを殺害するにあたってBから入手を依頼されたピストルを貸与した。ところが，Bは実際にはナイフでCを殺害したとする。この場合，Aははたして殺人罪の幇助犯として処罰されるだろうか。

　この問題を解くにあたっては，教唆犯や幇助犯のような狭義の共犯はなぜ処罰されるか，という共犯の処罰根拠に関する考え方を踏まえておく必要がある。

　責任共犯論は，共犯者が教唆・幇助によって正犯者を誘惑し堕落させて犯罪を行わせたところに，共犯の処罰根拠が求められる。そこで，ピストルを貸与する行為は正犯者を誘惑するのに十分な行為といえるから，殺人罪の幇助犯として認めてよいと思われる。

　因果的共犯論は，共犯者が正犯者を介して法益侵害・危険を因果的に惹起したところに，共犯の処罰根拠が求められる。そこで，ピストルを貸与されたことが正犯者の犯行を容易にしていないとすれば，殺人罪の幇助犯として処罰されないことになる。

　狭義の共犯は実行行為そのものではない。殺人に関していえば，正犯は

「殺害すること」であるが，教唆犯は「殺害することをそそのかすこと」であり，幇助犯は「殺害することを手助けすること」である。それだけに，殺害をしていない共犯者がなぜ処罰されるか，を明らかにしておく必要がある。

共犯も，自己の行為と因果関係のないことについて責任を問われるのではない，という意味で，基本的に因果的共犯論によるべきである。

幇助の因果性について検討しておこう。幇助犯は，正犯の実行を容易にする行為である。上述の例のように，殺人犯人にとってはピストルを貸与されることが犯行を容易にする。これは**物質的幇助**である。この場合に，ピストルを貸与された者が犯行の現場に持参しないときは，貸与行為が正犯の実行を容易にしたとはいえないから，幇助として処罰するのはふさわしくない。ただし，殺人を行おうとする者が，精神的に傾倒している人からピストルを渡されたことによって勇気づけられ，犯行完遂の確固たる意思が形成されたようなときは，ピストルを持参しなくても**精神的幇助**として認めうる。

判例において，幇助行為と正犯の犯罪との間にどのような内容の因果関係があればよいか問題とされた事例があるので，検討しておこう。

Eは宝石商Fを殺害してFから預かっていた宝石類の返還を免れようと企て，当初，地下室で拳銃によって射殺することを計画していた。それを知ったDは，拳銃の音が漏れないように隙間に目張りをしたり，換気口を毛布で塞ぐなどした（①）。しかし，Eは計画を変更してFを車で連れ出し，地下室から遠く離れた場所を走行中の車内で射殺した。Eの計画変更後，DはEから暗に同行を求められるや，同人の強盗殺人を幇助できるのではないかと思

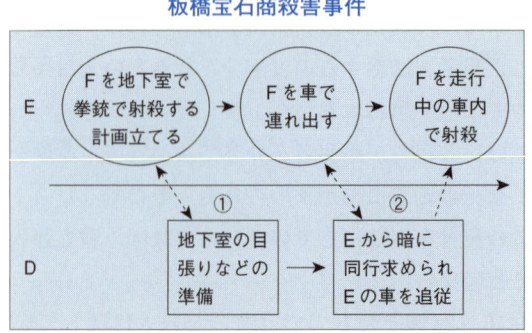

板橋宝石商殺害事件

E	Fを地下室で拳銃で射殺する計画立てる	Fを車で連れ出す	Fを走行中の車内で射殺
D	地下室の目張りなどの準備 ① →	Eから暗に同行求められEの車を追従 ②	

って，Eの自動車に追従し殺害現場に至った（②）。

現実の強盗殺人との関係では全く役に立たなかった①の行為が幇助と認められるかが問題となった。

判例は，「Dの地下室における目張り等の行為がEの現実の強盗殺人の実行行為を幇助したといい得るには，Dの目張り等の行為が，それ自体，Eを精神的に力づけ，その強盗殺人の意図を維持ないし強化することに役立ったことを要する」として，物質的幇助とはいえない場合にも精神的幇助になる場合があることを明らかにした。しかし，Dの①の行為はEに認識された事実すらないとして，幇助が否定されたのである。ただ②の行為との関係では，強盗殺人（240条後段）の幇助犯が認められた（東京高判平2・2・21判タ733・232，板橋宝石商殺害事件）。

ポイント　共犯の処罰根拠

> 狭義の共犯が処罰される根拠は，そそのかしによって正犯者が犯行を決意し（教唆犯），手助けによって正犯者の犯行が容易になること（幇助犯）が必要である（因果的共犯論）。

2　共犯の独立性・従属性

GがHに，Iを殺したら500万円をあげようとそそのかしたとする。教唆されたHが殺人の決意をしてIを殺害した場合，Hが殺人罪の正犯，Gが殺人罪の教唆犯となる。それでは，教唆されたHが殺人の決意をしなかった場合はどうなるか。もちろん，Hはなんら犯罪を構成しない。問題となるのは，Gの教唆行為についての評価である。

人の殺害を教唆する行為は，それ自体に一定の害悪性（犯罪性）がある。その意味は，次の通りである。①他人を殺せと教唆することは，社会的にみて許されないことである。②教唆行為は，それまで殺意を有していなかった人に新たに殺意を生じさせるきっかけを作る点で危険性がある。③教唆者が凶器や犯行に使う自動車などを用意してそそのかす場合は，殺人の実行行為の予備行為的な意味あいが認められる。

しかし，教唆行為そのものを犯罪として捉えることには，いくつかの難点

がある。(a)殺人の教唆がなされたとしても、教唆をされた者（被教唆者）には規範的障害があるから、直ちに犯行に結びつくとは限らない。(b)教唆行為から正犯の実行行為が誘発されなかった場合には、そもそもどのような教唆行為があったかを究明することが容易ではなくなる可能性がある。

以上の点に関して、学説は、学派の争いを背景にしつつ議論を展開している。

(1) **共犯独立性説** 教唆行為は、犯人固有の反社会性が外部に表われたことであるから、上の例のGは、殺人未遂罪にあたる。犯罪徴表説を説く近代学派の主張である。なお、犯罪が他人の犯罪に従属して成立することは意味がないと、共犯従属説性を批判する。

(2) **共犯従属性説** 殺人の教唆は殺人行為そのものではないから、殺人の教唆の未遂について殺人未遂とするのは納得できない。条文では、「人を教唆して犯罪を実行させた」ことが要件（61条1項）とされているのであるから、被教唆者が実行しない以上、教唆犯は成立しない。また、正犯の実行行為がなされたときこそ、教唆行為の内容が明確になるはずである。

さて、どちらの立場に立つべきかである。刑法の基本原則である罪刑法定主義の趣旨からは、(2)の共犯従属性説の立場に立って考えるべき、ということになる。

次に、教唆犯が正犯の実行に従属するとして、正犯の行為がどれだけの要件をそなえているときに正犯の実行といえるかが、従属性の程度（従属形式）の問題である。

M・E・マイヤーの整理した従属形式をもとに学説を以下に図解してみた。それぞれの立場は、○の要件を必要とするものである。たとえば制限従属形式では、正犯の行為が構成要件に該当し、違法であるときに、狭義の共犯（教唆犯・幇助犯）が成立すると読むのである。

通説は、被教唆者が責任無能力者の場合については、正犯に故意が必要であるとしている。たとえば、同じ刑事未成年者（41条）でも、13歳の子どもに命じて他人の物を持ち去らせる行為は窃盗の教唆になるが、5歳の幼児の場合は被教唆者に故意行為は認められず、したがって、教唆犯とはならない。むしろ、命じた者は、幼児を道具のように使った間接正犯と捉えるべきであ

る（いわば，制限従属形式を修正した考え方である）。

共犯の従属形式

	構成要件	違法性	有責性	一身上の処罰阻却事由がないこと
最小限従属形式	○			
制限従属形式	○	○		
通説—被教唆者 13歳	○	○		
5歳	○	○	○	
極端従属形式	○	○	○	
誇張従属形式	○	○	○	○

以上，教唆犯の従属性に関して検討してきたことは，同じく狭義の共犯である幇助犯にもあてはめることである。そればかりでなく，共同正犯や共謀共同正犯についてもその論理は当てはまる。

2 教唆犯

1 教唆犯の要件

教唆犯は，①人を教唆して，②犯罪を実行させた場合に，その教唆者のことを指していう。

▶条文◀ 61条1項　人を教唆して犯罪を実行させた者には，正犯の刑を科する。

教唆犯の特色は，今まで犯罪実行の意思を有していない者に対し，はたらきかけて特定の犯罪を実現する決意を生じさせ，その結果，犯罪行為が実現されたことである。しかも，教唆犯自身が実行行為に加わらないことが要件となる。仮に教唆者が被教唆者とともに実行行為をした場合は，教唆犯にとどまらず，共同正犯と評価される。このように，教唆犯のつもりが共同正犯に転換することがある。これを共犯の発展と呼ぶことにする。同じことは，幇助についてもある。

判例では，村議会への反対派議員の入場を阻止するべく働きかけた者が，当日になって一緒に入場を阻止した場合について，公務執行妨害罪（95条1

項）の共同正犯が認められている。ここでは、「教唆者が被教唆者とともに教唆にかかる犯罪を実行したるときは、教唆犯は実行したる正犯の罪に吸収せられ、正犯の単純一罪をもって処断する」と判示されている（大判昭8・11・27刑集12・2134）。

教唆は心理的・精神的な働きかけであるから、その方法は多様である。金銭的利益の提供を約束したり、教唆者の立場の優位性を利用したり、相手方の弱味につけこんだりする場合などがある。この点について、判例は、教唆犯の成立には、ただ漠然と特定しない犯罪を惹起せしめるにすぎないような行為では足りないけれども、「いやしくも一定の犯罪を実行する決意を相手方に生ぜしめるものであれば足りるものであって」、たとえば慫慂（すすめること）でもよいとしている（最判昭26・12・6刑集5・13・2485）。

心理的・精神的な働きかけという点では、幇助犯として評価される精神的幇助と区別する必要がある。この点は、そそのかし行為という外形だけでなく、それが行為者にあらたに犯罪実行の決意を生ぜしめることになったのか、それとも、すでに犯罪実行の決意を生じている者に対し、その決意を強固にさせたのかによって判断すべきである。判例は、「助言が、他人をして犯行の故意を決定せしめたるものとすればこれを教唆犯に問擬すべく、これに反して、特に他人の犯意を決定せしむることなく、単に他人の既発の犯意を強固ならしめたるにとどまるものとすれば、これを従犯に問擬すべき」としている（大判大6・5・25刑録23・519）。

2　教唆犯の効果

教唆犯が認められた場合の法的効果は、「正犯の刑を科する」（61条1項）ということである。これは、正犯の行為に適用される法定刑ないし処断刑と同じ範囲であるということである。したがって、現実の刑の量定においては、正犯よりも重い刑が言い渡されることもある。

なお、拘留または科料のみに処すべき罪の教唆犯は罰しないのが原則である（64条）。たとえば、侮辱罪（231条）の規定がそれにあたる。ただし、特別の規定があれば罰するとされているから、軽犯罪法3条の規定によって、軽犯罪法1条の各罪については、正犯と同じく処罰される。たとえば、虚偽

犯罪（狂言強盗等）を警察官に申し出るよう教唆した場合は，被教唆者ばかりでなく教唆者も処罰されることになる。

> **🌳 用語の森**　狂言強盗　たとえば，会社の金を他人から預った者が，それを勝手に使ってしまいながら，途中で強盗にあって盗まれたとうそをつき，警察に届けるような場合である。

3 教唆の教唆，教唆の教唆の教唆

刑法は教唆者を教唆した場合も処罰されると規定している。

条文 61条2項　教唆者を教唆した者についても，前項と同様とする。

この中には，AがBに対し，Cに殺人を実行させるように教唆した場合のほか，AがBに対し殺人を実行するよう教唆したところ，Bが自ら実行しないで，Cを教唆して殺人を実行させた場合も含まれる。両者のAが「教唆の教唆」にあたる。間接教唆とも呼ばれる。

教唆の教唆の教唆（再間接教唆）は処罰されるべきか。大審院の判例は，次のように述べて可罰性を認めている（大判大11・3・1刑集1・99）。「教唆者を教唆したる者も教唆者に外ならざるをもって，これを教唆したる者または同条項にいわゆる教唆者を教唆したる者に該当するのみならず，元来教唆者は正犯者に範囲を惹起せしめたるものにして事実上犯罪の根源というを得べく，再間接教唆の場合といえども，その教唆行為なかりせば正犯の犯罪行為行なわれざりしものにして，前者は後者に対する一の条件をなし，事実上相当なる因果の連絡あるがゆえに，これを不問に付するが如きは法の精神に適合せざるものといわざるべからず。これを要するに，同条項は教唆関係を間接教唆の限度に制限せんとする旨にあらずして再間接教唆以上の場合をも包含せしめて処罰すべきものと解するは毫も失当にあらず」。

この問題に関して，学説は真っ向から対立している。可罰性を肯定する立場では，正犯が実行に着手し，その教唆者が処罰される段階に達した以上，それに連なる教唆は可罰的だというのが，従属性理論であるとされる（平野・総論Ⅱ352頁）。否定する立場では，正犯の背後関係を無限に追及するの

は法的確実性を害するとされる（団藤・総論410〜411頁）。思うに，問題の基本は，罪刑法定主義の立場からみてこのような解釈が許されるか，というところにある。罪刑法定主義は，処罰の必要性があれば立法してからにせよ，という立法法則であるとともに，立法しないかぎり解釈で処罰範囲をむやみに広げてはならないという解釈原理である。結論として，教唆の教唆の教唆については，処罰のための明文を欠く以上，それを処罰するとすれば，類推解釈の禁止という罪刑法定主義の内容に反し，許されないというべきである。

4 アジャン・プロヴォカトゥール

アジャン・プロヴォカトゥールとは，挑発する（provocateur）刑事（agent）というフランス語で，たとえば，刑事が自分の身分を隠し，逮捕目的で，ある人に犯罪を教唆し，その人（被教唆者）が実行を始めたところで直ちに逮捕するような場合である。

アジャン・プロヴォカトゥールに関しては，まず，被教唆者を罰することができるかという問題がある。アメリカでは，賄賂犯罪を取り締まるために，刑事が業者を装い公務員に賄賂を送る約束をし，ホテルの一室で賄賂を渡すところを一部始終，ビデオカメラで撮影するという囮捜査も行われている。わが国では，麻薬（麻薬及び向精神薬取締法58条）とけん銃（鉄砲刀剣類所持等取締法27条の3）について，例外的に法が囮捜査を許容している。

教唆をした方は，未遂の教唆として問題となる。未遂の教唆は，はじめから未遂に終らせるつもりで教唆した場合に，その教唆者を処罰できるか，という問題である。共犯独立性説の立場では，はじめから未遂に終らせる意思だけでは故意を欠くことになり，教唆した者は罪にならないことになる。しかし，共犯従属性説の立場では，教唆者は，被教唆者に犯罪を実行する決意をおこさせる意思があればよいのであるから，はじめから未遂に終らせるつもりであっても教唆犯になる。したがって，アジャン・プロヴォカトゥールも教唆犯（未遂犯の教唆犯）として処罰されることになる。

> 小話　推理小説が犯罪のヒントになることはあるが，だからといって作者が教唆犯になるわけではない。しかし，以下の事例のように，犯行方法のヒントになっていることは，犯人について確定的故意を認定するのに役立つ。

事件は，医学部付属動物実験施設の技官であったMが，職場内で反目していたNの飲んでいたマグカップ内のお茶に，酢酸タリウム水溶液約5ミリリットルを混入して，飲用させ，Nは約2か月後にタリウム中毒により死亡したというのである。

裁判では，かつてMの同僚であったO子が，Mから，「アガサの中にタリウムを使った殺人例があるのを知っている。」と尋ねられたことが証言された。この点は，たしかにアガサ・クリスティーの『蒼ざめた馬』の中にタリウム殺人事件があり，その一節に次のような部分があるのである。

「タリウムは味もしないし，水に溶けるし，簡単に手にはいる。大事なのはただ1点，絶対に毒殺を疑われないようにすることです」

（アガサ・クリスティー著，高橋恭美子訳『蒼ざめた馬』早川文庫）

判例では，被告人が「25グラム入りの新品の酢酸タリウムの瓶を使いながら，お茶に混入する酢酸タリウムの量を加減しようとはしていないことからすると，事件は，確定的殺意に基づく犯行であると認めるのが相当である」として殺人罪を認めている（東京地判平7・12・19判時1555・150）。

なお，タリウムの人の致死量は体重60キログラムで約1グラムである。ちなみに，被告人は獣医師の免許を持っていた。

③ 幇助犯

1 幇助犯の要件

幇助犯は，①正犯が行為をするにあたって，②その幇助をした場合に，幇助者のことを指していう。

条文 62条1項　正犯を幇助した者は，従犯とする。

幇助犯の特色は，幇助者自身は犯罪を行う意思はなく，正犯者が行うのを手助けするにすぎないところにある。そこで，共同実行の意思があれば，外形的には実行行為との関係では付随的にみえる場合でも，共同正犯になる。たとえば，窃盗または強盗の実行について共謀がなされていれば，共謀者のある者が屋外の見張りをした場合でも，幇助犯ではなく，共同正犯が成立する（最判昭23・3・16刑集2・3・220）。

幇助犯か共同正犯かを分けるのは，共同実行の意思がないかあるかである。実行行為の一部を分担している場合でも，共同実行の意思がなければ，共同正犯ではなく，幇助犯となる。判例では，殺害の共同謀議に否応なしに同席させられる羽目になり，さらに，覚せい剤売買の取次ぎ役を装って覚せい剤

を搬出した者について，次のような判断基準を示して，強盗殺人未遂罪の幇助犯を認めた例がある（福岡地判昭59・8・30判時1152・182）。すなわち，「実行行為一部分担の事実も，結局は共同実行意思認定の1つの有力な判断材料にすぎないことに鑑みると，当該行為者が右実行行為に及んだ事情や当該犯罪全体に占める右行為者の行為の意識の如何を問わず，単に実行行為の一部を分担したことの一事のみで，常に共同実行の意思ありと解するのは相当でない」というのである。

2　幇助犯の効果

幇助犯が認められた場合の法的効果は，正犯の刑に比べて減軽されることである（63条）。その点では，教唆犯と差がある。減軽の方法は68条による。

条文　63条　従犯の刑は，正犯の刑を減軽する。

3　片面的幇助犯

広義の共犯について，片方だけが共犯に関与する意思を有していた場合に共犯は成立するのか，というのが片面的共犯の問題である。以下，順次，共同正犯，教唆犯，幇助犯の順序で検討する。

(a)　共同正犯は，共同実行の意思，すなわち意思の連絡がなければならない。それがなければ，単なる同時犯にすぎないことになる。仮に片方が犯罪の共同実行を行おうとの意思を抱いていたとしても，相手方がその意思を有していない以上，意思の連絡とはいえない。したがって，片面的共同正犯は認められない。

(b)　教唆犯は，教唆行為とそれに基づく被教唆者の犯罪行為が必要である。教唆行為はなされたが，相手方が犯罪の教唆とは気づかなかったときは，結局，被教唆者による犯罪行為もありえないから，共犯従属性説に立つかぎり，教唆行為とはいえない。したがって，片面的教唆犯ということはありえない。

(c)　幇助犯は，正犯の実行を容易にすればよく，かつ正犯の実行行為を幇助する意思が必要であるが，正犯において幇助を受けていることを認識している必要はない。

したがって，片面的共犯のうち，片面的幇助犯のみは可罰的である。判例では，賭博場開張を知り，開張者に相談せず客2名を誘った場合，幇助犯が正犯の行為を認識しながら幇助する意思があれば足りるとして，賭博場開張罪（186条2項）の幇助犯が認められている（大判大14・1・22刑集3・921）。また，選挙の投票の不正を目撃しながら放置した選挙長について，選挙干渉罪に関し，不作為による片面的幇助を認め（大判昭3・3・9刑集7・172），テーブル内に拳銃と実包を隠した密輸入に際し，被告人がテーブルの発送手続にかかわったとしても手続中は密輸入につき未必的な認識しかなかったとすれば，密輸入の片面的幇助としている（東京地判昭63・7・27判時1300・153）。

4 幇助の幇助

正犯を幇助する意思であったところ，被幇助者がさらに他人を幇助した場合を幇助の幇助（間接幇助）というが，はたして処罰されるべきか。

刑法では，幇助の教唆については，幇助として処罰する旨規定しているが（62条2項），幇助の幇助については明文規定がない。

幇助の幇助を認めた判例がある（大判大14・2・20刑集4・73）。

事例は，AはBから密輸出用の拳銃の譲渡の依頼を受け，それがBらの手を経由して密輸出されることを認識しながら応じたところ，その物件はBからC・Dに譲渡され，C・Dが密輸出を実行する結果となったものである。判例は，「従犯を処断するゆえんは，正犯の実行を容易ならしむる点において存するをもって，その幇助行為が正犯の実行行為に対して直接なると間接なるとを問うべきにあらず」として，幇助の幇助の可罰性を肯定している。

ただし，問題は，罪刑法定主義の立場からみて，このような解釈が許されるか，というところにある。幇助者は正犯ではないのであるから，「正犯を幇助した者」を従犯とする刑法62条1項は，幇助犯に限定する趣旨と解すべきである。つまり，幇助の幇助については処罰する明文がない以上，それを処罰するとすれば，類推解釈の禁止という罪刑法定主義に反し，許されないというべきである。

5　不作為の幇助

幇助行為は，作為によるもののほか，不作為によっても行うことが可能である。

以下の判例は，不作為による殺人罪ではなく，不作為による殺人罪の幇助を認めたものである。

> **判例**　大阪高判昭 62・10・2 判タ 675・246〔10 分離れたら殺人事件〕
>
> 　暴力団組長であったEは，Fと共謀して，倒産会社の社長Gから隠し財産の所在を聞き出す目的でGを山中に拉致し，暴行・脅迫を加えたが，らちがあかなかった。そのうち，Eは，FからGを脅すため，スコップとつるはしを車から取ってくるよう依頼された。Eは，自分の不在中，FがG殺害の挙に出ることを予測・認容しながら，約10分間離れたところ，その間に，Fは，Gの頸部に布製ベルトを巻きつけて強く締めつけ，Gを窒息死させた。
>
> 　Eは，「Fからスコップやつるはしの持参を依頼されても，これに応ずることなく同席を続け，FによるG殺害を阻止すべき義務を有していたと解すべきである。しかるに，被告人は，……約10分間その場を離れることにより，FのG殺害を容易ならしめたものであるから，不作為による殺人幇助の刑責を免れないというべきである。」

第31章

身分犯

本章の主旨

行為者が一定の身分(立場)を有することを予定している犯罪が身分犯である。それに共犯が関わる場合が身分犯と共犯の問題である。

1 身分犯

1 身分犯とは

通常の犯罪は、行為の主体はとくに限定されていない。その意味で、**非身分犯**である。

ところが、構成要件によっては、行為者が一定の身分を有することを予定している**身分犯**がある。たとえば、収賄罪(197条〜197条の4)の主体は、公務員に限られているから、身分犯の典型例である。同様に、仲裁法上の収賄罪(50条〜52条)の主体は、仲裁人に限られているから、身分犯である。一方、贈賄罪(198条)の主体は限定されていないから、非身分犯である。

「身分」の意義について、判例は、「男女の性別、内外国人の別、親族の関係、公務員たる資格のような関係のみに限らず、総て一定の犯罪行為に関する犯人の人的関係である特殊の地位又は状態を指称する」と広く解している(最判昭27・9・19刑集6・8・1083)。この判例は、横領罪(252条)に関して、「犯人が物の占有者である特殊の地位にあることが犯罪の条件をなす」ので、身分に当たるとしたものである。

> 小話　今日、身分犯というと、公務員という身分があるために収賄罪(197条以下)に当たる場合などを指すが、近代より前は、本来の意味での身分により刑罰に大きな違いがみられた。

たとえば，鎌倉幕府が貞永元年（1232）に，北条泰時の手によって制定した御成敗式目（貞永式目）では，他人の妻と姦通（密通）した場合，犯人の身分によって大きな違いが設けられている。御成敗式目第34条によると，御家人の場合，100日間出仕を止められ，郎従以下の場合，片方の鬢髪を剃除すべきとされた（石井良助『日本刑事法史』56頁）。

2　真正身分犯と不真正身分犯

　身分犯には，身分のある者だけに成立する**真正身分犯**（構成的身分犯）と，身分の有無にかかわらず犯罪は成立するが，身分の有無が刑の違いとなる**不真正身分犯**（加減的身分犯）とがある。

　真正身分犯には，秘密漏示罪（134条＝医師・弁護士等が犯罪主体），虚偽公文書作成罪（160条＝医師），偽証罪（169条＝法律により宣誓した証人）などがある。

　不真正身分犯の関係が認められるものには，逃走援助罪（100条）と看守者による逃走援助罪（101条），賭博罪（185条）と常習賭博罪（186条），逮捕・監禁罪（220条）と特別公務員職権濫用罪（194条），暴行罪（208条）と特別公務員暴行陵虐罪（195条），横領罪（252条）と業務上横領罪（253条）などがある。

② 身分犯と共犯

1　65条1項の解釈

　身分のない者に，身分犯との共同正犯が成立するだろうか。真正身分犯の場合と，不真正身分犯の場合とを区別して検討しよう。

　(イ)　真正身分犯について，身分のない者と身分犯との共同正犯が成立するか。たとえば，非公務員である妻が公務員である夫と共謀の上，賄賂を受け取った場合はどうなるか。

　収賄罪は，真正身分犯の典型例である。そして，65条1項は，真正身分犯について，身分のない者が犯罪に「加功（加担）」したとき，共犯になると規定している。これが，たとえば，非公務員である妻が公務員である夫に依頼されて賄賂を収受したとき，妻が収賄罪の幇助犯になる趣旨であることは

疑問がない。

それでは，非公務員である妻が公務員である夫と共謀の上，賄賂を収受した場合はどうか。結論としては，妻が収賄罪の幇助犯にとどまるか，それとも，収賄罪の共同正犯になるか，というところで分かれる。

問題は，刑法65条1項の解釈にある。65条1項は，共同正犯，教唆犯，幇助犯のすべてに適用されると解するのが，通説・判例であるが，有力説は，ここにいう共犯には，真正身分犯の共同正犯は含まれないとする。その有力説の根拠は，真正身分犯については身分のない者の行為はその実行行為としての類型を欠くから，共同実行はありえないとするのである（団藤・総論420頁）。

しかし，非身分者の加担（加功）で身分犯が行為に踏み切る場合があり，また非身分者が身分者と共同して真正身分犯にあたる犯罪の保護法益を侵害する行為がなされることを考慮すると，65条1項に，真正身分犯の共同正犯を含める合理性がある。

判例は，65条1項が真正身分犯についての共同正犯にも適用されることを明らかにしている。裁判上争われた事例を紹介すると，Aが商店でマスコットを盗取した後，駐車場において警備員から窃盗の現行犯人として逮捕されそうになるや，B・Cに呼びかけて，A・B・Cがこもごも警備員に暴行を加え，加療約10日間を要する傷害を負わせたというものである。判例は，「窃盗犯人たる身分を有する者が，刑法238条所定の目的をもって，人の反抗を抑圧するに足りる暴行，脅迫を行うことによってはじめて成立するものである」から，事後強盗罪（238条）は真正身分犯であるとする。その上で，刑法65条1項が共同正犯にも適用されるとの前提に立って，事後強盗罪の共同正犯を認め，その結果として，強盗致傷罪の共同正犯に当たるとした（大阪高判昭62・7・17判時1253・141）。

判例 最決昭40・3・30刑集19・2・125〔女性が強姦できるか事件〕

A女は，夫BがC女と情を通じているのを知り，自己の眼前で男にC女を強姦させ恥辱を与え，日頃のうっ憤を晴らそうと考えた。そして，A女はC女を連れだした上，D・Eに命じてC女を全裸にして写真をとらせ，A・Eが押えて

Dに姦淫させた。

> 「強姦罪は，その行為の主体が男性に限られるから，刑法65条1項にいわゆる犯人の身分に因り構成すべき犯罪に該当するものであるが，身分のない者も，身分のある者の行為を利用することによって，強姦罪の保護法益を侵害することができるから，身分のない者が，身分のある者と共謀して，その犯罪行為に加功すれば，同法65条1項により，強姦罪の共同正犯が成立する」。

㋺ 不真正身分犯について，身分のない者に身分犯との共同正犯が成立するだろうか。

たとえば，横領罪（252条）と業務上横領罪（253条）は，身分のあるなしにかかわらず「横領」という実行行為は可能であり，業務上横領罪は業務性が認められるゆえに重く処罰される不真正身分犯である。不真正身分犯については身分のない者と身分のある者の共同正犯が認められることになる。

> 🌳用語の森　**横領**　自己が占有している他人の物を，自己または第三者のために不法に領得することである。

ただし，上の例において，どのような意味において共同正犯が成立するかについては学説上の争いがある。第1の見解は，犯罪としては業務上横領罪の共同正犯が成立し，身分のない者には65条2項により通常の刑（252条）が適用されるとする立場である。判例はこの立場に立つものと解される。すなわち，村長D，助役（副村長）E，収入役（会計管理者）Fが共謀のうえ，Fが村民から中学校建設資金の寄付金として受け取り，保管していた金の一部を酒食の代金として費消した事例に関して，D・E両名は，「刑法65条1項により同法253条に該当する業務上横領罪の共同正犯として論ずべきものである」が，「業務上物の占有者たる身分のない被告人両名に対しては同法65条2項により同法252条1項の通常の横領罪の刑を科すべきものである」と判示している（最判昭32・11・19刑集11・12・3073）。

第2の見解は，65条1項により横領罪の共同正犯が成立し，65条2項により身分犯には業務上横領罪が適用されるとする立場である。

この問題は，65条1項だけでなく65条2項との関係をどうとらえるか，に

関わることである。身分のあるなしが犯罪の成否に関係ないのなら60条だけでもよいものを，わざわざ65条に規定をおいたのは，前述のように，65条1項は真正身分犯についてさえ身分のない者と身分のある者との共同正犯を認める根拠になることを考えれば，不真正身分犯の場合にも，65条1項により身分のない者と身分のある者が共同正犯となると解すべきである。規定がなければ非身分者と身分者が共同正犯になることはありえないのだから，65条1項を根拠とすべきである。そして，65条2項は，そのような不真正身分犯の共同正犯の場合に，「身分のない者には通常の刑を科する」ことを規定しているのである。

判例は，営利の目的のあるなしによって刑罰に軽重がある場合，それも不真正身分犯となると解している。すなわち，麻薬取締法は密輸入に関して，営利の目的のあるなしによって法定刑に差を設けている（麻薬及び向精神薬取締法64条2項・1項）。これについて，判例は，「犯人が営利の目的をもっていたか否かという犯人の特殊な状態によって，各犯人に科すべき刑に軽重の区別をしているもの」は，刑法65条2項の身分だとしている（最判昭42・3・7刑集21・2・417）。

ポイント　65条1項の適用範囲

> 刑法65条1項は，共同正犯，教唆犯，幇助犯のすべてに適用される。不真正身分犯に関しては，身分のない者は身分犯との共同正犯が成立し，65条2項により，身分のない者として通常の刑を科せられる。（判例）

2　65条2項の解釈

刑法65条2項の解釈に関して，身分のない正犯を身分のある者が教唆した場合はどうなるか，という問題がある。

たとえば，賭博常習者Aが非常習者Bに賭博の教唆をし，賭博がなされた場合，法の適用はどうなるか，ということである。

次に問題となるのは，常習者Aが教唆犯にあたるのは異論がないとして，賭博罪の教唆になるのか（Ⅰ説），それとも，常習賭博罪（186条1項）の教唆になるのか（Ⅱ説），という点である。

常習賭博罪は，常習者という身分があることによって刑が重くされている不真正身分犯であるから，それに関する刑法65条2項をみてみることにしよう。刑法65条2項は，「身分によって特に刑の軽重があるときは，身分のない者には通常の刑を科する」と規定している。そこで，ここでとりあげている問題とは逆に，常習者の賭博行為を非常習者が幇助した場合，常習者は186条の1項の正犯となり，非常習者は185条の幇助犯となる。このように，正犯が身分を有し，狭義の共犯が身分を有しないときは，格別問題はないのである。

　これに対し，正犯が身分を有せず，狭義の共犯が身分を有するときは議論がある。Ⅰ説は，正犯であるBが185条なら，教唆犯はそれとの関係で認められるべきとする立場である。共犯独立性説によらないかぎり，186条1項の教唆とするのは無理だとする。Ⅱ説は，共犯関係にある者がどの罰則で処罰されるかは本人自身の罪責によって定まるのであるから，常習者は常習犯として処罰され，正犯が非常習者だからといって，それに影響されることはないとする。

　判例は，「賭博犯を反覆継続する習癖ある者は賭博の常習者なりとす」として（大判大12・2・22刑集2・107），Ⅱ説の立場に立っている。

　より実質的な観点からすれば，賭博常習者はいままで賭博に手を染めたことのない素人を引きずり込む危険性があるところに，重く処罰される根拠の1つがあるのであるから，Ⅱ説が妥当であると思われる。

第32章

共犯と他の論点

📖 本章の主旨

共犯と他の論点が絡まる場合，共犯ということによってどのような影響を受けるか。共犯において，行為者の一部が離脱する場合，共謀の段階と実行開始後の段階ではどのような違いがみられるか。

1 対向犯

1 対向犯

行為態様に着目したとき，相対する関係の行為がなされた場合を対向犯的な行為という。刑法は，対向犯的な行為に関して，立法にあたって，双方を処罰したり，片方だけを処罰したりしている。前者が**対向犯**である。前者の例として，収賄罪（197条〜197条の4）と贈賄罪（198条）とが向き合っている賄賂罪があり，後者の例として，わいせつ物販売罪（175条）がある。

2 対向犯的な行為

わいせつ物販売罪は，社会現象として双方の行為が存在するはずなのに，あえて片方だけを可罰対象としているわけであるから，もう片方は原則として不可罰だということである。したがって，購入者は，販売罪の教唆犯にも幇助犯にもならないと解される。

対向犯的な行為に関して，裁判上争いとなった事例がある。Aは，Bとの契約上のトラブルに関して，弁護士ではないCおよびDに，報酬を支払って問題の示談解決を依頼した。CおよびDの行為は弁護士法に違反する（72条・77条）が，対向関係にあるAには処罰規定を欠くため，Aに教唆犯が成

立するかが問われたのである。判例は,「ある犯罪が成立するについて当然予想され,むしろそのために欠くことができない関与行為について,これを処罰する規定がない以上,これを,関与を受けた側の可罰的な行為の教唆もしくは幇助として処罰することは,原則として,法の意図しないところと解すべきである」,とした（最判昭43・12・24刑集22・13・1625）。

> **小話** 犯人蔵匿罪（103条）は,そもそも対向犯的なものではない。犯人は本罪の対象ではあるが,本罪の成立に犯人による行為は必要とされない。この問題は,各論的視点が必要である。
> 　蔵匿と隠避のちがいを示して,若干の解説をしておこう。蔵匿とは,警察官による発見・逮捕を免れるべき場所を提供して,かくまうことである。隠避とは,蔵匿以外の方法であって,逃走のための旅費を支給したり,捜査の状況を知らせて逃走の便宜をはかることである。そして,犯人蔵匿は一般に犯人からの依頼によって成立するが,犯人隠避には必ずしもそのような関係は見受けられない。したがって,犯人自身がかくまうよう依頼しても,通常の依頼程度では,共犯を構成せず,通常の依頼を超えて執拗にせまった場合にはじめて教唆犯が成立する。これに対し,犯人が隠避を依頼すれば,犯人隠避の教唆犯が成立する。

② 共犯と錯誤

1 共犯と事実の錯誤

共謀者の合意と実行された犯罪とがくい違った場合にその罪責はどうなるか,というのが共犯と錯誤の問題である。

たとえば,窃盗の共謀をして見張りをしていたつもりが,他の共謀者ははじめから強盗の意思であり,実際,強盗がなされた場合,見張りをした者の罪責はどうなるか,ということが問われる。

共犯に関して錯誤が問題となる場合にも,一般には,事実の錯誤に関する理論の適用を受ける。この点を敷衍して説明する。もともと犯意がなければ処罰することはできないのであるから,共同正犯の場合でも,故意の存在が処罰の根拠となる。したがって,事実の錯誤において故意が認められないときは,共同正犯の場合でも故意犯として処罰することは許されないのである。錯誤が異なった構成要件にまたがる抽象的事実の錯誤において,軽い犯罪事実を意図していた行為者については,法定的符合説でも具体的符合説でも,

発生した重い犯罪についての故意は否定されることになる。ただし，構成要件が重なり合う場合は，重なり合う軽い罪の限度で故意が認められることになる。上述の例と類似の判例では，「共犯者の強盗所為は被告人の予期しないところであるからこの共犯者の強盗行為について被告人に強盗の責任を問うことはできない」として，見張りをした者が窃盗罪に問われている（最判昭23・5・1刑集2・5・435）。

> **🌲用語の森**　**予期しないところ**　判例が，行為者の予期しないことについては責任を負わないとしているのは，責任主義の現れである。

2　共犯の過剰

共犯と錯誤の中でも，共犯の一部がいわば突出した場合については，共犯の過剰といわれている。

たとえば，EとFは，Gに対し暴行を加える共謀をした上で，こもごもGを殴打していたが，そのうち，Gの言動に怒ったEが，殺意をもってGの胸部をナイフで突き刺したため，Gが失血死した場合，Fの罪責はどうなるか，ということが問われる。

EとFは暴行の共謀をした上で，こもごも殴打行為をしているのであるから，当初の時点では，EとFは暴行罪あるいは傷害罪の共同正犯になる。ところが，Eが突出して殺害行為に及んでいるためEは殺人罪になるが，Fは何罪の共同正犯になるのか。

1つの考えは，殺意のなかったFについては，死について責任を問われる理由はなく，せいぜい傷害罪にとどめるべきと解される。しかし，Eのナイフ使用は，E・Fが共同して暴行を加えたという素地があるから，効果的に結果をもたらしたともいえる。そうすると，EとFは傷害罪の結果的加重犯の範囲で（傷害致死罪），共同正犯の成立を認めてもよさそうである。

判例では，「殺人罪と傷害致死罪とは，殺意の有無という主観的な面に差異があるだけで，その余の犯罪構成要件要素はいずれも同一である……殺人罪の共同正犯と傷害致死罪の共同正犯の構成要件が重なり合う限度で軽い傷害致死罪の共同正犯が成立する」（最決昭54・4・13刑集33・3・179）と判示して

いる。

③ 共犯からの離脱

1 共謀関係からの離脱

共同正犯のための共謀が形成された後に，共謀者の中の一部が離脱した場合，どのような範囲で共同正犯が成立するか，が問題となる。

共犯関係からの離脱については，その離脱の時期によって2つに分けられる。

①共謀後，実行の着手前に離脱する場合（共謀関係からの離脱）

②実行の着手後に離脱する場合（共同正犯からの離脱）

共謀関係からの離脱において，離脱者が意思表示をし，さらに他の共謀者が了承したときは，離脱者を除いた縮小された合意が新たに形成されたと解される。したがって，離脱者を除いた他の者の間で共同正犯が認められる。

ただし，共同正犯という評価を受けるのは，共謀者間に相互利用補充関係が認められるところに根拠があるのであるから，共謀者の中でも指導的立場の者が離脱する場合には，犯行の指揮がなかったような状態にしない以上，離脱とはいえない。この点に関して，判例は，「共謀関係の離脱といいうるためには，自己と他の共謀者との共謀関係を完全に解消することが必要であって，殊に離脱しようとするものが共謀者団体の頭にして他の共謀者を統制支配しうる立場にあるものであれば，離脱者において共謀関係がなかった状態に復元させなければ，共謀関係の解消がなされたとはいえない」と判示した（松江地判昭51・11・2判時845・127）。そして，具体的事案の解決としては，暴力団の組長に代って他の組の組員を殺害する計画の指導的立場にある者（若頭）が，殺害計画が実施される危険性があるにもかかわらず，一員に一応皆を連れて帰るよう指示するのみで，組員らが現場に集っているのを放置した場合について，「自ら現場に赴いて同所にいる被告人らを説得して連れ戻すなどの積極的行動をとら」なかった以上，共謀関係の解消がなされたとはいえないとした。若頭は殺人罪の共謀共同正犯になる。

> **ポイント** 共謀関係の離脱
>
> 共謀関係の離脱というためには，自己と他の共謀者との共謀関係を完全に解消することが必要である。

2　共同正犯からの離脱

　共同正犯者中の一部の者が，犯罪完成前に犯意を放棄し，共同正犯関係から離れ去った場合に，中止犯が認められるためには，離脱者が全体の結果を阻止することが必要である。結果が阻止されたとき，離脱者のみ中止犯が成立し，他の者は障害未遂にとどまる。

　離脱者による結果防止がなされない場合に問題となるのは，離脱者は離脱前の範囲内で責任を負うのか，それとも離脱後のことも含めて全体について責任を負うのか，という問題である。

　裁判で採り上げられた次のような事例がある。HとIは共謀してJに暴行を加えることにし，約1時間，手拳・竹刀・木刀等で暴行を加えた。その後，Hは「おれ帰る」とだけ言ってI方を立ち去った。さらに，その後で，IはJの言動に再び激昂して，Jの顔を木刀で突くなどした。Jは死亡したが，死の結果が，Hが帰る前の暴行によって生じたものか，それともその後のIの暴行によるのか，証拠上明らかではなかったというものである。判例は，Hが帰る時点でIが制裁を加えるおそれが消滅していなかったのに，「Hにおいて格別これを防止する措置を講ずることなく，成り行きに任せて現場を去ったに過ぎないのであるから」，Iとの共犯関係は解消せず，その後のIの暴行は共謀に基づくものとして，Hにも傷害致死罪を認めている（最決平元・6・26刑集43・6・567）。

　以下の判例は，暴行について共同正犯関係が認められるが，それは正当防衛の意図でなされ，いったん落ちつき，その後あらたに他の者によって追撃行為がなされたときに，それに加わらなかった者について共犯関係が認められるか問題となった事例である。

> **判例** 最判平6・12・6刑集48・8・509〔不忍通り事件〕
>
> 　J被告人は，K，L，M，N子と午前1時30分ころ，道路で雑談していたところ酩酊して通りかかったOといさかいになり，OがN子の長い髪をつかみ，付近を引き回すなどの乱暴をした。JとK，L，Mはこれを制止しようとしてOを殴る蹴るなどした。その後，ようやくOはN子から手を離した。〔反撃行為〕
> 　その後，Oはなおも応戦する気勢を示し，K，LはOに暴行を加えた。そのため，Oは転倒してコンクリート床に頭部を打ちつけ，入通院加療約7か月半を要する外傷性小脳内血腫，頭蓋骨骨折の傷害を負った。その際，MはK，Lの暴行を制止しようとし，Jは自ら暴行を加えず，他の者の暴行を制止しようとしたわけではなかった。〔追撃行為〕
> 　この事件につき，第1審と控訴審は，全体を一体のものとして捉え，Jに対し，傷害罪の成立を認めた。上告審はJを無罪とした。
> 　「本件のように，相手方の侵害に対し，複数人が共同して防衛行為としての暴行に及び，相手方からの侵害が終了した後に，なおも一部の者が暴行を続けた場合において，後の暴行を加えていない者について正当防衛の成否を検討するに当たっては，侵害現在時と侵害終了後に分けて考察するのが相当であり，侵害現在時における暴行が正当と認められる場合には，侵害終了後の暴行については，侵害現在時における防衛行為としての暴行の共同意思から離脱したかどうかではなく，新たに共謀が成立したかどうかを検討すべきであって，共謀の成立が認められるときに初めて，侵害現在時及び侵害終了後の一連の行為を全体として考慮し，防衛行為としての相当性を検討すべきである。」
> 　「被告人に関しては，反撃行為については正当防衛が成立し，追撃行為については新たに暴行の共謀が成立したとは認められないのであるから，反撃行為と追撃行為とを一連一体のものとして総合評価する余地はなく，被告人に関して，これらを一連一体のものと認めて，共謀による傷害罪の成立を認め，これが過剰防衛に当たるとした第1審判決を維持した原判決には，判決に影響を及ぼすべき重大な事実誤認があり，これを破棄しなければ著しく正義に反するものと認められる。
> 　そして，本件については，訴訟記録並びに原裁判所及び第1審裁判所において取り調べた証拠によって直ちに判決をすることができるものと認められるので，被告人に対し無罪の言い渡しをすべきである。」

第 3 編

刑の適用

第33章

処罰阻却事由

📖 本章の主旨

犯罪成立の要件がみたされれば処罰が可能なはずであるが，それでも何らかの理由によって処罰を控える場合がある（処罰阻却事由）。ここにも，実定法上のものと実定法を超えた場合がある。

1 処罰条件

犯罪の中には，①行為，②構成要件該当性，③違法性，④有責性，という犯罪の成立要件がみたされるばかりでなく，国家の刑罰権が発生するために，他の事由の存在が必要とされているものがある。ここでいう「他の事由」が**処罰条件**である。

処罰条件の例としては，事前収賄罪（197条2項）において公務員に就任することがある。なお，これは処罰条件ではなく，構成要件の一部であるとの見解もある。

たとえば，市長に立候補した者が，当選したら仕事の便宜をはかるという約束で業者から1千万円を受け取った場合，市長という公務員に就任したとき，市長は事前収賄罪として処罰されることになる。落選したときは，収賄罪とはならない。

2 刑法上の処罰阻却事由

1 処罰阻却事由

刑法上の犯罪成立要件をみたすが，一定の事由が存在することによって処

罰されなくなる場合，その事由を処罰阻却事由という。条文では「免除」と規定される。

たとえば，配偶者・直系血族・同居の親族との間で窃盗罪（235条）がなされたときは，犯罪として成立するのであるが，親族間の犯罪に関する事例の1つとして，刑が免除され，結局，処罰されないのである（244条1項）。処罰されない理由は，①このような親族間においては財物の所有権者が不明確な場合が少なくないこと，②財産的法益のように比較的軽い法益に関するトラブルについては，「法は家庭に入らず」という謙抑的な刑法の姿勢がふさわしいこと，の2つである。なお，この規定は，235条の2，246～250条，252～254条にも準用される。

行為者の身分が処罰阻却となる場合は，人的処罰阻却事由と呼ばれている。外交官は，国際法上，不可侵権を有しているので，犯罪を犯しても処罰されない。また，両議院の国会議員は，議院で行った演説・討論・表決について，院外で責任を問われないので（憲57条），たとえば名誉毀損罪（230条）として処罰されない。

2　必要的免除と任意的免除

刑の免除は，刑の宣告を受けたことにはならない。したがって，後に犯罪を犯しても累犯（56条）の問題はおきない。

刑の免除には，必要的免除と任意的免除とがある。主なものを掲げておく。

〔必要的免除〕・中止犯（43条但書）
　　　　　　　・内乱罪に関する暴動以前の自首（80条）
　　　　　　　・身の代金目的略取罪の実行着手前の自首（228条の3）
　　　　　　　・盗品等に関する罪について配偶者等の間でなされた場合（257条）
〔任意的免除〕・過剰防衛（36条2項）
　　　　　　　・過剰避難（37条1項但書）
　　　　　　　・放火予備（113条）
　　　　　　　・偽証罪について確定前の自白（170条）
　　　　　　　・殺人予備（201条）

なお，自動車運転過失致傷罪に関する裁量的免除規定（211条2項但書）についてふれておこう。平成19年の刑法改正により，自動車運転過失致死傷罪については，法定刑の上限を7年として重くし，他方，軽傷事犯については，情状により免除されるとしたのである。一律に免除にするのではなく，被害状況，被害者の処罰意思，本人の改悛の状況などを総合して判断するのである。

> **用語の森** 刑の免除 有罪の一種である。これに対し，「刑の執行の免除」は，有罪判決として確定した刑について，その執行のみを免除することである。刑に処せられたことになるから，前科として扱われる。後者の例としては，外国判決の効力（5条），恩赦の一種としてある。

③ 超法規的処罰阻却事由

1 超法規的処罰阻却事由はなぜ必要か

犯罪の成立要件をすべてみたしているが，刑事裁判の対象とするにふさわしくないと思われる場合がある。しかも，実定法に根拠がないとき，**超法規的処罰阻却事由**とか，超法規的刑罰阻却事由と呼ばれるものが必要とされる。犯罪の成立要件は，各段階でおよそ考えられる要素を網羅しているが，それらすべてをクリアーしても，なお処罰するにふさわしくない場合が残るのである。

2 具体的事例

水俣病自主交渉川本事件における最高裁判所の判断は，その1つの例といえる。

> **判例** 最決昭55・12・17刑集34・7・672〔水俣病自主交渉川本事件〕
> 熊本水俣病の被害者（川本）がチッソ株式会社との自主交渉を要求するに際し，会社側従業員との間でトラブルが生じ，従業員を傷害したとして起訴された。

> 第1審は罰金5万円，執行猶予1年とした。被告人からの控訴に対し，控訴審は，検察官の公訴提起は訴追裁量の濫用にあたるとして，公訴を棄却した。検察官の上告に対し，最高裁は上告を棄却した。
> 「原判決を破棄して第一審判決の執行猶予付きの罰金刑を復活させなければ著しく正義に反することになるとは考えられない」と判示して，控訴審における公訴棄却という結論だけを残した。

以上において，最高裁は，川本事件に関し，会社側従業員が同程度の傷害を川本氏に与えながら起訴されていないこと，事件当時，背景にある水俣病そのものについてはなんら刑事訴追がなされていなかったことなど，広い視野から取り組んだのである。なぜ公訴棄却にしたかの理由は説明されていないが，考えられるのは，超法規的処罰阻却事由の思考を是認したものということである。

ポイント　超法規的処罰阻却事由

> 実定法の根拠はないが，犯罪の成立要件をすべてみたしたときに，刑事制裁の対象とするにふさわしくない場合，処罰阻却を考える必要がある。

小話　刑事裁判が正義の実現でなければならない以上，水俣病川本事件のように，社会現象全体としてみたときにバランスを欠くことがあってはならないである。刑事裁判において，均衡を欠くことは，被告人にとっても刑事裁判として説得力を欠くことになるし，一般国民においても理不尽だという印象を受け，ひいては刑事司法に対する国民の協力を鈍らせることになる。
　ところで，刑事裁判に関してバランスを欠く最たるものは冤罪である。なぜなら，一方は，無実の罪で長く身体を拘束され，さらに社会的非難を浴び，他方，冤罪をチェックできなかった検察官・裁判官は何らのペナルティを受けることはないからである。以下，冤罪で死刑になったソクラテスに関する文でしめくくることにしよう。
　「ソクラテスの死は，悪法といえども刑は法である，ソクラテスは身をもってそれを示したのだ，といったような説教の材料にされることが多く，いまだにそのような解釈はあとをたっていないが，もとより問題の所在はそのようなところにあるのではない。……とにかくかれは自己の行為を非行と認めることを最後まで拒否している。死刑はその拒否に対して与えられたもので，事実かれは，その『非行』を認めれば罰金刑か追放で済むのである。とすれば，死刑はかれ自身が自からえらんだ

ものであり，死をもって守るに足る何ものかのために為された決定であったというほかない。」
　（梅本克己「主体性の問題」務台理作・梅本克己編『岩波講座哲学Ⅲ・人間の哲学』岩波書店，1968年，306～307頁）

第34章

罪　数

> **本章の主旨**
>
> 　1人の行為者について，複数の犯罪の成立が考えられる場合，わが国では単純に加算する方式はとらず，合理的な限定を加えている。観念的競合，牽連犯，併合罪の区別が必要とされる。

1　犯罪の個数

1　1個か2個以上か

　犯罪がいくつか成立している場合に，それをどう処理するかが，罪数の問題である。その前提として，そもそも犯罪が1個か，それとも2個以上かという問題がある。

　犯罪が1個と評価される場合の全体を実質的一罪という。実質的一罪には，2個以上の行為が一括して実質的一罪とされる広義の包括的一罪と1個の行為が2個以上の構成要件に該当するようにみえるが，実はそのうちの1つの構成要件だけが適用される法条競合とがある。

　2個以上の犯罪が認められるときが実質的数罪であり，そこでは，観念的競合，牽連犯，併合罪の区別が問題となる。

2　包括的一罪

　包括的一罪（広義）には，いくつかのパターンがあり，見解の差はあるが，一定の名称があって分類されている。刑法典上の名称ではないが便宜であるので，一般に認められている分類に基づいて，次頁に図で示しておく。

　このうち，集合犯は，行為そのものは2個以上行われているものであるが，

常習賭博罪のように，くりかえしなされることを捉えて犯罪類型とされているので（刑法典における常習犯はこれのみ），構成要件としては一罪が成立する。

> **小話** 常習犯について，刑法では，常習賭博罪（186条1項）や常習累犯強窃盗（盗犯3条），常習強盗殺人・常習強盗強姦（盗犯4条）など，同類の犯罪を考えている。ただし，犯罪学的視点からいうと，いろいろな型の犯罪を行なっている場合も少なくない。たとえば，同一人が，窃盗・詐欺・恐喝・強盗などをその場の状況に応じて行なうこともある。このように犯罪的傾向の強い人間が種々の犯罪を行なうのも1つの常習犯といえよう。
> 　ところで，このような人物が反省する場合，いっぺんに改善するのではなく，いったん深い反省をしながらも，小さな犯罪を行ない，それによって自分自身が打ちのめされて，今度は心の深いところから改めていくということもあるのである。ジャン・ヴァルジャンは，ミリエル司教によって1宿1飯の恩義を受けながら，銀の食器を盗んでしまう。その後，彼は憲兵に捕まり，司教の前に連れてこられるが，司教はそれに対して，「銀の燭台もあげたのにどうして持っていかなかったのか」という言葉を発する。ジャン・ヴァルジャンは強い刺激を受けるが，それによって本当の改心はできない。彼はその後，少年の銀貨を取る所業をしてしまい，自分のなさけなさに涙して，ようやく立ち直るのである。
> 　　　　（ヴィクトル・ユーゴー作　豊島与志雄訳『ジャン・ヴァルジャン物語上』岩波少年文庫）。

包括的一罪

```
                ┌ 常習犯……常習賭博罪（186条1項）
         集合犯 ┤ 営業犯……わいせつ物販売罪（175条）
                └ 職業犯……非医師の医業禁止違反の罪（医師法17条，31条1項1号）
包括的一罪
（広義）   結合犯……強盗と殺人を結合した強盗殺人罪（240条後段）
          接続犯……1つの倉庫から1時間の間に自動車10台
                    を盗み出す〔1個の窃盗罪〕（235条）
```

ちなみに，接続犯については古い判例があり，2時間余の間に，同一倉庫内から米俵9俵を窃取した場合に，単一の窃盗罪が認められている（最判昭24・7・23刑集3・8・1373）。

3　法条競合

たとえば，ナイフで着衣を貫いて人を刺し殺した場合，何罪が成立するか。

殺人罪（199条）が成立するのは当然として，衣服という器物を損壊したとして261条違反にも問われるのであろうか。
　答えは否である。器物損壊罪は殺人罪に吸収されるという評価を受ける。その理由は人を殺害する場合に凶器を用いるときは着衣を損壊することが通常と解され，しかも，殺人罪の法定刑は器物損壊罪の法定刑より十分に重いので，わざわざ別に成立させる必要はないからである。Aは，Bが掛けている眼鏡の上から顔面を手拳で殴打し，損害を負わせるとともに眼鏡レンズ１枚を破損した場合，「重い傷害罪によって包括的に評価」される（東京地判平7・1・31判時1559・152）。
　このような**吸収関係**は，法条競合の１つである。**法条競合**とは，２個以上の罪名に触れるような外観を呈するが，実は，その中の１つの構成要件の適用が他の運用を排除する場合である。
　法条競合にあたるときは，結局１つの構成要件として評価されるのであるから，１個の行為が２個以上の罪名に触れると評価される観念的競合（54条１項前段）と区別する必要がある。たとえば，１個の爆弾で殺人と建造物損壊（260条）の目的を達したときは，吸収関係ではなく観念的競合である。
　その他の法条競合としては，以下のようなものがある。
　特別関係……森林窃盗罪（森林法197条——３年以下の懲役または30万円以下の罰金）が成立するときは，窃盗罪（刑法235条——10年以下の懲役または50万円以下の罰金）は成立しない。「特別法は一般法に優先する」のが原則だからである。
　択一関係……横領罪（252条）が成立すれば，背任罪（247条）は成立しない。両者とも，本人に対する信任違背行為であるが，横領罪は特定の物に対するものであり，背任罪は本人の一般（全体）財産に対するものとして捉えられている。
　補充関係……傷害罪（204条）にならない場合に，暴行罪（208条）が成立する。基本法は補充法を排除するから，傷害罪が成立すれば暴行罪は成立しない。
　そのほか，収得後知情行使罪（148条）が成立する場合，軽い法定刑が規定されている趣旨をそこなわないためには，詐欺罪（246条１項）の成立を排

除する必要がある。

> **🌳 用語の森** 吸収・排除　言葉遣いとして，重い罪は軽い罪を「吸収」するが，軽い罪は重い罪を「排除」する，と用いるべきである。小が大を吸収するとは論理的に言いかねるからである。

2 実質的数罪

1 観念的競合

観念的競合は，行為が1個であることに着目し，実質的には2個以上の罪であるが，科刑上一罪（科刑の上で一罪）として取り扱われるものである（54条1項前段）。一罪としての扱い方は，「最も重い刑」で処断するということである。

2個以上の罪については，それが同じ罪である同種類の観念的競合（1つの鍋に毒物を入れて3人を殺害した場合）と，異種類の観念的競合（警察官を殴打してけがをさせ，公務執行妨害罪と傷害罪が成立する場合）とがある。

2 行為の個数

1人の人が2個以上の犯罪を行ったと判断される場合に，罪数という視点からみると，次のような可能性がある。すなわち，①観念的競合，②牽連犯，③併合罪，④併合罪にならない2個以上の罪（単純数罪）である。このうち，観念的競合だけを取り出す判断基準が何かというと，行為が1個であるということである。

では，行為が1個かどうかを，何を基準に判断するのか。「ひき逃げ」を1つの材料として検討してみよう。

ひき逃げは，一般に，①過失による交通事故→②被害者を救護などせずに逃げる→③その結果，けがが重くなったり死亡したりする，という要素から成り立っている。②に関して，加害者が被害者のけがを認識している場合，構成要件として可能性があるのは，(イ)保護責任者遺棄罪（218条），(ロ)不救護罪（道交法72条1項前段），(ハ)不報告罪（道交法72条1項後段）である。そこで

問題となるのは，②の部分の行為が１個なのかどうかである。

この点に関して，判例が示した基準は，次のようなものである。すなわち，「１個の行為とは，法的評価を離れ構成要件的観点を捨象した自然的観察のもとで行為者の動態が社会的見解上１個のものと評価される場合」ということである（最判昭51・9・22刑集30・8・1640）。そこで，ひき逃げという１個の不作為によって，不救護，不報告の２個の義務違反が生じているのである。この場合，道路交通法の不救護罪と不報告罪は観念的競合になる。

なお，判例がいう自然的観察によれば，「もともと自動車を運転する行為は，その形態が，通常，時間的継続と場所的移動とを伴うものであるのに対し，その過程において人身事故を発生させる行為は，運転継続中における一時点一場所における事象」であるから，酒酔い運転中に交通事故を起こすのは，行為としては２個であり，併合罪関係になる（最大判昭49・5・29刑集28・4・114）。この行為は，現在なら，危険運転致死罪（208条の２第１項）になる。

3 「最も重い刑による」とは

観念的競合ならびに牽連犯の場合の法的効果は，「その最も重い刑により処断する」ということである（54条１項）。これは，どのような意味か。この点について明らかにすることは，結果的加重犯の場合に用いられることのある「傷害の罪と比較して，重い刑により処断する」という処理のしかたにも連動する。

「最も重い刑による」ということについては，それぞれ刑の上限と上限，下限と下限を比べて，重い方を選択し，その上で，いわば１つの法定刑を作成することである。

> **ポイント** 最も重い刑による
>
> 「最も重い刑による」とは，それぞれの刑の上限と上限，下限と下限を比べて，重い方を選択し，その上で，１つの法定刑を作成することである。

たとえば，消火作業中の消防職員に対して暴行・脅迫を加えた場合，公務執行妨害罪（95条１項）と消火妨害罪（114条）が成立し，観念的競合の関係

になる。公務執行妨害罪の法定刑は，3年以下の懲役もしくは禁錮または50万円以下の罰金であり，消火妨害罪の法定刑は，1年以上10年以下の懲役である。まず，刑の上限は，3年の懲役と10年の懲役であるから，懲役10年を選ぶ。次に，刑の下限については，1万円の罰金と1年の懲役を比較するので，懲役1年を選ぶ。

　結局，結論は，10年以下1年以上の懲役ということになる。

4　牽連犯

　2個以上の犯罪が成立する場合でも，それらが，手段―目的，原因―結果の関連にあるときは，牽連犯(けんれんはん)として科刑上一罪とされるのである（54条1項後段）。たとえば，住居に侵入して強盗を行った場合，住居侵入罪（130条）と強盗罪（236条）は牽連犯となる。

　ところで，住居に侵入して，3人を次々に殺害した場合，住居侵入罪と3個の殺人罪の罪数関係はどうなるであろうか。仮に住居侵入の点がなければ，1個の行為ではなく，次々と3人を殺害している以上，3個の殺人罪は併合罪となるはずである。ところが，判例は，1個の住居侵入と3個の殺人にはそれぞれ牽連関係があるとして，全体として科刑上一罪を構成するとしている（最決昭29・5・27刑集8巻5号741頁）。これを説明するにあたって，住居侵入が3個の殺人を「かすがい」のように結びつけているのだから致し方ないといわれている（「かすがい理論」とか「かすがい効果」と呼ばれている）。しかし，戸外で3人殺して併合罪になれば，有期懲役を選択した場合に上限は30年の懲役になるのに，住居侵入という要素が加わると牽連犯となって，上限が20年の懲役というのでは，矛盾といわざるをえない。そこで，今日では，さまざまな解釈上の提案がなされている。ただ，「理論上の不都合は法じたいのせいであるから，しばらく量刑上の運用で解決をはかるという方法をとるほかない」との見解もある（「いわゆる『かすがい』理論」刑法判例百選Ⅰ（第4版）221頁〔田宮裕〕）。私は，住居侵入罪と3個の殺人罪がそれぞれ牽連犯の関係となり，牽連犯3つについて併合罪関係を認めるべきと解する。

　牽連犯が認められるためには，ある犯罪と，手段もしくは結果である犯罪との間に密接な関係が必要であり，たまたま手段・結果の関係にあるだけで

は足りない。判例では，強姦目的で不法監禁をした場合，監禁罪（220条1項）と強姦罪（177条）は牽連犯ではなく，併合罪の関係にあるとしている（最判昭24・7・12刑集3・8・1237）。ちなみに，判例のもとになった事例は，Aら5人が，B（女）を姦淫することを共謀して，Bと一緒にいたCを階下に押し込めて拘禁し，その間に，2階でナイフを示してBを脅し，交替で姦淫したというものであった。

牽連犯の例としては，通貨を偽造してそれを行使した場合がある。通貨偽造罪（148条1項）と偽造通貨行使罪（148条2項）が成立し，両罪が牽連犯関係である。なお，この場合に，偽造通貨を行使された相手方との関係で詐欺罪（246条1項）の可能性が考えられるが，偽造通貨行使罪に吸収されると解される（357頁参照）。

観念的競合と牽連犯

一時停止せず交差点に侵入して，通行人をはねてけがを負わせる	住居に侵入する	家捜しをして，金目の物を取る
道交法四三条・一一九条一項二号／一時停止違反（観念的競合） 自動車運転過失致傷罪（二一一条二項）	住居侵入罪（一三〇条）	窃盗罪（二三五条）
	牽連犯	

5 併合罪

併合罪とは，同一の人物が2個以上の罪を犯し，しかも同時に裁判することができるような場合である。たとえば，Aが，3月3日にBを傷害し，5月5日にCを殺害した場合，傷害罪（204条）と殺人罪（199条）の関係が併合

罪となる。

併合罪の評価を受けるときは、刑罰を単純加算はせず、合理的な限定が加えられる。その典型的な形は、有期懲役にあたる罪が2個以上成立する場合に、その中の法定刑の最も重いものの長期を1.5倍したものが、処断刑の長期になる（47条本文）。ただし、1.5倍したものが、それぞれの刑の長期の合算したものを超えているときは、合算した刑が処断刑の長期になる（47条但書）。

なぜ、併合罪という扱いをする必要があるのか。併合罪の場合、行為そのものは2個以上あるのであるから、必ずしも1個の人格のあらわれとはいえない。しかし、それぞれの根底において通じるところがあると思われる。したがって、確定裁判があったときは、一旦、裁判所による非難がなされ、反省の機会が与えられたはずであるから、そこが1つの区切りになる。そこで、法文は、「ある罪について禁錮以上の刑に処する確定裁判があったときは、その罪とその裁判が確定する前に犯した罪とに限り、併合罪」としている（45条後段）。

> 🌳 **用語の森**　**確定裁判を経ていない2個以上の罪**　禁錮以上の刑に処する確定裁判があったとき、C罪が犯される前に禁錮以上の刑に処する確定裁判があった場合（罰金以下は無視してよい）、A罪とB罪が併合罪関係になり、C罪は併合罪に組み入れられず、別罪として扱われるということである。なお、B罪について確定裁判があった以上、A罪は余罪の処理（50条）という方式がとられる。

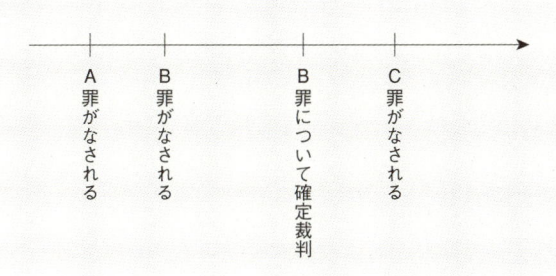

```
────┼──────┼──────┼──────┼──────→
   A罪が    B罪が    B罪について   C罪が
   なされる  なされる  確定裁判    なされる
```

> **判例** 最判平 15・7・10 刑集 57・7・903〔新潟女性監禁事件〕
> 　被告人は，下校途中の女子小学生を略取した上，その後，9年余りにわたって被告人方に監禁し，傷害を負わせた。その間，被害者に着せるための下着を万引した。被告人は，逮捕監禁致傷罪（221条），未成年者略取罪（224条），窃盗罪（235条）で起訴された。量刑に関し，刑法47条の法意が問われた。
> 　「刑法47条は，併合罪のうち2個以上の罪について有期の懲役又は禁錮に処するときは，同条が定めるところに従って併合罪を構成する各罪全体に対する統一刑を処断刑として形成し，修正された法定刑ともいうべきこの処断刑の範囲内で，併合罪を構成する各罪全体に対する具体的な刑を決することとした規定であり，処断刑の範囲内で具体的な刑を決するに当たり，併合罪の構成単位である各罪についてあらかじめ個別的な量刑判断を行った上これを合算するようなことは，法律上予定されていないものと解するのが相当である。」
> 　「第1審判決は，被告人に対し懲役14年を宣告した量刑判断を含め，首肯するに足りると認められ，これを維持するのが相当である」。

3 不可罰的事後行為

1 不可罰的事前行為

不可罰的事前行為とは，基本的犯罪が成立することによって，その準備的行為が独立には処罰されなくなる場合のことである。共罰的事前行為ともいわれる。たとえば，殺害行為をするため毒物を用意して，鍋に毒物を入れ，それを食べた人が死亡した場合，毒物を用意した段階で殺人予備罪（201条）が成立しているが，殺人既遂罪（199条）が成立する以上，独立して処罰する必要はない。

2 不可罰的事後行為

不可罰的事後行為とは，ある犯罪が成立することによって，事後の違法状態が当然のこととして予定されている場合に，一見，違法行為のように思われても，当初の予定の範囲内であるかぎり，あらためて処罰する必要のない行為のことである。共罰的事後行為ともいわれる。たとえば，窃盗犯人が盗

んだ壺を打ち壊したとしても，窃盗罪（235条）のほかに器物損壊罪（261条）が成立するわけではない。この壺を打ち壊したような行為のことを，不可罰的事後行為と呼ぶ。窃盗罪が成立した場合，窃盗後に犯人が財物を所持することや処分する状態も違法な状態である。このように，犯罪が既遂になった後も違法な状態が予測される犯罪を状態犯と呼んでいる。ただし，窃盗行為に伴って通常なされるであろう費消や損壊などは，窃盗行為に当然包含される事後処分と考えられる。

　状態犯の場合に，事後行為がすべて不可罰となるわけではない。それでは，不可罰か可罰的かを何によって判断するかであるが，それは，新たな法益の侵害があるか否かによる。

　たとえば，他人の住居に侵入して郵便貯金通帳と印鑑を盗み，それを利用して，郵便局の窓口で払戻証を作成し，郵便局員を欺いて金銭を引き出し，飲み食いした場合，を考えてみよう。

　①　郵便局員を欺いて金銭を引き出す行為は，窃盗の被害とは別に，郵便局に対する関係で，詐欺罪（246条1項）という新たな法益の侵害と解される。したがって，この点は，窃盗罪のほかに詐欺罪を構成する。

　②　詐欺行為によって取得した金銭を飲み食いに費消する行為は，詐欺罪との関係で不可罰的事後行為にあたり，横領罪（252条）などの別罪を構成しない。

> **ポイント**　不可罰的事後行為
>
> 　不可罰的事後行為は，ある犯罪が成立することによって，事後の違法状態が当然のこととして予定されている場合，予定の範囲内であるかぎり，あらためて犯罪とはならない。

第35章

刑の適用，刑の執行，刑の消滅

📖 本章の主旨

犯罪が成立したとして，具体的にどのような刑罰が選択されるかは，刑の加重や減軽の処理を経る必要がある。刑の執行に関しては，さまざまな猶予制度と関連して捉えたい。

1 刑の適用

1 刑の適用の多面性

犯罪がなされれば，頭の中では，刑罰権の発生を考えることができるが，現実に国家刑罰権の発動をみるためには，刑事裁判を経る必要がある。刑事裁判において有罪が認定される場合，裁判官は一般に幅のある刑罰の中から具体的に刑を選択することになる。裁判が確定すれば，有罪と認められた者に刑が適用される。

刑の適用の場面においても，執行猶予のように，実際には刑に服さない処遇方法も用意されており，その点では，刑事司法過程からはずす猶予制度を全体として捉える必要がある。

刑の執行を受け終わった後でも，一定期間，「刑に処せられた」ことによる資格制限を受けることがある。ただし，期間の経過によって刑の言渡しの効果が消滅する。

このように，刑の適用といっても，刑事手続の流れの中で，いくつかの支流に分かれ，また，流れ方にも多様性がみられる。

> 小話　ベッカリーアが，死刑よりも終身刑（終身隷役刑と訳されている）の方が効果があるとしているのは，その適用を前提とした話である。「死刑と置きかえら

れた終身隷役刑は，かたく犯罪を決意した人の心をひるがえさせるに十分きびしさを持つのである。それどころか，死刑より確実な効果を生むものだとつけ加えたい。……つまりこの刑は，これを受ける者よりもこれを見る者の方をより恐れさせる。」
(ベッカリーア著，風早八十二・風早二葉訳『犯罪と刑罰』95～96頁)

2 法定刑・処断刑・宣告刑

法定刑とは，「刑法第2編・罪」の各刑罰法規や，その他の特別刑罰法規に規定されている，一定の幅をもつ刑罰のことである。わが国の刑法では，幅がある相対的法定刑が原則であり，特定の刑罰のみを用意している絶対的法定刑は例外である（81条・外患誘致罪のみ）。

処断刑は，この法定刑に加重減軽を施して修正された，やはり一定の幅をもつ刑罰のことである。ここでは，「処断」は一定の調整の意味である。

宣告刑は，処断刑ないし法定刑の範囲内で，裁判官が具体的に言い渡す刑である。

法定刑自体が相当な幅を有しているが，具体的事案はさらに千変万化に富んでおり，ときに重くしたり軽くしたりする必要がある。そのため，刑法は，次項のような一定の加重減軽事由を定めている。

3 刑の加重・減軽

刑が加重されたり減軽されたりする事由（理由）とその方法についてまとめたのが，次頁の表である。

刑の加重事由としては，併合罪加重と累犯加重がある。併合罪の処理の中核をなすのが47条であり，有期の懲役・禁錮の最も重い罪の長期の1.5倍以下が処断刑である。ただし，これについては，一般に最高30年の限界があり（14条），一方で，各罪の刑の長期を合算したものを超えることはできない（47条但書）。

累犯（再犯）は，いったん刑に処せられた者が再び犯罪を犯した場合であり，せっかく受けた刑罰に効果がなかったことに鑑み，改善更生のために日時を要することから，その罪の懲役の長期の2倍以下を処断刑とする（57条）。

刑の減軽事由としては，法律上減軽と酌量減軽がある。法律上減軽は，法

加重減軽の事由と方法

- (イ) 加重すべき場合 ｛ 併合罪／累犯 ｝
- (ロ) 減軽すべき場合 ｛ 法律上減軽／酌量減軽 ｝
  - 必要的減軽……心神耗弱（39条2項），中止犯（43条但書），従犯（63条）など
  - 裁量的減軽……障害未遂（43条本文），過剰防衛（36条2項）など

- (ハ) 加重の方法
  - (a) 併合罪→有期の懲役・禁錮の最も重い罪の長期の1.5倍以下（47条）
  - (b) 累犯→その罪の懲役の長期の2倍以下（57条）
- (ニ) 減軽の方法
  - (a) 法律上減軽について規定を設け（68条），酌量減軽についても借用している（71条）。
  - (b) 法律上減軽事由がいくつあっても1回だけ──68条「1個又は2個以上の事由があるときは」
  - (c) 酌量減軽は法律上減軽をしても，なお下限が重すぎるときに許される。
  - (d) 選択刑があるときは，まずどの刑を選択するのかを定めてから選択した刑について減軽をする（69条）。
    - 死　刑　　　　　→無期，10年以上の懲役・禁錮
    - 無期の懲役・禁錮→7年以上の有期の懲役・禁錮
    - 有期の懲役・禁錮→上限・下限とも1/2
    - 罰　金　　　　　→金額の上限・下限とも1/2
    - 拘　留　　　　　→（長期の）1/2
    - 科　料　　　　　→（多額の）1/2

に定められた特別の事由のある場合であり，刑を必ず減軽しなければならない必要的減軽事由と，刑を軽減することができる裁量的減軽事由とがある。酌量減軽は，法定刑または処断刑の最下限でもなお重すぎると思われる場合に，裁判官がもう一度減軽する場合である（66条・67条）。

以下の判例は，法定刑の範囲内で無期懲役を選び出すのに，死刑を選択した上で酌量減軽をして無期懲役にするのはおかしいとするものである。

> **判例** 最判昭40・11・2刑集19・8・797〔酌量減軽をする場合〕
>
> 　AとBは金に窮し，いわゆる白タク営業をする目的で白タクを盗むことを共謀し，Cが運転する白タクを止め，乗客を装って乗り込み，Aの合図によって，BがCの背後から麻縄でしめつけ，さらにAが手伝ってCを窒息死させた。AとBは，C所有の自動車・所持金1000円・運転免許証を強取した。その後，AとBは，Cの死体を箱根山中に捨てた。

第一審は，Aを死刑に，Bを無期懲役に処するとした。Bについても死刑にあたるが，犯行当時19歳7月の少年であり，Bが逮捕された後とはいえまがりなりにも自己の非を悔い自ら警視庁に出頭し，その後においても改悔反省が顕著であるとして，酌量減軽して無期懲役とした。

「所論引用の大審院判例および各高等裁判所判例は，いずれも，酌量減軽をする場合は，法定刑の最低をもって処断しても，なお重いと思料される場合に限る旨判示しているのであるから，原判決は，これらの判例と相反する判断をしたことになり，刑訴法405条3号に規定する最高裁判所の判例がない場合に大審院および控訴裁判所である高等裁判所の判例と相反する判断をした場合に当るものといわなければならない。そして，当裁判所も，右大審院および各高等裁判所の判断を正当であると認める。」

加重減軽事由が複数ある場合は，①その罪についての加重事由であり，また一番重くなる可能性のある（ただし，30年の限度で限定される）再犯加重，②その罪についての減軽事由である法律上減軽，③いくつかの罪の処理のための併合罪加重，④最終的に刑を軽くする必要がある場合の酌量減軽，の順序によるとされている（72条）。

2 刑の執行

1 刑の執行

刑の言渡しの裁判の確定によって，それまで頭の中だけにすぎなかった刑罰権が現実のものとなり，刑罰執行権が発生する。

刑罰の執行に関しては，刑事訴訟法第7編（471条以下）に規定がおかれており，刑法が予定するような刑罰が実現されるように取り計られている。たとえば，懲役刑が確定した場合は，検察官が指揮して有罪確定者を刑務所へ拘置する（刑訴472条1項）。

2 刑の執行以外の法的効果

刑の確定に伴い，刑罰の執行以外にも，さまざまな法的効果が発生する。まず，刑法の関係でも，たとえば，仮釈放中にさらに犯罪を行って，罰金以

上の重い刑に処せられると、仮釈放も取り消される（29条1項1号）。そのほか、他の法令において、さまざまな資格制限などがある。

他の法令上の資格制限は、2つに区分される。①公職その他の業務に関する資格制限と、②選挙権・被選挙権その他の権利の喪失または停止である。**資格制限**は、犯罪者にとって大きな不利益になることから一般予防効果があるし、一定の資格に就けないことによって、その資格に関わる犯罪を予防するという特別予防の機能も果たす。ただし、資格制限は就職の機会を狭めることになり、社会復帰を妨げることになるのではないか、との疑問がある。

3 さまざまな猶予制度

刑事司法を全体としてみるとき、犯罪に対して、さまざまな段階で司法過程からはずれる処分ないし処遇が行われている（次頁図参照）。それぞれの段階ごとに、制度の存在理由に違いが見られるが、いずれも司法過程からはずれる（はずす）ことが犯罪者の**社会復帰**に役立つという点で共通項をもっている。

(イ) **微罪処分** 警察における捜査で有罪立証が可能と見込まれるときも、被害が軽微で再犯性が弱く、犯人が反省している場合には、事件を検察官に送らないという処理が認められている。

> **用語の森** **微罪処分の数** 平成20年には、検挙人員中約11万4千人が微罪処分により処理されている（『平成21年版犯罪白書』）。

(ロ) **起訴猶予** 検察官が被疑者を取調べた結果、そもそも犯罪事実がない場合や被疑者が犯罪と結びつかない場合は、不起訴処分になる。ただし、犯罪者の可能性が高いときでも、本人が十分に反省していて刑事裁判にかけるまでもないと思われるときは、検察官の権限で起訴猶予にする。一般の事件で起訴猶予率は約52.1％、自動車運転過失致死傷等で約87.0％である（『平成21年版犯罪白書』）。

(ハ) **執行猶予** 裁判の結果は、大きく有罪と無罪に分かれ、有罪判決の中に、実刑と執行猶予付有罪がある。たとえば、懲役2年執行猶予3年という場合、3年間犯罪を犯さず真面目に過ごせば、一度も刑務所に入らずにす

さまざまな猶予制度

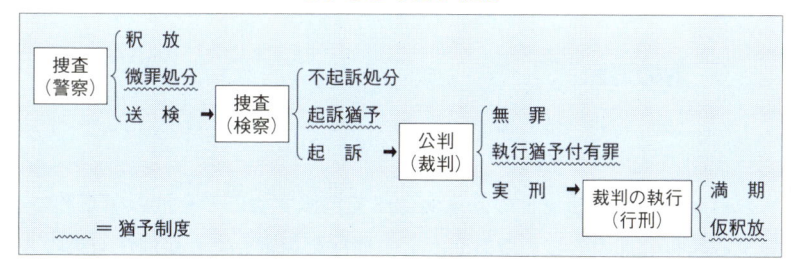

```
            ┌ 釈 放
捜査     ├ 微罪処分              ┌ 不起訴処分
(警察)   │           → 捜査   ├ 起訴猶予              ┌ 無 罪
         └ 送 検        (検察)  └ 起 訴 → 公判     ├ 執行猶予付有罪
                                            (裁判)    └ 実 刑 → 裁判の執行 ┌ 満 期
                                                                  (行刑)   └ 仮釈放
    〰〰〰 ＝ 猶予制度
```

むが，3年間の間に再び犯罪を犯して懲役を受けたりすると，前の懲役と後の懲役を合わせて受けることになる。懲役刑の約59.3％に執行猶予がつく（平成21年版犯罪白書）。

執行猶予を取り消されることなく期間を終了すれば，刑の言渡しは，その効力を失い，以後，刑の言渡しを受けなかったのと同じ状態になる。したがって，それは，25条1項1号の「前に禁錮以上の刑に処せられたことがない者」の要件を具備する。

㈡　**仮釈放**　　次項参照。

4　仮釈放

仮釈放とは，いったん懲役・禁錮に処せられ刑に服している者に反省の様子が認められる場合に，仮に刑務所から釈放することを許す制度である（28条）。

仮釈放を制度として認める理由は，次のようなものである。①十分に反省しているときは，刑務所に身柄を拘束しておく必要性がなくなる。②仮釈放の恩典があることを知って更生にはげめば，当人にとって意味がある。③社会からの隔離が長びくほど，出所した後の社会復帰が難しくなるから，早期に釈放がなされれば，更生に役立つはずである。

拘留刑についても仮出場が認められている（30条）。

仮釈放は，有期刑についてはその刑期の3分の1，無期刑については10年を経過した後，地方更生保護委員会の判断に基づいてなされる（第7章67頁参照）。仮出場は，地方更生保護委員会の判断により，いつでも可能である

(30条1項)。

3 刑の消滅

1 刑の消滅

刑の言渡しに伴う法律上の効果がすべて消滅することを**刑の消滅**という。いわゆる**前科の抹消**のことであり，その要件を規定したのが刑法34条の2である。たとえば，罰金刑を受けて，その執行を終わり，その後，罰金以上の刑に処せられないで10年を経過したときは，刑の言渡しは効力を失うのである。そこで，法律上復権といわれる。**犯罪人名簿**の抹消がされる。ただし，以前に犯罪によって処罰されたという事実そのものが消滅するわけではない。現代において10年は長すぎ，短縮する必要があると思われる。

> **用語の森** **犯罪人名簿** 有罪の確定した者の氏名を記載した帳簿。検察庁と市町村役場に備えられている。戸籍に書かれているわけではない。

> **ポイント** 刑の消滅
>
> 懲役刑を受けて，その執行を終わり，その後，罰金以上の刑に処せられないで10年を経過したときは，刑の言渡しは効力を失い，刑の言渡しに伴う法律上の効果がすべて消滅する。

2 恩赦とは

(イ) **恩赦の種類** **恩赦**は，行政権が司法権を牽制する一方法である。刑罰権を消滅させ，または，裁判の内容・効力を変更もしくは消滅させる制度である。内閣が決定し，天皇が認証する。大赦，特赦，減刑，刑の執行の免除，復権の5種類がある。政令で一律に行われる政令恩赦と，特定の者に対して個別的に審査した上で行われる個別恩赦がある。個別恩赦は，**中央更生保護審査会**の申出があった者に対し行われる。

> **🌳 用語の森** **大赦・特赦** 大赦は，政令で罪の種類を定めて行い，有罪の言渡を受けた者は言渡の効力を失い，有罪の言渡を受けない者については，公訴権が消滅する。特赦は，特定の者に対し，有罪の言渡の効力を失わせる（恩赦法2～5条）。

平成20年に行われた恩赦としては，刑の執行の免除が4人，復権が77人であった（『平成21年版犯罪白書』）。

(ロ) **死刑と恩赦** 恩赦は，かつて君主の恣意による司法権の侵害として批判されたが，今日では，恩赦に死刑を執行しないための役割が期待されている（団藤重光『死刑廃止論〔第6版〕』359頁）。

死刑と恩赦との関係では，次のような点の検討が必要である。(a)死刑を廃止した場合の代替刑として仮釈放のない終身刑が提言されているが，終身刑の場合でも恩赦による社会復帰はありうる。(b)死刑確定者が，一方で再審請求をしながら，他方で恩赦を求めるのは矛盾との見解がある。それというのは，再審請求は自分は冤罪だから裁判をやり直してほしいという主張であり，恩赦を求めるのは自分は罪を犯したが許してほしいという主張だからである。ただし，これは少しも矛盾ではない。裁判所が再審請求を認めないのは，確定した裁判通りだというのであるから，国の立場では有罪なのであり，そうであるとすれば，恩赦を求めてなんらおかしくないはずである。また，死刑確定者からすれば，要するに死刑をやめてほしいという主張なのであり，それは人として当然の主張というべきである。

第36章

誰のための刑法か

> 📖 **本章の主旨**
>
> 刑法は誰のためにあるのかという視点を明らかにし、本書全体に通じる刑法のあり方についての筆者の姿勢を明らかにする。さらに、「法育」の必要と実現可能性を考察する。

1 誰のための刑法か

1 国民のための刑法

　刑法は一般の国民のために存在するものである、と私は思う。そもそも、刑法は誰のためにあるのかという論点を掲げるのは、次のような理由からである。

　第1に、刑法の実現としての刑罰が、国民の法益を剝奪する内容を有していることである。なぜ、国家はそれほど強い権限を与えられているのであろうか。しかも、刑罰の内容そのものが峻厳であるだけでなく、刑法が適用される前提としてなされる捜査や裁判においても、国家は強制権限を用いて国民に強制的措置（逮捕・勾留など）を用いている。

　第2に、現在では、刑法が国民のためにあることに異論はないが、それは刑法の歴史からすれば、長い旅路の果てにようやく辿りついた到達点であるからである。ということは、油断すると、いつ前近代的状態に逆行するかわからないということである。今から約100年前に現行刑法が制定・施行されたとき、犯罪類型がどのような順序で並べられていたかを思い返してみるべきである。刑法第2編第1章は「皇室に対する罪」であり、次に国家機構を守るための内乱罪（77条）が規定されていたことでわかるように、その当時、

刑法は国家的法益を守ることに第一義が置かれていたのである。この方針が覆されるためには，第二次世界大戦の敗北が必要であった。それを契機に憲法が国民主権に転換し，個人の尊重が確認され，刑事手続については適正手続（デュー・プロセス）が打ち立てられたのである。

> **用語の森** 皇室に対する罪　天皇・皇太子に危害を加えようとしただけで死刑が予定されていた（旧73条）。また，天皇等に対し「不敬の行為」をする（不敬罪）と法定刑の上限が5年の懲役になるとされていた（旧74条）。

刑法が国民のためにある，ということの意味を確認しておこう。次のいくつかの側面が見受けられる。①刑法が存在することによって，一定程度の犯罪が抑えられたり，犯罪がなされたときに刑法が適用されるのは，犯罪から国民を守るという意味がある。つまり，刑法は社会的平和をめざすものである。②刑法が一定の範囲で刑罰を科すのは，国民が，むやみに刑罰を受けるものではないという点で，国家権力から国民を守ることになる。③犯罪被害者やその家族にとっては，犯罪者が刑法に基づいて処罰されることは，国が自分達の気持を察してくれたということになる。④刑法の規定を本来の目的のため以外に用いてはならない。住居侵入罪（130条）の規定は，ややもすると本来の目的以外に使われやすい。姦通罪（旧183条）がなくなった今日において，いわばその腹いせに住居侵入罪を用いるべきでないとしたものとして，以下の判例がある。

> **判例** 尼崎簡判昭43・2・29下刑集10・2・211〔姦通目的の住居立ち入り〕
> 「住居侵入罪の保護法益は『住居権』という法的な権利ではなく事実上の住居の平穏であるから夫の不在中に住居者である妻の承諾を得ておだやかにその住居に立ち入る行為は，たとい姦通の目的であったとしても住居侵入罪が保護しようとする事実上の住居の平穏を害する態様での立ち入りとはいえないから住居侵入罪は成立しないと解するのが相当である。」

刑法が国民のためにあるということは，刑事法の立法や解釈にあたって，国民の視点から取り組まなければならないということである。たとえば，交

通事犯に関しては法整備が活発であるが,いまだ重要な部分が欠落している。それは,いわゆる<u>ひき逃げ</u>について刑法典にはなんら規定が設けられていないということである。現行法では,引き逃げに関して道路交通法がやや重い刑罰を用意しているが,特別法と刑法典では格が違うといわなければならない。刑法典が取り上げてこそ,国民に対するアピール力が強いといわなければならない。必要なことは,刑法典自体の中に,いわゆる引き逃げ罪の規定を設け,その法定刑を重く設定する(たとえば,保護責任者遺棄致死罪と同様とする)ことである。

> **🌲 用語の森** 　**道路交通法上の救護義務違反罪**　道交法上の救護義務(道交72条1項前段)の違反に対しては,5年以下の懲役または50万円以下の罰金とされており(道交117条1項),さらに,「人の死傷が当該運転者の運転に起因するものであるとき」は,10年以下の懲役または100万円以下の罰金になるとされている(道交117条2項)。

刑法の解釈として判例上確立していることでも,現在の国民の<u>法感覚</u>から外れている場合には,国民のための刑法としては不都合である。その例として,強姦罪(177条)・強制わいせつ罪(176条)における暴行・脅迫が相当高い程度(「相手方の抗拒を著しく困難ならしめる程度」)を必要とされていることを挙げなければならない。それより低い場合には被害者は抵抗できるはずであるから,これらの犯罪によって守ってあげる必要はないという考え方である。このような判例(最判昭24・5・10刑集3・6・711)の姿勢は,性犯罪の被害に遭う者の恥辱感や恐怖に対する配慮に欠けるものといわなければならない。いわば男尊女卑の考え方の残滓(ざんし)というべきものであり,国民のための刑法は最高裁に判例変更を要求するものである。

2　わかりやすい刑法の実現を

国民のための刑法であるとすると,そのことから幾つかのことが期待される。まずは,刑法がわかりやすい法律でなければならない。

わかりやすいということが2つの意味をもっている点を確認しておきたい。

第1に，わかりやすいということは，言葉として理解しやすいことである。刑法は平成7年に口語化されたが，次のような意味で十分とはいえない。(イ)刑法で用いられている言葉の中に，日常生活ではほとんど使われない言葉が用いられている。たとえば，39条で用いられている「心神」がある。(ロ)刑法典では用いられていないが，実務上慣用的に使われている言葉の中にわかりにくい言葉がいくつもある。たとえば，故意の一種としての「未必の故意」がそれである。裁判員裁判が開始され，殺意については，「被害者が死んでもかまわないと思った」という言葉が用いられているようであるが，重要な言葉であるから，刑法上，故意の意義については規定するべきである。(ハ)実務で用いられている言葉の中に，一般用語と相当に違う言葉がある。たとえば過失犯における「信頼の原則」である。これは危険を分担する当事者間において，相手が何をするかわからないと思って最大の対策をとる必要はなく，相手が一応のルールを守って行動してくれると「信頼」して，こちらとしてやるべきことをやれば済むというものである。一般に「信頼」は，相手を信じて頼るという意味で用いられているから，適切な言葉遣いとはいえない。

　第2は，わかりやすいということは，単に言葉の問題ではなく，論理ないし理屈として明解であるということである。刑法が国民の行為規範として働くことを考えれば，刑事裁判による扱いに関しては，なぜそうなるのか，ということの一応の説明が必要であり，その要点は合理性ということである。どんなに精緻な理論であっても，国民の納得できるものでなければ意味がないのである。

> **ポイント** わかりやすい刑法
>
> 刑法が，国民のために存在する以上，わかりやすいことが必要とされる。わかりやすいということは，言葉としてだけでなく，論理として明解であることである。

2 「法育」の提唱

1 少年期から「法育」

　国民のための刑法であるためには，刑法自体をその目的に合わせて変えていかなければならないことは前述の通りであるが，それには，同時に，国民が刑法を理解することが不可欠である。

　その点において，成人に対する法学教育とともに，大人になる前から法律の基礎が授けられる必要がある。後者について，法律学はほとんど等閑視してきたといってよい。

　私は，少年期に，法の役割や考え方を説き，社会人への一歩をはぐくむ意味で，「**法育**」の普及を図ることを提唱したい。「法育」では片々たる法知識を教えるのではなく，正義とは何か，信義則とは何か，権利濫用の禁止など，民主主義社会の担い手となる若い人に法の理念を示すことに重点を置くべきである。

　近時，教育学の分野で「法教育」なる用語が用いられているが，適切ではない。明治の初めに，知育，体育，徳育，食育という言葉が創られたのと同様に，私は「法育」でよいと思う。（これは私独自の意見である）。

　「法育」の必要なわけを整理しておくことにしよう。(イ)子ども達（小学5・6年，中学1・2・3年）は，数年たてば刑事裁判の関係でも大人扱いされる可能性があるのに（14歳になれば刑事裁判を受ける可能性がある），学校教育において法について教えられていないのは不都合である。小学校高学年になると憲法の3大原則が教えられるが，その程度では不十分である。(ロ)他方，非公式の領域（テレビ，ゲーム，アニメなど）では，偏った，あるいは誤った情報が洪水のように提供されていることを忘れてはならない。

2 法は人間の成長に合わせて

　少年期に教える法の中で重要なものの1つに，法が人間の成長に合わせて作られていることがある。これは，法が勝手にルールを作っているのではなく，少年期における人間の成長（生物学的意味と社会学的意味の両者を含む）

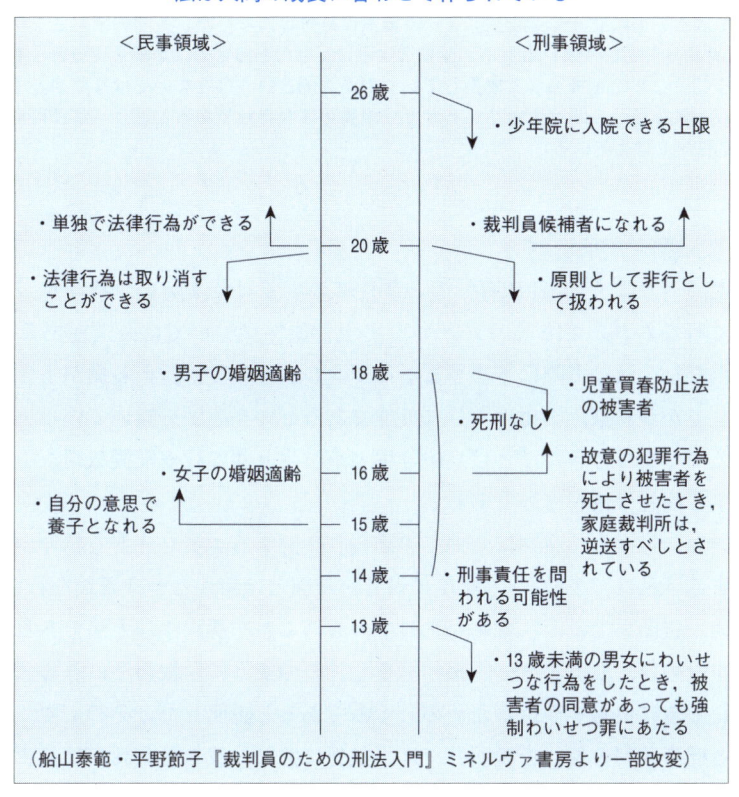

法は人間の成長に合わせて作られている

＜民事領域＞		＜刑事領域＞
	26歳	・少年院に入院できる上限
・単独で法律行為ができる ・法律行為は取り消すことができる	20歳	・裁判員候補者になれる ・原則として非行として扱われる
・男子の婚姻適齢	18歳	・死刑なし ・児童買春防止法の被害者
・女子の婚姻適齢	16歳	・故意の犯罪行為により被害者を死亡させたとき，家庭裁判所は，逆送すべしとされている
・自分の意思で養子となれる	15歳	
	14歳	・刑事責任を問われる可能性がある
	13歳	・13歳未満の男女にわいせつな行為をしたとき，被害者の同意があっても強制わいせつ罪にあたる

（船山泰範・平野節子『裁判員のための刑法入門』ミネルヴァ書房より一部改変）

という実際を考慮して作られていることを意味する。

　社会規範については学習しなければ身に備わらないという点が重要である。社会規範を学び，身につけるには少なくとも十数年を必要とするのに対し，他方で，子どもの体力（これは犯罪をなすのに必要な要素の1つ）はどんどん身についていく。体力の成長に比べてゆっくりと成長する規範や心の成長のずれは，誰にでもあることであるが，そのずれにつけ込む外的な働きが少なくないのである。その場合に，犯罪・非行に結びつくことがあるのである。

> 小話　心の成長という点では，少年の心は可塑性に富んでいる。心の可塑性という視点を私がはっきりと確認したのは，「朝倉彫塑館」（台東区谷中所在）ででであ

った。この建物は，朝倉文夫さんのアトリエを改造して博物館にしたものであるが，私はその場に立って「彫塑」という言葉に釘付けになった。人間の未熟さを称して「荒削り」というが，むしろ，塑像のように，心のあるものに年齢を経るとともにいろいろなものを付加して成長していくのが人間という存在なのではないか。そのような意味で，人間は生きているかぎり成長可能な存在であると思う。私は可塑性の刑法学を考えている。

3 「法育」の実現

以上述べたように，「法育」の必要性については異論がなかろうが，実際うまく行なわれるであろうかという実現可能性については疑問があるようだ。ただし，私は実際にさまざまな形で関わってみて，教える側が十分な準備をしてかかれば，実施は十分に可能であるという感触を抱いている。私がこれまで行なってきたことは，中学生・小学生と共に行う模擬裁判，中学生に対する解説付裁判傍聴である。

小学生に対する「裁判についての講義」に関するエピソードを紹介することとする。私は，小学5・6年生に対し，裁判とは何かという講義を行ない，その後，質問を受けた。裁判が世の中のもめごとを解決する方法であることを示すために，私は三方一両損の話をし，このように，裁判とはもめごとがあったときに決着をつけるためのしくみであると説明した。その上で，民事裁判と刑事裁判の違いを説明し，刑事裁判に関し，裁判員裁判がはじまることまで言及したのである。その後，引きも切らない質問が寄せられた。ところが，その時間内ではなく，後で寄せられた感想文の中に，小学5年生の女の子の質問が入っていたのである。その質問は，要するに，こういうことだった。先生は，裁判は決着をつけるものだと説明したが，決着ではないのではないか。本当の決着というのは，悪い人が刑務所に入ってから，出てきて，良くなることではないのか，という。

正にその通りである。刑事裁判における判断は，有罪か無罪かを決めただけであって，世の中で犯罪が行われたことについての本当の決着ではない。本当の決着というのは，犯罪者が更生し，さらに，被害者に対する関係では謝罪をしたり，損害賠償をすることも必要である。

そのように考えたとき，刑事裁判は決して決着とはいえず，決着に向けて

の一段階にすぎないことになる。ただし，事件に関し，良し悪しを明らかにする，あるいは，理非曲直を明らかにするという意味合いはあるのである。

法育の実現可能性の点に関し，ヨーロッパの中でも，とくに北欧では，中学の教科書の中で社会の負の部分（犯罪，非行，薬物，売買春など）について踏み込んだ記述がなされ，問題意識の醸成に注意が払われていることを指摘しておこう。また，アメリカの多くの州の十代裁判においては，少年が陪審員の体験をしており，それがおのずから大人になったときの陪審員の参考になっていることは疑いがない。

> **用語の森　三方一両損**　大岡越前守の名裁きの1つといわれる。甲が落ちていた財布を拾って中を見たところ，3両と持主の名前（乙）・住所を書いたものが入っていた。そこで，甲が乙のところへ届けに行ったが，乙は自分のふところから離れていった財布などいらないと強情を張る。町役が間に入って調整を試みるがうまくいかず，奉行の判断を仰ぐことになった。奉行も説得しようとしたが，甲・乙は譲歩しようとしない。そこで，奉行は自らの財布から1両を出し，甲・乙両者には2両ずつを渡し，3方が1両ずつ損をしておさめたのである。

4　「法育」の具体例をみる

「法育」のために役立つものとしては，次のような実践的なものが考えられる。

- (イ)　模擬裁判
- (ロ)　解説付裁判傍聴
- (ハ)　施設参観
- (ニ)　ていねいな質議応答
- (ホ)　劇の上演（「ベニスの商人」など）
- (ヘ)　ディベート

いずれも私が行ってきたものであり，いくつかのものを組み合わせて実施すると効果が現れる。

すべてを説明する余裕はないので，ここでは，私が自分のゼミナール活動の中心として展開してきた模擬裁判について，その趣旨を説明することで責

めを塞がせてもらおう。

①模擬裁判は，対立する意見の攻防の中から真実を見きわめるのに最適である。②模擬裁判では，被告人が有罪か無罪かという実体法の面だけでなく，デュー・プロセスに従って行う必要があるので，手続法の面の理解にも役立つ。③学生に対する教育的効果としては，プレゼンテーション，ディベートなどを通して，論理的に説明するという訓練として役立っている。私のゼミナールでは，公判部分については冒頭陳述・論告求刑・最終弁論などを作成させているので，文章作成にも役立つ。④模擬裁判のテーマを学生に選ばせることによって，社会問題への意識を目覚めさせるのに役立つ。

> 小話　文学もまた人間の可塑性（可能性）を追求するものといえる。白楽天（772～846）の文学に関して，「不幸の絶えることのない身と世ではあるが，なおもそのなかに生きることのよろこびを見つけ」ようとするのは，そこに人間の可能性を見ることができるからである。文学の意味がある（川合康三『白楽天―官と隠のはざまで』岩波新書，208～209頁）。

第37章

学説の基本姿勢

本章の主旨

学説上の議論について，私がどのような立場に立ち，どのような考え方をするか，私の基本姿勢を示すことによって，本書を読む場合の参考に供する。

1 行為を評価の対象に

刑法による評価は，人間の行為を捉えて対象とする。人間はいかなる状況においても，自分の行為を選択するいくらかの自由を有しており，その自由があるからこそ，われわれは，その行為に対して規範的評価をすることが可能なのである。人間が本能のみにつき動かされる存在であるとすれば，「よしあし」という評価を含む判断をすることは意味をなさない。また，人間が環境にのみ拘束される存在であるとすれば，犯罪的結果についての責めを負わなければならないのは環境の側であるということになる。

2 犯罪成立要件と刑罰は規範的視点から

犯罪成立要件は，行為に対する規範的評価である。したがって，犯罪成立要件のいずれの要素についても規範的視点から捉える必要がある。また，刑罰は，規範的評価に伴う制裁であるから，人間に反省を促すような内容のものでなければならない。さらに，刑罰が反省のためのものであるとすれば，行為者が刑罰を受けることによって反省ある態度をとるようになったときは，いつまでも刑罰を科すのはふさわしくないことになる。この点は，刑罰

を受ける前でも，すなわち，裁判のプロセスにおいて，規範的効果が認められるときには刑を猶予する（執行猶予）という制度に結びつくことになる。

> **ポイント** 刑罰は規範的評価
>
> 刑罰は，規範的評価に伴う制裁であるから，規範的効果が認められる場合は，刑罰を受ける前でも受けた後でも，猶予してよい。

3 学説の基本的基準

1 一線を画すべきもの

刑法の評価は，民主的社会を構成する者としての評価であるから，前近代的な「世間的」評価とは一線を画すものでなければならない。この点を敷衍する。

民主的社会を示す法的原則は，日本国憲法の中にすでに確認されている。すなわち，基本的人権の尊重，平和主義，国民主権がそれである。刑法という法律もそのような原則の体現でなければならないことはいうまでもない。

その例を示すならば，平和主義も刑法のあり方に影響するはずである。平和主義は，日本国民自身が，国と国との間の約束事として自ら課した原則であり，戦争によって他の国の人を殺してはならないということである。

> **用語の森** 戦争は組織化された殺人　2009年7月に，イギリスで，第1次世界大戦に従軍した最後の退役軍人・パッチ氏が亡くなった。パッチ氏は，100歳を超えてから，「戦争は組織化された殺人」と主張し，戦争反対を唱えていたそうである。

外国との関係において**平和主義**を標榜しながら，国内でそれと異なる立場をとってよいものであろうか。国内においても国は人間を殺してはならないはずである。平和主義は国内において死刑を存置することと平仄が合わないことになる。この点を逆にみると，国内において死刑を廃止してこそ，他国との関係では戦争をしないという姿勢につながるはずである。さらに，平

和主義は，実践的課題として，人を殺す道具としての核兵器の廃絶への努力をわれわれに課しているはずである。

前近代的な世間的評価に属するものとしては，次のようなものがあり，積極的に近代化すべき事項が少なくない。(イ)応報刑的な考え方である。「目には目を，歯には歯を」という同害報復を当然としている。世間は，家族が犯罪で殺されたような場合，遺族が「許されることなら，犯人をこの手で殺したい。」という言葉を待っている。(ロ)結果責任主義である。なんらかの意味で結果に関わっていれば，故意・過失に関係なく，法益の重さに合わせた責任が問われるべきだとされる。(ハ)同様の意味で，因果関係については条件説の立場に立つことになる。引金を引いた以上，その後どのような展開になろうが，引金を引いた者が責任を負うべきだとする。(ニ)共犯との関係では，連帯責任主義の考え方に結びつく。殺人の同時犯の場合，どちらの行為によって死亡したのかわからないとき，行為者がいずれも殺人未遂罪にしかならないのは不当であると非難する。

> **小話** ハムラビ法典（バビロン第1王朝第6代の王〔紀元前18世紀から17世紀〕ハムラビが発布した，完全な形で残る最古の法典）に，次のような規定がある。
> 196 もし人が「人の息」の眼を潰したるときは，〔彼等〕彼の眼を潰す。
> （穂積陳重『法窓夜話』岩波文庫，379頁）

以上の点に関し，近代法の考え方を対置させると，次の通りである。(イ)刑法の目的を考え，とくに犯罪者の更生のためにはどのような刑罰がふさわしいかを考える。(ロ)故意・過失がなければ処罰されないし，故意と過失とでは責任の重さに大きな違いを設ける。(ハ)条件説では，①1つの結果について何人もが因果関係があるとされたり，②負うべき責任が重すぎたりという問題がある。相当性の基準で絞り込む必要がある（相当因果関係説）。(ニ)個人責任主義を原則としながら，共犯の実態に合わせて責任の範囲を明らかにする必要がある。

2 学説の基準はどこに

(イ) **行為無価値論** 違法性の本質論は，そもそもその行為が社会的見地からして許されるかどうかという問題に関わるから，ここでどのように捉え

るかは刑法全体に大きな影響を与える。その意味では、この問題を考察するにあたっても、他の領域との関係を視野に入れながら判断する必要があることはいうまでもない。

1例をあげると、違法性の本質論において**行為無価値論**の立場に立つと、違法かどうかを判断するにあたって、行為の目的・手段・方法などを判断材料に入れることになるが、この考え方は、過失犯の成否に関し、結果回避のためにどのような措置をとったのかという点を考慮に入れる必要があるという考え方と相応しているのである。

刑法は何らかの法益を守るためにあるのであるが、その法益をどのようにして守るかは、法益と法益の比較で判断できることではない。たとえば、違法性阻却事由にあたるか問題となる安楽死を考えれば、明らかである。積極的安楽死は、患者の肉体的苦しみ（身体）を救済するために、死期を早める（生命）のであるから、法益と法益の比較だけだったら、身体と生命では端から検討の余地はないのである。ところが、「身体」の側に、本人の自己決定権を他者が尊重するという要素（行為の目的）が入ってくると、やや様相が変わってくる余地があるのである。

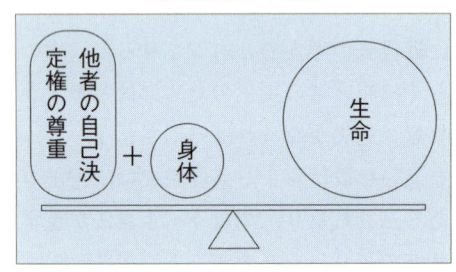

法益と法益の比較

(ロ)　**一般人標準説**　　いろいろな論点について判断規準が問題となる場合、基本的に**一般人標準説**に立つのが妥当である。どんな場合にその問題がでてくるかというと、ⓐ刑罰法規の解釈、ⓑ相当因果関係説の相当性の判断規準、ⓒ期待可能性の判断規準、ⓓ公務執行妨害罪における職務行為の適法性の判断規準など、いろいろな場面で適用される可能性がある。

刑法は，国民の大半を犯罪者にするような冷厳な基準を打ち立ててはならない。ただし，誰でもが違反しないようなものであるとすると，世は頽廃的な不健全な社会になってしまう。国民の8・9割の人が守れる程度でよいのである。

> **判例** 最大判昭50・9・10刑集29・8・489〔徳島市公安条例事件〕
> 「ある刑罰法規があいまい不明確のゆえに憲法31条に違反するものと認めるべきかどうかは，通常の判断能力を有する一般人の理解において，具体的場合に当該行為がその適用を受けるものかどうかの判断を可能ならしめるような基準が読みとれるかどうかによってこれを決定すべきである」。

(ハ)　**具体的危険説**　未遂犯と不能犯を区別する基準としては，その行為が具体的事情のもとで結果発生にいたる危険性があるかないかで判断すべきである。なぜなら，刑法としては，人が実際上不安感を抱くような行為がなされた場合，それを処罰することによって，国民が刑法によって守られていると感じさせることができるからである。たとえば，ピストルで撃たれた場合，それが当たらなくても，被害者としては殺されそうになったと恐怖を感ずるのであり，かすり傷1つ負っていなくても殺人未遂罪に問う理由がある。

(ニ)　**危惧感説**　刑法上の処罰範囲を明らかにする境界線の1つとして，どの程度の予見可能性があったら過失犯として処罰されるかという問題がる。

刑法は，犯罪者として処罰される者に対して，裁判時は別として，落ちついて考えたとき，たしかに処罰されても致し方なかったと思わせるのでなければ，その効果を発揮しえないであろう。刑を受ける者をなんら考えることなく，ただ規制対象とするのでは，規範的評価ではない。

問題となるのは，どの程度の予見可能性があれば，人間は結果回避措置をとるであろうかということになる。その意味では，今日の社会をどのような社会として捉えるかに関わっているといってよい。

私は，現代社会を危険にみちみちている社会として捉える必要があると思う。食品・医薬品，医療，高層建築，交通，飛行機，原子力産業など，われ

われの社会は，結果回避措置を怠ると巨大な破壊力に襲れるものといわなければならない。われわれは，高度な利便性と引き換えにこのような危険社会を構築してしまっているのである。そして，他方，どのような結果回避措置をとっておけば結果発生を防止できるかも承知の社会なのである。われわれは，常に少なくとも過失犯に問われかねない立場に立っているといってよい。その意味では，結果発生の危惧感があったら結果回避措置をとって未然に防ぐのが，現代人の法的義務といってよいであろう。

> **用語の森**　**危惧感**　「一般人ならばすくなくともその種の結果がありうる」と予見する程度（藤木・総論240頁）と考えられる。

㊬　**故意の個数を重視する立場**　宣告刑の重さを決めるのは，その行為が何罪を構成するかであるが，そのほかに重要な要素となるのは故意の個数である。最も重大な問題は，死刑か無期懲役かの選択にあたって，殺人罪あるいは強盗殺人罪（強盗致死罪）の個数がいくつかという点である。従来の裁判例によると，殺人が3個以上だと死刑選択の可能性が高くなるという傾向が見受けられる。

したがって，故意の個数をどのような基準で判断するかはきわめて重要な問題といわねばならない。この問題が浮上するのは，事実の錯誤において，行為者が意図した以外の結果が発生した場合である。結果の重大性に着目するか，それとも行為者の故意の数を基準とするかによって，故意犯の数が異なることに注意を向ける必要がある。この点に関し，私は，故意犯の数が量刑に重大な影響を与えることにかんがみ，行為者の主観面を基準として故意の数を決めていくべきだと思う。それが責任主義の要請である。もっとも行為者の主観面といっても，行為者の自白によるのではなく，行為者の取った手段，現場の状況などを考慮して判断するのである。

事項索引

あ

悪法 …………………………7
アジャン・プロヴォカトゥール ………………………334
あてはめの錯誤 …………244
暴れ馬事件 ………………253
安楽死 ………147, 211, 217
　——に関する判例 ……213

い

威嚇力 …………………16, 67
違警罪即決例 ……………244
違憲立法審査権 ……………7
生駒トンネル火災事件 …270
意思的要素 ………11, 79, 263
意思の連絡 ……58, 308, 313
板橋宝石商殺害事件 ……329
一故意犯説 ………………155
一部行為の全部責任 ……315
一部肯定説 ………………322
一厘事件 …………………102
1個の行為 …………12, 154
一般国民 ……………………80
一般人標準説 ………136, 388
一般予防効果 …………16, 372
違法減少説 …………177, 297
違法性 ………8, 12, 81, 164
　——推定機能 ……………98
　——阻却事由
　　………81, 163, 192, 211
　——阻却事由説 ………200
　——阻却事由の錯誤
　　………………146, 217, 243
　——と有責性 …………227
　——の意識 ……………219
　——の意識の可能性 …248
　——の意識の欠如
　　………………………246, 248

　——の認識 ……………101
　——の本質 …163, 198, 208
違法性阻却説 ……………184
違法・責任減少説 ………177
違法二元論 ………………165
違法の同価値性 …………118
違法類型 ……………………99
医療行為 ……………195, 211
岩教組同盟罷業事件 ……251
因果関係
　……59, 100, 126, 225, 387
　——中断論 ……………132
　——の錯誤 ………141, 152
　——の断絶 ……………132
　——の中断 ……………132
因果的共犯論 ………327, 328
陰謀 ………………………279

う

丑の刻参り ………………293
疑わしきは罰せず ………41

え

縁坐 ………………………56
冤罪 ………………………41

お

応報主義 …………………71
大阪南港事件 ……………138
大森銀行ギャング事件 …319
囮捜査 ……………………334
同じ構成要件間の錯誤 …146
恩赦 …………………65, 374

か

外国判決の効力 …………90
蓋然性説 …………………263
外務省機密漏えい事件 …196
下級審 ……………………257

拡張（拡大）解釈 ………50
拡張的正犯論 ……………310
学派の争い ………………330
科刑上一罪 …………361, 363
加減的身分犯 ……………340
過失 ………55, 108, 225, 254
　——行為 ………………105
　——責任 ………………106
　——と不作為 …………105
過失犯 ……31, 239, 260, 379
　——処罰 ………………260
　——と故意犯の区別 …263
　——の共同正犯 …106, 324
　——の構造 ……………266
　——の種類 ……………265
　——の成立要件 ………266
過剰拘禁 …………………48
過剰避難
　………85, 185, 189, 245, 255
過剰防衛 ……12, 166, 175, 255
かすがい理論 ……………363
可塑性 ………4, 72, 235, 381
可罰的違法性 ……………101
狩勝トンネル事件 ………189
仮釈放 …………30, 66, 70, 373
仮出場 ……………………373
科料 …………………………61
カルネアデスの板 ………182
川崎筋弛緩剤事件 ………214
川治プリンスホテル火災事件
　……………………………275
間接教唆 …………………333
間接正犯
　…10, 79, 140, 237, 309, 330
　——の実行の着手時期
　　……………………291, 312
間接正犯類似説 …………318
間接幇助 …………………337
完全犯罪共同説 …………314

姦通 …………………………296
姦通罪 …………………………45
監督過失 ………………………275
観念的競合 ………13, 154, 361
管理過失 ………………………275

き

危惧感 …………………267, 390
危惧感説 ………………………389
危険犯 …………108, 109, 282
偽証罪 …………………………110
既遂 ……………………………279
 ——の時期 ………………282
既遂犯 …………………………110
規制的機能 ……………………17
起訴状朗読 ……………………34
起訴便宜主義 …………………16
起訴猶予 …………16, 30, 85, 372
期待可能性 ………177, 246, 253
 ——の判断基準 …………256
規範 …………………………112, 381
規範的責任論 …………………254
規範的評価 ……………………385
基本的人権の尊重 ……20, 386
基本犯罪 ………………………59
義務の衝突 ……………………216
逆送 ……………………………83
客体の錯誤 ……………………151
客観的相当因果関係説 ………135
宮刑 ……………………………53
救護義務 ………………………24
吸収関係 ………………………360
急迫・不正の侵害 ……………167
教育刑主義 ……………………72
狭義の共犯 ……………………327
狂言強盗 ………………………333
教唆の教唆 ……………………333
教唆の未遂 ……………………330
教唆犯 ……140, 255, 307, 317,
 327, 331, 343
行政刑法 ………………………23
行政制裁 …………………63, 104
行政取締法規 …………………261
共同意思主体説 ………………318
共同実行の意思

……………………313, 317, 321, 335
共同実行の事実 ……313, 317
共同正犯 ……10, 58, 106, 179,
 307, 317, 335, 340
 ——からの離脱 …………349
 ——と幇助犯の区別 …326
 ——の法的効果 …………315
 ——の要件 ………………313
共罰的事後行為 ………………366
共罰的事前行為 ………………366
共犯 …………………57, 88, 306
 ——からの離脱 …304, 348
 ——と錯誤 ………………346
 ——の過剰 ………………347
 ——の処罰根拠 …………327
 ——の発展 ………………331
共犯従属性説 ………330, 334
共犯独立性説 ………330, 334
共謀 ……………………313, 320
共謀関係からの離脱 …348
共謀共同正犯 …310, 317, 320
業務上過失 …………………265
挙証責任 ……………………309
挙動犯 ………………………110
緊急避難
 ……85, 182, 203, 211, 217
 ——の法的性格 …………184
 ——の要件 ………………185
禁錮 ………………………61, 67
禁止規範 …………………100, 112
禁止の錯誤 …………………242
近代学派 ………………159, 301
近代刑法 ……………………57

く

空気注射事件 …………………295
偶然防衛 ………………………165
苦役 ……………………………70
具体的危険説 ………293, 389
具体的危険犯 ………109, 126
具体的事実の錯誤
 ……………………146, 151, 292
具体的符合説
 ……………………153, 158, 292, 346
具体的予見可能性 ………269

黒い雪事件 …………………249
クロロホルム・タオル殺人事
 件 ……………142, 144, 282

け

軽過失 ………………………265
警察犯処罰令 ………………244
形式犯 ………………………262
刑事国際法 …………………90
刑事裁判の基本原則 ………40
刑事裁判の流れ ……………33
刑事施設 ……………………67
刑事司法の全過程 …………16
刑事政策 ………………77, 122
刑事政策説 …………………297
刑事責任 ……………………227
刑事手続の全プロセス ……39
刑事未成年 ……83, 226, 234
継続犯 ………………………284
刑の言渡し …………………64
刑の加重事由 ………………369
刑の減軽事由 ………………369
刑の執行 ……………………371
刑の執行の免除 ……355, 374
刑の消滅 ……………………374
刑の適用 ……………………368
刑の変更 ……………………51
刑の免除 ………………302, 354
刑罰 …………………………227
 ——の意義 ………………61
 ——の根拠 ………………15
 ——の種類 ………………62
 ——の副作用 ……………70
 ——の本質 ………………70
 ——の目的 ………………71
 ——法規厳格解釈の原則
 …………………………………49
 ——法規の適正 …………45
 ——法規の明確性 ………48
 ——法規非広汎性の原則
 …………………………………48
軽犯罪法 ……………………243
刑法 ……………………………22
 ——と道徳 ………………25
 ——の機能 ………………17

事項索引　393

——の謙抑性………48, 101
——の場所的適用範囲…87
——の目指すところ……19
——の役割………………15
刑法各論……………………98
刑法全面改正論……………32
刑法典………………………22
——に準ずる特別刑法…23
刑務作業……………………68
刑務所…………………67, 236
結果回避措置 ………266, 324
結果責任主義……56, 261, 387
結果的加重犯……59, 127, 225
結果不発生 ………………301
結果無価値………164, 209, 281
決闘罪ニ関スル件…………22
原因において自由な行為
　………………………236
原因説………………………132
厳格故意説………………250
厳格責任説………………251
幻覚犯………………………296
喧嘩闘争 …………………169
検挙率………………………30
減刑…………………………374
現行犯逮捕………82, 194, 243
現行犯人 …………………167
現在の危難 ………………185
検察官同一体の原則………41
限時法………………………91
限定責任能力 ……………233
厳罰化 …18, 48, 71, 100, 235
謙抑主義……………………91
権利の実現 ………………164
権利の防衛 …………167, 172
牽連犯 ………………361, 363

こ

故意………………55, 107, 254
——ある道具の利用 …311
——行為 ………………105
——責任 ………………106
——と過失の区別 ……105
——の個数 ………153, 390
——の阻却 ………217, 242

——のない者の利用 …310
故意説………………………250
故意犯 ……149, 158, 237, 260
行為………………8, 79, 108, 385
——規範……………28, 379
——態様…………………106
——と責任能力の同時存在
　の原則 …………230, 237
——の分類 ……………105
行為共同説 …………314, 324
行為時法……………………51
行為者標準説……………256
行為者類型………………99
行為無価値
　………164, 198, 209, 281, 387
行為類型……………………99
公営賭博 …………………195
公益目的 …………………200
強姦罪………………………25
広義の共犯 …………307, 336
合憲的限定解釈……………48
構成的身分犯……………340
更生の契機………………72
更生保護施設 ……………4
構成要件……………………97
——的故意 ……………241
——の重なり合う場合
　………………………160
——の修正形式 ………281
——の要素 ……………98
構成要件該当性
　………8, 80, 87, 97, 101, 174
——と規範……………100
——の機能……………98
構成要件該当性阻却事由説
　………………………200
構成要件的符合説 ………153
公訴時効…………………285
控訴審………………………38
講壇事例 …………………126
拘置所………………………65
交通反則金…………………63
口頭主義……………………35
口頭弁論主義………………34
公判前整理手続……………33

光文社事件 ………………199
拘留…………………………61
誤解による騎士道発揮事件
　………………………223
国外における幇助行為……88
国内犯………………………88
国民主権 ……………377, 386
国民の国外犯………………89
個人責任主義
　…………57, 256, 318, 387
個人的法益…………31, 205
誤想過剰防衛 ……………222
誤想避難 ……………185, 217
誤想防衛 ……147, 167, 217
国家的法益…31, 172, 205, 377
国家標準説………………256
異なった構成要件間の錯誤
　………………………147
個別恩赦 …………………374
コンディティオ公式 ……129

さ

再間接教唆………………333
罪刑専断主義………………44
罪刑の均衡…………………46
罪刑法定主義 …43, 55, 91, 97,
　114, 159, 262, 334
財産刑………………………61
財産犯罪……………………70
最終弁論……………………37
再審裁判……………………65
罪数………………13, 154, 358
再入率………………………73
再犯…………………………369
裁判員裁判 ……32, 33, 379
裁判時法……………………51
再犯防止……………………4
裁量的減軽事由 …………370
作業報奨金…………………68
作為………………………105, 111
——義務 ………………214
——義務の根拠 ………115
——の可能性 …………117
作為犯………………………111
錯誤の形態 ………………151

錯誤の種類 …………………145
猥褻事件 ……………………47
残虐な刑罰 …………………74
35条説 …………………202, 221
3分説 …………………………8
三方一両損 …………………382

し

資格制限 ……………………372
屍姦 ……………………………25
時間の過剰 …………………177
自救行為 ………164, 169, 203
死刑
　………20, 53, 61, 157, 375, 386
　——の執行 ……………65, 70
死刑存廃問題 ………………74
自己決定権
　………45, 77, 205, 211, 214, 388
事後法 ………………………285
　——の禁止 ………………51
事実の公共性 ………………200
事実の錯誤 ……100, 141, 146,
　　218, 222, 241, 245, 346
　——と法律の錯誤の区別
　………………………………149
事実の真実性 ………………221
四条踏切事件 …………105, 325
自招危難 ……………………186
自招侵害 ……………………171
施設内処遇 …………………4, 48
自然法 …………………………28
死体損壊罪 …………………25
実刑 ……………………63, 372
実行共同正犯 ………………317
実行の着手 …………………287
　——時期 …………………237
実行未遂 ……………………285
執行猶予
　………………30, 63, 72, 368, 372
　——の取消し ……………64
実質的一罪 …………………358
実質的数罪 ……………358, 361
実質犯 ………………………262
実体的デュー・プロセス…45
実体法 ………………………45

実定法 …………………28, 86
質的な過剰 …………………177
自動車運転過失致死傷罪
　………………………24, 122
自動車損害賠償保障制度 …71
児童自立支援施設 …228, 235
　——送致 …………………83
児童養護施設送致 …………235
支配可能性 ……9, 44, 79, 266
司法権の独立 ………………7
社会規範 ………………100, 381
社会的制裁 …………27, 61, 83
社会的相当行為 ……………194
社会的法益 ……………172, 205
社会的有用性 ………………164
社会内処遇 ……………………4
社会の平和 …………………19
社会復帰 ……53, 68, 235, 372
社会奉仕活動 ………………56
社会倫理的機能 ……………17
シャクティ治療事件 ………122
酌量減軽 ……………………62
重過失 ………………………265
宗教活動 ……………………197
自由刑 …………………61, 67
集合犯 ………………………358
終身刑 ……………53, 66, 375
修正された構成要件 ………281
修正した行為者標準説 ……256
従属性の程度（従属形式）
　………………………………330
集団犯 ………………………306
集中審理 ……………………34
十人の有罪者を逃すことがあ
　っても、一人の無辜を罰す
　るな …………………………42
重罰化 ………………………122
従犯 …………………………307
自由保障機能 ………………17
終了未遂 ……………………285
主観説 ……………………293, 301
主観的違法要素 ……………311
主観的相当因果関係説 …135
主刑 ……………………………61
取材活動 ……………………196

取材源秘匿義務 ……………216
主尋問 ……………………36, 110
主体性 ………………………72
手段の過剰 …………………177
順次共謀 ……………………320
障害未遂 ………………156, 285
焼燬 ……………………………118
消極説 ………………………322
承継的共同正犯 ……………321
条件関係 ……119, 128, 129, 133
証言義務 ……………………216
条件説 ………………………128
証拠隠滅罪 ……………26, 254
証拠裁判主義 ………………40
証拠調べ ……………………35
常識 ……………………………97
焼損 ……………………………118
状態犯 …………………284, 366
証人尋問 ……………………36
少年院 ………………………235
　——送致 ………………83, 235
少年鑑別所 …………………83
少年刑務所 …………………235
少年審判 ……………………83
少年法 ………………………234
職業訓練 ……………………69
触法少年 ……………………83
職務行為 ……………………193
職務犯罪 ……………………89
処断刑 ………………………369
処罰条件 ………………148, 353
　——の錯誤 ………………148
処罰阻却原由説 ……………200
処罰阻却事由 …………302, 353
白地刑罰法規 ……………47, 92
白鳥決定 ……………………42
自力救済 ……………………164
知る権利 ………………196, 201
侵害の急迫性 ………………167
侵害犯 …………108, 126, 282
親告罪 ………………………148
真実性の証明 ………………200
真摯な努力 …………………300
心神耗弱 ………84, 233, 237
心神喪失

事項索引　　395

　　　　　　……65, 83, 226, 230, 237
心神喪失者等医療観察法
　　　　　　………………………233
真正不作為犯 ……………113
真正身分犯 ………………340
親族相盗例 ………………148
身体刑…………………………53
人定質問………………………34
人的処罰阻却事由 ………354
新法は旧法を改廃する……52
信頼の原則 …………272, 379
心理的責任論 ……………254
心理的要素……………55, 254

す

数故意犯説 …………153, 292
スポーツ ……………………198
スワット事件 ……………320

せ

正義の実現……………3, 5, 71
制限故意説 ………………250
制限従属形式 ……………330
制限責任説 ………………251
制限的正犯論 ……………310
精神科医の鑑定 …………231
精神障害 …………………232
精神的幇助 ………………328
精神保健審判員 …………233
正対正の関係 ……………189
正当化事由 ………………163
正当業務行為 ……192, 195, 211
正当行為 ……………195, 221
正当防衛
　　　……12, 147, 163, 203, 217
　　——と過剰防衛 ……178
　　——と共同正犯 ……179
　　——の要件 …………166
正犯 …………………………140
生命刑…………………………61
政令恩赦 …………………374
世界主義………………………90
責任 ……………………225, 228
　　——共犯論 …………327
　　——と制裁 …………227

——年齢…………………10
——能力……………84, 225
——のない者の利用 …310
——無能力………11, 230
——要素…………………254
責任減少説 …………177, 297
責任主義 ……26, 55, 129, 133,
　　145, 225, 269
責任説 ……………………250
責任阻却説 ………………184
石油やみカルテル事件 …250
世間 ………………16, 27, 386
積極説 ……………………322
積極的安楽死 ……………211
接続犯 ……………………359
絶対的強制下の行動
　　　………………9, 79, 85
絶対的不定期刑の禁止……53
絶対的不能・相対的不能説
　　　………………………293
絶対的法定刑 ……………369
折衷的相当因果関係説 …135
前科の抹消 ………………374
先行行為 …………………117
宣告刑 ……………………369
宣告猶予………………………66
選択刑…………………………70

そ

相互利用補充関係 ………120
相互利用補充説 …………318
捜査の可視化…………………30
捜査の端緒……………………99
相対的不定期刑………………53
相対的法定刑 ……………369
相当因果関係 ……………119
相当因果関係説
　　　………………126, 133, 226
相当性 ……………………133
　　——の判断基準 ……135
遡及処罰の禁止………51, 91
属人主義………………………89
即成犯 ……………………284
属地主義………………………87
訴訟条件 …………………148

——の錯誤 ……………148
措置入院 …………………233
損害賠償 ……16, 56, 69, 71, 228
尊厳死 ………………82, 214
尊属殺違憲判決………………28
村有吊橋爆破事件
　　　……………188, 244, 248

た

対向犯 ………………306, 345
第5柏島丸事件 …………257
第三の錯誤 ………………220
大赦 ………………………374
対物防衛 …………………171
択一関係 …………………360
択一的競合 ………………130
打撃の錯誤 ……151, 241, 292
他人の適法行為の利用 …311
たぬき・むじな事件 ……150
単純行為犯 …………110, 128
単純数罪 …………………361
団体責任 …………………318
単独正犯 …………………314

ち

治安維持法……………………7
地方更生保護委員会………67
チーム医療 ………………274
着手未遂 …………………285
中央更生保護審査会 ……374
中間説 ……………………322
中止行為の自発性 ………298
中止犯 ………………285, 297
　　——と共同正犯 ……303
　　——の効果 …………302
　　——の要件 …………298
　　——の立法理由 ……297
中止未遂 ……………285, 297
抽象的危険犯 …109, 128, 284
抽象的事実の錯誤
　　　……………147, 158, 346
抽象的符合説 ……………158
抽象的予見可能性 ………269
中断 ………………………132
懲役 …………………23, 61, 67, 71

——の効果 …………… 73
懲戒権 ………………… 194
重畳的因果関係 ……… 130
調書裁判主義 …………… 36
超法規的違法性阻却事由
　………………… 164, 208
超法規的処罰阻却事由 … 355
超法規的有責性阻却事由
　………………… 246, 256
直接主義 ………………… 35
直接正犯 ………… 140, 310
治療行為の中止 ……… 214

つ

追及効 ……………… 52, 91
追放刑 …………………… 53
通常人標準説 ………… 256
罪を犯す意思 ………… 107

て

適正手続 …………… 41, 377
手続的保障 …………… 309
手続法 …………………… 46
デュー・プロセス …… 41, 377
転嫁型の緊急避難 …… 184
電気窃盗事件 …………… 49
電気通信の傍受 ……… 193
伝聞証拠 ………………… 40
電話ケーブル失火事件
　………………… 121, 325

と

同意傷害 ……………… 208
同害報復 ……………… 387
動機説 ……………… 92, 264
東京中郵事件 ………… 200
当事者主義 ………… 40, 196
同時傷害 ……………… 309
——の特例 …… 58, 249, 323
同時犯 ………… 58, 249, 308
道徳 …………… 25, 97, 182
盗犯等防止法 ………… 221
徳島市公安条例事件 … 389
特赦 …………………… 374
特別関係 ……………… 360

特別刑法 ………………… 23
特別予防 ……………… 372
——効果 ………………… 18
ドメスティック・バイオレン
ス ……………………… 194

な

永山基準 ……………… 156
泣き寝入り ……… 15, 269
名古屋中郵事件 ……… 200

に

新潟女性監禁事件 …… 366
二重のしぼり論 ……… 252
二分説 ………………… 184
任意的共犯 …………… 306
任意的減軽 …… 59, 156, 176, 292
人間性 …………………… 4
認識のある過失 ……… 263
認識のない過失 ……… 264
認知件数 ……… 18, 31, 63
認容説 ………………… 264

ね

練馬事件 ……………… 319

は

陪審裁判 ………………… 38
ハインリッヒの法則 … 268
罰金 ……………… 61, 63
罰金刑の意味 …………… 69
羽田空港デモ事件 …… 242
浜口首相狙撃事件 …… 134
早すぎた結果の発生
　………………… 142, 282
犯罪学 …………………… 76
犯罪共同説 ……… 314, 324
犯罪構成事実 …………… 88
犯罪者の更生 ……… 18, 387
犯罪 …………………… 86
——主体 ……………… 102
——能力 ……………… 102
——の個数 …………… 358
——の遂行段階 … 279, 288
——の成立要件

　………………… 8, 76, 353, 385
——の予防 ………… 16, 19
——被害者 ……… 16, 228
——被害者等給付金制度
　……………………… 71
——抑止 ……………… 281
——類型 ……… 81, 97, 122
——論 ……… 8, 76, 98, 105
犯罪捜査規範 …………… 99
犯罪徴表説 …………… 330
犯罪人名簿 …………… 374
反省 ……………… 56, 83
反対尋問 ………… 36, 110
反対動機 ……………… 149
判例変更 ……………… 251

ひ

PFI刑務所 ……………… 68
被害回復給付金 ………… 71
被害者参加人 …………… 37
被害者支援 ……………… 17
被害者の承諾 … 147, 164, 204
被害者の利用 ………… 312
引き返すための黄金の橋
　………………………… 302
ひき逃げ …… 24, 122, 361, 378
非行 …………………… 83
——少年 ……………… 235
被告人質問 ……………… 36
微罪処分 ………… 30, 372
必要的共犯 …………… 306
必要的減軽事由 ……… 370
必要的な減軽・免除 … 297
非難可能性 …… 55, 99, 225
評議 …………………… 37
評決 …………………… 37
表現の自由 …… 196, 200, 221

ふ

ファミリー・バイオレンス
　……………………… 194
夫婦小舎制 …………… 236
付加刑 …………………… 61
不可罰的事後行為 … 284, 366
不可罰的事前行為 …… 366

事項索引　397

不起訴処分················16, 233
武器対等の原則··············174
福岡県青少年条例事件·······49
不作為············57, 105, 111
——の因果関係··········119
——の過失犯············106
——の共同正犯··········120
——の共犯··············120
——の幇助··········116, 338
不作為犯··················100, 111
不真正不作為犯··············113
——の成立要件··········115
不真正身分犯················340
不正の侵害··················171
復権························374
物質的幇助··················328
不能犯······················292
——と未遂犯の区別····293
不能未遂····················293
部分的犯罪共同説············314
フランクの公式··············298
フランス人権宣言············44

へ

併合罪················13, 361, 364
——加重················369
併発事実の発生··············152
平和主義····················386
弁護活動····················196
片面的共犯··················336
片面的幇助犯················336

ほ

法育····················376, 380
法意識·······················80
防衛行為の相当性············174
防衛の意思··············165, 172
法益侵害················102, 280
法益の権衡··············164, 176
法益保護················20, 205
——機能················17
包括的一罪··················358
報告義務·····················24
法条競合····················359
幇助行為の利用··············312

幇助の因果性················328
幇助の幇助··················337
幇助犯··········307, 317, 327, 335
法人の解散··················104
法人の犯罪能力··············103
法人犯罪····················102
法秩序全体··················205
法定刑··················59, 369
法定的符合説
··············153, 158, 292, 346
法的安定性··················157
冒頭陳述·····················35
冒頭手続·····················34
法の下の平等············28, 45
法は思想を罰せず············26
法は道徳の最低限·············28
報復感情·····················71
方法の錯誤··················151
法律主義················45, 92
法律上減軽··················62
法律上復権··················374
法律説······················297
法律的事実の錯誤············245
法律の誤解··················244
法律の錯誤
··············146, 218, 222, 241
法律の不知は何人をも許さない
··························242
法令行為············81, 192, 243
北大電気メス事件············274
保護観察··············67, 83, 235
保護司················83, 235
保護主義·····················89
保護処分··············83, 235
保護法益················98, 109
補充関係····················360
補充尋問·····················36
補充の原則··················187
補足意見····················252
逋脱犯·······················24
牧会活動····················197
北海道家庭学校··············228
没収························61
ホテル・ニュージャパン事件
··························277

補導························83

ま

マグナ・カルタ··············97
末期医療················76, 214
麻薬犯罪····················334
丸正名誉毀損事件············196

み

未遂····················279, 285
——の教唆··············334
未遂犯··············110, 285, 297
——の処罰··············292
——の要件··············287
自ら招いた危難············186
——の種類··············285
三友炭坑事件················199
水俣病自主交渉川本事件
··························355
美祢社会復帰促進センター
···························68
未必の故意········152, 263, 379
身分························339
——のない者············340
身分犯······················339
——と共犯··············340
民間資金活用型社会資本整備
事業·······················68
民事裁判······················6
民主主義的原理··············44

む

無期懲役··········62, 66, 70, 74
むささび・もま事件··········150
夢遊状態の行動············9, 79

め

迷信犯······················293
名誉··················98, 200
命令························112
——規範············100, 112
目には目を，歯には歯を
··························387
免訴····················37, 52

も

模擬裁判 …………………383
目的刑主義………………72
黙秘権告知 ………………35
最も重い刑による ………362

や

やくざの指詰め …………209
弥彦神社事件 ……………269
やむを得ずにした行為
　　…………………167, 173, 185

ゆ

夕刊和歌山時事事件 ……202
有期懲役…………………62
有罪確定人員……………63
有責性 ……8, 11, 83, 106, 171, 225, 248, 254
　　——推定機能 ……98, 99
　　——阻却事由 …12, 84, 185
　　——の本質 …………225

有責類型…………………99
誘導尋問…………………110
猶予期間…………………64
猶予制度………………30, 372
許された危険 ……………272

よ

要保護性…………………83
養老律令…………………293
予見可能性 …8, 44, 50, 60, 79, 92, 135, 225, 266
　　——の内容 …………269
横浜事件…………………7
予備………………………279
　　——の中止 …………303
予備罪の共同正犯 ………325
予備罪の幇助 ……………326
4 分説 …………………………8

り

立法政策…………………110
略式手続…………………63

量的な過剰 ………………177
倫理委員会 ………………212

る

類推解釈の禁止…………50
累犯………………………369
　　——加重 ……………369

れ

連坐………………………56
連帯責任主義………56, 387

ろ

労働争議行為 ……………198
論告・求刑………………37

わ

賄賂犯罪 …………………334

判例索引

〔年代と項目で手早く探せる〕

〔明　治〕

大判明36・5・21刑録9・874〔電気窃盗事件〕……………………………………49
大判明37・12・20刑録10・2415〔幼児利用窃盗事件〕……………………………311
大判明43・3・4刑録16・384〔焼損〕………………………………………………119
大判明43・10・11刑録16・1620〔一厘事件〕………………………………………102
大判明44・6・16刑録17・1202〔油紙失火事件〕…………………………………88

〔大　正〕

大判大元・12・20刑録18・1566〔虚偽告訴承諾事件〕……………………………205
大判大3・7・24刑録20・1546〔懐中物不所持事件〕……………………………294
大判大4・8・25刑録21・1244〔鳥打ち帽を与えて犯罪か〕……………………308
大判大6・5・25刑録23・519〔選挙人名簿虚偽記載事件〕……………………332
大判大6・9・10刑録29・999〔硫黄殺人計画事件〕………………………………294
大判大7・11・16刑録24・1352〔毒入り砂糖郵送事件〕………………………291, 313
大判大7・12・18刑録24・1558〔養父殺害出火事件〕……………………………124
大判大10・5・7刑録27・257〔医師利用堕胎事件〕………………………………311
大判大11・3・1刑集1・99〔市会議員脅迫教唆事件〕…………………………333
大判大12・2・22刑集2・107〔賭博常習者が非常習者を幇助〕…………………344
大判大12・4・30刑集2・378〔砂末吸引事件〕……………………………………143
大判大12・5・26刑集2・458〔医療不適切事件〕…………………………………137
大判大12・7・3刑集2・624〔金指輪風呂場隠匿事件〕…………………………282
大判大13・4・25刑集3・364〔むささび・もま事件〕……………………………150
大判大13・12・12刑集3・867〔車の後に人あり事件〕……………………………186
大判大14・1・22刑集3・921〔万龍軒丁半賭博事件〕……………………………337
大判大14・2・20刑集4・73〔拳銃密輸幇助事件〕………………………………337
大判大14・6・9刑集4・378〔たぬき・むじな事件〕……………………………150

〔昭和1～10年〕

大判昭2・9・9刑集6・343〔カチカチ山事件〕…………………………………138
大判昭3・3・9刑集7・172〔選挙干渉見逃し事件〕……………………………337
大判昭3・6・19新聞2891・14〔豆腐数丁防衛事件〕………………………………176
大判昭4・9・17刑集8・446〔他の事情により結果不発生〕……………………302
大判昭6・7・8刑集10・312〔親分取違え狙撃事件〕……………………………146
大判昭6・12・3刑集10・682〔柴刈り鎌殴打事件〕……………………………231, 233
大判昭7・12・12刑集11・1881〔毒まんじゅう交付事件〕…………………………288
東京控判昭8・2・28新聞3545・5〔浜口首相狙撃事件〕…………………………134

大判昭 8・ 8・30刑集12・1445〔蚊帳の上から突き刺し事件〕·················152
大判昭 8・ 9・ 6刑集12・1590〔法律違反者名誉事件〕······························98
大判昭 8・ 9・27刑集12・1654〔役員会闖入事件〕·································171
大判昭 8・10・18刑集12・1820〔身代わり犯人仕立て事件〕························255
大判昭 8・11・21刑集12・2072〔第5柏島丸事件〕··································257
大判昭 8・11・27刑集12・2134〔村議会入場阻止事件〕·····························332
大判昭 8・11・30刑集12・2160〔板堰破壊事件〕····································186
大判昭 9・ 8・27刑集13・1086〔幼児が殺害承諾事件〕·····························206
大判昭 9・10・19刑集13・1473〔物色目的タンス接近事件〕························289

〔昭和11〜20年〕

大判昭11・ 5・28刑集15・ 715〔大森銀行ギャング事件〕·························319
大判昭12・ 3・ 6刑集16・ 272〔流血見て驚いても遅い〕··························298
大判昭12・ 6・25刑集16・ 998〔「放火したから,よろしく頼む」事件〕············300
大判昭13・ 3・11刑集17・ 237〔神棚ろうそく事件〕·······························125
大判昭13・ 4・19刑集17・ 336〔青酸カリ殺人事件〕·······························299
大判昭13・11・18刑集17・ 839〔ロウソクで強盗を手助け〕·······················322
大判昭15・ 8・22刑集19・ 540〔ガソリンカー事件〕································50

〔昭和21〜30年〕

最大判昭23・ 3・12刑集 2・ 3・ 191〔死刑は残虐刑か〕·························21
最判昭23・ 3・16刑集 2・ 3・ 220〔屋外見張り事件〕··························335
最判昭23・ 5・ 1刑集 2・ 5・ 435〔窃盗のつもりが強盗の見張り〕············347
最判昭23・ 6・22刑集 2・ 7・ 711〔ブリキピストル事件〕······················314
最判昭23・10・23刑集 2・11・1386〔医務課長買収失敗事件〕···················162
最判昭23・12・14刑集 2・13・1751〔勘太郎連行事件〕··························314
最判昭24・ 1・20刑集 3・ 1・ 47〔青酸カリごはん事件〕······················295
最判昭24・ 4・ 5刑集 3・ 4・ 421〔斧で乱打事件〕····························176
最判昭24・ 5・10刑集 3・ 6・ 711〔強姦罪の暴行・脅迫〕······················378
最判昭24・ 7・12刑集 3・ 8・1237〔女性を強姦,連れを監禁〕··················364
最大判昭24・ 7・22刑集 3・ 8・1363〔強盗にあいさつ事件〕····················206
最判昭24・ 7・23刑集 3・ 8・1373〔米9俵窃取事件〕···························359
最判昭24・ 8・18刑集 3・ 9・1465〔産別議長襲撃事件〕························172
最判昭24・12・17刑集 3・12・2028〔教員宅押込み強盗事件〕···················304
最大判昭24・12・21刑集 3・12・2048〔無期懲役刑と合憲性〕····················74
最判昭24・12・22刑集 3・12・2070〔積荷突き落し事件〕························282
最判昭25・ 3・31刑集 4・ 3・ 469〔脳組織崩壊事件〕··························129
最判昭25・ 7・ 6刑集 4・ 7・1178〔闇米運搬事件〕····························312
名古屋高判昭25・11・14高刑集 3・ 4・ 748〔土蔵侵入事件〕···················289
最大判昭25・11・15刑集 4・11・2257〔生産管理事件〕··························199
最判昭26・ 8・17刑集 5・ 9・1789〔無鑑札犬撲殺事件〕························245
最判昭26・12・ 6刑集 5・13・2485〔農業会肥料違法処分事件〕·················332
最決昭27・ 2・21刑集 6・ 2・ 275〔縊首方法教唆事件〕························206

判例索引　401

最大判昭27・8・6刑集6・8・974〔石井記者事件〕……………………………216
東京高判昭27・12・26高刑集5・13・2645〔こんにゃくだまは盗まれたか〕……243
最決昭28・3・5刑集7・3・506〔不携帯はうっかりか〕……………………262
東京高判昭28・10・29高刑集6・11・1536〔失業保険不納付事件〕………………258
福岡高判昭28・11・10高刑判特26・58〔ピストル空砲事件〕………………………295
大阪高判昭28・11・18高刑集6・11・1603〔実は他人の物事件〕……………………148
最判昭28・12・25刑集7・13・2671〔狩勝トンネル事件〕……………………189
最大判昭29・1・20刑集8・1・4〔予備の中止〕……………………………………303
最決昭29・5・6刑集8・5・634〔ズボンポケットあたり行為〕……………289
最決昭29・5・27刑集8・5・741〔住居侵入3人殺害事件〕……………………363
最判昭30・10・25刑集9・11・2295〔日本刀反撃事件〕…………………………169
最判昭30・11・11刑集9・12・2438〔ひさし切断事件〕…………………………204

〔昭和31～40年〕

名古屋高判昭31・4・19高刑集9・5・411〔覚せい剤中毒殺害事件〕……………238
最判昭31・12・11刑集10・12・1605〔三友炭坑事件〕……………………………199
最判昭32・2・26刑集11・2・906〔馬乗りショック死事件〕…………………226
最決昭32・9・10刑集11・9・2202〔実母をバットで殴打事件〕………………298
最判昭32・10・18刑集11・10・2663〔村有吊橋爆破事件―差戻し前〕……………248
最判昭32・11・19刑集11・12・3073〔学校建設寄付金横領事件〕…………………342
最判昭33・4・18刑集12・6・1090〔同伴者に発砲事件〕…………………265
最大判昭33・5・28刑集12・8・1718〔練馬事件〕…………………………………319
最判昭33・9・9判集12・13・2882〔木製火鉢引火事件〕……………………118, 125
最判昭33・9・19刑集12・13・3047〔納金スト事件〕……………………………199
最判昭33・11・21刑集12・15・3519〔追死うそつき事件〕………………………207
最判昭34・2・5刑集13・1・1〔鉈で反撃事件〕…………………………………176
最大判昭35・2・4刑集14・1・61〔村有吊橋爆破事件―差戻後の上告審〕……188, 245
東京高判昭35・2・17下刑集2・2・133〔仮死状態の嬰児の放置〕………………117
広島高判昭35・6・9高刑集13・5・399〔前科13犯受傷事件〕…………………218
東金簡判昭35・7・15下刑集2・7=8・1066〔山林埋葬事件〕…………………258
広島高判昭36・7・10高刑集14・5・310〔死体を殺せるか事件〕…………………295
最判昭37・3・23刑集16・3・305〔空気注射事件〕………………………………295
最大判昭37・4・4刑集16・4・345〔バイク2人乗り事件〕………………………92
東京高判昭37・4・24高刑集15・4・210〔欠陥覚せい剤事件〕…………………296
最判昭37・5・4刑集16・5・510〔帳簿不記載事件〕……………………………263
最大判昭37・5・30刑集16・5・577〔条例と法律主義〕……………………………45
大阪地判昭37・7・24下刑集4・7=8・696〔夢遊状態の行動―第一審〕……………10
最決昭37・11・8刑集16・11・1522〔殺人予備の共同正犯〕……………………326
名古屋高判昭37・12・22高刑集15・9・674〔農薬牛乳安楽死事件〕……………212
最大判昭38・5・15刑集17・4・302〔加持祈禱致死事件〕………………………197
大阪高判昭39・9・29判例集未搭載〔夢遊状態の行動―控訴審〕……………………11
最決昭40・3・9刑集19・2・69〔煙草売場接近事件〕……………………………289
最決昭40・3・30刑集19・2・125〔女性が強姦できるか事件〕…………………341
京都地判昭40・5・10下判集7・5・855〔四条踏切事件〕…………………………105

大阪高判昭40・6・7下刑集7・6・1166〔性交中同意を得て首を絞め死亡させる〕……………207
東京高判昭40・6・14高刑集18・4・370〔米兵飲酒運転事件〕………………………………239
最決昭40・9・16刑集19・6・679〔証拠偽造教唆事件〕……………………………………255
東京地判昭40・9・30下刑集7・9・1828〔交通事故拉致事件〕………………………………124
最判昭40・11・2刑集19・8・797〔酌量軽減をする場合〕……………………………………370
宇都宮地判昭40・12・9下刑集7・12・2189〔毒入りジュースの農道置き事件〕……………289

〔昭和41~50年〕

最決昭41・7・7刑集20・6・554〔猟銃で子を守った事件〕…………………………………222
最大判昭41・10・26刑集20・8・901〔東京中郵事件〕………………………………………200
最判昭41・12・20刑集20・10・1212〔エンスト・発進・追突事件〕…………………………273
最判昭42・3・7刑集21・2・417〔麻薬密輸入事件〕…………………………………………343
最決昭42・5・25刑集21・4・584〔弥彦神社事件〕…………………………………………269
東京高判昭42・9・21高刑集20・4・553〔子どもを見たら赤信号事件〕……………………274
最決昭42・10・24刑集21・8・1116〔自動車屋根引きずり降ろし事件〕……………………134
尼崎簡判昭43・2・29下刑集10・2・211〔姦通目的の住居立ち入り〕……………………377
最判昭43・12・24刑集22・13・1625〔弁護士法違反事件〕…………………………………346
最大判昭44・6・25刑集23・7・975〔夕刊和歌山時事事件〕……………………202, 221, 222
東京高判昭44・9・17高刑集22・4・595〔黒い雪事件〕……………………………………249
大阪高判昭44・10・17判タ244・290〔病院へ搬送はしたが事件〕…………………………300
福岡高判昭45・2・14高刑集23・1・156〔シャッタードア錠損壊事件〕……………………204
東京高判昭45・4・6判タ255・294〔ちり紙13枚事件〕………………………………………101
札幌高判昭45・7・14高判集23・3・479〔食堂の内外で暴行を受けた事件〕………………58
最決昭45・7・28刑集24・7・585〔ダンプカー引きずり込み事件〕…………………………291
東京高判昭46・5・24判タ267・382〔救急車を呼ぶべき事件〕……………………………187
最判昭46・6・17刑集25・4・567〔女家主殺害事件〕………………………………………137
最判昭46・11・16刑集25・8・996〔富士宮市旅館殺人事件〕………………………………169
最大判昭48・4・4刑集27・3・265〔尊属殺違憲判決〕………………………………………28
最大判昭49・5・29刑集28・4・114〔伊東市酒酔い運転事件〕…………………………13, 362
最大判昭49・11・6刑集28・9・393〔猿払事件〕………………………………………………47
神戸簡判昭50・2・20判時768・3〔迷える子羊事件〕…………………………………………197
最判昭50・4・3刑集29・4・132〔密漁犯逮捕事件〕…………………………………………194
最決昭50・5・20刑集29・6・177〔白鳥決定〕…………………………………………………42
最大判昭50・9・10刑集29・8・489〔徳島市公安条例事件〕…………………………………389
最判昭50・11・25刑集29・10・928〔光文社事件〕…………………………………………199
最判昭50・11・28刑集29・10・983〔散弾銃発砲事件〕……………………………………173

〔昭和51~60年〕

最判昭51・3・16刑集30・2・146〔導火線不良ダイナマイト事件〕…………………………296
札幌高判昭51・3・18判時820・36〔北大電気メス事件〕……………………………………274
最決昭51・3・23刑集30・2・229〔丸正名誉毀損事件〕……………………………………196
東京高判昭51・7・14判時834・106〔二の太刀中止事件〕…………………………………286
最判昭51・9・22刑集30・8・1640〔山形市ひき逃げ事件〕…………………………………362

松江地判昭51・11・2判時845・127〔若頭殺人計画離脱事件〕………………………348
大阪高判昭51・11・19判時844・102〔銀光丸事件〕……………………………………88
最大判昭52・5・4刑集32・3・182〔名古屋中郵事件〕………………………………200
最決昭53・5・31刑集32・3・457〔外務省機密漏えい事件〕…………………………196
最判昭53・6・29刑集32・4・967〔羽田空港デモ事件〕………………………………242
最判昭53・7・28刑集32・5・1068〔拳銃強取未遂事件〕……………………………155
最決昭54・4・13刑集33・3・179〔石原巡査殺害事件〕…………………………315, 347
東京高判昭55・9・26高刑集33・5・359〔石油やみカルテル事件〕…………………250
最判昭55・11・13刑集34・6・396〔偽装交通事故事件〕……………………………210
最決昭55・12・17刑集34・7・672〔水俣病自主交渉川本事件〕……………………355
最決昭57・4・2刑集36・4・503〔油送船油排出事件〕………………………………263
最決昭57・9・28刑集36・8・787〔「つかれず」は医薬品か〕…………………………46
東京高判昭57・11・29判時1071・149〔酒気帯びで助けを求めてもダメ〕……………188
東京地八王子支判昭57・12・22判タ494・142〔従業員見殺し事件〕…………………116
横浜地判昭58・7・20判時1108・138〔最後のタバコ事件〕……………………………290
最決昭58・9・13判時1100・156〔フラッシュバック空き巣窃盗事件〕………………231
最決昭58・9・21刑集37・7・1070〔八十八箇所窃盗行脚事件〕…………………9, 311
鹿児島地判昭59・5・31判時1139・157〔第5指かみ切り事件〕………………………312
福岡地判昭59・8・30判時1152・182〔覚せい剤取次ぎ役偽装事件〕…………………336
最大判昭60・10・23刑集39・6・413〔福岡県青少年保護条例事件〕…………………49

〔昭和61〜64年〕

福岡高判昭61・3・6高刑集39・1・1〔「大変なことをした」と思って中止〕……………298
最決昭61・6・9刑集40・4・269〔覚せい剤誤認所持事件〕…………………………160
仙台地石巻支判昭62・2・18判時1249・145〔やくざの指詰め〕………………………209
最決昭62・3・26刑集41・2・182〔誤解による騎士道発揮事件〕……………………223
大阪高判昭62・7・10高刑集40・3・720〔顎突き上げ事件〕…………………………323
最決昭62・7・16刑集41・5・237〔百円紙幣サービス券事件〕………………………247
東京高判昭62・7・16判時1247・140〔牛刀切りつけ事件〕……………………………286
大阪高判昭62・7・17判時1253・141〔マスコット強盗事件〕…………………………341
千葉地判昭62・9・17判時1256・3〔西船橋ホーム転落事件〕…………………………173
大阪高判昭62・10・2判タ675・246〔10分離れたら殺人事件〕………………………338
岐阜地判昭62・10・15判タ654・261〔天然ガスで殺せるか〕…………………………296
東京地判昭63・4・5判タ668・223〔借金背負い自招侵害〕…………………………171
東京高判昭63・6・9判時1283・54〔ホテトル嬢が客殺害事件〕………………………174
東京地判昭63・7・27判時1300・153〔拳銃密輸入事件〕……………………………337

〔平成1〜10年〕

最決平元・3・14刑集43・3・262〔後部荷台に人も乗る事件〕…………………138, 265
福岡高宮崎支判平元・3・24高刑集42・2・103〔被害者の行為を利用した殺人〕……206
最決平元・6・26刑集43・6・567〔暴行後,「おれ帰る」事件〕………………………349
最判平元・7・18刑集43・7・752〔公衆浴場法違反事件〕……………………………246
最判平元・11・13刑集43・10・823〔切られたいんか事件〕…………………………175

最判平元・12・15刑集43・13・879〔不作為の因果関係〕······················119
東京高判平2・2・21判タ733・232〔板橋宝石商殺害事件〕··················329
東京地判平2・11・15判時1373・144〔車上荒らし事件〕····················290
最決平2・11・16刑集44・8・744〔川治プリンスホテル火災事件〕············276
最決平2・11・20刑集44・8・837〔大阪南港事件〕························138
東京地判平4・1・23判時1419・133〔電話ケーブル失火事件〕················121
最判平4・6・5刑集46・4・245〔パブ殺人事件〕··························179
最判平4・12・17刑集46・9・683〔串本潜水事故事件〕····················140
最判平5・11・25刑集47・9・242〔ホテル・ニュージャパン事件〕············277
最判平6・12・6刑集48・8・509〔不忍通り事件〕····················179, 350
最決平6・12・9刑集48・8・576〔覚せい剤調達事件〕······················89
東京地判平7・1・31判時1559・152〔殴って眼鏡レンズ1枚破損〕············360
横浜地判平7・3・28判時1530・28〔東海大安楽死事件〕····················212
東京地判平7・12・19判時1555・150〔タリウム殺人事件〕··················335
東京地判平8・6・26判時1578・39〔リンチ殺人事件〕······················84
最判平8・11・18刑集50・10・745〔岩教組同盟罷業事件〕··················251
最判平9・6・16刑集51・5・435〔誠和荘鉄パイプ事件〕··················168
東京高判平9・8・4高刑集50・2・130〔豊胸手術失敗事件〕················195
大阪地判平9・8・20判タ995・286〔鼻骨骨折事件〕························323
大阪高判平10・6・24判時1665・141〔暴力団事務所放火脱出事件〕··········190
大阪高判平10・7・16判時1647・156〔SMプレイ嘱託殺人事件〕············207

〔平成11〜21年〕

東京高判平11・1・29判時1683・153〔パチンコ店売上金強奪事件〕······57, 116
札幌地小樽支判平12・3・21判時1727・172〔「春の滝」雪崩遭難事件〕······271
最決平12・12・20刑集54・9・1095〔生駒トンネル火災事件〕··············270
最決平13・2・7判時1743・149〔松戸トンネル水没事件〕··················271
札幌高判平13・5・10判タ1089・298〔無理心中中止事件〕··················300
最決平13・10・25刑集55・6・519〔母親が長男に強盗させた事件〕······10, 311
最判平15・5・1刑集57・5・507〔スワット事件〕························320
最判平15・7・10刑集57・7・903〔新潟女性監禁事件〕····················366
最決平15・7・16刑集57・7・950〔高速道路へ逃げた事件〕················139
最決平16・2・17刑集58・2・169〔割れたビール瓶で突き刺し事件〕··········139
最決平16・3・22刑集58・3・187〔クロロホルム・タオル殺人事件〕····144, 282
横浜地判平17・3・25判時1909・130〔川崎筋弛緩剤事件—第1審〕······147, 214
最判平17・7・4判時1906・174〔シャクティ治療事件〕····················122
最決平18・3・27刑集60・3・382〔トランク監禁致死事件〕················128
最決平20・6・25判時2009・149〔おれを甘くみるな事件〕··················170
最決平21・2・24判時2035・160〔拘置所けんか事件〕······················14
最決平21・12・7 LEX/DB文献番号25441517〔川崎筋弛緩剤事件—上告審〕···216

著者略歴

船山泰範（ふなやま　やすのり）

昭和21年，東京都に生まれる。昭和46年，日本大学法学部法律学科を卒業。昭和48年，日本大学大学院法学研究科修士課程を修了。昭和58年，日本大学法学部専任講師となり，その後助教授・教授となり，現在に至る。この間，亜細亜大学・明治大学・慶応大学の法学部の非常勤講師（刑法，刑事訴訟法），日本大学法科大学院教授（兼担専任）を務める。専攻は刑法。大学のゼミナールにおいては模擬裁判を毎年行ない，小学生・中学生・高校生・社会人とも行なっている。また，広く解説付きの裁判傍聴を行なっている。さらに，市民が法に親しむための講座を継続的に展開している。「法育」を提唱している。

主要著書
『ポイント整理刑法入門』（住宅新報社）
『条文解説・少年法』（共著，有斐閣）
『人間の目でみる刑法』（こぶし社）
『刑法』（弘文堂）
『刑法がわかった』（法学書院）
『司法試験論文本試験過去問・刑法』（辰巳法律研究所）
『図解雑学・刑法』（ナツメ社）
『刑法の役割と過失犯論』（北樹出版）
『図解雑学・裁判員法』（共著，ナツメ社）
『裁判員のための刑法入門』（共著，ミネルヴァ書房）
『事例で学ぶ刑法各論』（成文堂）
『裁判員のための法律用語＆面白ゼミナール』（共著，法学書院）

刑法学講話〔総論〕

2010年4月20日　初版第1刷発行

著　者　　船　山　泰　範

発行者　　阿　部　耕　一

〒162-0041　東京都新宿区早稲田鶴巻町514番地
発行所　株式会社　成　文　堂
電話 03(3203)9201(代)　Fax 03(3203)9206
http://www.seibundoh.co.jp

製版・印刷シナノ　　　　　製本　弘伸製本
☆乱丁・落丁はおとりかえいたします☆　検印省略
© 2010 Y.Funayama　Printed in Japan
ISBN 978-4-7923-1862-8 C3032

定価（本体3700円＋税）